유튜브 강의 영상을 볼수 있는 곳과 네이버 카페에 책 인증 시,
모의고사 3회분+기출1회분을 파일로 다운받아 보실 수 있습니다.

SooraTV 유튜브 영상 보는 법

[Soora TV 유튜브 영상 바로가기 QR]

위의 QR을 선택하시거나 , 인터넷 주소창에 https://www.youtube.com/SooraTV를 넣어주세요.

네이버 카페 이용 법

[Soora TV 네이버 카페 바로가기 QR]

STEP 1	NAVER 떡제조기능사 수라쌤	네이버에서 검색합니다.
STEP 2	N 떡제조기능사 수라쌤 통합 VIEW 이미지 지식iN 인플루언서 동영상 쇼핑 뉴스 어학사전 지도 ··· cafe.naver.com › sooratv 수라쌤 sooraTV 떡제조기능사 약 2.9천 명의 회원을 보유한 수라쌤 sooraTV 떡제조기능사카페 (잎새3단계 등급)입니다. 유튜브 크리에이터 수라쌤의 떡제조기능사 학습자모임입니다. 떡제조기능사 sooraTV 환영합니다.	아래 보이는 카페를 클릭한 후 가입해 주세요. 보이지 않으실 경우 이 주소를 네이버 상단주소창에 작성하여 들어갑니다. https://cafe.naver.com/sooratv
STEP 3	VIP 등업 카페 닉네임 작성란	보이는 부분(표지)에 카페 닉네임을 작성 후 사진을 찍어 카페에 글을 올려주세요(올리는 곳은 STEP4를 참고하세요).
STEP 4	교재구매 I VIP등업 떡 제조 기능사 교재구입 [VIP등업] 도서구매 인증 [VVIP공인 등업] 취득인증 수라쌤 실기도구 주문	VIP등업 도서구매 인증을 이용하여 등업신청을 해주세요.
STEP 5	자료실 (일반 I VIP) 정회원 자료실 VIP필기(인증) 자료실 VIP실기(인증) 자료실 VVIP(인증) 게시판 -VVIP 전용	등업이 완료되면 자료실>VIP필기(인증)자료실에서 모의고사 파일을 다운 받아 보시면 됩니다. (VIP실기 인증실은 2020, 2021년도 책을 구매하신 분에 한하여 사용합니다).
STEP 6	다운 받으실 수 있도록 해드린 파일은 제가 하나하나 직접 제작한 소중한 자료입니다. 외부로 유출 시 법적 문제가 발생할 수 있으니 반드시 다운 받으신 VIP인증 수험생분에 한하여 보시기 바랍니다.	

머리글
(Preface)

다년간의 수업을 진행하며 얻은 노하우를 담아

제과, 제빵 등은 이미 국가 자격증이 있어서인지, 교육도 체계적이고 학원도 활성화되어 있습니다. 그런데 유독 우리나라의 역사와 전통이 담겨있는 떡은 국가 자격증도 없고, 활성화되지 않고 있음에 항상 아쉬웠습니다. 우리의 떡도 과자나 빵류 보다 더욱 맛있고 멋지게 만들어 많은 분들이 쉽게 드실 수 있고 더 나아가 체계적이고 폭넓게 발전시킬 수 있는 길은 없는지 늘 고심하였습니다.

드디어, 우리가 기다리던 떡 관련 국가 자격증이 나와서 기쁘고 설렙니다. 떡을 제일 잘 알고 있는 우리나라에서 떡에 대해 체계적으로 학습할 수 있는 계기가 마련되었기에 앞으로 더욱 발전할 떡의 미래가 궁금하고 기대됩니다.

오랜 기간 앙금플라워 떡케이크 수업을 진행하며, 앙금으로 꽃을 예쁘게 만드는 기술도 중요하지만 기본적으로 떡이 맛있어야 떡케이크의 완성도를 최고로 높일 수 있다고 생각했습니다.
수강생분들께 길지 않은 수업 시간 동안 떡을 가장 잘 만들 수 있는 최상의 노하우를 전수하기 위해 지금도 효율적이고 효과적인 방법을 지속적으로 연구하며 발전시키고 있습니다.

다년간의 수업을 진행하며 얻은 노하우를 담아 이 책에서는
첫째, 어려운 내용은 쉽게! 쉬운 내용은 더 쉽게! 더 쉬운 내용은 암기가 편하게! 하였고, 중요한 내용은 반복적으로 풀어보고자 노력했습니다.
떡에 대해 처음 공부하는 학생부터, 현업에 종사하며 실무경력은 많지만 공부할 시간이 없는 분들까지 떡제조기능사 자격증 시험에 조금이라도 쉽게 접근할 수 있도록 제작하였습니다.

둘째, 출제 예상 모의고사는 기출문제에 기반을 두어 더욱 심도 있게 만들었으며, 실전을 대비한 모의고사 3회분 총 180문제 및 실제 기출문제와 해설까지 자세하게 담았습니다.

셋째, 네이버 카페에 [수라쌤의 떡제조기능사] 온라인 무료 동영상 채널을 만들었습니다.
카페 내 필기시험 관련 무료 동영상을 통하여 시험을 준비하는 수험생분들의 부담을 덜어드리면서 중요한 부분을 쉽고 빠르게 이해하여, 합격에 자신감을 가질 수 있도록 돕고자 준비하였습니다. 또한, 향후 카페를 통해 추가적인 모의고사 및 시험에 관한 정보들을 나눌 계획입니다.

우리의 전통과 역사가 담겨있고, 과거 중요한 행사 및 제례에 늘 함께하였던 떡에 대하여 깊이 공부하게 하고, 기초를 탄탄하게 해줄 떡 제조 기능사 자격증이 계속 발전하길 기대합니다.
이 책을 통해 떡 제조 기능사 국가자격증 취득을 목적으로 하는 모든 분들께 도움이 되고 합격의 기쁨까지 누리시길 기원하겠습니다. 감사합니다.

저자 **김 은 정**

시험가이드
(Guide)

■ 개요

곡류, 두류, 과채류 등과 같은 재료를 이용하여 각종 떡류를 만드는 자격으로, 필기(떡 제조 및 위생관리) 및 실기(떡제조 실무)시험에서 100점을 만점으로 하여 60점 이상 받은 자에게 부여하는 자격

■ 수행직무

곡류, 두류, 과채류 등과 같은 재료를 이용하여 식품위생과 개인안전관리에 유의하여 빻기, 찌기, 발효, 지지기, 치기, 삶기 등의 공정을 거쳐 각종 떡류를 만드는 직무

■ 실시기관 홈페이지

www.q-net.or.kr

■ 시험수수료

- 필기:14,500원
- 실기:37,300원

■ 출제경향

떡제조 및 위생관리의 숙련도 및 제품 평가

■ 취득방법

① 시행처:한국산업인력공단

② 시험과목

- 필기:떡제조 및 위생관리
- 실기:떡제조 실무

③ 검정방법

- 필기:객관식 60문항(60분)
- 실기:작업형(2시간 정도)

④ 합격기준

- 필기·실기:100점을 만점으로 하여 60점 이상

■ 출제기준(필기)

필기과목명	출제문제수	주요항목	세부항목	세세항목
떡제조 및 위생관리	60	1. 떡 제조 기초이론	1. 떡류재료의 이해	1. 주재료(곡류)의 특성 2. 주재료(곡류)의 성분 3. 주재료(곡류)의 조리원리 4. 부재료의 종류 및 특성 5. 과채류의 종류 및 특성 6. 견과류·종실류의 종류 및 특성 7. 두류의 종류 및 특성 8. 떡류 재료의 영양학적 특성
			2. 떡의 분류 및 제조도구	1. 떡의종류 2. 제조기기(롤밀, 제병기, 펀칭기 등)의 종류 및 용도 3. 전통도구의 종류 및 용도
		2. 떡류 만들기	1. 재료 준비	1. 재료관리 2. 재료의 전처리
			2. 고물 만들기	1. 찌는 고물 제조과정 2. 삶는 고물 제조과정 3. 볶는 고물 제조과정
			3. 떡류 만들기	1. 찌는 떡류(설기떡, 켜떡 등)제조과정 2. 치는 떡류(인절미, 절편, 가래떡 등)제조과정 3. 빚는 떡류(찌는 떡, 삶는 떡)제조과정 4. 지지는 떡류 제조과정 5. 기타 떡류(약밥, 증편 등)의 제조과정
			4. 떡류 포장 및 보관	1. 떡의 포장 및 보관 시 주의사항 2. 떡류 포장 재료의 특성
		3. 위생·안전관리	1. 개인위생관리	1. 개인 위생관리 방법 2. 오염 및 변질의 원인 3. 감염병 및 식중독의 원인과 예방대책
			2. 작업 환경 위생관리	1. 공정별 위해요소 관리 및 예방(HACCP)
			3. 안전관리	1. 개인 안전 점검 2. 도구 및 장비류의 안전 점검
			4. 식품위생법 관련 법규 및 규정	1. 기구와 용기·포장 2. 식품등의 공전(公典) 3. 영업·벌칙 등 떡제조 관련 법령 및 식품의약품안전처 개별 고시
		4. 우리나라 떡의 역사 및 문화	1. 떡의 역사	1. 시대별 떡의 역사
			2. 시·절식으로서의 떡	1. 시식으로서의 떡 2. 절식으로서의 떡
			3. 통과의례와 떡	1. 출생, 백일, 첫돌 떡의 종류 및 의미 2. 책례, 관례, 혼례 떡의 종류 및 의미 3. 회갑, 회혼례 떡의 종류 및 의미 4. 상례, 제례 떡의 종류 및 의미
			4. 향토 떡	1. 전통 향토 떡의 특징 2. 향토 떡의 유래

■ 과제 현황(실기)

-과제목록 및 시험시간

과제번호	과제명	시험시간
1	콩설기떡, 부꾸미	2시간
2	송편, 쇠머리떡	
3	무지개떡(삼색), 경단	
4	백편, 인절미	
5	흑임자시루떡, 개피떡(바람떡)	
6	흰팥시루떡, 대추단자	

※과제가 추가될 경우, 큐넷 공개문제 게시 후 6개월 정도의 유예기간을 적용하여 시행함을 알려드리오니 참고하여 주시기 바랍니다.

■ 위생상태 및 안전관리 세부기준

순번	구분	세부기준	채점기준
1	위생복 상의	-전체 흰색, 기관 및 성명 등의 표식이 없을 것 -팔꿈치가 덮이는 길이 이상의 7부·9부·긴소매(수험자 필요에 따라 흰색 팔토시 가능) 상의 여밈은 위생복에 부착된 것이어야 하며 벨크로(일명 찍찍이), 단추 등의 크기, 색상, 모양, 재질은 제한하지 않음(단, 금속성 부착물·뱃지, 핀 등은 금지) -팔꿈치 길이보다 짧은 소매는 작업 안전상 금지 -부직포, 비닐 등 화재에 취약한 재질 금지	• 미착용,평상복(흰티셔츠 등), 패션모자(흰털모자, 비니, 야구모자 등)→실격 • 기준 부적합→위생 0점 -식품가공용이 아닌 경우(화재에 취약한 재질 및 실험복 형태의 영양사· 실험용 가운은 위생 0점) -(일부)유색/표식이 가려지지 않은 경우 -반바지·치마 등 -위생모가 뚫려있어 머리카락이 보이거나, 수건 등으로 감싸 바느질 마감처리가 되어있지 않고 풀어지기 쉬워 일반 식품가공 작업용으로 부적합한 경우 등 -위생복의 개인 표식(이름, 소속)은 테이프로 가릴 것 -조리 도구에 이물질(예, 테이프) 부착 금지
2	위생복 하의(앞치마)	-「흰색 긴바지 위생복」 또는 「(색상 무관) 평상복 긴바지 + 흰색 앞치마」 -흰색앞치마 착용 시, 앞치마 길이는 무릎 아래까지 덮이는 길이일 것 -평상복 긴바지의 색상·재질은 제한이 없으나, 부직포·비닐 등 화재에 취약한 재질이 아닐 것 -반바지·치마·폭넓은 바지' 등 안전과 작업에 방해가 되는 복장은 금지	
3	위생모	-전체 흰색, 기관 및 성명 등의 표식이 없을 것 빈틈이 없고, 일반 식품가공 시 통용되는 위생모(크기 및 길이, 재질은 제한 없음) -흰색 머릿수건(손수건)은 머리카락 및 이물에 의한 오염 방지를 위해 착용 금지	
4	마스크	침액 오염 방지용으로, 종류는 제한하지 않음(단, 감염병 예방법에 따라 마스크 착용 의무화 기간에는'투명 위생 플라스틱 입가리개'는 마스크 착용으로 인정하지 않음)	미착용→실격
5	위생화(작업화)	-색상 무관, 기관 및 성명 등의 표식 없을 것 조리화, 위생화, 작업화, 운동화 등 가능(단, 발가락, 발등, 발뒤꿈치가 모두 덮일 것) -미끄러짐 및 화상의 위험이 있는 슬리퍼류, 작업에 방해가 되는 굽이 높은 구두, 속 굽 있는 운동화 금지	기준 부적합→위생 0점
6	장신구	-일체의 개인용 장신구 착용 금지(단, 위생모 고정을 위한 머리핀은 허용) -손목시계, 반지, 귀걸이, 목걸이, 팔찌 등 이물, 교차 오염 등의 식품위생 위해 장신구는 착용하지 않을 것	기준 부적합→위생 0점
7	두발	단정하고 청결할 것, 머리카락이 길 경우 흘러내리지 않도록 머리망을 착용하거나 묶을 것	기준 부적합→위생 0점
8	손 / 손톱	-손에 상처가 없어야하나, 상처가 있을 경우 보이지 않도록 할 것(시험위원 확인 하에 추가 조치 가능) -손톱은 길지 않고 청결하며 매니큐어, 인조손톱 등을 부착하지 않을 것	기준 부적합→위생 0점
9	위생관리	재료, 조리기구 등 조리에 사용되는 모든 것은 위생적으로 처리하여야 하며,식품가공용으로 적합한 것일 것	기준 부적합→위생 0점
10	안전사고 발생 처리	칼 사용(손 빔) 등으로 안전사고 발생 시 응급조치를 하여야하며, 응급조치에도 지혈이 되지 않을 경우 시험 진행 불가	-
※ 일반적인 개인위생, 식품위생, 작업장 위생, 안전관리를 준수하지 않을 경우 감점 처리 될 수 있습니다.			

■ 수험자 유의사항(전과제 공통)

1) 항목별 배점은 [정리정돈 및 개인위생 14점], [각 과제별 43점씩×2가지 = 총 86점] 이며, 요구사항 외의 제조 방법 및 채점기준은 비공개입니다.

2) 시험시간은 재료 전처리 및 계량시간, 정리정돈 등 모든 작업과정이 포함된 시간입니다(시험 시간 종료 시까지 작업대 정리를 완료).

3) 수험자 인적사항은 검은색 필기구만 사용하여야 합니다. 그 외 연필류, 유색 필기구, 지워지는 펜 등은 사용이 금지됩니다.

4) 시험 전과정 위생수칙을 준수하고 안전사고 예방에 유의합니다.

※시작 전 간단한 가벼운 몸 풀기(스트레칭) 운동을 실시한 후 시험을 시작하십시오.

※위생복장의 상태 및 개인위생(장신구, 두발·손톱의 청결 상태, 손씻기 등)의 불량 및 정리 정돈 미흡 시 실격 또는 위생항목 감점처리 됩니다.

5) 작품채점(외부평가, 내부평가 등)은 작품 제출 후 채점됨을 참고합니다.

6) 수험자는 제조 과정 중 맛을 보지 않습니다(맛을 보는 경우 위생 부분 감점).

7) 요구사항의 수량을 준수합니다(요구사항 무게 전량/과제별 최소 제출 수량 준수).

- 「지급재료목록 수량」은 「요구사항 정량」에 여유양이 더해진 양입니다.
- 수험자는 시험 시작 후 저울을 사용하여 요구사항대로 정량을 계량합니다(계량하지 않고 지급재료 전체를 사용하여 크기 및 수량이 초과될 경우는 "재료 준비 및 계량항목"과 "제품평가" 0점 처리).
- 계량은 하였으나, 제출용 떡 제품에 사용해야 할 떡반죽(쌀가루 포함)이나 부재료를 사용하지 않고 지나치게 많이 남기는 경우, 요구사항의 수량에 미달될 경우는 "제품평가" 0점 처리
- 단, 찜기의 용량을 초과하여 반죽을 남기는 경우는 제외하며, 용량 초과로 떡반죽(쌀가루 포함) 및 부재료를 남기는 경우는 찜기에 반죽을 넣은 후 손을 들어 남은 떡반죽과 재료에 대해서 감독위원에게 확인을 받아야 함

8) 타이머를 포함한 시계 지참은 가능하나, 아래 사항을 주의합니다.

- 다른 수험생에게 피해가 가지 않도록 알람 소리, 진동 사용을 제한
- 손목시계를 착용하는 것은 이물 및 교차오염 방지를 위해 착용을 제한(착용 시 감점)

9) "몰드, 틀" 등과 같은 기능 평가에 영향을 미치는 도구는 사용을 금합니다(사용 시 감점).

- 쟁반, 그릇 등을 변칙적으로 몰드 용도로 사용하는 경우는 감점

10) 찜기를 포함한 지참준비물이 부적합할 경우는 수험자의 귀책사유이며, 찜기가 지나치게 커서 시험장 가스레인지 사용이 불가할 경우는 가스 안전상 사용에 제한이 있을 수 있습니다.

11) 의문 사항은 손을 들어 문의하고 그 지시에 따릅니다.

12) 다음 사항은 실격에 해당하여 채점 대상에서 제외됩니다.

가) 수험자 본인이 수험 도중 시험에 대한 포기 의사를 표현하는 경우

나) 위생복 상의, 위생복 하의(또는 앞치마), 위생모, 마스크 중 1개라도 착용하지 않은 경우

다) 시험시간 내에 2가지 작품 모두를 제출대(지정장소)에 제출하지 못한 경우

라) 모양, 제조방법(찌기를 삶기로 하는 등)을 준수하지 않았을 경우

마) 상품성이 없을 정도로 타거나 익지 않은 경우(제품 가운데 부분의 쌀가루가 익지 않아 생쌀가루 맛이 나는 경우, 익지 않아 형태가 부서지는 경우)

※ 찜기 가장자리에 묻어나오는 쌀가루 상태는 채점대상이 아니며, 콩의 익은 정도는 감점 대상(실격 대상 아님)

바) 지급된 재료 이외의 재료를 사용한 경우(재료 혼용과 같이 해당 과제 외 다른 과제에 필요한 재료를 사용한 경우도 포함)

※ 기름류는 실격처리가 아닌 감점 처리이므로 지급재료목록을 확인하여 기름류 사용에 유의(단, 떡 반죽 재료 또는 떡 기름칠 용도로 직접적으로 사용하지 않고 손에 반죽 묻힘 방지용으로는 사용 가능)

사) 시험 중 시설·장비의 조작 또는 재료의 취급이 미숙하여 위해를 일으킬 것으로 감독위원 전원이 합의하여 판단한 경우

■ 지참준비물 목록

순번	재료명	규격	단위	수량	비고
1	가위	가정용	EA	1	조리용
2	계량스푼	-	SET	1	재질, 규격, 색깔 제한 없음
3	계량컵	200ml	EA	1	재질, 규격, 색깔 제한 없음
4	나무젓가락	30-50cm 정도	SET	1	
5	나무주걱	null	EA	1	
6	냄비	-	EA	1	
7	뒤집개	-	EA	1	요리할 때 음식을 뒤집는 기구 (뒤지개, 스파튤라, 터너라고 통용됨)
8	면장갑	작업용	켤레	1	
9	볼(bowl)	-	EA	1	스테인리스볼/플라스틱재질 가능, 대중소 각 1개씩(크기 및 수량 가감 가능, 예시:중2개와 소 2개 지참 가능)
10	비닐	50×50cm	EA	1	재료 전처리 또는 떡을 덮는 용도, 다용도용으로 필요량 만큼 준비
11	비닐장갑	null	켤레	5	일회용 비닐 위생장갑, 니트릴 라텍스 등 조리용 장갑 사용 가능
12	소창 또는 면보	30×30cm 정도	장	1	
13	솔	소형	EA	1	기름 솔 용도
14	스크레이퍼	150cm 정도	EA	1	재질, 크기, 색깔 제한 없음(제과용, 조리용 스크레이퍼, 호떡누르개, 다용도 누르개 등 가능)
15	신발	작업화	족	1	세부기준 참고
16	위생모	흰색	EA	1	세부기준 참고
17	위생복	흰색(상하의)	벌	1	세부기준 참고(실험복은 위생 0점처리 됨)
18	위생행주	면, 키친타올	EA	1	
19	저울	조리용	대	1	g 단위 측정 가능한 것, 재료 계량용
20	절구공이	조리용	EA	1	나무밀대, 방망이(크기와 재질 무관, 공개문제 참고하여 준비)
21	접시	조리용	EA	2	수량, 크기, 재질, 색깔 제한 없음

순번	재료명	규격	단위	수량	비고
22	찜기	대나무 찜기, 외경 기준 지름 25×내경 기준 높이 7cm 정도, 오차범위 ±1cm	SET	2	물솥, 시루망(면보, 실리콘 패드) 및 시루 일체 포함 1개만 지참하고 시험시간내 세척하여 사용하는 것도 가능(단, 시험시간의 추가는 없음)
23	체	null	EA	1	경단 건지는 용도, 직경 20cm 냄비에 들어갈 수 있는 소형 크기
24	체	null	EA	1	재질무관(스테인리스, 나무체 등) 28×6.5cm 정도의 중간체, 재료 전처리 등 다용도 활용
25	칼	조리용	EA	1	
26	키친페이퍼	null	EA	1	키친타올
27	후라이팬	-	EA	1	시험장에 후라이팬 구비되어 있음. 필요 시 개인용으로 지참 가능
28	절구	-		1	재질, 규격, 색깔 제한없음
29	원형틀	-		1	바람떡 용도 지름 5.5cm

■ 특이 사항

수험자지참준비물 중 "뒤집개"

-둥근 원판은 실기시험에서 사용을 제한함을 알려드리오니, 지참하지 않도록 주의하여 주시기 바랍니다.

※ 쇼핑몰에서 "떡뒤집개, 아크릴 뒤집개판, 원형아크릴판, 떡뒤집개판" 등의 제품명으로 판매하고 있으나, 식품용 기구로 활용되는 정식 명칭은 아님을 참고하시기 바랍니다.

-적합하지 않은 도구를 사용하여 식품안전 및 위생상 부적합할 경우 "감점"처리됨을 알려드리오니 참고하여주시기 바랍니다.

※「뒤집개」는 요리할 때 음식을 뒤집는 기구로써 뒤집게, 뒤집기, 뒤지개, 스파튤라(spatula), 터너(turner) 등의 명칭으로 통용되고 있으며, 일반적인 조리(주방)도구로써 실리콘, 스테인리스, 나무, 나일론 등 다양한 적합 재질로 제조되어 판매됩니다.

냉장·냉동고를 사용 안내

-시험장의 냉장·냉동고는 수험자에게 재료를 지급하기 전 시험 본부에서 재료를 보관하기 위한 설비로써, 수험자가 시험시간 중 사용하는 것은 허용되지 않습니다.

지참준비물에 없는 핀셋, 계산기 사용 가능 여부 안내

-핀셋, 계산기는 실기시험 과정 중 필수적인 도구가 아니며, 일반적으로 사용되는 조리용 도구가 아니므로 사용을 금합니다.

개인시계 기준 변경 안내(23.12.20 추가)

-2024년도 국가기술자격 검정 시행계획(국가기술자격시험 개인시계 및 전자기기 소지 관련 부정행위 안내) 및 떡제조기능사(위생상태 및 안전관리 세부기준)에 의거하여,

-타이머를 사용하고자 할 경우, 전자기기 기능(촬영 물품), 통신·결제 기능(블루투스), 전자식화면표시기(Lcd, Led 등)가 없는 시침, 분침(초침)으로만 구성된 타이머(아날로그식, 기계식)를 사용할 수 있습니다.

-타이머는 필수 지참 준비물이 아니며, 시험기간은 시험장에 있는 시계를 기준으로 시행됨을 참고하시기 바랍니다.

-떡제조기능사 등 식품위생 관련 실기시험 시 아날로그 손목시계 착용은 금지됩니다(착용 시 감점).

CBT체험하기
(Guide)

STEP 01

http : //www.q-net.or.kr 큐넷에 접속한다.

STEP 02

메인화면 하단의 CBT 체험하기 버튼 클릭한다.

STEP 03

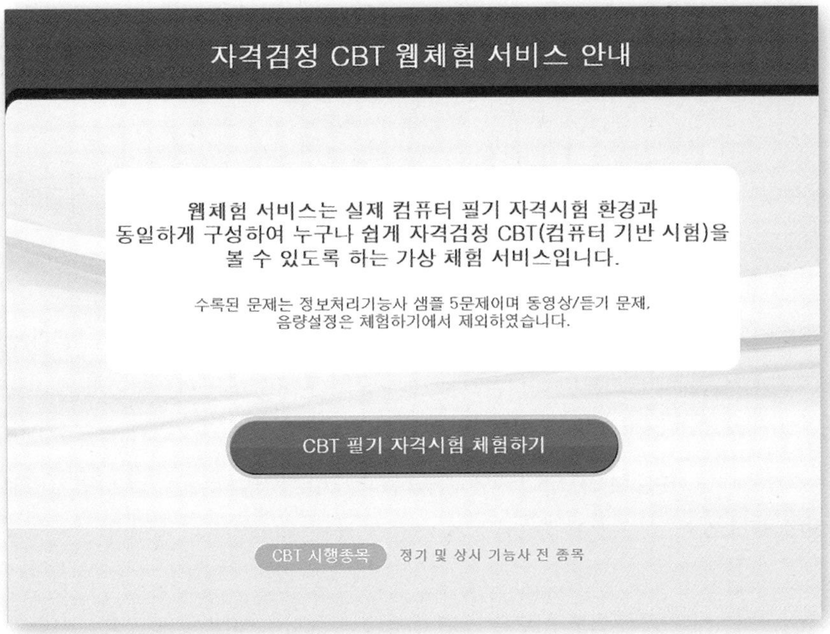

http : //www.q-net.or.kr/cbt/index.html 자격검정 CBT 웹 체험 서비스 실행한다.

STEP 04

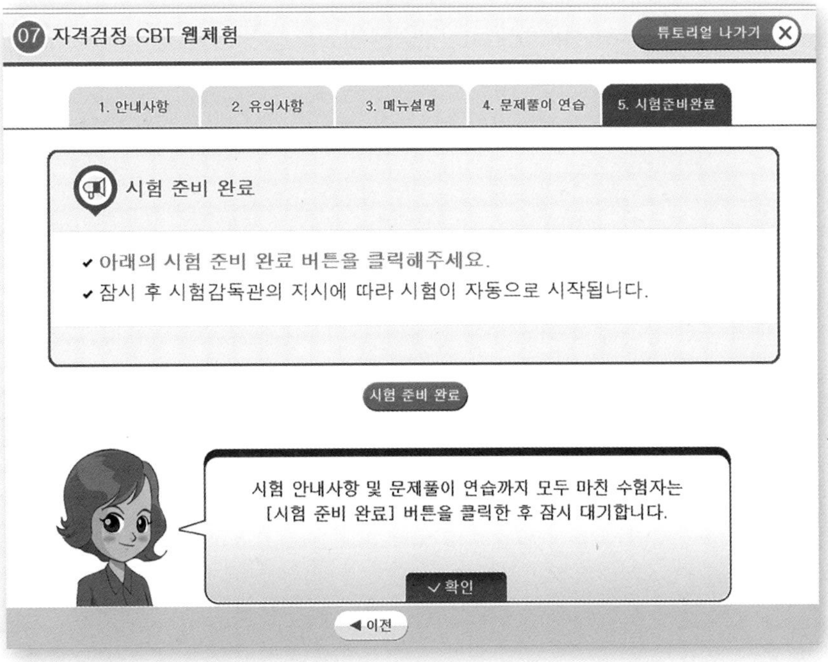

웹 체험 서비스를 충분히 숙지한 후 시험에 응시한다.

안내사항
(Notice)

❎ 필기시험장에서 절대 하면 안 되는 행동들!!

❶ 손에 검은 볼펜 자국이나 글씨 등이 절대 있으면 안 된다. CBT(컴퓨터로 시험을 보는) 필기이지만 감독관은 손을 위아래로 뒤집어 보며 체크를 한다.

❷ 핸드폰 무음보다는 전원을 아예 꺼두는 것이 바람직하며, 시험 전 번호표를 주고 감독관에게 핸드폰을 제출하는 경우도 있다.

❸ 문제나 답안을 적는 행동을 하시는 분은 없는데(상식적인 선에서 절대 하시지 않는 행동), 시험이 끝나면 바로 합격 여부가 컴퓨터에 올라온다. 이 [합격]이라는 글자를 어떻게든 인증하고자 핸드폰을 꺼내는 경우가 있는데, 절대로 하면 안 되는 행동이다. 시험장에서는 그 어떠한 인증 사진 등을 찍지 말아야 한다. 합격 여부는 다음날 인터넷으로 떡~하니 확인 가능하시니 너무 서둘지 않는 것이 좋다. 결과는 마음에 담고 퇴실한다.

❹ "제출하시겠습니까?"에서 제출 완료 버튼을 누른 이후에는 수정이 절대 불가능하다. 검토를 하고 싶으면 제출 완료 전 충분히 검토해 주고, 풀지 않은 문제도 시스템상 정말 풀지 않고 제출할지 재확인을 하기 때문에 성급하게 완료 버튼을 누르기보다는 꼼꼼히 확인 후 제출 버튼을 누르는 것이 좋다.

❺ 시험 응시자에 대해 본인 여부 확인을 하므로 신분증은 반드시 챙겨야 한다.

☑ 신분증 인정 범위!!

❶ 주민등록증
❷ 운전면허증
❸ 여권(유효기간내)
❹ 공무원증
❺ 외국인등록증 및 재외동포 국내거소증
❻ 중·고등학교 학생증 및 청소년증
❼ 신분확인증빙서 및 주민등록발급신청서
❽ 국가자격증
❾ 복지카드(유효기간내 장애인등록증)
❿ 국가유공자증
⓫ NEIS 등 국가·학교·공공기관에서 발급한(사진·성명·생년월일·발급자 등이 포함된) 증명서
⓬ 국방부·군부대 등에서 발급한(사진, 성명, 생년월일, 발급자 등이 포함된) 증명서 등

※단, 중고등학교 학생증의 경우 사진과 생년월일이 명기되어야 하고, 사진 탈부착이 가능한 경우에는 학교장의 압인이 찍혀있는 경우에만 인정

목차
(Contents)

PART 06

시험에 필요한 기본상식 및 준비사항

PART 07

시험이 확정된 품목 집중 설명

PART 08

고물류 만들기

떡제조기능사

PART 1

떡 제조 기초이론

Chapter 1

떡류 재료의 이해

01 주재료(곡류)의 특성

1) 곡류

곡류는 곡물(곡식)을 의미하며, 식물로부터 얻을 수 있고 사람의 식량이 되는 물질을 두루 뜻한다.

특히 찹쌀과 멥쌀은 떡의 주재료로 많이 사용된다.

곡류는 쌀, 맥류, 잡곡이 있지만 떡은 맥류(밀가루)를 사용하지 않고 제조하며, 잡곡의 경우 기장, 녹두, 율무, 차조 등이 있다.

2) 쌀(주재료)의 특성

(1) 쌀의 구조

쌀알은 배젖 90~92%, 겨층 8~10%로 구성이 되어있다.

현미 부분이 80%에 **왕겨층 20%**로 구성되어 있다.

왕겨층만 제거하면 현미라고 하며, 과피 및 종피, 호분층까지 제거하면 백미라고 한다.

- **현미**: 왕겨층을 벗겨내었고 영양분은 많지만, 과피 및 종피가 남아있어 소화율이 낮다.

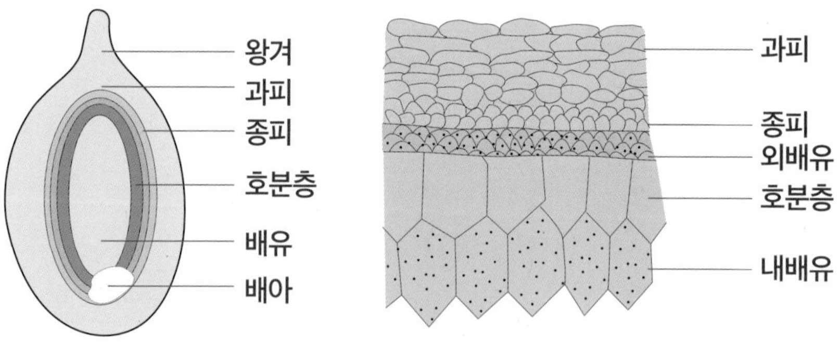

- **백미**: 왕겨층을 벗겨낸 현미를 또다시 도정을 하여 5분도미, 7분도미, 9분도미, 13분도미 등으로 구분하며, 도정(현미의 껍질을 벗겨내 백미로 만들려는 과정) 정도가 클수록 현미를 많이 도정한 것이라 단백질, 지방, 섬유질 및 영양분이 감소한다. 과피와 종피가 많이 제거되어 소화율은 현미보다 높다.
- **배아(쌀눈)**: 영양분이 66% 함유되어 있고, 미네랄 비타민, 리놀레산 등이 풍부하다.
- **백미(배유)**: 영양분이 5% 함유되어 있고, 탄수화물 단백질 지방 등이 함유되어 있다.

✓ 도정과 도정률 계산법

- 쌀의 도정도란, 현미의 미강층을 얼마나 깎아 내었는지 그 정도를 말하는 것이다.
- **미강 발생량 8%를 기준으로 현백률을 정한다.**
- 그 정도에 따라서 8분도, 10분도, 12분도 등으로 표현하고 있다.
- 10분도 이상일 때 일반적으로 백미라고 한다.
- 8분도, 10분도, 12분도 쌀이라고 부르는 것은 현미에서 깎아낸 무게의 백분율을 의미한다.
- 즉, 분도가 커지면 쌀은 더 투명해지고, 밥맛은 부드러워지고, 순수 전분층을 이루게 된다.
- 반대로, 도정도가 낮아지면 영양소는 많아지고 색은 탁해지며 식감은 거칠어진다.

- 쌀의 소화 흡수율은 분도가 커질수록 높아진다.
- 현미 90%, 5분도미 94%, 7분도미 95.5%, 백미 98%

분도	현백률(%)	산출근거	현미의부위별강층박리정도
7	94.4	100 - (8 × 0.7)	측면, 복면부 박리(剝離)
8	93.6	100 - (8 × 0.8)	측면, 복면, 상단부 박리(剝離)
10	92.0	100 - (8 × 1.0)	측면, 복면, 상단, 하단, 배면, 종구, 배아부 박리(剝離)
12	90.4	100 - (8 × 1.2)	측면, 복면, 상단, 하단, 배면, 종구, 배아부 박리(剝離)

떡의 주재료인 쌀은 찹쌀과 멥쌀로 구분하기도 하며, 재배지역에 따라 자포니카형(Japonica Type), 자바니카형(Javanica Type), 인디카형(Indica type)으로 나뉜다. 우리(한국)가 먹는 멥쌀은 자포니카형이다.
밥알끼리 붙지 않고, 서로 떨어지고, 끈기가 없는 멥쌀은 인디카형, 그 중간의 끈기와 크기는 자바니카형이다.

	지역	특징	낟알 모양
자포니카형	한국, 일본, 중국 등	동글한모양에 점성이 크다.	단립종(짧고 굵다)
자바니카형	필리핀, 인도네시아 자바섬 등	자포니카형과 인디카형의 중간	중립종(단립과 장립 사이)
인디카형	인도, 동남아시아, 타이완 등	가늘고 길고 끈기없다.	장립종(가늘고 길다)

(2) 멥쌀과 찹쌀의 구분

아밀로오스와 아밀로펙틴은 녹말을 구성하는 주요성분이다.

- **아밀로오스(Amylose)** : 가열 시 쉽게 붙는(밀착되는) 성질
- **아밀로팩틴(Amylopectin)** : 가열 시 쉽게 끈기와 점성을 가지는 성질

쌀의 점성이 바로 이 두 종류의 성분의 함량에 의해서 차이가 난다.

	멥쌀	찹쌀
아밀로오스 함량	20~30%	0%
아밀로펙틴 함량	70~80%	99% 이상
요오드 색상변화 반응	청남색	적갈색
생김새	반투명하며 광택이 많음	불투명 흰색
호화정도	찹쌀보다 빨리 일어난다	멥쌀보다 느리다.

보통 쌀가루를 1kg 단위로 소분 및 포장하여 냉동실에 넣어두는데, 이때 멥쌀인지 찹쌀인지 모를 경우 수분(물 주기) 실패로 이어질 수 있어서 요오드 색상변화를 통해 반드시 구분을 하고 물 주기를 한다. 실무에서도 유용한 정보이므로 꼭 기억해 두면 좋다.

✓ 쌀 불리기

뒷부분 이론인 떡의 제조원리 부분에서 쌀의 특성과 불리기에 대해 이야기하지만, 그전에 한번 깊게 쌀 불리기에 대해 알아보도록 한다.

쌀가루로 떡을 만들어 찔 때 전분의 호화가 잘 진행되도록 쌀에 물을 흡수시키는 공정을 쌀 불리기 공정이라 한다. 수분이 늘어나면 호화 개시 온도가 낮아지고 그만큼 빠르게 진행된다. 쌀은 물에 불리면 수분 흡수에 의해 무게가 증가하는데 쌀 4kg을 기준으로 하면 5kg 이상의 불린 쌀을 얻게 된다.

불린 쌀의 양은 쌀의 종류(품종), 계절의 차이, 수침시간, 쌀의 수분함량 정도, 햅쌀과 묵은쌀의 정도(쌀의 저장 기간 정도), 수침 시 물의 온도 등에 따라 다양하게 정해지기 때문에 정확한 양을 예측할 수는 없다.
하지만 대략적으로 멥쌀은 1kg→1.2~1.3kg, 찹쌀은 1kg→1.3~1.4kg 정도로 증가한다. 찹쌀의 아밀로펙틴 함량이 멥쌀보다 많아서 수분흡수율이 더 높다.

최저 3시간이 필요하며 보통은 7~8시간 정도는 물을 흡수시켜야 한다.
여름철에는 물의 온도가 높기 때문에 더 빨리 흡수한다. 그래서 3~4시간 정도 소요된다.
겨울에는 물의 온도가 낮기 때문에 7~8시간 소요된다.

현미와 흑미의 경우 왕겨만 벗겨낸 쌀로 과피, 종피, 호분층이 있어 배유에 수분이 흡수되기까지 더 많은 시간이 소요된다. 12~24시간 이상 소요된다.

물의 온도에 따라 더워지거나 차가워지고, 특히 더운 계절에는 물의 온도 때문에 쉽게 상할 수 있으므로 3~4 시간에 한 번씩 새로운 물로 갈아준다.

쌀이 불면서 물이 점점 줄어듦으로, 쌀을 살짝 덮는 정도가 아닌 쌀이 충분히 담가질 정도의 물을 넣어주는 것이 좋다.

✓ 햅쌀과 묵은쌀 구별하는 법

쌀의 신선도는 쌀의 표면에 부착된 지방산의 양이 좌우한다.
신선한 쌀은 시간이 지남에 따라 대기 중의 산소와 결합해 산화되어 산성을 띠게 된다.
즉, 시간이 지남에 따라 산화가 되므로 산도의 측정을 통해 묵은쌀을 구별해 낼 수 있다.
쌀의 산도가 낮을수록 당연히 좋은 쌀로 취급되며 약 10pH 이하일 경우 최고급 쌀로 평가된다.
산도를 측정하는 방법은 여러 가지가 있는데,

그중 첫 번째, 리트머스 시험지를 이용하는 방법이 있다.
산성은 푸른색 리트머스 시험지를 붉게, 붉은 리트머스 시험지를 푸르게 변화시킨다.
중성일 경우 색이 변하지 않는다. 색의 변화가 없는 것이 햅쌀이며 좋은 쌀이라고 할 수 있다.

두 번째, 브로모티몰 블루(bromothymol blue)는 분석 화학에서 사용하는 산염기지시약(pH 지시약)을 사용하는 방법이다. 보통 BTB 용액이라고 부른다.
모든 pH 조건에서 색상을 나타내는 BTB 용액은 pH 6.0 이하의 산성에서는 황색, pH 7.6 이상의 염기성에서는 청색, 중성에서는 녹색을 나타낸다.
중성(좋은 쌀)에서는 녹색을 띠며, 산화가 지연된 묵은 쌀에서는 황색을 띠게 된다.

세 번째, 녹말이 요오드 용액과 반응하는 차이를 통해 확인하는 방법이 있다.
쌀에 물을 넣고 흔든 다음, 요오드 용액을 떨어뜨리면 신선한 쌀은 녹말과 반응하여 진한 보라색으로 변하고, 오래된 쌀은 연보라색으로 변하게 된다.

네 번째, 가시적(육안)으로 확인하는 방법이 있는데 투명도가 떨어져 있고 낱알이 흐리고 깨져있거나, 냄새가 나고 쌀눈 자리가 검거나 갈색으로 변해있을 경우 묵은 쌀(오래된 쌀)이다. 묵은 쌀로 떡을 만들면 고유의 불투명하면서 뽀얀 하얀색이 아닌 회색빛이 살짝 도는 이유가 여기에 있다.

(3) 쌀의 취급 및 보관

- 쌀을 보관할 때는 뜨거운 곳, 직사광선이 바로 드는 곳, 습기가 많은 곳을 피해 보관한다.
- 곤충을 차단할 수 있는 용기에 담아 서늘한 장소에 보관한다.
- 미생물로 인한 쌀의 변질을 막기 위해 수분함량을 15% 이하로 유지해 준다.
- 떡가루를 만들 때 쌀을 물에 충분히 7~8시간 담가 불려주어야 한다.
- 빻아진 쌀가루는 소분하여 밀폐 후 냉동실에 보관하는 것이 좋다.

3) 전분의 변화

(1) 전분의 호화

전분의 호화(전분의 α화)는 전분에 물을 넣고 가열(60~65℃)하면 점성이 생기고 전체가 반투명인, 거의 균일한 콜로이드 물질로 변하게 되는 현상을 뜻한다.

① 전분의 호화는 총 3단계를 거치게 된다.

(ㄱ) **1단계 수화 단계**: 전분입자에 물을 가하면 전분 입자가 수분을 흡수하는 단계

(ㄴ) **2단계 팽윤 단계**: 온도의 상승으로 수분을 흡수하여 팽윤되는 단계

(ㄷ) **3단계 콜로이드 상태로 변하는 단계**: 전분의 입자의 내부가 붕괴되어 점도가 증가하는 단계

② 전분의 호화에 영향을 주는 요인

(ㄱ) **전분의 종류**: 아밀로오스나 아밀로펙틴의 함량이 호화에 영향을 미친다.
아밀로펙틴은 아밀로오스보다 호화되기 어렵다(=찹쌀이 호화되기가 어렵다).
찹쌀을 이용한 음식의 조리시간이 멥쌀로 하는 조리시간보다 길다.

(ㄴ) **전분 입자의 크기**: 전분 입자의 크기가 클수록 호화가 빠르다.

(ㄷ) **수침 시간**: 전분의 특징은 미리 수침(물에 담가두어 사용)한 후 가열하면 호화되기가 매우 쉽고 균일한 맛과 질감을 얻을 수 있다는 것이다.

(ㄹ) **가열 온도**: 전분마다 호화되는 온도가 다르지만, 가열 온도가 높을수록 단시간에 호화된다.
떡을 찔 때, 수증이가 올라오는 높은 온도에서 떡을 찌기 시작하는 이유가 여기에 있다.

(ㅁ) **수소이온농도(pH)**: 알칼리에서는 전분의 팽창과 호화가 촉진된다.
산에서는 전분이 가수분해되어 호화가 잘 일어나지 않는다.

(ㅂ) **당**: 설탕은 물을 흡수하는 성질이 있는데, 전분에 설탕을 첨가하면 설탕의 용해성으로 인해 당이 물을 흡수하여 전분의 물 흡수 및 이용을 방해하여 호화를 지연시킨다.

(ㅅ) **단백질, 지방**: 첨가물로 단백질이나 지방이 전분 입자를 감싸 물의 흡수를 방해하여 호화를 지연시킨다.

(ㅇ) **염도**: 염소 이온(소금)이 전분의 팽윤을 촉진시켜 전분의 호화온도를 내려준다.
호화온도가 내려감으로써 조금 더 빨리 호화가 진행된다.

③ 정리

호화란, 빠르게 익고 빠르게 늘어지고 투명해지는 정도(속도)라고 생각하면 쉽다.
멥쌀은 호화 시작점 온도가 찹쌀보다 5도 정도 낮고 아밀로오스 함량이 높아 호화가 빠르다.

✓ 호화가 잘 되는 조건은 아밀로오스(멥쌀)이 많을수록, 전분 입자가 클수록, 수침 시간이 길수록, 온도가 높을수록, pH 알칼리성일수록, 수분함량이 많을수록, 설탕 첨가가 적을수록, 염도가 추가될수록 빠르게 호화된다.

(2) 전분의 노화

호화된 전분의 수분이 점차 빠져나가면서 α-화된 전분의 구조가 기존의 전분상태인 β-화로 되돌아가는 현상을 뜻한다. 빵이나 떡, 밥 등이 완성된 후 점차 굳어지는 현상을 말하는데 호화가 완성된 전분이 공기와 만나서 딱딱한 구조로 변화가 되어 노화가 이루어진다.
노화된 전분은 소화효소의 작용을 받기도 어려워진다.
한번 노화가 된 전분은 다시 용액 상태로 분산되지 않는다.

① 전분의 노화에 영향을 주는 조건

(ㄱ) **온도 0~5℃일 때 노화가 빠르다.**
냉동상태인 -20~-30℃에서는 노화가 거의 일어나지 않는다.

(ㄴ) **수분함량이 30~50%일 때 노화가 쉽게 일어난다.**
떡은 수분이 40~60%이기 때문에 제조한 직후부터 노화가 일어나기 시작한다.
수분함량 10% 이하의 건조 상태에서도 노화는 잘 일어나지 않는다.

(ㄷ) **아밀로오스 함량이 클수록, 아밀로펙틴 함량이 낮을수록 노화가 빠르다.**

즉, 아밀로오스 함량이 큰 멥쌀이 찹쌀보다 노화가 빠르다.

(ㄹ) **전분의 입자가 작은 것이 노화가 빠르다.**

(ㅁ) **pH 7.0 이하의 산성에서 노화는 촉진된다.**

pH 2.0에서 가장 노화가 빠르고 이보다 강한 강산성의 경우에는 노화가 지연된다(=기본적으로 pH가 높을수록 노화가 빠름).

② 노화를 늦추는 방지법

(ㄱ) 설탕, 유화제 사용은 전분 분자의 침전과 결성형성을 억제하여 노화를 늦출 수 있다.

(ㄴ) 수분의 함량을 15% 이하 혹은 60% 이상으로 유지시켜주는 방법이 있다.

수분의 증발을 막는 포장으로 노화를 늦출 수 있다.

(ㄷ) 염류는 노화를 억제시킨다.

(ㄹ) 온도를 0℃ 이하로 낮춰준다(냉동보관).

(ㅁ) 온도를 60℃ 이상으로 유지해준다.

③ 정리

노화는 수분이 날아가며 전분이 β-화 되고 마르고 딱딱해지는 것을 뜻한다.

✓ 0도~4도의 냉장온도와, 수분함량이 35%~55% 정도일 때, 설탕의 첨가량이 적을 때, 약산성일수록 빠르게 노화가 이루어진다.

✓ pH 산성, 알칼리성 수치에 대한 개념이해

pH가 높다는 뜻의 이해

-숫자가 크다고 pH가 높은 것은 아니다. 예를 들어 7pH가 2pH보다 높다고 잘못 생각하는 경우가 있다.

-아래의 표를 보면 pH는 '0에 가까울수록 pH 수치가 높아 산성에 가깝다. pH가 높다.'라고 표현한다.

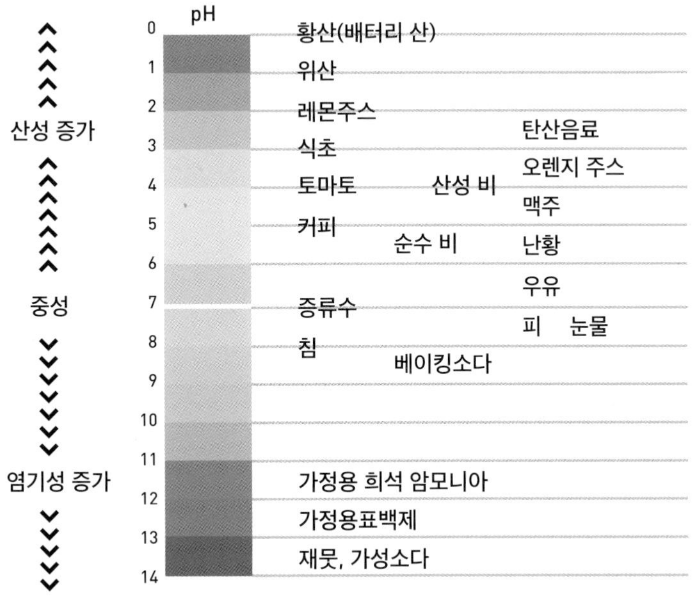

(3) 호정화

건열(물이 없는) 열로 전분을 160~180도 정도로 가열하면, 전분 분자의 요소인 글리코시드 결합이 끊어지면서 가용성 덱스트린으로 분해가 되는 과정으로 쉽게 말하면 맛이 구수하게 변하고 색도 연갈색으로 변화되어 우리가 일상적으로 알고 있는 미숫가루, 누룽지, 토스트, 뻥튀기 등이 이에 속한다.

(4) 당화

전분을 당화 효소나 산을 이용해 가수분해하여 달달한 감미를 얻어내는 것이 당화라고 한다.

예를 들어서 우리가 알고 있는 식혜, 물엿 혹은 조청 등이 이에 속한다.

(5) 겔화

전분을 가열하였다가 빠르게 냉각시키면 단단하게 굳는 성질이 겔화이다.

예를 들어서 우리가 자주 먹는 도토리묵 등의 묵류가 있다.

(6) 캐러멜화(caramelization)

설탕 용액을 가열하여 수분이 증발하고 설탕 구조가 깨지면서 나타나는 현상이다.

글루코스(포도당) 160℃, 자당 160℃, 맥아당 180℃(설탕의 녹는점) 이상의 온도에서 캐러멜화가 진행된다. 가열을 지속할수록 색이 점점 갈색화된다. 캐러멜화 반응은 당의 정제도가 낮을수록 빨리 일어난다.

색과 향이 좋아지고 특히 약식을 만들 때 설탕, 식용유, 녹말, 물 등을 넣어 캐러멜 소스를 만드는 전처리가 반드시 필요하다.

캐러멜화 반응 : 탄수화물이 고온(150℃~)에서 분해되고 산화되면서 향기와 독특한 맛을 내는 갈색의 작은 분자를 생성하는 것을 말한다.

02 부재료의 종류 및 특성

(1) 채소류

엽채류, 과채류, 근채류, 경채류, 종실류로 분류한다.

엽(잎)채류에는 상추, 쑥갓, 배추, 상추 등이 있고, 수분함량이 많아 버무리떡 등으로 이용한다.

쑥, 녹차, 시금치, 모시 잎처럼 섬유질이 많은 채소일 경우 가운데 줄기 같은 질기고 억센 섬유질 부분을 제외하고 사용하는 것이 좋다.

과채류에는 호박, 고추, 참외 등이 있으며, 근채류는 고구마, 당근, 무, 감자, 토란, 양파 등이 있다.

경채류는 줄기를 주로 먹는 채소류이며 아스파라거스, 죽순 등이 있다.

종실류는 단백질과 당질이 풍부한 옥수수, 콩, 수수 등이 있다.

채소에는 수분이 80~90% 함유되어 있어, 쌀가루에 물 주기를 할 경우 그만큼의 수분을 적게 주어야 알맞은 수분량을 맞출 수 있다.

① 채소의 조리는 삶기, 튀기기, 볶기, 끓이기, 찌기 말리기 등의 다양한 방법이 있다.

② 채소를 씻을 때는 식초, 베이킹파우더를 풀어 넣은 미지근한 물에 잠시 담갔다가 흐르는 물에 헹구어 사용한다.

③ 채소를 찌는 조리법은 영양성분의 손실이 가장 적고, 굽는 조리법이 영양성분 파괴가 가장 큰 조리법이다.

④ 채소의 데치기

(ㄱ) 소금은 채소의 색을 선명하게 한다.

(ㄴ) 채소는 수용성 성분이 많은 편으로, 채소의 약 5배의 물로 고온에서 빠르게 삶아 주어야 한다.

(ㄷ) 뚜껑을 열고 삶아준다.

(ㄹ) 빠르게 익힌 후 즉시 찬물에 헹구어 주어야 초록빛을 잘 유지할 수 있다.

✓ 호박고지

- 말린 호박고지는 비타민 D가 풍부하여 비타민 D의 흡수를 좋게 하기 위해 견과류와 함께 먹는 것이 영양적으로 도움이 된다.
- 애호박 대신에 청둥호박을 얇게 썰어 말린 것을 넣어 호박떡을 만들기도 한다.
- 호박고지는 호박오가리(호박우거리)라고도 한다.
- 호박은 아프리카 대륙의 열대지방이 원산지라고 추정한다.
- 호박고지는 비타민 D가 풍부하여 혈액의 칼슘을 조절하여 골다공증을 예방한다.
- 말린 호박고지는 미지근한 물 혹은 설탕물에 잠시 10분 정도 담가두었다가 물기를 제거 후 떡의 부재료로 사용된다.

(2) 과일류

- **과일류**: 인과류, 준인과류, 핵과류, 장과류, 견과류로 분류한다.
- **인과류**: 꽃이 떨어진 후 꽃받이 부분이 과육으로 발단한 것으로 사과, 배 등이 있다.
- **준인과류**: 씨방이 발달하여 과육이 된 것으로 감, 감귤류, 오렌지 등이 있다.
- **핵과류**: 씨가 단단하고 큰 과육으로 복숭아, 매실, 살구 등이 있다.
- **장과류**: 육질이 부드럽고 즙이 많은 과일로 포도, 딸기, 블루베리 등이 있다.
- **견과류**: 외피가 단단하며 밤, 호두, 잣 등이 대표적이다.

① 과일의 성분

수분 85~90%, 이 수분양을 계산하여 물 주기 할 때 물의 양을 감소시키고 쌀가루에 물 주기를 한다.

단백질 0.5~1%, 탄수화물 9~12%, 무기질 0.4%, 지방 0.3%, 비타민 C가 많이 함유되어 있다.

펙틴과 가용성 섬유질이 많아 혈당을 낮추어주는데 효과적이다.

과일의 종류와 성숙도에 따라 당분함량이 다르며 보통 10% 함유되어 있고, 포도의 경우 그보다 높은 15%~20% 함유되어 있다.

② 과일은 대표적으로 통조림 가공, 냉동가공, 건조가공으로 나뉜다.

- **통조림 가공**: 대표적인 과육은 복숭아, 파인애플이 있다.
- **냉동과일**: 대표적으로 딸기, 산딸기, 블루베리, 라즈베리 등이 있다.

• **말린 과일(건과류)**: 수분함량을 낮추어 보관이 용이하게 만들어졌으며 대표적으로 라즈베리, 건포도, 무화과 등이 있다.

(3) 두류

두류는 콩과에 속하는 작물이다.

단백질과 필수지방산이 매우 풍부하고, 쌀이 부족한 아미노산을 함유하고 있어 떡의 맛을 더 풍미롭고 영양가 있게 만들어 준다. 전분의 함량이 높으며 떡이나 과자 두유 제품으로도 많이 사용한다.

콩의 종류별 영양성분(가식부 100g 당)

-	에너지 (kcal)	수분 (g)	단백질 (g)	지질 (g)	탄수화물 (g)	화분 (g)	무기질(mg)					비타민(mg)			
							칼슘	인	철	나트륨	칼륨	A	B1	B2	나이아신
대두	442	5.4	34.5	18.2	36.9	5	216	589	8.1	4	2256	0	0.76	0.37	2
검정콩	431	5.6	36.4	15.9	37.4	5	298	641	8.9	5	2063	0	0.67	0.35	1.8
강남콩	354	10.4	21.2	1.1	63.9	3.4	99	338	8.9	2	24	0	0.41	0.31	1.9
밤콩	410	11.2	35	17.2	30.6	6	239	660	8.1	4	1553	0	0.49	0.17	2
완두콩	367	8.1	20.7	1.3	67.1	2.8	85	248	5.8	5	926	0	0.49	0.25	1.7
땅콩	564	5.1	22.4	46.3	24.2	2	43	300	3.2	3	616	0	1.54	0.12	15.6

출처: 농촌진흥청, 국가표준식품성분표 제8개정판. 2011

① 대두(콩)

(ㄱ) 흰콩, 누런콩, 밤콩, 검정콩(서리태) 등이 있다.

(ㄴ) 단백질 함량이 다른 콩보다 풍부하다.

(ㄷ) 콩의 수분함량이 14% 이하로 상처가 없고 낟알이 고른 것이 좋다.

(ㄹ) 콩은 통풍이 잘 되며 그늘지고 건조한 곳에 보관한다.

(ㅁ) 콩에는 곡류에서 부족하기 쉬운 리신과 트립토판의 함량이 높아서 곡류에 콩을 섞어 섭취하면 단백질을 보완하는데 효과적이다.

(ㅂ) 껍질이 얇고 깨끗하며, 색이 진하고 이물질이 없으며 윤기가 많이 나는 것이 좋다.

(ㅅ) 항암 · 항노화 · 심혈관질환 예방 등의 효능이 있다.

(ㅇ) 콩을 압력 조리 시 거품을 낮추기 위해 약간의 기름을 물에 넣어 조리하면 좋다.

(ㅈ) 콩은 조리시간이 오래 걸리기 때문에 반드시 6~12시간 정도의 수침 시간을 거쳐야 한다.

(ㅊ) 콩을 물에 불리는 것은 탄닌, 사포닌 등의 불순물을 제거하기 위함이다.

(ㅋ) 생콩은 단백질의 소화를 저해하는 트립신 저해물질이 있어서 소화율이 낮다. 하지만 가열을 하면 파괴되어 소화 저해물질이 상실된다.

(ㅌ) 콩을 물에 담가 불리는 이유는 가열시간의 단축과 조직의 균일한 연화 등을 목적으로 한다.

② 강낭콩

(ㄱ) 강낭콩은 붉은색, 검은색, 흰색, 무늬가 있는 것 등이 있지만 일반적으로는 붉은색 강낭콩을 사용한다. 윤기가 있고 모양이 일정하다.

(ㄴ) 칼슘과 칼륨, 미네랄이 풍부하다.

(ㄷ) 탄수화물은 63.9% 대부분은 전분으로 이루어져 있다.

(ㄹ) 식욕부진, 신장염, 부종 등에 효과가 있다.

(ㅁ) 강낭콩을 데쳐서 보관하면 더 오래 보관할 수 있다.

(ㅂ) 밥에 넣어 먹거나, 떡이나 빵에 첨가하는 부재료로 많이 사용된다.

③ 녹두

(ㄱ) 녹두는 껍질 그대로인 녹두와, 껍질이 벗겨있는 거피 녹두가 있어서 용도에 따라 선택한다.

(ㄴ) 전분 53%, 단백질 25% 함유돼 있어 영양이 풍부하다.

(ㄷ) 해열, 해독 작용으로 몸을 차갑게 하는 성질이 있다.

(ㄹ) 엽산과 칼륨, 마그네슘 등 혈압을 낮추어 주는 성분이 많이 들어 있다.

(ㅁ) 빈대떡이나, 묵류로 많이 사용한다.

④ 완두콩

(ㄱ) 완두는 전분이 풍부하고 비타민 A가 매우 풍부하게 함유되어 있다.

(ㄴ) 피부를 매끄럽게 해주고 야맹증에도 좋다.

(ㄷ) 완두를 설탕에 조린 완두배기는 떡 안에 소(필링)으로 사용된다.

(ㄹ) 청산을 함유하고 있어서 하루에 많이 섭취하면 안된다.

✓ 냉동완두를 실온에서 해동하지 않고 그대로 가열하면 좋은 이유

냉동 채소는 동결 중에도 산화 효소 등에 색의 변색과 변질이 일어나기 때문에 이를 방지하기 위하여 냉동하기 전에 열탕 처리나 증기를 이용하여 데치기를 한다.
이렇게 열탕 혹은 증기로 한번 열처리를 한 생태이므로 상온에 놓아 자연스럽게 녹이면 연해진 조직에서 수분의 유출이 많고 섬유가 질겨지거나 색이 변하고 모양이 흐트러진다.
따라서, 냉동된 상태에서 바로 데치거나 쪄서 세포 내 상태를 동결 전의 상태에 가깝게 하는 편이 좋다.

⑤ 동부(=돈부, 동부콩)

(ㄱ) 팥보다 길고 종자의 눈이 길다. 껍질이 얇을수록 좋다.

(ㄴ) 맛이 고소하며 식감이 아삭한 특징이 있다.

(ㄷ) 품종에 따라 백색, 흑색, 갈색, 적색 등 다양한 색이 있다.

(ㄹ) 청포묵의 원료로 쓰인다.

(ㅁ) 식이섬유가 많아 포만감을 많이 준다.

(ㅂ) 떡의 소, 묵, 빈대떡, 떡고물, 과자, 죽 등으로 활용된다.

⑥ 팥

(ㄱ) 붉은색과 하얀 띠가 선명하고 껍질이 얇으면서 낟알이 굵고, 썩거나 부서진 부분이 없는 팥이 좋다.

(ㄴ) 이뇨작용이 뛰어나 체내의 불필요한 수분을 배출시키고 과식 방지, 성인병 예방, 변비, 신장염에 효과가 있다.

(ㄷ) 적두묘라고 불리며 원산지는 중국 일대로 보고 있다.

(ㄹ) 팥은 수분함량이 14% 이하이고, 비타민 B1이 많아 탄수화물 대사에 도움을 준다.

(ㅁ) 붉은 팥을 삶을 때는 물에 불리지 않고 삶고, 거피한 팥의 경우엔 물에 불려 껍질을 벗겨 쪄서 사용한다.

(ㅂ) 통풍이 잘 되며 그늘지고 건조한 곳에 보관하는 것이 좋다.

- 팥고물을 만들 때 붉은 팥은 물에 불리지 않고 씻어서 바로 삶아 사용한다.
- 거피(기피)팥은 물에 불려서 깨끗하게 껍질을 벗긴 후 찜기에 쪄서 사용한다.

✓ 붉은팥을 삶을 때 물에 불리지 않고 바로 삶아야 하는 이유

통팥 내부 조직에는 전분이 많아 물을 쉽게 흡수하므로 껍질만 연해지면 미리 물에 불려두지 않아도 빨리 연해질 수 있기 때문에 바로 가열하여 껍질을 연화시키는 것이 좋다. 왜냐하면 다른 콩과는 달리 팥은 껍질이 충분히 물을 흡수하기도 전에 배꼽 부분 안쪽으로 물이 흡수되어 껍질보다도 먼저 내부의 자엽이 부풀기 때문에 껍질이 갈라져 '배 갈라짐' 현상이 일어나기 때문이다.
이때 내부의 전분이나 그 밖의 성분이 불린 물속에 용출되어 나오므로 맛이 떨어지고 쉽게 부패한다. 한편 팥밥처럼 색을 중시하는 경우 너무 오래 물에 불리면 예쁜 적색이 물에 용출될 우려가 있다.
팥을 삶을 때 나는 거품은 바로 사포닌(saponin)이다. 사포닌은 영어로 비누를 뜻하는 'soap'에서 유래했다. 비누처럼 거품이 많이 나기 때문에 그렇게 이름 붙여졌다.
설사를 유발하는 사포닌을 제거하기 위해서 한번 끓어오른 붉은 물을 버리고 다시 새 물을 부어 삶아준다.

⑦ 흑태

(ㄱ) 검은색인 흑대두, 서리태, 서목태 모두 흑태라고 통틀어 말한다.

(ㄴ) 안토시아닌과 이소플라본이 풍부하게 함유되어 있어 대표적인 블랙푸드로 알려져 있다.

(ㄷ) 서리태는 서리 맞은 후 늦게 수확해 서리태라 불리며, 검정콩과 모양은 비슷하지만 속이 파란 차이가 있다.

(ㄹ) 몸의 독소를 배출해주는 해독작용 및 콜레스테롤 저하에 도움을 준다.

(ㅁ) 불린 콩은 반드시 냉동 보관하여, 필요시에 일정량을 꺼내 사용하는 것이 좋다.

(ㅂ) 검은콩 두부, 검정콩 차, 검은콩 수제비 등 다양한 음식에 넣어져 사용된다.

검은콩에 있는 껍질은 '글리시테인'이라는 플라보노이드의 일종인 이소플라본에 속하는 성분으로 혈중 콜레스테롤 수치를 낮추는 에스트로겐 활성을 지닌 물질로 누런 콩에서는 발견되지 않는 항암물질이 함유되어 있다.

검은콩은 수용성 안토시아닌계 색소가 많은데, 이 색소는 산성에서는 적색, 알칼리성에서는 청색을 띠며 금속이온을 만나면 색이 선명해지는 성질이 있다.
따라서, 검은콩을 삶은 국물에 식초를 넣으면 딸기 같은 선명한 적색이 되어 음료로 이용하기도 하며, 철 냄비에 넣어 삶으면 검은색이 더욱 선명해지는 효과를 낼 수 있다.

⑧ 땅콩

(ㄱ) 일반 땅콩보다 지질이 3배가량이 높고, 각종 무기질 비타민이 풍부하게 들어가 있어서 대표적인 고지방, 고단백 건강식품이다.

(ㄴ) 땅콩의 지질은 필수아미노산 중 아라키돈산이 풍부하다.

(ㄷ) 알이 꽉 차고 표피가 매끈하면서 윤기가 있는 것이 좋다.

(ㄹ) 볶은 땅콩을 간식으로 섭취하거나, 밥, 쿠키, 땅콩버터 등 다양한 요리에 사용된다.

(ㅁ) 견과류는 실내에 보관하게 되면, 아플라톡신이라는 물질이 생길 수 있기 때문에 냉장고에 보관해야 한다. 아플라톡신은 산패와 곰팡이 오염으로 인해 발생한다.

(4) 감미료

모든 음식에 단맛을 느끼게 해주는 조미료 및 식품첨가물을 뜻하며, 단맛을 내는 것 외에도 보습작용, 방부작용, 음식의 노화를 지연시키는 효과가 있다.

당의 감미의 기준이 되는 것은 설탕이다.

설탕의 감미를 100으로 기준(표준으로)한다.

✓ 당의 감미정도

과당(120~180) > 전화당(85~130) > 자당, 설탕, 서당(100) > 포도당(70~74) > 맥아당, 엿당(60) > 갈락토오스(33) > 유당, 젖당(16)

① 꿀

설탕이 발견되기 전에 최초로 사용하던 감미료이다.

꿀은 과당이 많이 함유되어 있어 액상 형태이다.

꿀은 아카시아꿀, 잡화꿀, 밤꽃꿀 등 다양한 종류가 있다.

꿀의 점성이 커서, 계량 시 먼저 계량 용기에 약간의 물을 묻힌 후 사용하면 용기에 달라붙지 않는다.

흡습성이 강하여, 오랫동안 수분이 유지된다.

② 설탕(자당, Sucrose) : 포도당 + 과당

설탕은 사탕수수와 사탕무로부터 얻어지고 원심분리를 통해 원당과 제1당밀로 분리된다.

설탕은 원당으로 만드는 당류이다.

이 원당을 정제하면 백색의 정제당이 된다.

정제당은 입상형당, 분당, 변형당, 액당, 전화당으로 분류된다.

당밀을 분리하지 않고 함께 굳히면 흑설탕이 된다.

흑설탕은 색을 진하게 하고 풍미를 늘리기 위하여 약식이나 수정과 등에 사용한다.

③ 조청

여러 가지 곡류(찹쌀, 멥쌀, 수수, 조, 고구마 등)의 전분을 맥아(엿기름 등)로 삭히며 당화를 시킨 후, 오랫동안 가열, 조려 농축한 것이다.

인공적으로 만들어진 꿀이라고 해서 조청이라고 한다.

④ 물엿

인공적으로 만들어지는 것은 조청과 비슷하나, 옥수수 전분에 묽은 산과 효소를 가한 후 가수분해한 것으로 덱스트린, 맥아당, 포도당의 혼합물이다.

⑤ 올리고당

1개의 포도당이 글리코시드 결합(2~4개의 과당이 결합)된 3~5당류이다.

기능성 올리고당으로 프락토올리고당, 갈락토올리고당, 이소말토올리고당 등이 있다.

감미는 설탕의 30%이며, 액상 형태이다.

⑥ 아스파탐

설탕의 200배 달하는 단맛을 내며, 우리나라에서 가장 많이 쓰인다.

쓴맛이 적고 열을 가하면 쉽게 분해되어 단맛을 잃어버리는 특성이 있다.

가열 요리가 필요치 않은 식사 대용 곡류가공품, 껌, 청량음료, 아이스크림, 빙과, 잼, 주류, 분말수프, 발효유, 식탁용 감미료 이외의 식품에는 사용해서는 안 된다.

⑦ 사카린

체내에서 변형되지 않고 소변으로 배출되며, 설탕의 300배 달하는 단맛을 낸다.

유해성 논란으로 사용 규제를 받고 있다.

식빵, 이유식, 흰 설탕, 포도당, 물엿, 벌꿀 및 알사탕류에 사용해서는 안 된다.

(5) 소금

소금(common salt)은 염화나트륨(NaCl, sodium chloride)을 주성분으로 하는 짠 맛의 물질이다.

소금은 호렴, 재제염, 정제염으로 나누기도 하며, 암염과 해염으로 구분하기도 한다.

미생물 발육을 억제하는 **방부작용**, 배추에 소금을 넣으면 숨이 죽는 것과 같은 **탈수작용**, 밀가루에 탄력을 주는 **탄력 증진**, 육류나 생선의 조직을 단단하게 유지하는 **응고성 유지 역할**이 있다.

① 호렴(천일염, 굵은소금)

염전에서 바닷물을 끌어들여 건조하는 과정을 반복하여 생긴 소금이고, 불순물과 수분이 많다.

② 재제염

호렴(천일염, 굵은소금)을 다시 녹여서 재결정한 것으로, 더 희고 결정이 곱다.

일반적으로 꽃소금, 고운 소금이라고 불린다.

③ 정제염

호렴과 같은 바닷물이지만, 나트륨과 염소만은 깨끗하게 걸러낸 소금이라 불순물이 거의 없다. 가정에서 가장 많이 사용되고(=식탁염) NaCl의 농도가 95%인 소금이다.

✓ 해염은 바닷물을 제염한 것이고, 암염은 천연으로 땅속에 층을 이루고 파묻혀 있던 것을 제염한 것이다.

(6) 착색료(발색제)

떡을 만들 때 색을 넣어 외관을 보기 좋게 하기 위해 넣는 첨가물로, 쌀 무게 대비 2% 정도가 적당하다.

떡의 착색료로는 천연재료를 사용하는 것이 원칙이다.

- 천연 가루만의 특징과 향을 구분하여, 제조하는 떡에 어울리는 것을 선택한다.
- 발색제는 그 형태와 성분에 따라 그 사용방법을 달리하여야만 그 본연의 색을 살릴 수 있다.

- 발색제를 첨가할 경우 물을 조금씩 뿌려주며, 손으로 잘 비벼주면서 물과 발색제가 균일하게 섞이도록 사용한다.
- 발색제 중 분말류는 쌀가루에 수분 첨가량을 늘려주고, 수분량이 많은 생야채 또는 과일류를 넣을 경우에는 쌀가루의 기본 수분 첨가량을 낮춰 준다.
- 입자가 고운 분말은 적당량의 물에 풀어서 사용한다.
- 천연 가루를 사용 시 재료마다 발색되는 정도가 다르기 때문에, 한 번에 많이 넣지 않고 색의 강함 정도를 조절해가며 사용해준다.

① 발색제의 종류와 색상(천연색소성분)

노란색(flavonoid, 플라보노이드)	치자, 단호박, 단호박가루, 송화, 울금, 황매화
주황색	황치즈가루, 파프리카(빨간색)
초록색(chlorophyll, 클로롤필)	시금치, 모싯잎, 녹차분말, 클로렐라분말, 쑥가루
붉은색(anthocyanin, 안토시아닌)(betalain, 베타레인)	딸기분말, 백년초, 비트, 홍국쌀가루
보라색	자색고구마, 포도, 복분자가루
갈색(tannin, 탄닌)	코코아가루, 커피, 대추고, 갈근가루, 둥굴레
검은색	흑임자, 석이버섯, 블랙코코아

② 발색제 사용방법

(ㄱ) **단호박** : 단호박의 껍질을 벗기고 호박의 씨를 모두 빼내어 준다. 약 20분 정도 쪄준 후 잘 쪄진 것을 확인한 후 방망이 혹은 채에 걸러 부드럽게 풀어준다.
수분과 식이섬유가 풍부하기 때문에 단호박을 먼저 쌀가루에 넣고 수분을 맞춘 후 부족한 부분은 물을 넣어 수분을 맞추는 것이 좋다.

(ㄴ) **치자** : 치자의 표면을 살짝 씻은 후 칼집 낸 후, 뜨거운 물을 부어서 잠시 기다려준다.
노란 성분이 우러나오게 되면 치자의 건더기는 사용하지 않고 우러나온 물만을 이용하여 사용한다.
치자 가루의 경우 적은 양으로도 발색이 강하기 때문에 조금씩 섞어가며 사용량을 정한다.

(ㄷ) **시금치, 모시잎 등의 채소류** : 섬유질이 많기 때문에 질긴 섬유질 부분을 제거하고 고운 잎을 이용하여 사용한다. 채소를 삶을 때에는 소금을 살짝 넣고 고온에 빠르게 익혀주어야 색감이 유지가 된다. 시금치 가루, 쑥 가루 등 시중에 관련되어 건식 가루가 많이 나오고 있으므로, 그 제품을 이용해도 좋다.
단, 가루류를 추가할 때는 가루로 인해 떡(쌀)의 수분 부족 현상을 없애기 위해, 가루의 양에 맞춰 수분(물)이 더 추가되어야 한다.

(ㄹ) **석이버섯** : 석이버섯은 다듬고 삶고 말리는 과정에서 유실되는 양이 많은 편이다.
검은색을 내는 재료로 미지근한 물에 불려서, 석이버섯 안쪽은 칼등이나 손으로 열심히 비벼서 이끼와 돌가루 등을 모두 제거해야 한다. 손으로 비벼 씻을 경우에도 5회 이상 반복한다.
깨끗하게 손질된 석이버섯은 잘 건조한 후 분쇄기로 분쇄하여 분말의 형태로 보관한다.

(ㅁ) **흑미**: 흑미는 무엇보다도 수침 시간이 중요하다. 기존 쌀가루보다도 2~3시간 더 수침시켜야 한다. 흑미는 도정되지 않은 검은 색소가 쌀의 밖에 집중되어 있는 현미의 일종이다.

흑미만을 이용해 떡을 만들 경우, 색이 너무 진할 수 있으므로 백미와 함께 섞어가며 사용한다.

(ㅂ) **생과일류**: 딸기, 복분자, 블루베리 등 생과일은 쌀 분쇄기가 있을 경우, 쌀과 같이 넣어 분쇄한다. 그러나 딸기 블루베리 등 당류가 많기 때문에 쌀가루와 과일을 따로 분쇄하여 물 주기 시 첨부하는 것이 좋다. 딸기만을 사용하여 분홍색을 표현할 경우 갈색이 섞인듯한 어두운 분홍색이 될 수 있다. 이때에는 가루분말(딸기가루, 블루베리가루)를 추가로 섞어서 만들면 좀 더 밝은 분홍색을 낼 수 있다.

(ㅅ) **비트, 백년초 가루**: 천연 비트가루, 천연 백년초 가루의 경우 열을 가했을 때 색이 사라지는 경우가 많다. 분명 예쁜 핑크색 송편을 만들었으나 나오는 송편은 탁한 연갈색인 경우가 이러한 경우다. 쌀가루에 물 주기 시 입자가 고운 비트와 백년초 가루는 물에 가루를 풀어서 이용하는 것이 좋다. 특히 비트가루는 뭉쳐있는 성질이 강해서 그대로 쌀가루에 넣을 경우 풀어지지 않고 뭉쳐있는 경우가 많다.

백년초 가루보다는 비트가 특유의 향이 세기 때문에 과하게 사용하였을 경우 비트(빨간무) 특유의 향이 날 수 있다.

(ㅇ) **자색고구마**: 안토시아닌과 식이섬유가 풍부하다. 일반 햇고구마보다는 당도가 떨어지지만 후 숙성을 통해 당도를 올려서 사용하는 것이 좋다. 칼로리가 낮은 편이고 보라색을 내며 식이섬유가 풍부해서 떡도 더욱 포근하게 만들어지고 노화도 지연시켜주는 역할을 한다.

(ㅈ) **흑임자**: 검은 참깨, 검은깨라고 불리며 국내산과 중국산의 맛과 향에 차이가 있다.

혈액순환, 탈모방지에 도움이 된다. 흑임자도 마찬가지로 수분을 조금 더 추가하여야 맛있는 떡이 된다.

(7) 물

산소와 수소의 화합물로 무색, 무취의 액체이다.

떡을 만들 때 가장 기본이 되는 중요한 원료이므로 성분과 상태를 잘 파악해야 한다.

① **물의 경도**: 물에 녹아있는 칼슘과 마그네슘의 합계량을 탄산칼슘의 양으로 수치화해 ppm으로 표시한 것을 경도라고 한다.

경도가 60ppm 미만은 연수, 60~120ppm은 아연수, 120 이상~180ppm 아경수, 180ppm 이상을 경수라고 부른다.

② **연수**: 단물이라고도 하며 증류수, 빗물, 수돗물 등이 여기에 속한다.

본 재료의 맛을 해치지 않으며 목 넘김이 부드럽다.

③ **경수**: 바닷물, 광천수, 온천수, 지하수 등이 여기에 속하며 목 넘김이 묵직하고 쓴맛이 난다.

일시적 경수는 끓이면 경수가 탄산염과 연수로 분리되고, 영구적 경수는 황산이온이 들어있어 끓이더라도 분리 및 연수화되지 않는다.

03 재료의 일반 영양소 성분

✓ 영양의 의의와 영양소

생명체가 체온을 유지하고, 호흡, 성장과 발육, 유지하기 위해 외부에서 물질을 섭취하고 받아들여서 이용한다. 이처럼 성장과 유지하는 것을 영양이라고 한다.

영양소는 영양 현상을 위하여 필요한 물질을 영양소라고 하며, 일반적으로 탄수화물, 지방, 단백질, 무기질, 비타민, 물(수분)을 포함한 6대 영양소가 있다.

영양소는 체내의 작용에 따라 열량소, 구성소, 조절소로 분류할 수 있다.

- **열량소**: 체내에서 산화 연소하여 열을 발생하는 것으로 에너지를 공급한다. 탄수화물, 지방, 단백질은 1g당 각각 4kcal, 9kcal, 4kcal의 열량을 낸다.
- **구성소**: 인체의 조직을 구성하고 계속해서 분해, 소모되는 체성분을 공급하는 영양소로, 단백질, 무기질 등이 이에 속한다.
- **조절소**: 인체의 생리 기능을 조절하는 영양소로 무기질, 비타민 등이 있다.

1) 물(수분)

수분은 크게 자유수(유리수)와 결합수로 나뉜다.

(1) 자유수(유리수): 식품 중에서 자유로이 운동할 수 있는 물, 수분함량 개념으로 사용

① **용매작용**: 수용성 물질을 녹여 용매로 작용된다.

② 건조로 쉽게 제거 가능하다.

③ 미생물의 생육, 증식(번식)에 이용한다.

④ 비중은 4℃에서 가장 크다.

⑤ 표면장력이 크다(액체의 표면이 스스로 수축하여 가능한 한 작은 면적을 취하려는 힘을 뜻한다).

⑥ 점성이 크다.

⑦ 0℃에서 얼고 100℃에서 끓는다.

(2) 결합수: 식품 속 탄수화물이나 단백질 분자의 일부분을 형성하는 물

① 수용성 물질을 녹일 수 없어서 용매로 작용하지 않는다.

② 수증기압이 보통의 물보다 낮으므로 대기 중에서 100℃ 이상으로 가열하여도 제거되지 않는다.

③ 0℃ 이하의 낮은 온도(-20~-30℃)에서도 얼음으로 동결(얼지)되지 않는다.

④ 보통의 물(자유수)보다 밀도가 크다.

⑤ 동식물의 조직에 존재할 때 그 조직에 큰 압력을 가해 압착해도 제거되지 않는다.

⑥ 식품에서 미생물의 번식과 발아에 이용되지 못한다.

(3) 수분의 기능 및 중요성

① **생리적 기능**: 생명체 내에서 생화학 반응, 영양소와 노폐물 등 물질 운반, 삼투현상 등에 관여한다. 체내 분비액의 주요 성분이다.

삼투현상이란, 묽은 용액과 진한 용액이 반투과성막을 사이에 두고 있을 때, 농도가 더 진한 쪽으로 용매(일반적 물)가 이동하는 현상이다. 물은 쉽게 세포의 원형질막을 통과할 수 있고 이런 물의 확산은 생명체의 유지에 중요한 역할을 하고 있다.

② **생명 유지에 필수적인 요소**: 신생아는 체중의 약 75%, 성인은 체중의 약 60%를 구성한다.

체내 수분이 정상적인 양보다 10% 이상 손실되면 수분 부족으로 인한 발열, 경련, 혈액순환 장애가 발생한다. 20% 이상 손실되면 생명이 위험해진다.

③ 수분은 다른 영양소와 달리 저장고가 없어 반드시 섭취를 해야 한다.

④ **식품의 성질 및 성분 변화**: 식품의 물리적 화학적 성질뿐만 아니라 식품을 조리, 가공, 조리 시에 물로 인한 성분 변화가 다양하게 변하며 큰 영향을 미친다.

식품건조나 동결 시 단백질의 변성 등 조직적인 품질 저하를 일으키게 되며, 식품의 물성에서 영향을 미치게 된다.

⑤ 성인은 1kcal 당 1ml(약 1, 800~2, 500ml), 유아는 1kcal 당 1.5ml가 필요하다.

⑥ 체온을 일정하게 유지해 준다.

⑦ 과잉 수분 섭취 시 신장에 무리가 가서 부종, 피로를 느낀다.

2) 탄수화물

- **탄수화물(당질)**: 탄소(C), 수소(H), 산소(O)로 구성되어 있다. 1g당 4kcal의 에너지를 낸다.
  탄수화물은 크게 소화가 되는 당질과 소화가 되지 않는 섬유소로 구분한다.
  탄수화물 대사 작용에는 반드시 비타민B1(티아민)이 반드시 필요하다.
  탄수화물은 가수분해에 의해 생성되는 가장 간단한 단당류의 수에 따라 분류된다.
  과잉 섭취 시에는 간과 근육에 글리코겐으로 저장되며, 나머지 탄수화물은 피하지방으로 저장된다.
- **단당류**: 단당류가 2개 결합된 것을 이당류, 단당류가 3~10개 결합된 것을 올리고당, 단당류가 10개 이상 결합된 것을 다당류라고 한다.

(1) 탄수화물의 분류

① **단당류**: 당질을 이루는 가장 기본적인 당이며, 소화 작용에 의해 더 이상 분해되지 않는 물질

(ㄱ) **포도당(glucose)**: 생물체에 있어 가장 중요한 당으로 대부분 간과 근육에 글리코겐으로 저장된다. 과일(포도), 엿기름, 포도 등에 함유되어 있으며 혈액 중에 약 0.1% 존재한다(혈당).

(ㄴ) **과당(Fructose)**: 과일, 벌꿀 등에 함유되어 있으며 단맛이 가장 강하다.

(ㄷ) **갈락토오스(galactose)**: 물에 잘 녹지 않지만 가장 빨리 소화, 흡수되는 단당류이다.

해조류나 고무질(GUM) 속에 존재한다.

체내에서 당단백질과 당지질의 형태로 존재하며 이 성분은 뇌, 신경조직의 성분이 된다.

② **이당류**: 단당류 2개가 결합하여 만들어진 물질

(ㄱ) **자당(설탕, 서당, sucrose)→포도당+과당**

산이나 효소로 가수분해하면 단맛이 더 강한 전화당이 된다.

사탕무나 사탕수수 속에 많이 들어있다.

농축 정제하게 되면 설탕이 된다.

산이나 효소로 가수분해하면 단맛이 더 강해지는 전화당이 된다→과당과 포도당의 동량 혼합물(과당 : 포도당=1 : 1)

(ㄴ) **유당(젖당, lactose)→포도당+갈락토오스**

포유동물의 유즙에만 존재한다. 당류 중에서 가장 단맛이 약하다.

장내 유산균의 발육을 왕성하게 하여 잡균의 번식을 억제한다.

(ㄷ) **맥아당(엿당, maltose)→포도당+포도당**

전분이 가수분해되는 중간산물이다. 우유나 맥주 엿기름(식혜)에 많이 들어있다.

감주, 엿 등을 만드는데 사용된다.

✓ **감미도**: 과당 > 전화당 > 자당 > 포도당 > 맥아당, 갈락토오스 > 유당

③ **다당류**: 10개 이상의 단당류가 결합된 것으로 단맛이 없고 물에 용해되지 않는다.

(ㄱ) **전분(녹말, starch)**: 아밀로오스(20%)와 아밀로펙틴(80%)으로 구성

곡류, 콩류, 감자류, 두류 등에 존재하며, 찬물에 녹지 않고 물을 넣어 가열하면 소화하기 쉬운 형태인 호화 상태가 된다. 요오드와 반응하면 청색을 나타낸다.

(ㄴ) **글리코겐(glycogen, 동물성 녹말)**: 동물의 간이나 근육에 저장되어 있는 포도당 집합체

필요시에는 체내에서 포도당으로 전환되어 이용된다. 요오드와 반응하면 갈색과 붉은색을 나타낸다.

균류, 효모, 육류, 조개류 등에도 들어있다.

(ㄷ) **섬유소(cellulose)**: 영양적 가치는 없으며 체내에 소화되지 않고 배설된다.

영양적 가치는 적지만 배변 운동을 돕고, 장내에서 비타민 B군의 합성을 촉진한다.

식물체의 줄기, 잎, 껍질 등에 많이 들어있다.

✓ 섬유소

탄수화물의 일종. 식품과 엮일 때는(Dietary fiber) 음식 속의 섬유질이라고도 하며 이를 직역해서 식이섬유나 섬유소라고 부르기도 한다. 일반적으로 식이섬유는 알파아밀라아제, 글로코시다아제와 같은 인간의 소화효소가 분해시키지 못하는 3당류 이상의 다당류로 정의된다.
한국식약처에서 인정하는 기능성은
1. 정장 작용(배변 관련)
2. 혈당치 상승 억제
3. 혈중 중성 지질 저하가 있다.

수용성 식이섬유소, 불용성 식이섬유소 두 종류가 있다.
불용성 식이섬유소는 물에 녹지 않는 식이섬유라는 뜻이다.
리그닌, 키틴, 셀룰로오스, 헤미 셀룰로오스가 있다.
식품으로는 곡류에는 현미, 보리, 팥, 옥수수, 토란, 밀기울 빵, 전밀 빵처럼 거친 것들에, 채소류에 질경이, 상추, 양배추, 나물, 청, 고사리, 양파, 치커리, 우엉, 브로콜리, 표고버섯 등에 많이 있다. 또한 우리가 먹지 않고 버리는 과일 껍질에도 불용성 식이섬유가 많은 편이다.
수용성 식이섬유소는 물에 녹는 식이섬유라는 뜻이다.
난소화성말토덱스트린, 폴리덱스트로스, 이눌린 등이 있다.
수용성 식이섬유는 불용성 식이섬유가 있는 채소나 과일 등에 함께 존재한다.
식이섬유는 일반적으로 식품이나, 식품첨가물로 분류되는 것도 있다. 불용성 식이섬유는 침에 의해 녹지 않으므로(소화효소가 분해시키지 못하니 당연하다) 먹을 때 입안에서 꺼칠꺼칠한 느낌을 주고, 일반적으로 식이섬유가 음료에 많이 사용되는 관계로 수용성 식이섬유가 식품산업에서 가장 많이 사용된다.

(ㄹ) **펙틴(pectin)**: 세포벽 또는 세포 사이의 중층에 존재하는 다당류이다.
우리 몸에 분해 효소가 없어서 영양적 가치는 없으며 반섬유소의 형태이다.
과실류, 감귤류의 껍질에 많이 함유되어 있다.
펙틴에 당을 가하면 엉겨지는 성질(겔)이 있어서 구조 형성에 도움을 준다.
잼이나 젤리를 만드는데 이용된다.
장내 세균 및 유독 물질을 합착하여 배설시킨다.

(ㅁ) **이눌린(Inulin)**: 돼지감자나 우엉 등 뿌리식물에 들어있다. 체내에 축적되지 않는다.

(ㅂ) **알긴산(Alginic Acid)**: 알긴산은 미역이나 다시마 같은 해조류를 물에 불렸을 때 나오는 끈끈한 점액 성분의 식이섬유로, 체내에 흡수되지 않고 배출되는 점을 이용하여 식품첨가물로 많이 사용되고 있다. 더불어 우리 몸의 미세먼지나 중금속을 몸 밖으로 배출시키고 혈관을 튼튼하게 하는 식이섬유로 잘 알려진 물질이다.

(ㅅ) **한천(Ager)**: 우뭇가사리 등 홍조류에 존재하는 끈끈한 점액 성분(점질물)으로 동결 · 건조한 제품이다.
응고력이 강하고 물과의 친화력이 강해 수분을 일정한 형태로 유지한다.
겔화력이 커서 과자, 양갱, 젤리 등의 제품이 많이 사용된다.
곰팡이, 세균 등의 배지로 이용된다.
배변을 촉진시켜 변비 예방에 좋다.

(ㅇ) **키틴(Chitin), 갑각소(甲殼素)**: 새우, 게 껍데기(N-아세틸글루코사민이 긴 사슬 형태로 결합한 중합체) 에 함유된 다당류이다.

(ㅈ) **올리고당류(Oligosaccharides)**: 단당류가 3~10개 연결된 형태의 올리고당 중 소화 효소에 의해 분해되지 않고 식이섬유와 유사하게 작용하여 대장으로 내려가 장내 유익균의 영양원이 되어 대장 환경을 개선하는 데 도움을 주는 기능성을 나타내는 성분을 의미한다.

- 라피노오스: 포도당+과당+갈락토오스가 결합된 삼당류이다.
- 스타키오스: 포도당+과당+갈락토오스+라시노오스가 결합된 사당류이다.

한천, 젤라틴의 차이

	젤라틴	한천
원료와 성분	동물성 식품	식물성 식품
영양소	주 성분 '단백질'	주성분 '탄수화물, 다당류'
투명도	젤라틴이 조금 더 투명함	젤라틴보다 불투명함
재료	육류나 어류의 결체 조직이나 뼈, 피부조직 등의 '콜라겐' 성분만을 추출하여 가공해서 만든다.	우뭇가사리(agar)라는 해조류에서 성분을 추출해 가공해서 만든다.
형태	판의 형태, 가루형태	각한천, 실한천, 분말한천
용해온도	약 24~25℃	약 90℃ 이상
사용처	과일젤리, 무스, 아이스크림, 잼, 마시멜로, 푸딩 등	양갱, 케이크데코 고정제, 알약 코팅제, 양장피 등
특성	설탕의 첨가량이 많으면 겔 강도를 감소시켜 농도가 증가할수록 응고력이 감소한다. 염류는 단단한 응고물형성에 도움을 준다.	설탕의 첨가량이 많으면 점성과 탄성이 증가한다. 산과 우유는 겔의 강도를 약하게 한다.
응고력(겔화력)	젤라틴 < 한천(한천이 약 10배 높다)	

(2) 탄수화물의 기능

① 에너지의 급원(1g당 4kcal)이며 전체 열량의 65%를 차지한다.
인체 내 소화율이 98%이며, 피로 회복에 좋다.

② 글리코겐으로 간에 저장된다.

③ 필요시 포도당으로 분해되어 사용된다.

④ 중추신경계의 활동에 필수적으로 필요한 영양소이다.

⑤ 포도당은 0.1%(정상인의 혈당치)의 혈당량을 유지해준다.

⑥ 감미료에도 쓰인다.

⑦ 지방의 완전연소를 돕는다. 부족 시 산 중독증을 유발한다.

(3) 탄수화물의 섭취 및 권장량

① 1일 총 열량 섭취량의 65%

② 과잉 시 비만증, 소화불량 및 지방과다증, 결핍 시 체중 감소·발육부진 등이 유발된다.

3) 단백질

(1) 단백질의 특성

탄소, 수소, 산소 외에 질소 등을 함유하는 유기화합물로 1g당 4kcal 에너지 공급원이다.

단백질이 소화과정에서 분해되면 아미노산이 된다.

인체에 필요한 아미노산에는 20 종류가 있으며 이 아미노산들은 펩티드 결합이라고 하는 화학결합으로 서로 연결되어 있는데 이것을 폴리펩티드 또는 단백질이라고 한다.

열, 산, 알칼리 등에 응고되는 성질이 있다.

(2) 단백질의 기능

(ㄱ) 체조직과 혈액단백질, 효소, 호르몬 등을 구성한다.

(ㄴ) 1g당 4kcal 에너지 공급원이다.
전체 에너지 섭취량 중 15%를 공급한다.

(ㄷ) 체내 삼투압 조절로 체내 수분 함량을 조절하고, 체액의 pH를 일정하게 유지시킨다.

(ㄹ) r-글로불린은 항체로서 병원균에 대한 방어작용을 한다.

(ㅁ) 나이아신(비타민 B3) 합성한다.

(ㅂ) 근육, 뼈, 피부 조직을 형성한다.

(3) 단백질의 섭취

(ㄱ) 1일 총 에너지 필요량의 10~20%를 섭취하는 것이 적당하다.

(ㄴ) 단백질이 부족하면 쿼시오커(단백 결핍성 소아영양실조증)와 마라스무스 증상이 나타나며, 과잉 섭취 시에는 혈압이 상승하고 불면증이 생길 수 있다.

(ㄷ) 부종, 성장장애, 빈혈, 피로감을 느낄 수 있다.

(4) 단백질의 영양적 분류

(ㄱ) **완전단백질**: 생명유지, 성장발육, 생식에 필요한 필수 아미노산을 말하며 우유(카세인, 락트알부민), 달걀(오브알부민, 오보비텔린), 콩(글리시닌), 밀(글루테닌, 글루텔린), 생선(미오겐)등이 속한다.

(ㄴ) **부분적 완전단백질**: 생명을 유지시키지만 성장을 돕지는 못한다.
밀(글리아딘), 보리(호르데인), 쌀(오리제닌), 귀리(프롤라민) 등이 속한다.

(ㄷ) **불완전 단백질**: 생명유지나 성장에 모두 관계없는 단백질이다. 옥수수(제인), 육류(젤라틴) 등이 속한다.

(ㄹ) **필수아미노산(필수아미노산, 불필수아미노산의 분류)**

- 필수아미노산: 체내 합성이 되지 않아 반드시 음식물을 통해서 섭취해야 하는 아미노산이다.
- 성인에게 필요한 필수아미노산은(8가지): 이소루신, 루신, 리신, 메티오닌, 페닐알라닌, 트레오닌, 트립토판, 발린

- 성장기 어린이 혹은 회복기 환자 등에게 필요한 필수아미노산(10가지): 성인에게 필요한 필수 아미노산과 아르기닌, 히스티딘
- 불필수아미노산(11개): 체내 합성이 가능한 아미노산이다.
  알라닌, 글리신, 세린, 아스파르트산, 아스파라긴, 아르기닌, 글루타민, 프롤린, 타이로신, 글루타메이트, 시스테인

(5) 단백질의 성분적 분류

(ㄱ) **단순 단백질**: 아미노산만으로 구성된 단백질이다.
알부민, 글로불린, 글루텔린, 히스톤, 글루텔린 등

(ㄴ) **복합 단백질**: 단순단백질과 비단백질 성분으로 구성된 복합형 단백질이다.
핵단백질, 인단백질, 리포단백질, 지단백질, 당단백질 등이 있다.

(ㄷ) **유도 단백질**: 열에 의해 변성된 단순 · 복합 단백질이다.

(6) 단백질의 흡수

단백질은 아미노산과 디펩티드로 분해한다.
대부분 소장에서 흡수한다.
아미노산은 각 조직의 단백질을 구성하고, 나머지 단백질은 혈액과 함께 간으로 이동하여 분해 혹은 흡수된다.

4) 지질

(1) 지질의 특성 및 분류

① 지질의 특성

탄소, 수소, 산소 3원소로 구성되어 있다.
지질의 분자는 이중결합 여부에 따라 불포화지방과 포화지방으로 구분한다.
상온에서는 고체 형태인 지방과 액체 형태인 기름으로 존재한다.
지방을 포함하거나 지방산과 결합되어 있는 물질이다.
물에는 녹지 않고 에테르, 클로로포름, 벤젠 등의 유기용매에 녹는다.

② 지질의 분류

(ㄱ) **단순지질(중성지방)**

고급 지방산과 알코올의 결합체로서 알코올의 종류에 따라 3분자의 지방산과 1분자의 글리세롤이 결합된 중성지방(포화지방산, 불포화지방산, 트랜스지방산)과 지방산과 글리세롤에 알코올이 결합한 고체 형태의 영양적 가치는 없는 단순 지방인 밀랍(왁스)으로 나눌 수 있다.

(ㄴ) **복합지질**

지방산과 글리세롤 이외에 다른 분자 군을 함유한 지방으로 인지질(중성지방에 글리세롤, 인산 등이 결합), 당지질(중성지방과 당류가 결합), 단백지질(중성지방과 단백질이 결합)이 있다.

(ㄷ) **유도지질**

단순지질과 복합지질을 가수분해하여 얻은 지방이다.

스테로이드와 지방산이 있으며 스테로이드는 콜레스테롤과 에르고스테롤이 있다.

- 콜레스테롤(동물스테롤): 스테롤(스테로이드와 알코올의 조합)의 하나로서 모든 동물 세포의 세포막에서 발견되는 지질이며 혈액을 통해 운반된다.
  과잉 섭취 시에는 혈관 내부에 축적되어 고혈압과 동맥경화를 일으킬 수 있다.
- 에르고스테롤(ergosterol, 식물스테롤): 효모, 버섯, 건조 어류에 많이 들어있다.
  물에 녹지 않으며 에테르, 알코올 등에 녹는다. 자외선에 의해 비타민 D로 변화하고 동물에 있어서 흡수율은 낮다. 공기 속에서는 산화되어 황색이 되고 독특한 냄새를 풍긴다.

③ 지방기능

(ㄱ) 1g당 9kcal 열량 에너지 공급원이다.

(ㄴ) 피하지방은 체내의 열이 외부로 나가는 것을 막아 체온 유지 및 체온조절을 한다.

(ㄷ) 복강 지방은 외부의 충격을 흡수하여 내장기관을 보호한다.

(ㄹ) 체내(장내)에서 윤활제 역할을 해 변비를 예방해준다.

(ㅁ) 과잉섭취 시 피하지방으로 저장이 된다.

(ㅂ) 지용성 비타민의 흡수를 돕는다.

(2) 지방산의 분류

① 포화지방산

(ㄱ) 융점(녹는점)이 높아 상온에서 고체로 존재하며 이중결합이 없는 지방산이다.

(ㄴ) 대부분 동물성 지방에 함유되어 있다.

② 불포화지방산

(ㄱ) 융점(녹는점)이 낮아 상온에서 주로 액체로 존재한다.

(ㄴ) 이중결합이 있는 지방산이며, 이중 결합수가 많을수록 불포화도가 높아진다.

(ㄷ) 식물성 유지 또는 어류에 많이 함유되어 있다.

(ㄹ) **종류**: 리놀레산, 리놀렌산, 아라키돈산, 올레산 등

③ 필수 지방산(essential fatty acid, 비타민F)

(ㄱ) 동물의 몸 안에서 합성할 수 없기 때문에 반드시 음식으로 섭취해야 할 지방산을 말한다.

(ㄴ) 필요량이 상대적으로 많고, 신체 조직의 주요 구성 물질이다.

(ㄷ) 주요 필수지방산으로는 리놀레산, α-리놀렌산, 아라키돈산이 있다.

(ㄹ) 결핍 시 피부염을 발생하고 성장지연이 된다.

④ 트랜스지방산

(ㄱ) 액체 상태의 식물성 기름을 마가린, 쇼트닝 같은 유지나 마요네즈 소스 같은 양념 등 반고체 상태로 가공할 때 산패를 억제할 목적으로 수소를 첨가하는 과정에서 생성되는 지방산을 말한다.

(ㄴ) 몸에 나쁜 LDL 콜레스테롤을 증가시키고, 몸에 이로운 HDL 콜레스테롤을 감소시켜 심혈관질환의 위험률을 증가시킨다.

(ㄷ) 제2형 당뇨, 알레르기, 천식, 암을 유발하는 요인이 된다.

5) 무기질

체조직의 96%를 구성하는 탄소, 수소, 산소, 질소를 제외한 4%가 모두 무기염류나 미네랄(mineral)이라고도 한다.

무기질은 소량이 필요하지만 생명과 건강을 유지하는데 필수적인 영양소로서, 뼈와 치아의 형성, 체액의 산·염기 평형과 수분 평형에 관여하며, 신경 자극 전달 물질, 호르몬의 구성 성분 등으로 쓰인다.

무기질은 다른 영양소로부터 합성되거나 전환될 수는 없으므로, 반드시 식사로 섭취해야만 한다. 인체를 구성하는 영양상 주요한 무기질은 열량원은 아니나 생체 조절기능의 역할을 담당한다.

무기질의 체내 필요량은 매우 적은 편이므로 조금만 과량으로 섭취하여도 잘 배설되지 않아 쉽게 독성을 나타내는 특성이 있다.

체내에서 필요로 하는 양에 따라 다량원소(하루에 100mg 이상 필요→칼슘, 인, 황, 나트륨, 염소, 마그네슘)과 미량원소(하루에 10mg 이하 필요→철, 아연, 구리, 망간, 요오드 등)으로 나뉜다.

(1) 무기질의 종류

칼슘(Ca), 인(P), 마그네슘(Mg), 황(S), 철(Fe), 아연(Zn), 구리(Cu), 요오드(I), 나트륨(Na), 칼륨(K), 염소(Cl)

- 칼슘은 뼈와 치아를 형성하고, 혈액을 응고를 도와준다.
- 인, 마그네슘 등의 무기질은 체조직을 구성한다.
- 칼슘과 마그네슘은 서로 흡수를 방해한다.
- 철은 헤모글로빈의 구성 성분이다.
- 아연은 인슐린의 구성 성분이다.
- 체내의 산-염기의 평형을 조절하고 수분 함량의 평형을 유지한다.

6) 비타민

동물체의 주 영양소가 아니면서 동물의 정상적인 발육과 생리작용을 유지하는데 없어서는 안되는 유기영양소이다.

3대 영양소, 즉 탄수화물, 지방, 단백질의 대사에 조효소 역할을 한다.

호르몬과 마찬가지로 신체 기능을 조절하지만 호르몬은 내분비기관에서 체내 합성되는 반면, 비타민은 체내에서 합성되지 않는다.

(1) 비타민의 종류

지방이나 지방을 녹이는 유기용매에 녹는 지용성 비타민 : 비타민 A, D, E, K

물에 녹는 수용성 비타민 : 비타민 B, C, 니아신, 엽산, 판토텐산

✓ 비타민 결핍

- **비타민 A결핍** : 야맹증, 안구건조증, 소화 기능 약화
- **비타민 D결핍** : 골다공증, 골연화증, 구루병(어린이)
- **비타민 E결핍** : 빈혈, 근육 위축
- **비타민 K결핍** : 혈액응고 지연, 출혈

Chapter 2

떡류 제조공정

01 떡의 종류

제조법에 따라서 찌는 떡, 치는 떡, 지지는 떡, 삶는 떡 네 가지로 분류된다.

✓ 보통 표 A는 대부분 기억을 잘 하는 편이다. 하지만 표 B(역사 부분에서 한 번 더 거론될 표이지만)와 떡 이름이 섞여 나올 경우 많이 어려워하고 힘들어한다. 표 A와 표 B의 떡 이름을 함께 외워주는 것이 좋다.

떡의 분류 표 A

분류	특징	종류
찌는떡	수증기로 찌는 떡	백설기, 잡과병, 송편, 증편, 팥시루떡 등
치는떡	쪄진떡을 쳐서 점성을 높인 떡	가래떡, 떡볶이떡, 절편, 인절미, 은행단자, 대추단자, 쑥단자 등
지지는떡	기름에 지지거나 튀기는 떡	화전, 부꾸미, 주악, 빙떡 등
삶는떡	끓는 물에 삶아낸 떡	경단

떡의 분류 표 B

찌는떡	설기떡 (무리떡)	백설기, 콩설기, 무설기떡, 잡과병, 도행병, 율고, 국화병, 괴엽병, 애병, 적증병, 상자병, 산삼병, 석탄병 등
	켜떡	물호박떡, 상추떡, 느티떡, 무시루떡, 백편, 꿀편, 승검초편, 석이편, 찰시루떡, 깨찰편, 녹두찰편, 두텁떡, 꿀찰편 등
치는떡	멥쌀도병	가래떡, 절편, 떡볶이떡, 개피떡 등
	단자	석이단자, 대추단자, 유자단자, 밤단자, 쑥구리단자, 각색단자, 도행단자, 토란단자, 건시단자 등
	찹쌀도병	인절미, 깨인절미, 수리취인절미, 팥인절미 등
삶는떡	경단류	**현대** : 두텁단자, 율무단자, 보슬이 단자 등
지지는떡	주악	승검초주악, 은행주악, 대추주악, 석이주악 등
	부꾸미	찹쌀부꾸미, 수수부꾸미, 결명자부꾸미 등
	기타	빙떡, 화전, 산승, 기타 전병류

1) 찌는떡(증병, 甑餠)

가장 기본이 되는 떡류로 물에 불린 곡물을 분쇄하여 시루에 안치고 수증기로 쪄내는 형태로 설기와 증편, 켜떡 등이 이에 속한다.

멥쌀, 찹쌀, 팥, 콩, 녹두, 깨, 밀, 쑥, 후추, 술, 복숭아, 감 등 각종 곡류와 두류가 다양하게 사용된다.

(1) 설기떡(균일하게 만든 쌀가루로 한 덩어리로 만든 떡)

곱게 빻은 멥쌀가루를 다시 체에 쳐서 균질화한 다음, 부재료를 섞고 물을 내린 다음 시루에 안쳐 수증기로 익힌 떡이다.

멥쌀가루로만 만든 떡을 백설기라고 하며, 콩을 넣은 콩설기, 건포도를 넣은 건포도 설기, 쑥을 넣은 쑥설기 등으로 다양하게 부른다.

(2) 켜떡(쌀가루와 쌀가루 사이에 고물을 넣는 떡)

쌀가루와 고물을 시루에 순서대로 쌀-고물-쌀-고물같이 켜켜이 넣는다고 하여 켜떡이다.

고사떡처럼 두툼하게 안친 것을 시루떡이라고 하는데 쌀 종류에 따라 메(멥쌀)시루떡, 찰시루떡으로 나뉜다.

팥, 녹두, 깨, 콩 등을 고명으로 사용하고, 밤, 대추, 석이버섯, 잣, 건포도 등의 고명으로 얹어찐다.

대표적으로 팥시루떡, 녹두시루편, 깨시루편 등이 있다.

(3) 증편(부풀려 찌는 떡)

멥쌀가루에 술(일반적으로 막걸리)를 넣어 발효시켜 찐 떡이다. 발효의 정도에 따라 떡의 맛과 품질이 달라진다.

막걸리의 효모가 탄산가스를 발생시켜 반죽을 부풀리고, 이것을 증편틀이나 용기에 담아 쪄낸다. 술로 만든 떡이라 쉽게 쉬지 않아 여름에 주로 해먹는다.

쪄낼 때 대추, 밤, 잣을 이쁘게 고명으로 올려 찐다.

기주떡, 기지떡, 기정떡, 술떡 등 지방마다 부르는 이름이 다르다.

(4) 송편(빚어 찌는 떡)

멥쌀가루를 익반죽하여 콩, 깨, 밤 등의 소를 넣고 성형한 다음 찌는 떡이다.

2) 치는 떡(도병, 搗餠)

찹쌀이나 멥쌀을 시루에 안쳐서 쪄낸 후 뜨거울 때 안반이나 절구 등으로 쳐서 끈기가 나게 만든 떡으로, 찹쌀로 만드는 인절미와 단자, 멥쌀로 만드는 가래떡과 절편 종류가 있다.

(1) 가래떡

멥쌀에 수분을 첨가하여 찐 후, 떡메나 안반 절구 등을 이용하여 끈기나게 쳐서 길게 만든 떡이다. 먹기 좋은 크기로 얇게 썰어 떡국 혹은 떡볶이 등으로 먹는다.

(2) 인절미

찹쌀가루를 시루에 안쳐서 쪄낸 후 식기 전에 뭉쳐질 때까지 친 다음 적당한 크기로 잘라 고물(콩고물, 거피팥고물, 깨고물 등)을 묻혀 만든다.

떡을 칠 때 데친 쑥이나 호박 등을 넣어 쑥인절미, 호박인절미 등을 만들 수 있다.

(3) 절편

흰떡을 쳐서 떡살로 모양을 내어 잘라낸 떡이다.

(4) 개피떡(바람 떡)

멥쌀가루를 쪄서 쳐낸 다음, 반죽을 밀어 소를 넣고 반달 모양으로 만든 떡이다.

(5) 단자

찹쌀가루를 쪄서 보에 싸 방망이 혹은 손으로 여러 번 치댄 다음 모양을 만들고 그냥 고물을 묻히거나, 소를 넣고 고물을 묻혀 내는 떡이다. 밤단자, 유자단자, 대추단자 등이 있다.

✓ 경단은 삶아내는 떡이므로 헷갈리지 말자.

3) 지지는떡(유전병 油煎餠)

찹쌀가루를 익반죽하여 모양을 만들어 유(기름, 油)에 두르고 지져 만든 떡이다.
화전과 주악, 부꾸미 등이 있다.

(1) 화전

찹쌀가루를 익반죽하여 동글납작하게 빚어 계절별로 다양한 꽃(진달래, 맨드라미꽃, 국화, 장미, 감국 등)을 올려 기름에 지져낸 떡이다.

(2) 부꾸미

찹쌀가루나 찰수수가루를 익반죽하여 납작하게 빚어서 가운데에 팥소를 넣어 반달 모양으로 접어 만든 떡이다.

(3) 주악

찹쌀가루를 익반죽한 후 볶은 팥고물, 볶은 깨에 꿀과 계피가루 등을 넣고 소를 만든다.
송편처럼 반죽에 소를 넣고 오므려 동글게 빚은 다음, 기름에 지지거나 튀긴 떡이다.

4) 삶는 떡(경단, 瓊團)

찹쌀을 익반죽하여 빚어 끓는 물에 넣고 삶아 다 익으면 건져내서 고물을 묻힌 떡이다.

02 떡의 제조원리

(1) 쌀 세척과 수침(쌀 불리기)

멥쌀이나 찹쌀을 깨끗하고 맑은 물에 여러 번 씻어서 불순물을 제거하고 불린다.
여러 번 씻어야 떡의 색이 선명하고 위생적인 쌀을 만들 수 있다.
부족하지 않게 충분한 물에 담가 4시간 이상 불리면 쌀에 수분 함유량이 30~40% 정도 된다.
4시간이면 수분은 충분하지만, 8시간 정도 불리면 조직이 느슨해져서 떡 맛은 더 좋아진다.
겨울에는 수온이 낮아서 여름보다 오래 불려야 한다.
멥쌀은 1kg→1.2~1.3kg, 찹쌀은 1kg→1.3~1.4 kg 정도로 증가한다.

(2) 물 빼기

불린 쌀을 소쿠리와 채반에 담아 물기를 빼준다. 이때 30분 이상 충분히 빼주어야 한다.

(3) 쌀가루 분쇄하기

물기를 제거한 불린 쌀 1kg에 소금은 10~13g 정도가 적당하다.

만약 쌀가루를 구매를 했다면 만들기 전에 소금을 넣었는지 맛을 보고 확인해야 한다.

멥쌀은 입자가 고와야 떡이 맛있고, 찹쌀은 너무 곱게 빻으면 잘 쪄지지 않기 때문에 굵게 분쇄해야 한다.

(4) 물 주기(수분 주기)

쌀가루에 추가로 물을 섞는 것인데, 쌀의 종류와 상태, 떡의 종류 더불어 부재료의 성질에 따라서 물의 양이 다르다.

쌀가루가 호화가 잘 되기 위해서 적당한 수분을 필요로 한다.

수침하여 분쇄된 쌀가루의 수분은 대략 30~40%인데, 쌀 전분이 호화가 잘되기 위해서는 50% 정도의 수분이 필요하기 때문에 적당량의 수분을 추가로 첨가해주는 것이다.

(5) 반죽하기

빚어서 찌는 떡(송편), 삶는 떡(경단), 지지는 떡(화전) 등의 떡은 반죽을 해야 한다.

반죽은 많이 치댈수록 떡의 보존 기간도 늘어나며 식감도 부드럽고 쫄깃해진다.

✓ 송편

멥쌀가루에 끓는 물로 익반죽하여 여러 번 치댈수록 맛과 식감이 좋아진다.
반죽할 때 익반죽을 많이 하는 이유는 쌀의 전분을 일부러 호화시켜 반죽에 끈기를 주기 위함이다.

(6) 부재료 넣기

부재료는 쌀가루 가루내기, 반죽하기, 안치기, 치기, 마무리 단계 등 여러 단계에서 가능하다.

다양한 부재료는 떡의 부족한 영양분을 채워주며 맛을 더해준다.

콩, 팥, 대추, 잣, 녹두, 호박고지 등의 재료를 섞는데, 이러한 부재료는 쌀가루와 섞어서 무리떡으로 찌는 경우도 있고 켜떡으로 만들기도 한다.

(7) 찌기

물솥에 수증기를 올려 시루로 찌는 방법이 대부분이다. 쌀가루나 빚은 떡의 전분이 호화되며 먹기 좋은 상태로 바뀌게 된다.

물이 끓기 시작하면, 물솥에 시루를 올린 후 쌀가루 위로 수증기가 일정하게 잘 올라오는지 확인 후 시루 뚜껑을 닫아준다.

멥쌀은 여러 켜를 높이 쌓아 안쳐도 잘 익지만, 찰떡은 증기가 쌀가루 위로 잘 올라오지 못해 떡이 익지 못할 수도 있다. 찰떡은 얇게 안치는 것이 좋다.

떡이 쪄지면 소화성이 좋아지며, 단맛도 증가하고 재료 본연의 맛과 쌀가루가 더 어우러진다.

(8) 치기

인절미, 흰떡, 절편, 개피떡 등을 만들 때 쌀의 아밀로펙틴 성분을 더 끌어올리기 위해 점성을 주는 과정으로, 오래 치댈수록 점성이 높아져 떡이 맛있고 쫄깃하며, 노화도 천천히 이루어진다.

(9) 냉각하기(뜸들이기)

떡을 찌고 뜸을 들이며 식히는 과정이다.

고온 상태로 일정 시간 그대로 유지하며 뜸을 들인다. 뜸 들이기를 거치며 미처 호화되지 못하고 남은 전분 입자들을 완전히 호화되며 떡 맛을 더해준다. 떡의 종류에 따라 냉각 방법을 달리해야 한다.

찌고 난 직후 뜨거울 때 바로 포장해야 하는 떡도 있고, 가래떡처럼 찬물에 빠르게 담가 식혀야 쫄깃한 떡이 있다.

03 도구, 장비 설명 및 용도

1) 도정, 분쇄도구

(1) 방아

곡물을 절구에 넣고 빻아 곱게 가루 내는 도구이다.

(2) 절구

곡물(콩, 팥, 녹두 등)의 껍질을 벗기거나 가루로 만들거나, 찐 떡을 치댈 때 사용한다.

나무절구, 돌절구, 쇠절구 등으로 구별하여 부른다.

(3) 돌확

곡식을 문질러 껍질을 벗기거나 가루로 만들 때 사용한다. 돌과 돌끼리 문질러주며 그 사이에서 곡식들을 으깨듯 사용한다. 보통 김치를 만들 때 많이 사용한다.

(4) 맷돌

돌확보다 발달한 형태로, 중앙구멍에 곡식을 넣고 손을 잡고 돌리는 어처구니(맷돌 손잡이)를 이용하여 콩, 팥, 녹두 등의 껍질을 벗기거나 가루로 만들 때 사용한다.

방아

절구

돌확

맷돌

2) 익히는 도구

(1) 시루

떡을 찔 때 사용하던 그릇으로, 바닥에 구멍이 몇 개가 뚫려 있어 김이 통하도록 되어있다.

구멍을 통하여 수증기가 올라와 시루 안의 음식을 찌는 원리이다.

시루와 물솥 사이에 시룻번(밀가루, 멥쌀가루로 길게 반죽한)을 둘러 수증기가 빠져나가는 것을 막았다.

(2) 번철

부침개나 화전 주악 등 기름을 이용한 덕을 만들 때 쓰는 둥글고 넓은 철판이다.

시루

번철

3) 모양내기(성형) 도구

(1) 안반과 떡메

주로 나무판으로 만들고, 흰떡이나 인절미를 만들 때 사용하는 도구이다.

안반은 두껍고 통나무 판에 낮은 다리가 붙어 있으며, 떡메는 안반 위에 떡을 내려치는 도구이다.

여러 번에 걸쳐 떡을 내려치고 완성한 후, 떡판 위에서 떡을 잘라 고물을 묻혀 만들었다.

안반과 떡메

(2) 떡살

지름 5~7cm에 주로 참나무, 감나무 등의 나무로 만든다.

꽃문양, 선문양, 빗살무늬, 태극무늬 등 종류가 다양하다.

단오날의 수리취절편에는 수레문양이 있는 떡살로 수레문양을 내고, 잔치에는 꽃모양을 찍어넣고, 사돈이나 친지에게 보내는 선물용에는 길상 문양을 넣어 기름하게 만든다.

떡살

(3) 편칼

인절미, 절편 등을 썰기 위한 조리용 칼로 날카롭지 않고 둔탁하고 편평하다.

칼날이 무디어 떡을 자를 때 일정한 형태로 자를 수 있다.

4) 기타

(1) 이남박

쌀을 씻고 일어 건지는 용으로 쓰였던 나무 바가지이다.
여러 줄의 골이 파여 있어서 쌀 속의 돌, 이물질을 골라내거나 팥, 녹두 등을 비벼 씻을 때 사용하였다.
대개 지름이 30~70cm 정도이다.

(2) 체

분쇄된 곡물가루를 곱고 일정하게 내릴 때 사용한다.
체의 구멍의 크기에 따라서 어레미(지름 3mm 이상), 중거리(지름 2mm), 가루체(지름 0.5~0.7mm) 등으로 나누어진다.
체의 구멍이 큰 어레미는 떡가루나 메밀가루 등을 내릴 때 사용하고, 구멍이 미세한 가루체는 송편가루 등을 내릴 때 사용한다.

04 현대도구들

(1) 대나무찜기/스텐찜기

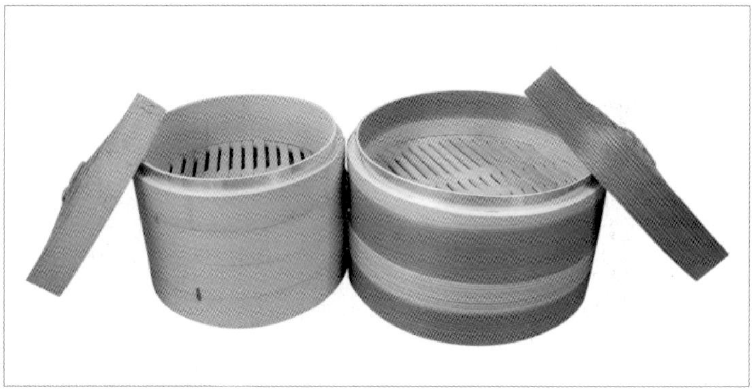

대나무로 된 찜기로 가볍고 크기가 다양하다.
처음에는 노란색 대나무 물이 많이 나오기 때문에 충분히 식초 스팀등으로 전처리하여 노란 물을 대부분 제거해 주는 것이 좋다.
스텐찜기는 대나무 찜기보다 관리가 수월하며 공간 차지를 덜하는 장점이 있다.
스텐찜기의 뚜껑에는 반드시 면보를 덮어주어야 떡에 물이 떨어지는 것을 방지할 수 있다.

(2) 스텐체

썩거나 비틀어짐 없이 오래 사용할 수 있는 현대식 체이다.

(3) 스크래퍼, 설기용 분할 칼

쌀가루 윗면을 평평하게 하거나 떡을 자를 때 사용한다. 스크래퍼는 모양에 따라 D형 A형 등 다양한 종류로 나뉘며, 플라스틱 혹은 스텐 등 다양한 재질이 있다.

설기용 칼은 조각설기를 만들 때 한 번에 알맞은 크기로 칼끔을 넣을 수 있도록 만들어진 칼이다.

스크래퍼

설기용 분할 칼

(4) 스텐틀

보통 켜떡을 만들거나 네모 모양의 제사떡을 만들 때 많이 사용한다. 조각 설기를 작은 사이즈로 만들 때에도 사용한다. 멥쌀가루일 경우 사각(원형) 스텐틀에 유격을 주어 사용을 하고, 찹쌀떡의 경우 쌀을 쪄서 치댄 후 모양을 잡아 식힐 때 스텐 틀을 이용한다.

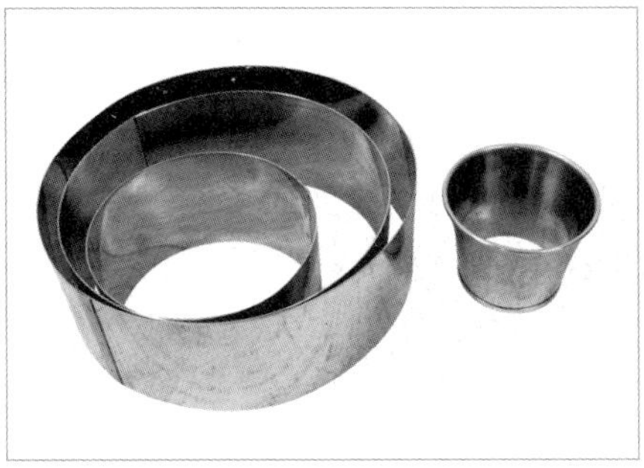

(5) 쌀가루 제조 혼합 설비

세척기, 롤러밀, 분삭기

(6) 현대적 대용량 설비

- **떡을 찌고 치는 설비** : 스팀보일러, 증편기, 스팀펀칭기
- **떡을 성형하는 설비** : 제병기, 바람떡기계, 성형기
- **떡을 절단하는 설비** : 절편 절단기, 송편 절단기, 떡볶이떡 절단기

Chapter 3 출제 예상 문제

01 쌀의 종류인 자포니카형, 자바니카형, 인디카형에 대한 설명으로 틀린 것은?

① 한국, 일본, 중국 등에서 재배되고 단립종인 쌀의 종류는 자바니카형이다.

② 제일 끈기가 적고 장립종으로 가늘고 길게 생긴 종은 바로 인디카형이다.

③ 우리나라에서 떡으로 주로 사용되는 쌀의 종류는 자포니카형이다.

④ 자바니카형은 필리핀 중국의 북부, 서부지방 등에서 재배되는데 자포니카형과 인디카형의 중간형대로 밥을 지었을 때 끈기가 적다.

02 좋은 쌀을 구분하는 방법 및 결과로 옳은 것은?

① 쌀은 산도가 높을수록 좋은 쌀이라고 한다.

② 쌀은 리트머스 시험지에서 적갈색이 나와야 좋은 쌀이다.

③ 쌀알이 흐릿하고 쌀눈 자리가 갈색인 것이 좋은 쌀이다.

④ 쌀에 물을 부어 흔들어준 후, 요오드 용액을 넣으면 진한 보라색으로 변한다.

03 찹쌀과 멥쌀의 특징 설명으로 틀린 것은?

① 점성에 따라 멥쌀과 찹쌀로 구분한다.

② 멥쌀이 찹쌀보다 아밀로펙틴의 함량이 높다.

③ 찹쌀은 멥쌀에 비해 끈기와 점성이 높다.

④ 멥쌀은 반투명하고 광택이 있으며, 찹쌀은 멥쌀에 비해 불투명 흰색을 많이 띤다.

04 멥쌀에 대한 설명으로 틀린 것은?

① 멥쌀은 찹쌀에 비해 아밀로오스 함량이 많으므로 쌀가루를 빻을 때 기본적으로 두 번 이상 빻는다.

② 멥쌀로 쌀가루를 여러 번 내려주면 공기가 많이 들어가서 질감이 폭신하고 부드럽다.

③ 멥쌀은 반투명하고 광택이 있다.

④ 물 주기한 멥쌀가루는 수증기의 통과를 원활하게 하기 위해 주먹 쥐어 안치기를 해준다.

05 쌀을 취급, 보관하는 방법으로 가장 알맞지 않은 것은?

① 쌀을 저장할 때 수분함량을 15% 이상으로 유지하여야 쌀의 변질을 막을 수 있다.

② 밀폐하여 서늘한 장소에 보관하는 것이 좋다.

③ 쌀을 보관할 때는 곤충을 차단할 수 있는 용기에 담아 보관한다.

④ 빻아진 쌀가루는 소분하여 밀폐 후 냉동실에 보관하는 것이 좋다.

06 떡의 노화를 지연시키는 방법이 아닌 것은?

① 떡에 설탕을 넣어 억제한다.

② 65℃ 이상 고온보관

③ 떡의 보습성 유지

④ 0~5℃ 냉장보관

07 멥쌀과 찹쌀로 구분되며 떡을 만드는데 주로 사용되는 쌀의 종류는?

① 자바니카형(Javanica Type)
② 인디카형(Indica Type)
③ 자포니카형(Japonica Type)
④ 중립종

08 전분의 호화에 영향을 미치는 요인이 아닌 것은?

① 수분함량 및 수침시간
② 설탕
③ 가열온도
④ 곡류의 성장장소

09 전분의 수분이 점차 빠져나가면서 α-화된 전분의 구조가 기존의 전분상태인 β-화로 되돌아가는 현상을 뜻한다. 빵이나 떡, 밥 등이 완성된 후 점차 굳어지는 현상을 말하는데 호화가 완성된 전분이 공기와 만나서 딱딱한 구조로 변화되는 현상은 무엇인가?

① 노화　② 호화
③ 호정화　④ 겔화

10 다음 중 노화가 가장 빨리 일어나는 떡은?

① 백설기　② 찹쌀떡
③ 쇠머리떡　④ 콩찰편

11 익반죽을 하는 이유 및 설명으로 틀린 것은?

① 곡식가루를 끓는 물로 익반죽하면 더 잘 뭉쳐져서 재료를 다루기가 쉬워진다.
② 쌀에는 밀가루와 같은 글루텐 함량이 없어서 반죽하였을 때 수월하게 점성이 생기지 않기 때문에 익반죽을 한다.
③ 멥쌀은 끓는 물을 첨가하여 반죽하면 끈기를 낼 수 있다.
④ 전분의 일부를 노화시켜서 점성을 높이기 위해 익반죽을 한다.

12 비효소적 갈변반응으로 설탕을 170℃ 이상 높은 온도에서 가열하면 갈색화 현상이 일어난다. 색과 향이 좋아 약식에 주로 사용하는 전분의 변화 현상은 무엇인가?

① 전분의 겔화　② 전분의 캐러멜화
③ 전분의 발효　④ 전분의 노화

13 전분의 노화에 영향을 미치는 요인으로 틀린 것은?

① 수분함량이 15% 이하이거나 60% 이상이면 노화가 억제된다.
② 설탕을 첨가하면 설탕이 탈수제로 작용하기 때문에 노화가 억제된다.
③ 온도가 60℃ 이상이거나 -2℃일 경우 노화가 억제된다.
④ 전분입자의 크기가 클 때 노화가 촉진된다.

14 당의 감미정도의 순서로 알맞은 것은?

① 과당 > 전화당 > 포도당 > 맥아당 > 갈락토오스 > 유당
② 전화당 > 포도당 > 과당 > 맥아당 > 갈락토오스 > 유당
③ 유당 > 전화당 > 과당 > 맥아당 > 포도당 > 갈락토오스
④ 포도당 > 맥아당 > 갈락토오스 > 과당 > 전화당 > 유당

15 다음 중 당류의 가수분해 생성물의 연결이 맞는 것은?

① 맥아당=포도당+갈락토오스
② 서당=포도당+과당
③ 유당=포도당+전화당
④ 이눌린=포도당+과당

16 쌀가루의 특성으로 틀린 것은?

① 찹쌀을 최대 수분 흡수율이 37~40%이며, 멥쌀의 최대 수분 흡수율은 25%이다.
② 찹쌀은 아밀로펙틴 함량이 많아서 멥쌀보다 수분 흡수율이 높다.
③ 쌀을 불리는 시간은 여름철에는 3~4시간, 겨울에는 7~8시간 불리는 것이 일반적이다.
④ 현미와 흑미는 왕겨만 벗겨낸 쌀로 물에 불리는 시간과 일반 멥쌀과 비슷하게 7~8시간을 불리는 것이 일반적이다.

17 식품에 넣는 천연 색소와 발색의 연결이 바른 것은?

① 노란색-흑미
② 보라색-단호박가루
③ 분홍색-모시잎
④ 초록색-시금치

18 다음 중 푸른 채소를 데치는 방법으로 바른 것은?

① 수용성 성분은 손실을 줄이기 위해 물을 최소한으로 줄인다.
② 뚜껑을 열고 가열한다.
③ 녹색채소를 데칠 때 색을 선명하게 내기 위해 식소다를 넣어주면 좋다.
④ 푸른 채소를 데칠 때에는 미지근한 물에서 넣어 끓을 때까지 천천히 데쳐야 한다.

19 떡에 들어가는 부재료 중 호박고지에 대한 설명이 틀린 것은?

① 말린 호박고지는 비타민 D가 풍부하여 비타민 D의 흡수를 좋게 하기 위해 견과류와 같이 먹는 것이 영양적으로 도움이 된다.
② 가을 내 햇볕에 말린 호박고지는 비타민 D가 풍부하여 혈액의 칼슘 농도를 조절하여 골다공증을 예방한다.
③ 애호박 대신에 청둥호박을 얇게 썰어 말린 것을 넣어 호박떡을 만들기도 한다. 호박고지는 호박오가리라고도 한다.
④ 말린 호박고지는 찬물에 잠시 10분 정도 담가두었다가 물기를 제거 후 떡의 부재료로 사용된다.

20 현미(unpolished)란 다음 중 어느 것을 벗겨낸 것인가?

① 왕겨층　② 겨층
③ 호분층과 종피　④ 과피와 배아

21 100g의 현미를 도정하여 96.0g의 백미를 얻었다면?

① 12분 도미　② 9분 도미
③ 7분 도미　④ 5분 도미

22 탄수화물에 대한 설명 및 기능으로 틀린 것은?

① 탄수화물(당질):탄소(C), 수소(H), 산소(O)로 구성되어 있다. 1g당 9kcal의 에너지를 낸다.
② 탄수화물은 크게 소화가 되는 당질과 소화가 되지 않는 섬유소로 구분한다.
③ 탄수화물 대사 작용에는 반드시 비타민B1(티아민)이 반드시 필요하다.
④ 과잉 섭취 시에는 간과 근육에 글리코겐으로 저장되며, 나머지 탄수화물은 피하지방으로 저장된다.

23 떡에 넣을 부재료 중 두류의 사용법으로 틀린 것은?

① 콩류는 조리시간이 오래 걸리므로 가열 전에 6시간~12시간 정도의 수침 과정을 거쳐야 한다.
② 콩은 단백질 함량이 40%로 매우 높아 양질의 단백질과 지질의 급원이다.
③ 콩은 통풍이 잘 되고 그늘지고 건조한 곳에 보관하는 것이 좋다.
④ 콩을 물에 담가서 불려도 콩에 함유된 탄닌, 사포닌 등의 불순물은 제거할 수 없다.

24 떡에 넣을 부재료 중 두류의 종류와 사용법의 연결이 잘못된 것은?

① 붉은 팥과 거피팥은 물에 불려 껍질을 벗겨 찜기에 쪄서 사용한다.
② 완두는 설탕에 조려 완두배기로 만들어 떡이나 빵을 만들 때 부재료로 사용한다.
③ 강낭콩을 데치면 효소를 불활성화하여 장기간 더 오래 보존할 수 있다.
④ 땅콩은 곰팡이독소에 오염될 수 있어서 보관시 서늘하며 건조한 장소에 유의하여 보관한다.

25 1kg의 멥쌀과 찹쌀을 불렸을 때 불린 후 쌀의 무게 변화를 바르게 연결한 것은?

① 멥쌀 - 1.2~1.25kg, 찹쌀 1.35~1.4kg
② 멥쌀 - 1.4~1.45kg, 찹쌀 1.65~1.70kg
③ 멥쌀 - 1.5~1.55kg, 찹쌀 1.85~1.90kg
④ 멥쌀 - 1.8~1.85kg, 찹쌀 1.9~2.0kg

26 치는 떡 중 물이 가장 많이 들어가는 떡은?

① 백설기　　② 인절미
③ 가래떡　　④ 바람떡

27 쳐서 만드는 떡의 종류가 아닌 것은?

① 가래떡　　② 개피떡
③ 단자류　　④ 증편

28 다음 중 화전에 사용하는 꽃으로 알맞지 않은 것은?

① 진달래　　② 수선화
③ 국화　　④ 맨드라미꽃

29 쌀가루를 찌는 방법으로 맞는 것은?

① 찹쌀가루는 멥쌀가루보다 아밀로펙틴 함량이 높아 높게 무리지어 켜켜이 찔수록 빨리 쪄진다.
② 찹쌀은 멥쌀보다 수분을 적게 함유하고 있기 때문에 멥쌀보다 수분을 더 주고 찐다.
③ 찜기의 뚜껑에는 마른 면보를 덮어주어서 뚜껑에서 떨어지는 물 때문에 쌀가루에 수분이 더해져 질어지는 것을 방지할 수 있다.
④ 찹쌀가루의 경우 찌는 과정에서 증기가 쌀가루 사이로 잘 통과하지 못할 수가 있으므로 가운데 부분을 더 두껍게 만들어 찐다.

30 당의 특징으로 틀린 것은?

① 설탕의 감미를 100을 기준으로 당의 감미의 표준으로 한다.
② 설탕은 전분의 노화를 지연시켜 떡이 빨리 굳는 것을 느리게 한다.
③ 올리고당은 찹쌀, 멥쌀, 수수, 조, 고구마 등의 전분을 맥아로 당화 시킨 다음, 오랫동안 가열하여 농축한 것이다.
④ 물엿은 옥수수 전분에 묽은 산이나 효소를 가하여 가수분해한 것으로 덱스트린, 맥아당, 포도당의 혼합물이다.

31 떡을 제조하는 방법 및 과정 설명으로 틀린 것은?

① 쌀 씻기, 불리기 - 맑은 물이 나올 때까지 깨끗이 씻어서 이물질을 제거한다.
② 물 빼기 - 물기를 30분 이상 충분히 빼준다.
③ 쌀가루 분쇄하기 - 멥쌀보다 찹쌀을 곱게 빻아준다.
④ 부재료 넣기 - 쌀가루와 함께 넣는 콩, 대추, 녹두, 잣, 호박고지 등의 재료를 섞는 과정이다.

출제 예상 문제

32 다음 중 인절미를 만들 때 사용하지 않는 도구는?

① 시루 ② 편칼
③ 안반과 떡메 ④ 번철

33 다음 중 도정과 분쇄하는데 사용한 도구가 아닌 것은?

① 떡살 ② 방아
③ 절구와 절굿공이 ④ 맷돌

34 다음 중 멥쌀과 찹쌀에 대한 특징으로 빈칸에 알맞은 사항으로 연결된 것은?

	멥쌀	찹쌀
아밀로오스 함량	20~30%	㉠
아밀로펙틴 함량	70~80%	99% 이상
요오드 색상변화 반응	㉡	㉢
호화정도	멥살이 찹쌀보다 빠르다.	찹쌀이 멥쌀보다 느리다.

	㉠	㉡	㉢
①	0%	청남색	적갈색
②	5%	청남색	적갈색
③	10%	적갈색	청남색
④	0%	적갈색	청남색

35 다음 중 찬물을 넣어 하는 떡 반죽은?

① 날반죽 ② 익반죽
③ 섞는 반죽 ④ 스팀 반죽

36 떡의 분류와 종류가 잘못 연결된 것은?

① 찌는 떡-잡과병 ② 치는 떡-송편
③ 지지는 떡-주악 ④ 삶는 떡-경단

37 다음 중 찌는 떡의 표기로 옳은 것은?

① 증병(甑餠) ② 유병(油餠)
③ 도병(搗餠) ④ 경단(瓊團)

38 치는 떡의 한 종류로 멥쌀가루를 쪄서 쳐낸 다음, 반죽을 밀어 소를 넣고 반달 모양을 만든 떡은?

① 개피떡 ② 절편
③ 가래떡 ④ 송편

39 떡을 보관할 때 노화가 가장 지연되는 보관방법은?

① 냉동보관(-18℃ 이하) ② 냉장보관(0~10℃)
③ 상온보관(15~25℃) ④ 실온보관(1~30℃)

40 물의 기능에 대한 설명으로 옳지 않은 것은?

① 체온유지:체온을 일정하게 유지해준다.
② 에너지원:에너지의 급원(1g당 4kcal)이며 전체 열량의 65%를 차지한다.
③ 안정제:단백질과 무기질의 구조적 안정성에 중요한 역할을 한다.
④ 수송체:수용성 영양소의 흡수와 이동을 도와준다.

41 다음 중 발색제 사용방법과 주의사항으로 옳지 않은 것은?

① 생숙, 시금치, 모시잎과 같이 섬유질이 많은 분말은 이물질과 질긴 섬유질을 제거하고 쌀과 분쇄하여 사용한다.
② 치자물을 낼 때 치자를 반으로 완전히 가르고 물에 담가 색 성분이 잘 우러나오게 한다.
③ 발색제의 색상이 흐리고 선명하지 않을 경우에는 사용량을 늘려준다.
④ 과일은 수분의 함량이 많으므로 쌀에 첨가하는 물의 양을 과일 첨가량에 따라 감소시킨다.

42 다음 중 열량소 g당(탄수화물-지방-단백질) 열량을 순서에 맞게 연결한 것은?

① 4kcal, 4kcal, 9kcal ② 4kcal, 4kcal, 4kcal
③ 9kcal, 9kcal, 4kcal ④ 4kcal, 9kcal, 4kcal

43 아밀로펙틴 함량이 100%이며, 성분 중 탄수화물은 주로 전분이고 단백질은 제인으로 리신, 트립토판 함량이 적고 트레오닌 함량이 비교적 많은 재료는?

① 찰옥수수 ② 메밀
③ 조 ④ 수수

44 송편 제조과정의 순서로 옳은 것은?

① 쌀가루 만들기-안쳐 찌기-용도에 맞게 자르기-성형하기
② 쌀가루 만들기-소 만들어 넣기-안쳐 찌기-성형하기
③ 쌀가루 만들기-익반죽하기-성형하기-안쳐 찌기
④ 쌀가루 만들기-안쳐 찌기-성형하기-용도에 맞게 자르기

45 그릇 위에 올려놓고 체를 받치는 용도로 사용되는 도구이며, 쌀가루를 내리거나 술을 거를 때 받침대로 사용된 도구는?

① 이남박 ② 쳇다리
③ 채반, 소쿠리 ④ 떡살

46 쌀가루를 체 치는 이유로 적합하지 않은 것은?

① 쌀가루를 체에 치면 공기가 혼입되는 것을 도와준다.
② 혼합된 물질의 균일한 맛과 색상을 내고 영양소를 추가하기 위해 체를 친다.
③ 떡을 찔 때 시루 내부의 쌀가루 사이로 증기가 잘 통과하여 떡이 고르게 잘 익도록 한다.
④ 분쇄되지 않은 큰 입자의 쌀가루를 선별할 수 있다.

47 송편 찌기에는 솔잎이 사용되는데 사용하는 이유로 틀린 것은?

① 송편에 묻어있는 이물질을 제거해준다.
② 송편에 향을 제공한다.
③ 송편이 서로 달라붙지 않게 도와준다.
④ 피톤치드 성분을 함유시켜 오래도록 상하지 않는 방부제 역할을 해준다.

48 발색제의 설명 및 사용법으로 틀린 것은?

① 가루발색제는 쌀가루에 수분을 모두 맞춘 다음 넣어준다.
② 발색제는 떡에 예쁜 색을 나타내어 더 맛깔스러워 보이도록 한다.
③ 발색제는 분말과 생채소, 입자의 형태, 섬유질 함량, 수분의 함량 등에 따라 그 사용법이 달라진다.
④ 발색제 중 분말류는 쌀가루의 수분 첨가량을 늘려주고, 생야채 또는 과일류는 수분 첨가량을 낮춰 준다.

49 떡에 부족한 단백질을 보충하기 위하여 주로 넣는 부재료는?

① 콩 ② 마
③ 호박 ④ 대추

50 젤라틴과 한천에 대한 설명으로 틀린 것은?

① 젤라틴은 동물성식품이며 주성분은 단백질이다.
② 한천은 젤라틴보다 불투명하며 우뭇가사리라는 해조류에서 추출가공하여 만든다.
③ 젤라틴은 설탕을 첨가하면 겔 강도를 증가시켜 농도가 증가할수록 응고력이 증가한다.
④ 양갱, 양장피 등에 사용하는 것은 한천이다.

51 비타민의 종류와 비타민 결핍이 틀리게 연결된 것은?

① 비타민 A결핍 : 빈혈, 혈액응고 지연
② 비타민 D결핍 : 골다공증, 골연화증, 구루병(어린이)
③ 비타민 E결핍 : 빈혈, 근육위축
④ 비타민 K결핍 : 혈액응고 지연, 출혈

52 호화를 빠르게 하는 방법으로 틀리게 연결된 것은?

① 소금을 넣으면 호화가 더 빠르게 진행된다.
② 설탕을 넣으면 호화가 더 빠르게 진행된다.
③ 아밀로오스 함량이 클수록 호화가 더 빠르게 진행된다.
④ pH알칼리성일수록 호화가 더 빠르게 진행된다.

53 건열(물이 없는) 열로 전분을 160~180도 정도로 가열하면, 전분분자의 요소인 글리코시드 결합이 끊어지면서 가용성 덱스트린으로 분해가 되는 과정을 뜻하며, 쉽게 말하면 맛이 구수하게 변하고 색도 연갈색으로 변화되어 우리가 일상적으로 알고 있는 미숫가루, 누룽지, 토스트, 뻥튀기 등이 이에 속한다. 이러한 현상을 뜻하는 것은?

① 호화 ② 호정화
③ 노화 ④ 겔화

54 다음 중 감미료의 종류가 아닌 것은?

① 설탕 ② 올리고당
③ 탄수화물 ④ 물엿

55 찹쌀가루로 떡을 찔 때 주의사항으로 올바른 것은?

① 찹쌀은 아밀로펙틴을 많이 함유하여 쌀가루를 빻을 때 약간 거칠게 한 번만 빻아 사용한다.
② 찹쌀은 아밀로펙틴을 많이 함유하고 있어 켜의 층수를 늘리거나 약간 곱게 빻아야 한다.
③ 찹쌀은 여러 번 체에 내리면 수증기의 통과가 원활하게 되어 떡이 잘 익는다.
④ 찹쌀은 멥쌀보다 물을 더 주어 떡을 쪄야 알맞게 잘 익는다.

ANSWER

정답

01	①	02	④	03	②	04	④	05	①
06	④	07	③	08	④	09	①	10	①
11	④	12	②	13	④	14	①	15	②
16	④	17	④	18	②	19	④	20	①
21	④	22	①	23	④	24	①	25	①
26	④	27	④	28	②	29	③	30	③
31	③	32	④	33	①	34	①	35	①
36	②	37	①	38	①	39	①	40	②
41	②	42	④	43	①	44	③	45	②
46	②	47	①	48	①	49	①	50	③
51	①	52	②	53	②	54	③	55	①

01
한국, 일본, 중국 등에서 재배되고 단립종인 쌀의 종류는 자포니카형이다.

02
• 쌀은 산도가 낮을수록 좋은 쌀이다.
• 리트머스 시험지에 변화가 없어야 햅쌀이다.
• 쌀눈이 투명하고 광택이 나야 좋은 쌀이다.

03
• **찹쌀** : 아밀로펙틴 100% 구성
• **멥쌀** : 아밀로오스 20~30%, 아밀로펙틴 70~80% 함유

04
주먹 쥐어 안치기를 해야 하는 쌀가루는 찹쌀가루이다.

05
수분을 15% 이하로 유지해야 미생물로 인한 쌀의 변질을 막을 수 있다.

06
노화는 냉장보관인 0~5℃에서 가장 빠르게 촉진된다.

07
떡을 만드는 쌀은 자포니카형으로 멥쌀과 찹쌀로 구분된다.

08
곡류의 성장장소, 성장기간은 호화에 영향을 미치지 않는다.

10
멥쌀은 찹쌀보다 아밀로펙틴의 함량이 적어 노화가 빨리 일어난다. 멥쌀로 만든 백설기가 가장 빠르게 노화가 일어난다.

11
전분의 일부를 호화시켜서 점성을 높이기 위해 익반죽을 한다.

13
전분입자의 크기가 작을 때 노화가 촉진된다. 또한 0~5℃의 냉장보관(냉장온도) 시 노화되기 쉽다.

14
당의 감미정도 순서
과당(120~180) > 전화당(85~130) > 자당, 설탕, 서당 (100) > 포도당(70~74) > 맥아당, 엿당 (60) > 갈락토오스(33) > 유당, 젖당(16)

15
• 설탕 = 포도당 + 과당
• 유당 = 포도당 + 갈락토오스

• 맥아당 = 포도당 + 포도당
• 이눌린은 다수의 과당이 결합된 다당류이다.

16

• 왕겨만 벗겨낸 쌀은 최소 12시간~24시간 불리는 것이 일반적이다.
• 물에 불리는 시간이 길어질 경우 쌀이 상하지 않도록 3~4시간에 한 번씩 깨끗한 새 물로 바꾸어 준다.

17

노란색 (flavonoid, 플라보노이드)	치자, 단호박, 단호박가루, 송화, 울금, 황매화
주황색	황치즈가루, 파프리카(빨간색)
초록색 (chlorophyll, 클로로필)	시금치, 모싯잎, 녹차분말, 클로렐라분말 , 쑥가루
붉은색 (anthocyanin, 안토시아닌) (betalain, 베타레인)	딸기분말, 백년초, 비트, 홍국쌀가루
보라색	자색고구마, 포도, 복분자가루
갈색(tannin,탄닌)	코코아가루 , 커피, 대추고, 갈근가루, 둥굴레
검은색	흑임자, 석이버섯, 블랙코코아

18

• 푸른 채소를 데칠 때에는 약 5배의 넉넉한 물에서 끓일 때 뚜껑을 열고 단시간에 넣었다가 꺼내어 냉수에 헹군다.
• 알칼리성 물질은 세포의 벽면을 쉽게 끊어지게 하기 때문에 식소다를 넣고 데쳤을 경우 채소가 뭉그러질 수 있다.

19

말린 호박고지는 미지근한 물 혹은 설탕물에 잠시 10분 정도 담가두었다가 물기를 제거 후 떡의 부재료로 사용된다.

20

왕겨층만 제거하면 현미, 쌀겨층(과피, 종피)와 호분층까지 제거하면 백미가 된다.

21

도정은 현미상태에서 약 0.8%씩 깎아 내는 것을 말한다
• 5분도미는 0.8×5=4%를 제거한 것을 뜻한다.
• 5분도미는 100g의 4%인 4그램을 제거한 96그램이다.
• 현미를 기준으로 하여 도정률을 보면 5분도미는 96%, 7분도미는 94%, 9분 도미는 92%이다.

22

탄수화물은 4kcal 에너지를 낸다. 9kcal의 에너지를 내는 것은 지질이다.

23

콩을 물에 담가 불리는 이유는 가열시간의 단축이나 조직의 균일한 연화 등의 목적도 있지만, 콩류에 함유된 탄닌, 시인화합물, 사포닌 등의 불순물을 제거하기 위함도 있다.

24

• 붉은팥은 팥고물을 만들 때 불리지 않고 씻어 삶아서 사용한다.
• 팥은 껍질이 충분히 물을 흡수하기도 전에 배꼽 부분 안쪽으로 물이 흡수되어 껍질보다도 먼저 내부의 자엽이 부풀기 때문에 껍질이 갈라져 '배 갈라짐' 현상이 일어나기 때문이다.
• 이때 내부의 전분이나 그 밖의 성분이 불린 물 속에 용출되어 나오므로 맛이 떨어지고 쉽게 부패한다. 한편 팥밥처럼 색을 중시하는 경우 너무 오래 물에 불리면 예쁜 적색이 물에 용출될 우려가 있다.

25

멥쌀의 최대 흡수율은 20~25%이며, 찹쌀의 최대 흡수율은 40%이다.

26

인절미의 물 배합량(1kg→100~130g), 가래떡의 물 배합량(1kg→200~230g), 바람떡의 물 배합량(1kg→300~400g)으로 바람떡의 물배합량이 가장 크다.

27

증편(곱게 가루 낸 멥쌀가루에 술을 넣어 발효시켜 찐 떡) 은 찌는 떡류이다.

28
수선화는 독이 들어 있는 화초로 꽃과 구근을 먹으면 구토, 발열, 경련이 일어날 수 있다.

29
조청의 설명으로 조청은 여러 가지 전분을 맥아로 당화시킨 다음, 오랫동안 가열하여 농축한 것이다.

30
- 찹쌀가루는 아밀로펙틴의 함량이 높기 때문에 멥쌀가루보다 물을 덜주고 찌며, 찌는데 더 오랜 시간이 걸린다.
- 특히, 높게 무리 지어 찌거나 켜떡의 경우 잘 익히기까지 시간이 더 걸린다.
- 가운데에 숨구멍을 내어주어야 한다.

31
멥쌀의 경우 가루를 곱게 빻고, 찹쌀은 너무 곱게 빻으면 쌀가루가 잘 익지 않으므로 성글게 빻는다.

32
- 인절미는 시루에 떡을 쪄서, 안반과 떡메로 친 다음 편칼(시루칼)로 썰어서 완성한다.
- 번철은 솥뚜껑을 뒤집은 듯한 모양으로 화전, 부꾸미 등 지지는 떡을 만들 때 사용한다.

33
- 도정, 분쇄하는데 사용된 도구는 키, 조리, 절구와 절굿공이, 맷돌, 돌확, 방아 등이 있으며 떡살은 절편 등 표면을 눌러 여러 가지 모양을 낼 때 사용되는 도구이다.
- 떡살은 주로 나무나 도자기로 만들며, 축원과 감사를 상징하는 문양이 많이 새겨져 있다.

35
날반죽
날반죽을 했을 때 반죽이 뭉쳐지지 않아 많이 치대므로 식감이 더 쫄깃해지는 장점이 있다.

36
송편은 찌는 떡 종류이며, 치는 떡의 종류는 가래떡, 절편, 인절미, 은행단자, 대추단자 등이 있다.

37
- **증병** : 가장 기본이 되는 떡류로 물에 불린 곡물을 분쇄하여 시루에 안치고 수증기로 쪄내는 형태로 설기와 증편, 켜떡 등이 이에 속한다.
- **유병** : 유전병이라고 하며 유병+전병 비슷하게 곡분을 반죽하여 기름에 지진 떡류의 총칭이다.
- **도병** : 치는떡, 찹쌀이나 멥쌀을 시루에 안쳐서 쪄낸 후 뜨거울 때 안반이나 절구 등으로 쳐서 끈기가 나게 만든 떡으로, 찹쌀로 만드는 인절미와 단자, 멥쌀로 만드는 가래떡과 절편 종류가 있다.
- **경단** : 삶는 떡을 말한다.

38
- 개피떡은 다른 이름으로 바람떡이라고 불린다. 멥쌀가루를 쪄서 쳐낸 다음, 반죽을 밀어 소를 넣고 반달 모양을 만든 떡이다.
- 송편의 경우 빚어 찌는 떡으로, 쌀가루를 익반죽하여 먼저 소를 넣고 빚은 후 쪄낸다.

39
- 떡의 노화는 0~10℃에서 가장 빠르게 노화가 일어난다.
- 냉동 보관은 -18도 이하를 뜻하며, 색소 비타민 파괴가 일어나지 않는다. 단백질과 지방의 화학변화도 일어날 수 없기 때문에 떡의 장기 보관을 위해서라면 냉동 보관을 한다.
- 제일 안전하고 노화가 거의 일어나지 않는 온도는 -20도~-30도이다.

40
물은 0kcal이며 열량을 내지 않는다. 4kcal이며 전체 열량의 65%를 차지하는 것은 탄수화물이다.

41
치자물을 낼 때 치자를 반으로 완전히 자르면 속씨 등이 나와서 치자물이 지저분해진다. 표면만 살짝 씻은 후 칼집을 내어 그릇에 담고, 끓는 물을 부어 색성분이 우러나오면 체에 밭쳐 거른 물만 사용한다.

42

열량소

- 체내에서 산화 연소하여 열을 발생하는 것으로 에너지를 공급한다.
- 1g당 탄수화물 4kcal, 지방 9kcal, 단백질 4kcal의 열량을 낸다.

43

- 메밀은 100% 아밀로오스로 이루어져 있으며 루틴 성분이 함유되어 있다.
- 조의 탄수화물은 주로 전분이며, 단백질은 주로 루신 트립토판으로 되어있다.
- 수수의 외피는 단단하고 탄닌을 함유하고 있다. 탄닌의 영향으로 떫은맛이 강하므로 물에 불린 다음 세게 문질러 씻어 여러 번 헹구어야 떫은맛이 많이 사라진다.

44

빚어지는 떡으로 쌀가루를 익반죽하여 소를 넣고 빚은 후 안쳐 찐 후 꺼내어 완성한다.

45

쳇다리는 쌀가루를 내리는 채를 올려두는 중간 다리 역할을 하는 Y모양의 나무를 뜻한다.

체와 쳇다리

46

체를 친다고 하여 영양이 추가되지는 않는다.

47

솔잎이 송편에 묻어있는 이물질을 제거해주는 역할을 하진 않는다.

48

가루 발색제의 경우 쌀가루에 발색제를 넣어 먼저 색을 고르게 들인 다음 물을 넣고 수분을 맞춰야 한다.

49

콩은 단백질 함량이 40%로 매우 높아 중요한 양질의 단백질과 지질의 급원이다.

50

설탕을 첨가하면 겔 강도가 감소된다.

	젤라틴	한천
원료와 성분	동물성 식품	식물성 식품
영양소	주성분 '단백질'	주성분 '탄수화물, 다당류'
투명도	젤라틴이 조금 더 투명함	젤라틴보다 불투명함
재료	육류나 어류의 결체조직이나 뼈, 피부조직 등의 '콜라겐'성분만을 추출하여 가공해서 만든다.	우뭇가사리(agar)라는 해조류에서 성분을 추출해 가공해서 만든다.
형태	판의 형태, 가루형태	각한천, 실한천, 분말한천
용해온도	약 24~25℃	약 90℃ 이상
사용처	과일젤리, 무스, 아이스크림, 잼, 마시멜로, 푸딩 등	양갱, 케이크데코 고정제, 알약 코팅제, 양장피 등
특성	설탕의 첨가량이 많으면 겔 강도를 감소시켜 농도가 증가할수록 응고력이 감소한다. 염류는 단단한 응고물형성에 도움을 준다.	설탕의 첨가량이 많으면 점성과 탄성이 증가한다. 산과 우유는 겔의 강도를 약하게 한다.
응고력 (겔화력)	젤라틴 < 한천 (한천이 약 10배 높다)	

51

비타민 A결핍

야맹증, 안구건조증, 소화기능 약화

52

소금(염도)

- 염소이온(소금)이 전분의 팽윤을 촉진시켜 전분의 호화온도를 내려준다.
- 호화온도가 내려감으로써 조금 더 빨리 호화가 진행된다.

설탕(당)

- 설탕은 물을 흡수하는 성질이 있는데, 전분에 설탕을 첨가하면 설탕의 용해성으로 인해 당이 물을 흡수하여 전분의 물 흡수 및 이용을 방해하여 호화를 지연시킨다.

떡제조기능사

PART 2

떡류 만들기

Chapter 1 재료준비

01 재료의 계량

1) 계량도구

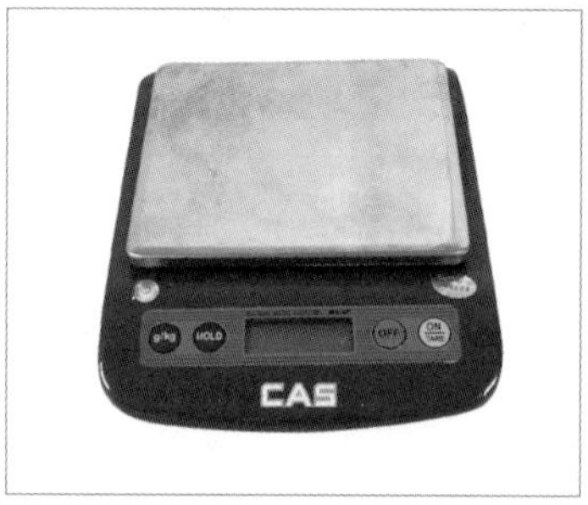

① **전자저울**: 중량을 측정하는 기구이다. g/kg으로 표시한다.
사용할 때, 저울이 평평하고 단단한 곳에 놓여있고 수평이 맞는지 확인한다.
저울을 사용할 경우 0점을 먼저 확인한 후 용기를 올린 뒤에 다시 0점을 맞춘 후 재료를 올려 계량을 한다.
저울의 범위가 무게를 재고자 하는 범위에 맞는 저울인지 확인한다.
예를 들어 3kg까지 가능한 저울에 3kg 초과 무게를 재지 않아야 하며, 소수점 자리까지 신경 써야 한다면 소수점 계량이 가능한 저울을 이용한다.

② **계량컵**: 계량컵(1C)의 용량은 200ml이며 가득 계량할 때는 계량컵의 높이만큼 채운 후 깎아서 계량한다.

③ **계량스푼**: 계량스푼은 양념 등의 부피를 측정하며 Ts(Table spoon, 큰 술), ts(tea spoon, 작은 술)로 표시한다.

④ **시간**: 조리시간을 측정할 때 사용하며 스톱워치, 타이머 등이 있다.

계량컵

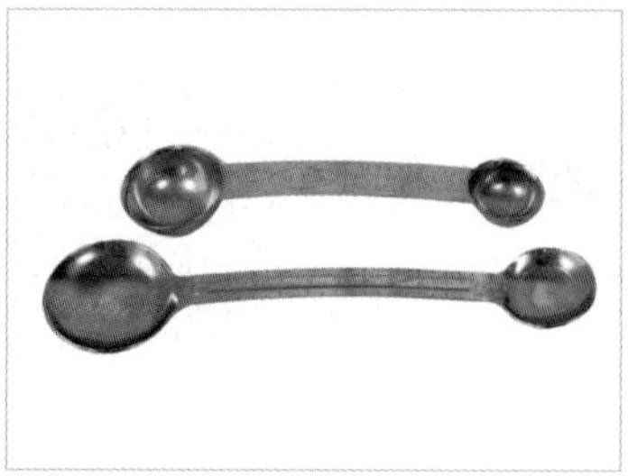

계량스푼

타이머

2) 계량방법 및 주의사항

① 가루상태의 식품인 밀가루, 쌀가루, 백설탕 등은 누르지 말고 수북이 담은 후, 편편한(밀대 등) 것으로 수평으로 밀며 평면이 되도록 깎아서 계량을 한다.

② 밀가루 같은 고운 가루는 누르지 말고 수북하게 담은 후 흔들지 말고 수평으로 평면이 되도록 깎아서 계량한다(흔들 경우에는 가루 사이사이가 메워져 더 많이 계량이 된다).

③ 쌀알, 콩알 같은 경우는 가득 담아 살짝 흔들어 표면 평면이 되도록 깎아서 계량한다.

④ 액체식품은 투명 계량컵에 담아 계량하며, 눈높이와 수평을 맞춘 후 눈금을 읽는다.

⑤ 양이 적은 액체식품은 계량스푼을 이용하여 계량한다.

⑥ 고체(버터, 마가린 등) 식품의 경우에는 부피보다는 무게(g)을 재는 것이 정확하다.
계량컵이나 계량스푼에 잴 때는 재료를 실온에 두어 약간 부드럽게 한 뒤 공간 없이 채워서 표면을 평면으로 깎아서 계량한다.

⑦ 흑설탕, 잼 등처럼 끈적거리는 성질이 있는 식품은 계량컵에 빈 공간 없이 눌러 담아 평면이 되도록 계량한다.

3) 계량단위

계량도구	표기형식(줄임표시)	mL(CC)	g 변환
1컵	1Cup(1C)	물 200ml	물 200g(=13큰술+1작은술)
1큰술	1Table spoon(1Ts)	물 15ml	물 15g(=3작은술)
1작은술	1tea spoon(1ts)	물 5ml	물 5g
1온스	**1oz** : ounce	30cc	약 28.35g
1파운드	1lb	453.6g	
1쿼터	1quart	32온스=946.4mL	

물은 ml와 g의 수치가 동일하며, 물을 제외한 제품은 ml와 g이 같지 않은 것이 대부분이다.

02 재료의 전처리

1) 멥쌀, 찹쌀

백미의 경우 으깨듯 씻으면 비타민 B1의 손실이 많아진다. 가볍게 2~3회 깨끗한 물로 씻는다.
멥쌀, 찹쌀은 깨끗이 씻어 불린 후 체에 받혀 30분간 물기를 빼준다.
여름철과 겨울철 온도가 다르므로 시기별로 수침시간을 다르게 해준다.

2) 현미, 흑미

현미와 흑미는 벼의 껍질부분(미강)이 남아있어서 수분이 침투하는데 더 오랜시간이 걸린다.
넉넉하게 받은 물에 담가주어야 하며 3~4시간마다 깨끗한 물로 바꾸어주며 12시간에서 하루정도 불린 후 체에 받혀 30분간 물기를 빼준다.

3) 고물, 소 만들기

(1) 붉은팥고물

- 상처나거나 썩지 않고 붉고 선명한 팥을 구매한다.
- 어레미 혹은 체 위에 팥을 올려 물 위에서 동그랗게 젓듯이 일어주며, 돌과 안이 비어있거나 썩은 팥알을 골라내어 준다. 팥에 물을 부어 한소끔 후르륵 끓어오르면 바로 그 물을 버리고, 다시 찬물을 부어 팥이 무를 때까지 약 1시간 정도 삶아준다.
- 붉은팥은 거피팥과 다르게 물에 불리지 않고 끓는 물에 삶아 사용한다.
- 팥고물은 시루에 켜켜이 올려 뿌리는 고물이므로 너무 질지 않게 만들어야 한다. 그래서 삶을 때 너무 푹 삶지 말아야 한다.
- 센불에서 끓이다가 물이 끓기 시작하면 중불로 낮추어주고, 1시간이 지난 후부터는 뜸을 들이듯 약불로 낮춘 후, 적당히 익었을 무렵 스텐볼에 쏟아서 뜨거운 김을 잘 날려준다.
- 뜨거운 김을 날린 후 소금을 넣고 대강 찧어 사용하거나, 으깨어 고운 팥고물을 만든다.
- 설탕을 섞으면 설탕이 녹으며 다시 수분이 많아진 듯 보이는데, 다시 포슬포슬해질 때까지 식혀준다.

(2) 거피팥고물

- 팥을 반골롤러 혹은 맷돌 등에 넣어서 반쪽을 낸 다음 미지근한 물에 담가 충분히 불린다.
  약 8시간 이상 담가주면 된다.
- 녹두고물과 비슷하게 박박 문질러 비벼 씻는다.
- 불린 팥을 손으로 비벼 씻으며 거품과 이물질을 제거하고 껍질을 분리한 다음 여러 번 헹궈준다.
  찬물로 3~4회 헹구어 물기를 빼고, 찜기에 면보를 깔고 김이 오른 후 센불에서 40분 정도 푹 쪄낸다.
- 쪄낸 팥을 스텐볼에 쏟아 뜨거운 김을 날린 후에 소금간이나 기호에 맞춰 설탕을 첨가하여, 방방이로 빻고 중간체나 어레미에 내려준 후 쟁반이나 넓은 판에 올려 수분을 한번 더 날려준다.
- 소분하여 냉동보관을 하고, 사용할 때는 상온에서 자연해동을 하여 사용하면 된다.

(3) 거피 볶은 팥고물(=두텁고물)

- 거피팥고물이 완성되면, 쟁반이나 판에서 수분을 날려 사용할 수 있지만, 완성된 고물에 진간장, 황설탕, 계핏가루 등을 추가 양념하여 팥을 말리듯이 약한 불로 보슬하게 볶아준 후 체에 한번 더 내려 두텁떡 등의 고물로 사용할 수 있다.

(4) 녹두고물

- 녹두를 8시간 이상 불린다. 다른 팥에 비해 크기가 작고 껍질이 벗겨지기가 어려운 편이다.
  다른 고물을 만들 때보다 좀더 오래 씻고 껍질을 벗긴다.
  3~4회 이상 손으로 문지르고 비벼 껍질을 벗겨주고 다시 깨끗한 물로 3~4회 헹구어 물기를 뺀다. 보리쌀 씻듯이 박박 문질러 닦아야 껍질이 완전히 벗겨지며, 고물 색깔이 곱고 깨끗하다.
- 젖은 면보를 깔고 찜기나 시루에 1시간 정도 푹 쪄낸다.
- 익은 녹두는 통으로 소나 고물로 사용하고 싶을 땐 그대로 사용하고, 고운 녹두가루로 사용하고 싶은 경우에는 중간체나 어레미에 내려서 사용한다. 만들고자 하는 떡에 맞게 소금간 혹은 설탕을 첨가하여 준다.
- 소분하여 냉동보관을 하고, 사용할 때는 상온 자연해동을 하여 사용하면 된다.

(5) 서리태고물

- 서리태는 미지근한 물에 담가 충분히 불린 후, 소금과 흑설탕을 넣은 후 팬에 볶듯 조려준다. 콩찰편을 만들 때 많이 사용한다.

(6) 참깨고물

- 참깨고물은 2시간 정도 물에 불려 사용하고, 흑임자고물은 물에 불리지 않고 사용한다.
- 참깨고물을 물에 불려 손으로 비벼 씻고 돌 없이 잘 일어준다. 껍질을 살살 벗겨준다. 물 위에 뜨는 껍질을 조리로 건져준 후, 알맹이만 건져 약불로 솥(후라이팬 등)에 올려 살살 볶아준다.
- 깨가 잘 볶아졌는지 보기 위해서는 참깨나 흑임자를 볶을 때 콩알을 몇알 함께 넣어준다.
  콩알의 표면이 터지면 깨가 잘 볶아진 것이다.
- 콩알이 없다면, 손끝으로 집어 비벼서 쉽게 부서지면 잘 볶아진 것이다.
- 가루로 만들어 고물로 사용할 경우엔 곱게 빻아 만드려는 떡에 따라 설탕 혹은 소금을 추가하여 사용한다.

(7) 흑임자고물

흑임자 고물은 물에 불리는 시간 없이 바로 깨끗하게 씻어서 물기를 뺀 다음, 참깨고물과 동일하게 약한 불로 살살 볶아준다. 넓은 그릇에 타지 않도록 조심히 볶아야 한다.

고물로 사용할 때는 가루로 빻아 어레미나 체에 한번 내린 후 소금 간을 하여 사용한다.

(8) 밤고물

- 껍질이 있는 채로 밤을 깨끗하게 씻고 물을 부어 삶아준 후, 찬물에 담가 건져준다.
- 겉껍질과 속껍질을 모두 벗긴 후 소금을 넣고 빻아서 사용한다.

4) 서리태

물에 헹궈 깨끗이 씻은 후 12시간 이상 물에 불려 사용한다.
서리태는 건조가 잘 되어있고 벌레먹은 것을 선별하여 바람이 잘 통하는 곳에 보관한다.

5) 완두배기

끓는물에 살짝 데쳐서 사용한다.

6) 호박고지

말린 호박고지는 미지근한 물 혹은 설탕물에 잠시 10분 정도 담가두었다가 물기를 제거 후 떡의 부재료로 사용된다.

7) 대추

적당히 마른 대추의 경우 면보로 껍질 표면을 닦아 사용한다. 떡 위를 꾸미는 고명으로 사용할 경우에는 돌려깎기 하여 밀대로 얇게 밀어준 후 채썰어 살짝 쪄서 사용하는 것이 좋고, 쌀가루에 섞는 고물로 사용할 때는 끓는 물에 한번 데친 후 사용하는 것이 좋다(매우 마른 대추의 경우 대추 표면의 주름에 낀 쌀가루가 익지 않을 수 있기 때문에 뜨거운 물에 약 10초~15초 정도 데쳐준 후 사용하면 좋다).

8) 잣

잣의 고깔을 살살 떼어내고 마른 면보로 닦아서 한지와 종이 등을 올려 방방이로 밀어 기름을 뺀 후 칼날로 곱게 다져 고명이나 고물로 사용한다. 평소 냉동 보관하는 것이 좋다.

9) 호두

식초 넣은 끓는 물에 살짝 데쳐서 속껍질과 호두견과의 이물질을 제거한다. 데쳐서 찬물에 헹군 후 물기를 제거하여 사용한다.

10) 밤

겉껍질과 속껍질을 모두 잘 제거한 후, 얇게 썰어내거나 떡의 종류에 따라서 크기에 맞게 4등분 6등분으로 깍둑썰기를 하여 사용한다.

11) 말린 과일류

떡의 종류에 따라서 물에 살짝 불려서 사용하거나, 간단히 이물질만 제거한 후 사용하기도 한다.

떡류 만들기

멥쌀떡	찹쌀떡
백설기, 콩설기, 무지개떡, 쑥설기, 석이병, 팥고물메시루떡, 물호박떡, 송편, 증편, 가래떡, 쑥개떡 등	팥고물찰시루떡, 약밥, 인절미, 쇠머리찰떡, 거피팥시루떡, 흑임자찰편, 구름떡, 콩찰편, 화전, 경단, 쑥단자 등

설기 떡의 재료와 종류

구분	내용
사용하는 쌀가루	멥쌀
부재료에 따른 설기종류	콩설기, 팥설기, 모듬설기, 쑥설기, 녹차설기, 초코설기, 커피설기, 잡과병 등

켜떡의 재료와 종류

구분	내용
사용하는 쌀가루	멥쌀, 찹쌀, 멥쌀+찹쌀
부재료에 따른 설기종류	팥고물시루떡, 물호박떡, 녹두찰편 등

- **빚어 찌는 떡** : 송편
- **부풀려서 찌는 떡** : 증편

인절미 떡의 재료와 종류

구분	내용
사용하는 쌀가루	찹쌀, 흑미, 차조, 현미 등
부재료에 따른 설기종류	쑥인절미, 콩인절미, 흑임자일절미, 팥인절미 등

찌는 찰떡의 재료와 종류

구분	내용
사용하는 쌀가루	찹쌀
부재료에 따른 설기종류	쇠머리찰떡, 구름떡, 콩찰편 등

단자류의 재료와 종류

구분	내용
사용하는 쌀가루	찹쌀
부재료에 따른 설기종류	밤단자, 쑥단자 등

지지는 떡의 재료와 종류

구분	내용
사용하는 쌀가루	찹쌀·수수가루
부재료에 따른 설기종류	화전·수수부꾸미(수수가루)

경단류의 재료와 종류

구분	내용
사용하는 쌀가루	찹쌀·수수가루
부재료에 따른 설기종류	콩고물경단, 흑임자고물경단·수수경단 등

1) 백설기

✓ **백설기[설기떡류]**(구체적 요구사항이 제시되지 않음)

내용

- '흰무리'라고도 하며 멥쌀가루에 물 주기하여 깨끗하게 찌는 떡이다.
- '맑고 깨끗하게 자라라'는 뜻으로 아이의 삼칠일, 백일, 돌떡으로 이용된다.

재료

멥쌀가루 700g, 설탕 70g, 소금 7g, 물 적당량

만드는 법

① 쌀을 씻어 7~8시간 정도 담갔다가 건져 30분간 물기를 빼고, 소금을 넣어 곱게 빻는다.
② 약 10~15%의 수분을 첨가하여 물주기를 한다.
③ 살짝 쥐어서 흔들어 보았을 때 깨지지 않는 정도가 알맞다.
④ 수분이 맞춰진 쌀가루를 다시 고운체에 한번 내린다.
⑤ 내려진 쌀가루에 설탕을 넣는다.
⑥ 찜기나 시루 바닥에 젖은 면보 또는 시루밑을 깔고 쌀가루를 고르게 넣은 후 스크래퍼로 평평하게 만들어준다.
⑦ 물이 끓어오르면 시루에 김이 올라오는 것을 확인 후 뚜껑을 덮어준다.
⑧ 이때 유리 재질로 된 뚜껑이라면 반드시 면보를 위에 덮어 수증기가 떡에 바로 떨어지는 것을 방지한다.
⑨ 뚜껑을 덮고 20분 정도 찐 후 약한 불에서 5분간 뜸 들인다.

추가설명

- 쌀가루에 물과 설탕을 동시에 넣고, 수분을 맞추게 되면 설탕이 녹아 수분함량이 늘어나고 끈적해져서 떡이 쪄졌을 때, 질기고 폭신하지 않다.
- 물주기 후 설탕은 가볍고 빠르게 섞은 후 시루에 담아준다.

2) 콩설기

✓ 콩설기[설기떡류]

내용

• 콩설기는 일반 백설기에 콩을 넣어 단백질 영양소를 보충한 떡이다.
• 멥쌀에 콩을 넣고 섞어서 찐 떡이다.

재료

멥쌀가루 700g, 설탕 70g, 소금 7g, 물 적당량, 불린 서리태 160g

만드는 법

① 쌀을 씻어 7~8시간 정도 담갔다가 건져 30분간 물기를 빼고, 소금을 넣어 곱게 빻는다.
② 약 10~15%의 수분을 첨가하여 물주기를 한다.
③ 살짝 쥐어서 흔들어 보았을 때 깨지지 않는 정도가 알맞다.
④ 수분이 맞춰진 쌀가루를 다시 고운체에 한번 내린다.
⑤ 내려진 쌀가루에 설탕을 넣고, 불린 서리태의 1/2을 쌀가루에 섞어준다.
⑥ 찜기나 시루 바닥에 젖은 면보나 시루밑을 깔고 남은 불린 서리태 1/2을 바닥에 펴 넣어준다.
쌀가루를 고르게 넣은 후 스크래퍼로 평평하게 만들어준다.
⑦ 물이 끓어오르면 시루에 김이 올라오는 것을 확인 후 뚜껑을 덮어준다.
⑧ 이때 유리 재질로 된 뚜껑이라면 반드시 면보를 위에 덮어 수증기가 떡에 바로 떨어지는 것을 방지한다.
⑨ 뚜껑을 덮고 20분 정도 찐 후 약한 불에서 5분간 뜸 들인다.

추가설명

• **전처리** : 서리태는 12시간 이상 불린다.
• 시험장에서 만져봤을 때 너무 딱딱할 경우 소금을 넣은 물에 10분 정도 간단히 데쳐준 후 물기 제거하여 사용한다. 콩설기의 콩은 달지 않아야 맛있다.

3) 무지개떡

✓ **무지개설기[설기떡류]**(구체적 요구사항이 제시되지 않음)

내용

- 멥쌀가루에 4가지 색을 더해 총 5가지 색으로 만들어 쪄낸 떡이다.
- 무지개떡 혹은 오색편이라 불리고, 돌상에 올려 아이가 오색의 조화로운 사람으로 성장하기를 기원한다.

재료

멥쌀가루 1kg, 소금 10g, 물 적당량, 설탕 100g, 딸기가루 15g, 단호박가루 20g, 쑥가루 20g, 코코아분말 20g

만드는 법

① 쌀을 씻어 7~8시간 정도 담갔다가 건져 30분간 물기를 빼고, 소금을 넣어 곱게 빻는다.
② 약 10~15%의 수분을 첨가하여 물주기를 한다.
③ 살짝 쥐어서 흔들어 보았을 때 깨지지 않는 정도가 알맞다.
④ 수분이 맞춰진 쌀가루를 다시 중간체에 한번 내린다.
⑤ 내려진 쌀가루를 정확히 5등분 해준 후, 각각의 가루를 섞어준다.
혹, 가루의 결이 곱지 않아 한 번 더 채에 내리고 싶은 경우에는
흰색→분홍색→노란색→녹색→갈색 순으로 채에 내려주는 것이 좋다.
⑥ 5가지 색이 완성된 쌀가루에 설탕을 넣고 살살 섞어준다.
⑦ 채에 내렸던 순서와 반대로
쌀가루를 갈색→녹색→노란색→분홍색→흰색 순으로 안친다.
쌀가루를 고르게 넣은 후 스크래퍼로 평평하게 만들어준다.
⑧ 물이 끓어 오르면 시루에 김이 올라오는 것을 확인 후 뚜껑을 덮어준다.
⑨ 이때 유리재질로 된 뚜껑이라면 반드시 면보를 위에 덮어 수증기가 떡에 바로 떨어지는 것을 방지한다.
⑩ 뚜껑을 덮고 20분 정도 찐 후 약한 불에서 5분간 뜸 들인다.

추가설명

'조각떡으로 잘라서 제출하시오'라고 명시가 되어있다면, 찜기에 올리기 전에 시험장에서 요구된 크기로 칼집을 넣고 찐다.

4) 쑥설기

✓ **쑥설기 [설기떡류]**(구체적 요구사항이 제시되지 않음)

내용

멥쌀가루에 생쑥(여린 쑥이 좋다)을 넣고 버무려 고물이 없이 찐 떡이다.

재료

멥쌀가루 700g, 설탕 70g, 소금 7g, 물 적당량, 쑥 100g

만드는 법

제일 먼저, 쑥을 깨끗하게 다듬고 씻은 다음 물기를 제거한다.

① 쌀을 씻어 7~8시간 정도 담갔다가 건져 30분간 물기를 빼고, 소금을 넣어 곱게 빻는다.
② 약 10~15%의 수분을 첨가하여 물주기를 한다.
③ 살짝 쥐어서 흔들어 보았을 때 깨지지 않는 정도가 알맞다.
④ 수분이 맞춰진 쌀가루를 다시 중간체에 한번 내린다.
⑤ 내려진 쌀가루에 쑥을 넣고 잘 버무린 후 설탕을 넣는다.
⑥ 찜기나 시루 바닥에 젖은 면보 또는 시루밑을 깔고 쌀가루를 고르게 넣은 후 스크래퍼로 평평하게 만들어준다.
⑦ 물이 끓어오르면 시루에 김이 올라오는 것을 확인 후 뚜껑을 덮어준다.
⑧ 이때 유리 재질로 된 뚜껑이라면 반드시 면보를 위에 덮어 수증기가 떡에 바로 떨어지는 것을 방지한다.
⑨ 뚜껑을 덮고 20분 정도 찐 후 약한 불에서 5분간 뜸 들인다.

추가설명

- 쑥을 다듬을 때 쑥의 밑둥의 누런 잎이나 시든 부분을 잘 다듬어 준다.
- 쑥 사이사이의 이물질이 많이 껴있는 경우가 있어 세심하게 헹구어 준다.

5) 석이병

✓ 석이병 [설기떡류](구체적 요구사항이 제시되지 않음)

내용
- 석이버섯을 씻고 말리고 가루 내어 멥쌀가루에 섞어 찐 떡으로, 고유의 석이버섯의 향을 온전히 느낄 수 있는 떡이다.
- 석이편이라고도 하며 석이버섯, 대추, 밤, 잣가루 등의 부재료를 추가하여 만들기도 한다.

재료

멥쌀가루 700g, 설탕 70g, 소금 7g, 물 적당량, 석이버섯가루 20g

만드는 법

제일 먼저, 석이가루에 물을 넣어 촉촉하게 불려준다.

① 쌀을 씻어 7~8시간 정도 담갔다가 건져 30분간 물기를 빼고, 소금을 넣어 곱게 빻는다.
② 약 10~15%의 수분을 첨가하여 물주기를 한다.
   석이버섯가루에 수분이 있으므로, 처음 물주기에는 기존보다 조금 적게 넣어 물주기 해본다.
③ 살짝 쥐어서 흔들어 보았을 때 깨지지 않는 정도가 알맞다.
④ 내려진 쌀가루에 석이버섯가루를 넣고
   수분이 맞춰진 쌀가루를 다시 고운체에 한번 내린다.
   (이때, 수분이 부족하면 추가로 더 넣어준다)
⑤ 수분이 맞추어진 쌀가루에 설탕을 넣는다.
⑥ 찜기나 시루 바닥에 젖은 면보 또는 시루밑을 깔고 쌀가루를 고르게 넣은 후 스크래퍼로 평평하게 만들어준다.
⑦ 물이 끓어오르면 시루에 김이 올라오는 것을 확인 후 뚜껑을 덮어준다.
⑧ 이때 유리 재질로 된 뚜껑이라면 반드시 면보를 위에 덮어 수증기가 떡에 바로 떨어지는 것을 방지한다.
⑨ 뚜껑을 덮고 20분 정도 찐 후 약한 불에서 5분간 뜸 들인다.

추가설명
- 석이버섯은 뜨거운 물에 담가 배꼽과 안쪽의 막을 벗겨낸 후 검은 물이 나오지 않을 때까지 손으로 비벼 씻은 후 햇볕에 바싹 말려 가루로 미리 만들어 두었다가 쓰는 것이 편리하다.
- 사용할 때는 마른 가루를 더운물에 불려 사용해야 부드럽다.

6) 팥고물시루떡

✓ 팥고물메시루떡 [켜떡류, 멥쌀](구체적 요구사항이 제시되지 않음)

내용
- 팥고물시루떡에는 멥쌀을 넣은 메시루떡과, 찹쌀을 넣은 찰시루떡이 있다.
- 적색의 팥고물을 멥쌀가루에 켜켜이 올려 만든 떡이다.
- 보통 개업식, 이사를 할 때 잡귀를 물리쳐 액을 막을 수 있다고 하여 이웃과 나누어 먹는다.

재료
멥쌀가루 700g, 설탕 70g, 소금 7g, 물 적당량
고물 만들기: 붉은 팥 2컵, 소금 4g, 물 적당량

만드는 법
제일 먼저, 하단의 팥고물 만들기 참고하여 고물을 만든다.
① 쌀을 씻어 7~8시간 정도 담갔다가 건져 30분간 물기를 빼고, 소금을 넣어 곱게 빻는다.
② 약 10~15%의 수분을 첨가하여 물주기를 한다.
③ 살짝 쥐어서 흔들어 보았을 때 깨지지 않는 정도가 알맞다.
④ 수분이 맞춰진 쌀가루를 다시 고운체에 한번 내린다.
⑤ 내려진 쌀가루에 설탕을 넣는다.
⑥ 찜기나 시루 바닥에 젖은 면보 또는 시루밑을 깔고
쌀가루는 1/2로 나누고, 팥고물은 1/3으로 나누어 준다.
팥고물→쌀가루→팥고물→쌀가루→팥고물 순으로 시루에 담는다.
고르게 넣은 후 스크래퍼로 평평하게 만들어준다.
⑦ 물이 끓어 오르면 시루에 김이 올라오는 것을 확인 후 뚜껑을 덮어준다.
⑧ 이때 유리재질로 된 뚜껑이라면 반드시 면보를 위에 덮어 수증기가 떡에 바로 떨어지는 것을 방지한다.
⑨ 뚜껑을 덮고 20분 정도 찐 후 약한 불에서 5분간 뜸 들인다.

팥고물 만들기
① 상처 나거나 썩지 않고 붉고 선명한 팥을 구매한다.
② 어레미 혹은 체 위에 팥을 올려 물 위에서 동그랗게 젓듯이 일어주며, 돌과 안이 비어있거나 썩은 팥알을 골라내어 준다. 팥에 물을 부어 한소끔 후루룩 끓어오르면 바로 그 물을 버리고, 다시 찬물을 부어 팥이 무를 때까지 약 1시간 정도 삶아준다.
③ 붉은 팥은 거피팥과 다르게 물에 불리지 않고 끓는 물에 삶아 사용한다.
④ 팥고물은 시루에 켜켜이 올려 뿌리는 고물이므로 너무 질지 않게 만들어야 한다. 그래서 삶을 때 너무 푹 삶지 말아야 한다.
⑤ 센 불에서 끓이다가 물이 끓기 시작하면 중불로 낮추어주고, 1시간이 지난 후부터는 뜸을 들이듯 약불로 낮춘 후, 적당히 익었을 무렵 스텐볼에 쏟아서 뜨거운 김을 잘 날려준다.
⑥ 뜨거운 김을 날린 후 소금을 넣고 대강 찧어 사용하거나, 으깨어 고운 팥고물을 만든다.

7) 녹두찰편

✓ **녹두찰편 [켜떡류, 찹쌀]**(구체적 요구사항이 제시되지 않음)

내용

찹쌀가루에 녹두 고물을 올려 편으로 쪄낸 찌는 떡이다.

재료

찹쌀가루 1kg, 소금 9g, 설탕 100g, 물 적당량, 거피녹두고물 1kg

만드는 법

제일 먼저, 하단의 녹두고물 만들기 참고하여 고물을 만든다.

① 쌀을 씻어 7~8시간 정도 담갔다가 건져 30분간 물기를 빼고, 소금을 넣어 빻아준다. 멥쌀보다 덜 곱게 빻아준다.

② 멥쌀보다 물을 적게 넣어주고. 너무 질지 않을 정도로 물주기를 한다.

③ 채에 여러 번 내리는 것보다는, 한 번 정도가 적당하다.

④ 찹쌀의 경우 편으로 너무 높이 쌓을 경우 가운데가 익지 않을 수 있다.

⑤ 내려진 쌀가루에 설탕을 넣는다.

⑥ 찜기나 시루 바닥에 젖은 면보 또는 시루밑을 깔고
쌀가루는 1/2로 나누고, 고물은 1/3으로 나누어 준다.
녹두고물→쌀가루→녹두고물→쌀가루→녹두고물 순으로 시루에 담는다.
고르게 넣은 후 스크래퍼로 평평하게 만들어 준다.

⑦ 물이 끓어오르면 시루에 김이 올라오는 것을 확인 후 뚜껑을 덮어준다.

⑧ 이때 유리 재질로 된 뚜껑이라면 반드시 면보를 위에 덮어 수증기가 떡에 바로 떨어지는 것을 방지한다.

⑨ 뚜껑을 덮고 20분 정도 쪄준다.

녹두고물 만들기

- 녹두를 8시간 이상 불린다. 다른 팥에 비해 크기가 작고 껍질이 벗겨지기가 어려운 편이다.
  다른 고물을 만들 때보다 좀 더 오래 씻고 껍질을 벗긴다.
  3~4회 이상 손으로 문지르고 비벼 껍질을 벗겨주고 다시 깨끗한 물로 3~4회 헹구어 물기를 뺀다. 보리쌀 씻듯이 박박 문질러 닦아야 껍질이 완전히 벗겨지며, 고물 색깔이 곱고 깨끗하다.
- 젖은 면보를 깔고 찜기나 시루에 1시간 정도 푹 쪄낸다.
- 익은 녹두는 통으로 소나 고물로 사용하고 싶을 땐 그대로 사용하고, 고운 녹두가루로 사용하고 싶은 경우에는 중간체나 어레미에 내려서 사용한다. 만들고자 하는 떡에 맞게 소금 간 혹은 설탕을 첨가하여 준다.
- 소분하여 냉동 보관을 하고, 사용할 때는 상온 자연해동을 하여 사용하면 된다.

8) 물호박떡

✓ **물호박떡[켜떡류, 멥쌀]**(구체적 요구사항이 제시되지 않음)

내용

- 호박에 수분이 많기 때문에 떡으로 만들었을 때 부드러운 떡이 된다.
- 시루떡의 일종으로 늙은 호박을 멥쌀가루에 섞어서 흰 팥고물을 켜켜로 안쳐서 쪄낸 떡이다.

재료

멥쌀 1kg, 소금 10g, 설탕 100g, 물 적당량, 늙은 호박 슬라이스 200g, 팥고물 600g

만드는 법

① 쌀을 씻어 7~8시간 정도 담갔다가 건져 30분간 물기를 빼고, 소금을 넣어 곱게 빻는다.
② 약 10~15%의 수분을 첨가하여 물주기를 한다.
③ 살짝 쥐어서 흔들어 보았을 때 깨지지 않는 정도가 알맞다.
④ 수분이 맞춰진 쌀가루를 다시 고운체에 한번 내린다.
⑤ 내려진 쌀가루에 설탕을 넣는다.
⑥ 찜기나 시루 바닥에 젖은 면보 또는 시루 밑을 깔고
팥고물→쌀가루→쌀가루와 섞은 호박→쌀가루→고물 순서로 안쳐준다.
고르게 넣은 후 스크래퍼로 평평하게 만들어준다.
⑦ 물이 끓어오르면 시루에 김이 올라오는 것을 확인 후 뚜껑을 덮어준다.
⑧ 이때 유리 재질로 된 뚜껑이라면 반드시 면보를 위에 덮어 수증기가 떡에 바로 떨어지는 것을 방지한다.
⑨ 뚜껑을 덮고 20분 정도 찐 후 약한 불에서 5분간 뜸 들인다.

추가설명

- 청둥호박(늙은 호박)을 건조하여 말린 호박으로 만들어 준다.
- 늙은 호박의 속을 긁어내고 껍질을 벗긴 후 길이 4cm, 폭 2cm의 크기로 썰어서 건조하여 말린 호박을 만들어 놓는다.
- 말린 호박에 소금과 설탕을 넣어 고루 섞은 다음, 물기가 생기기 전에 쌀가루와 버무려 시루에 넣는다.
- 호박에 수분이 많기 때문에 다른 떡보다 물을 적게 넣는다.

9) 송편

✓ 송편[멥쌀]

내용

멥쌀가루를 뜨거운 물을 넣어 익반죽을 하고 소(서리태)를 넣어 오므려 붙인 뒤에 반달 모양으로 다듬고 쪄내는 떡이다.

재료

멥쌀가루 200g, 소금 2g, 물 적당량, 불린 서리태 70g, 참기름 적정량

만드는 법

전처리 : 불린 서리태는 살짝 찌거나 삶아서 식혀놓는다.
솔잎은 씻어 건져서 물기를 뺀 후 찜기에 깔아놓는다.

① 쌀을 씻어 7~8시간 정도 담갔다가 건져 30분간 물기를 빼고, 소금을 넣어 곱게 빻는다.
② 뜨거운 물을 넣어가며 익반죽해준다.
③ 반죽을 12개 이상의 동그란 반죽으로 나누어 준다.
④ 반죽에 준비한 서리태를 넣어주고 오므려 붙인다.
⑤ 송편의 크기를 길이 5cm, 높이 3cm 정도의 반달 모양으로 오므려 붙여서 정갈한 송편 모양을 만들어 준다.
⑥ 찜기에 준비한 솔잎을 깔아주고 그 위에 송편을 올려준다.
⑦ 물이 끓어오르면 시루에 김이 올라오는 것을 확인 후 뚜껑을 덮어준다.
⑧ 이때 유리 재질로 된 뚜껑이라면 반드시 면보를 위에 덮어 수증기가 떡에 바로 떨어지는 것을 방지한다.
⑨ 뚜껑을 덮고 20분 정도 찐 후 찬물에 담가 재빨리 솔잎을 떼어내고 씻어 건진 다음, 물기를 빼고 참기름을 바른다.

✓송편에 너무 많은 물이 스며들지 않도록 최대한 재빨리 작업해야 좋다.

추가설명

- 송편을 찔 때 솔잎을 깔고 찌는 이유는, 솔잎에서 나오는 피톤치드의 성분이 떡이 쉽게 상하지 않게 한다.
- 솔잎이 없는 경우에는 젖은 면보를 깔아주고, 위에는 마른 면보를 덮어서 찜기 뚜껑에서 물이 떨어져 송편이 젖지 않도록 해준다.
- 송편은 다섯 가지 색을 들여 오색의 송편을 만들 수 있다.
- 송편의 소로는 밤, 대추, 풋콩, 녹두, 깨소 등이 있다.

10) 증편

✓ **증편**(구체적 요구사항이 제시되지 않음)

내용

부풀려 찌는 떡류의 대표적인 떡으로, 쌀가루를 술로 반죽하여 부풀게 발표시킨 다음, 틀에 반죽을 넣고 여러 고명을 위에 올려 찐 떡이다.

재료

멥쌀가루 500g, 미지근한 물 적당량, 생(발효)막걸리, 설탕 75g, 식용유 약간

꾸미기용 고명 : 흑임자, 호박씨, 대추 등등

만드는 법

① 꾸미기용 고명은 각각 전처리하여 준비한다.

② 고운체에 내린 멥쌀가루에 설탕과 막걸리를 섞어 골고루 섞어준다.

③ 섞어진 멥쌀가루에 랩을 씌워 30~35도 사이의 따뜻한 곳에서 약 5시간 동안 1차 발효를 해준다(여름철에는 조금 더 빨리 발효되고 겨울철에는 약 1~2시간 더 발효시킬 수 있으므로, 반죽의 상태를 계속 확인해 준다).

④ 1차 발효가 된 반죽의 기포를 살짝 빼듯이 잘 섞어준 후 다시 약 2시간 정도 2차 발효를 해준다.

⑤ 발효 온도에 따라 부푸는 정도가 매우 달라지므로
약 2~3배 정도 발효되는 정도를 보아 약 30분 정도 3차 발효를 진행하기도 한다.

⑥ 반죽을 잘 섞어 공기를 뺀 다음(증편 사이사이 큰 구멍이 생기는 것을 방지하기 위하여) 증편틀에 식용유를 바른 후 반죽을 부어준다.
약 3분의 2정도만 부어준다.
틀에 담고 대추, 밤, 석이버섯 등의 고명을 얹어 준다.

⑦ 김이 오른 찜기에 올려 쪄낸 다음 한 김 식혀 윗면에 약간의 식용유를 발라서 더 표면이 윤기나 보이도록 해준다.

추가설명

발효를 거친 증편은 여름철에 쉽게 상하지 않아서 여름철 떡으로 인기가 좋다.

11) 약밥

✓ **약밥[찰떡]**(구체적 요구사항이 제시되지 않음)

내용

- 다른 일반적인 떡처럼 찹쌀을 가루로 만들지 않고, 통 찹쌀을 바로 수침 3~4시간을 거친 후 만드는 떡이다.
- 간장, 참기름, 밤, 대추 등 다양한 부재료를 넣어서 2번 찌는 과정을 통해 완성되는 떡이다.
- 정월대보름에 많이 만들어 먹는다.

재료

찹쌀 600g, 밤 10개, 대추 15개, 잣 20알

양념재료: 황설탕 70g, 흑설탕 70g, 참기름 2T, 진간장 3T, 계피가루 1t, 대추고(대추씨 거른 물) 2T, 꿀 1T

캐러멜 시럽재료: 설탕4T, 식용유 1T, 물엿 1T, 물 3T, 녹말 2t(작은술)

만드는 법

전처리: 캐러멜 시럽을 만들어 둔다. 밤은 속껍질을 벗겨 3~4등분하고, 대추는 면보로 닦고 씨를 발라내어 3~4등분 해둔다. 잣은 고깔을 떼어내고 준비해둔다.

① 찹쌀을 깨끗하게 씻어 3시간 불린 후 건져 약 30분 정도 물기를 빼준다.

② 찜기에 면보를 깔고 쌀이 푹 무르도록 1시간을 쪄주는데
40분 찐 후 뚜껑을 열고 소금물을 살짝 뿌려 주걱으로 위아래를 섞어준 후 20분을 더 쪄준다.

③ 1시간 쪄진 찹쌀에 황설탕, 흑설탕을 넣어 고루 섞어준다.

④ 참기름, 간장, 계피가루, 대추고, 캐러멜 시럽을 넣어주고 전처리된 밤과 대추, 잣을 섞어준다.

⑤ 두 번째로 찔 때는 중탕으로 쪄준다. 센 불에서 끓이다가 물이 끓으면 중불로 낮추어 1~2시간 정도 쪄준다. 약밥을 중탕으로 찌면 캐러멜 반응이 지속되어 약밥의 갈색 색깔이 더 진해진다.
맛과 식감이 좋아지고 보기에도 더 맛있어진다. 혹시 불을 2시간 사용하기가 어렵다면 양념이 쌀에 베어 들어갈 수 있도록 상온에서 약 1시간 숙성시간을 주면 좋다.

⑥ 완성된 약밥을 모양 틀이나 밥그릇에 담아준다.

추가설명

약밥용 찹쌀은 너무 많이 수침(불리기)하지 말고, 약 3시간에서 3시간 30분 정도만 불리는 것이 좋다.

캐러멜 소스 만들기

① 글루코스(포도당) 160℃, 자당 160℃, 맥아당 180℃(설탕의 녹는점) 이상의 온도에서 캐러멜화가 진행된다.

② 냄비에 설탕과 물을 넣어 중불에 올린 다음 젓지 말고 끓인다. 가장자리부터 갈색이 나기 시작하면 약불로 바꿔준 후 주걱으로 살살 저어준다.

③ 전체적으로 갈색이 되면 녹말물을 넣어 고루 저어주며 농도를 조절한다.

④ 불을 끈 뒤에 물엿을 넣어서 윤기 있는 캐러멜소스를 완성한다.

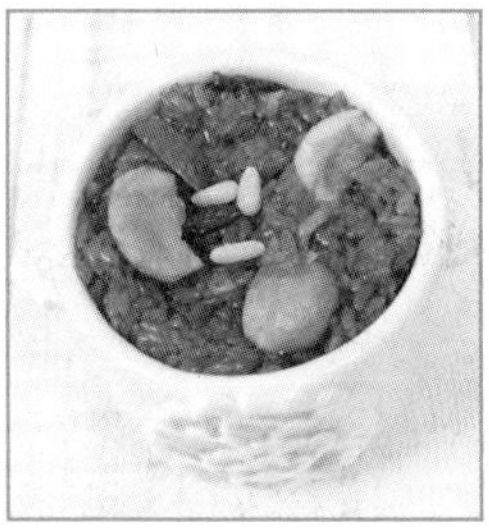

12) 인절미

✓ 인절미(구체적 요구사항이 제시되지 않음)

내용

- 인절미는 찹쌀을 주재료로 한 대표적인 우리의 떡이다.
- 충분히 불려 빻은 찹쌀가루를 쪄서 안반이나 절구에 넣고 떡메로 치고 식혀 모양 잡은 후 고물을 묻혀 완성한다.

재료

찹쌀가루 1kg, 소금 1T, 볶은 콩가루 100g

만드는 법

① 쌀을 씻어 7~8시간 정도 담갔다가 건져 30분간 물기를 충분히 빼고, 소금을 넣어 빻아준다. 멥쌀과 달리 너무 곱지 않아야 좋다.
② 멥쌀보다 물을 적게 넣어주고. 너무 질지 않을 정도로 물주기를 한다.
③ 채에 여러 번 내리는 것보다는, 한번 정도가 적당하다.
④ 찹쌀의 경우 편으로 너무 높이 쌓을 경우 가운데가 익지 않을 수 있다.
⑤ 찜기나 시루 바닥에 젖은 면보 또는 시루밑을 깔고 주먹 쥐어 안치기를 해준다.
⑥ 물이 끓어오르면 시루에 김이 올라오는 것을 확인 후 뚜껑을 덮어준다.
⑦ 이때 유리 재질로 된 뚜껑이라면 반드시 면보를 위에 덮어 수증기가 떡에 바로 떨어지는 것을 방지한다.
⑧ 뚜껑을 덮고 20분~25분 정도 쪄준다.
⑨ 양푼(스텐볼) 등에 찐 떡을 쏟아붓고, 방망이에 소금물을 묻혀 골고루 치대준다.
⑩ 적당한 두께로 길게 밀어 모양을 잡아준다.
⑪ 기름을 묻힌 스크래퍼 등으로 알맞은 크기로 잘라준다.
⑫ 떡이 뜨거울 때 재빠르게 고물을 골고루 묻혀준다. 식으면 고물이 잘 묻지 않는다.

추가설명

- 인절미는 찹쌀가루로 만드는 방법도 있으며, 찹쌀을 통째로 쪄서 만들기도 한다.
- 인절미는 찹쌀 외의 부재료에 따라 대추인절미, 깨인절미, 쑥인절미, 차조인절미, 동부인절미로 나눌 수 있다.

13) 가래떡

✓ **가래떡**(구체적 요구사항이 제시되지 않음)

내용

가래떡은 치는 떡의 일종으로 멥쌀가루에 소금을 넣고 찜기에 찐 다음, 쪄진 떡을 스텐볼 등에 넣어 친 다음 길게 밀어 모양을 잡고, 적당한 크기로 잘라 완성하는 떡이다.

재료

멥쌀 1kg, 소금 1T, 물 적당량

만드는 법

① 쌀을 씻어 7~8시간 정도 담갔다가 건져 30분간 물기를 빼고, 소금을 넣어 곱게 빻는다.

② 약 10~15%의 수분을 첨가하여 물주기를 한다.

③ 쌀가루에 수분이 알맞게 넣어지면 찜기나 시루에 젖은 면보 혹은 시루밑을 깔고 쌀가루를 골고루 펴서 쪄준다.

④ 면보와 뚜껑을 덮고 약 20분간 찐다.

⑤ 쪄진 떡을 칠 수 있는 그릇(스텐볼, 안반 등)에 부어 담아준다.

⑥ 떡을 친 다음 직경이 3cm 정도가 되도록 길게 밀고 가래떡 모양을 만든다.

⑦ 넓은 쟁반에 놓고 원하는 길이로 잘라준다.

추가설명

- 떡볶이떡의 경우 가래떡과 만드는 방법은 동일하며 모양을 잡을 때 1cm 정도의 얇은 모양으로 만들어 준다.
- 가래떡을 하루 정도 말린 후 사선으로 썰어주면 떡국용 떡이 된다.

14) 쇠머리찰떡

✓ 쇠머리찰떡

내용

쇠머리찰떡은 모듬배기떡이라고도 부른다. 각종 고물과 흑설탕을 넣어서 완성하는 쇠머리찰떡은 흑설탕이 녹아 흐르는 모습이 쇠머리편육의 모양과 닮았다고 하여 쇠머리찰떡이라 부른다.

재료

찹쌀가루 500g, 설탕 50g, 소금 5g, 불린서리태 100g, 대추 5개, 깐밤 5개, 마른호박고지 20g, 식용유 적당량

만드는 법

① 쌀을 씻어 7~8시간 정도 담갔다가 건져 30분간 물기를 충분히 빼고, 소금을 넣어 빻아준다. 멥쌀과 달리 너무 곱지 않아야 좋다.
② 멥쌀보다 물을 적게 넣어주고. 너무 질지 않을 정도로 물주기를 한다.
③ 채에 여러 번 내리는 것보다는, 한 번 정도가 적당하다.
④ 불린 서리태는 소금을 조금 넣고 살짝 삶아주거나 쪄준다.
밤은 껍질을 벗겨 4~5 등분하고, 대추는 젖은 면보로 닦아준 후 돌려 깎기 하여 대추씨를 빼낸 후 4~5 등분하여 밤과 크기를 비슷하게 만들어 준다.
호박고지는 많이 말라있는 경우 미지근한 설탕물에 담가준다.
호박고지가 많이 말라있지 않은 경우에는 물에 살짝 씻어만 준 후 3cm 정도의 길이로 잘라준다.

찹쌀가루에 준비한 부재료를 모두 넣고 살살 섞어준다.
⑤ 찜기나 시루 바닥에 젖은 면보 또는 시루밑을 깔고 주먹 쥐어 안치기를 해준다.
⑥ 물이 끓어오르면 시루에 김이 올라오는 것을 확인 후 뚜껑을 덮어준다.
⑦ 이때 유리 재질로 된 뚜껑이라면 반드시 면보를 위에 덮어 수증기가 떡에 바로 떨어지는 것을 방지한다.
⑧ 뚜껑을 덮고 25분~30분 정도 쪄준다.
⑨ 다 쪄진 떡은 준비해 간 떡 비닐에 조심스럽게 옮겨준 후 15cm×15cm의 정사각형 모양을 만들어 준 후 제출한다.

추가설명

- 전통적인 쇠머리 찰떡에는 흑설탕을 중간중간 넣어주지만, 시험장 제시물에는 흑설탕이 없으므로 제외한다.
- 물주기를 잘 하는 것이 관건이며, 모든 부재료를 얼마나 익숙하게 다루는 지가 시험 합격 여부를 결정지을 것이므로 부재료의 특성과 손질법을 미리 알아두어야 한다.

15) 구름떡

✓ 구름떡(구체적 요구사항이 제시되지 않음)

내용

- 찹쌀가루에 여러 가지 부재료를 넣고 찐 떡에, 팥가루 혹은 흑임자고물을 묻히고 떡틀에 켜켜이 넣어 굳힌 떡이다.
- 잘린 단면이 구름을 닮아서 구름떡이라고 불린다.

재료

찹쌀 700g, 소금 1T, 대추 10개, 밤 10개, 설탕 70g, 호두 30g, 잣 1T, 흑임자고물 80g

만드는 법

① 쌀을 씻어 7~8시간 정도 담갔다가 건져 30분간 물기를 충분히 빼고, 소금을 넣어 빻아준다. 멥쌀과 달리 너무 곱지 않아야 좋다.
② 멥쌀보다 물을 적게 넣어주고, 너무 질지 않을 정도로 물주기를 한다.
③ 채에 여러 번 내리는 것보다는, 한 번 정도가 적당하다.
④ 대추는 젖은 면보로 사이사이 깨끗하게 닦은 후 돌려깎기 하여 대추씨를 제거한 후 4~5등분 해준다.
밤은 4~5등분 해주고 갈변하지 않도록 설탕에 담가주거나 설탕물에 살짝 조려준다.
호두는 4등분 해준다. 잣은 고깔을 떼어준다.
⑥ 찹쌀가루에 준비한 대추, 밤, 호두, 잣을 섞고 주먹으로 가볍게 쥐어 시루에 안친다.
⑦ 물이 끓어오르면 시루에 김이 올라오는 것을 확인 후 면보를 덮은 뚜껑을 덮어준다.
⑧ 뚜껑을 덮고 25분~30분 정도 쪄준다.
⑨ 다 쪄진 떡은 준비해 간 떡 비닐에 엎은 후 칼로 알맞게 잘라주고, 흑임자 고물을 묻혀준다.
⑩ 시험장에서 제공하는 사각용기나 구름떡 틀에 켜켜이 눌러 담아준다.
⑪ 한 김 식힌 후 1~1.5cm 정도의 두께로 썰어 제출한다.

추가설명

- 떡의 단면이 구름의 모양이 잘 나올 수 있도록 떡 부분과 고명을 묻힌 부분이 깔끔하게 구분이 되는 모습이 좋다.
- 식힌 다음에 틀에 넣으면 고명으로 인해 서로 붙지 않을 수 있다.
- 떡을 찌고 나서 따뜻할 때 빠르게 작업해 주는 것이 바람직하다.

16) 콩찰편

✓ **콩찰편**(구체적 요구사항이 제시되지 않음)

내용

콩찰편은 찹쌀가루에 콩을 얹어 가며 켜켜로 안쳐 찐 떡이다.

재료

찹쌀가루 500g, 설탕 50g, 소금 5g, 불린 서리태 100g, 흑설탕 50g

만드는 법

① 쌀을 씻어 7~8시간 정도 담갔다가 건져 30분간 물기를 충분히 빼고, 소금을 넣어 빻아준다. 멥쌀과 달리 너무 곱지 않아야 좋다.

② 멥쌀보다 물을 적게 넣어주고, 너무 질지 않을 정도로 물주기를 한다.

③ 채에 여러 번 내리는 것보다는, 한 번 정도가 적당하다.

④ 불린 서리태는 소금과 설탕을 넣고 버무려 두었다가, 약 20분 뒤쯤 체에 밭쳐 물기를 빼주거나, 서리태를 살짝 삶아준 후 식혀 사용한다.

⑤ 찜기나 시루 바닥에 젖은 면보 또는 시루밑을 깔고 서리태의 1/2의 양을 바닥에 깐 다음, 찹쌀가루를 평편하게 올려준다.
그 위에 다시 서리태 1/2의 양을 올린다.

⑥ 물이 끓어오르면 시루에 김이 올라오는 것을 확인 후 뚜껑을 덮어준다.

⑦ 이때 유리 재질로 된 뚜껑이라면 반드시 면보를 위에 덮어 수증기가 떡에 바로 떨어지는 것을 방지한다.

⑧ 뚜껑을 덮고 25분~30분 정도 쪄준다.

⑨ 다 쪄진 떡은 준비해 간 떡 비닐에 조심스럽게 옮겨준 후 15cm×15cm의 정사각형 모양을 만들어 준 후 제출하거나, 원형 그대로의 모습으로 제출한다(시험감독관 혹은 실기시험 지시사항에 따라 준비하고 제출한다).

17) 쑥단자

✓ **쑥단자**(구체적 요구사항이 제시되지 않음)

내용

단자류는 찹쌀가루에 수분을 주고 찜기나 시루에 쪄서 양푼이나 안반에 놓고 꽈리가 일도록 쳐서 만든 떡에 소를 넣고 빚은 후 겉에 꿀이나 고물을 묻힌 떡을 말한다.

재료

찹쌀 300g, 소금 3g, 데친 쑥 150g, 소금 2g
소만들기: 유자청건지 2T, 꿀 2T . 삶은 밤 5개
고물: 거피 팥고물 1컵, 소금 1T, 꿀 2T
20개의 단자를 완성하시오.

만드는 법

① 찹쌀가루에 소금과 물을 넣어 섞은 다음 찜기에 젖은 면보를 깔고 15분 쪄준다.
② 데친 쑥을 찜기에 넣고 10분 더 쪄준다.
③ 스텐볼에 떡을 쏟아 넣어주고, 꽈리가 일도록 친다. 20개의 떡으로 나누어준다.
④ 유자청건지를 잘게 다지고 삶은 밤 1개를 으깨 넣어준다. 꿀과 함께 섞어준다.
20개의 소로 나누어 둔다.
⑤ 손에 꿀을 묻히고 찰떡에 소를 넣어 오므려준다.
⑥ 떡 겉면에 꿀을 바르고 소금으로 간을 맞춘 거피팥 고물과 삶은 밤 4개를 잘게 으깨 섞어준 후 고물로 사용한다.

추가설명

찹쌀가루와 쑥의 비율은 2 : 1 또는 1 : 1이며 찹쌀가루와 쑥을 섞어 반죽하여 반대기를 지어 끓는 물에 삶아 건지거나 또는 익반죽, 찹쌀가루에 물을 내려 찌는 법을 사용하며, 떡소로는 녹두, 계피가루, 설탕, 대추, 청매, 귤병, 설탕즙, 유자청건데기, 대추 다진 것, 팥소 같은 것들을 사용하고, 고물로는 대추채, 밤채, 팥고물, 또는 콩가루고물을 묻힌다. 떡을 만들 때 손에는 꿀을 묻혀가며 만든다.

떡류 만들기

18) 화전

✓ **화전**(구체적 요구사항이 제시되지 않음)

내용

찹쌀가루를 반죽하여 기름에 지진 떡으로, 계절에 따라서 진달래꽃·장미꽃·배꽃·국화꽃 등을 붙여서 지진다. 일명 꽃지지미라고도 한다.

재료

찹쌀 400g, 소금 1T, 진달래꽃 20송이, 대추 5개, 꿀 적당량, 식용유 적당량

만드는 법

① 찹쌀가루에 끓는 물로 익반죽을 한다. 직경 5~5.5cm 정도로 동그랗고 납작하게 빚어준다.
② 진달래 꽃술을 떼고 물에 가볍게 헹구어 준 다음 면보나 수건으로 물기를 제거해 놓는다.
③ 대추는 젖은 면보로 겉표면을 닦아준다. 돌려 깎기 하여 대추씨를 제거한 후, 밀대로 밀어 납작하게 만들어 준다. 동그랗게 도르르 말아서 단면을 잘라주거나 길고 얇게 잘라서 꽃줄기를 표현한다.
④ 가열한 팬에 기름을 두르고 반죽을 놓고 한쪽 면이 적당히 익으면 뒤집은 다음 위에 꽃과 대추 등을 올려 익혀준다.
⑤ 꿀을 적당량 발라준다.

추가설명

- 계절에 따라서 진달래꽃, 쑥, 장미꽃, 국화꽃 등을 사용하며 모양을 내기 위해 쑥갓잎이나 대추를 잘게 모양 내어 올리기도 하였다.
- 기름에 지지는 떡의 경우에는 반죽을 더 많이 주물러 표면이 부드럽고 매끈해지도록 한다. 건조할 경우 갈라짐이 생길 수 있다.

19) 경단

✓ 경단

내용

찹쌀가루를 익반죽한 후 둥글게 만들어 끓는 물에 삶아 건져낸 후 다양한 고물을 묻혀 완성하는 떡이다.

재료

찹쌀가루 200g, 소금 2g, 볶은 콩가루 50g
반죽은 직경 2.5~3cm 정도의 일정한 크기로 20개 이상 만드시오.

만드는 법

① 쌀을 씻어 7~8시간 정도 담갔다가 건져 30분간 물기를 충분히 빼고, 소금을 넣어 빻아준다. 멥쌀과 달리 너무 곱지 않아야 좋다.
② 끓는 물을 넣고 익반죽해준다.
③ 총 반죽을 20개로 나누어준다.
④ 끓는 물에 넣어 삶은 다음, 건져서 찬물에 헹군 뒤 물기를 빼내준다.
⑤ 볶은 콩가루에 살살 굴려준다. 제출 접시에 가지런히 옮겨 담아 제출한다.

추가설명

- 삶아진 경단에 너무 물이 많을 경우에는 고물이 예쁘게 묻지 않는다.
- 과하게 삶아지거나 풀어짐 없이 만드는 것이 중요하다.

Chapter 3

떡류 포장 및 보관

01 떡의 포장방법

떡을 완성하고 적당한 크기와 용량으로 공장에서부터 소비자에게 이르기까지 유통단계를 거치는 동안 부패되지 않도록 환경, 기후에 대한 차단과 습기, 수분 등에 대한 위생적인 안전성을 보장하여 식품의 가치를 유지 혹은 상승시키는데 목적이 있다.

포장 시 특히 주의할 점은 식품 포장용으로 적합한 재질의 포장재나 용기를 사용해야 한다는 점이다.

1) 포장의 기능

① 식품의 용량을 확인할 수 있다.

② 식품의 모양을 규격화하여 일관성 있게 만들 수 있다.

③ 제품의 성분과 중량과 유통기한을 확인할 수 있다.

④ 외부로부터의 이물질, 오염 등을 차단하고 식품의 안전성을 유지 혹은 상승시킨다.

⑤ 운반하고 유통함에 있어, 제품을 보호하고 용이하게 한다.

⑥ 식품의 유통 가능 거리를 늘려주고, 유통 중 파손 및 오염으로부터 보호한다.

⑦ 포장을 통해 판매촉진, 광고효과를 볼 수 있다.

⑧ 포장을 통해 감사의 의미, 제품의 장단점을 가시적으로 안내할 수 있다.

✓ 포장의 기능에는 용기로서의 기능, 소비자 접근 용이성, 정보성, 상품성, 안전성, 경제성, 친환경성, 보호기능 등이 있다.

2) 포장의 종류

① **손으로 하는 포장**: 랩, 비닐 등에 상품을 넣어서 접착하거나 포장트레이에 넣어서 랩핑하는 방법이다. 한 번 먹을 소량을 포장할 때 많이 사용하며, 대부분 떡집에서 일반적으로 사용하는 방법이다.

② **기계로 하는 포장**: 포장하는 기계에 포장용지 규격을 맞춰 포장을 하는 방법이며, 기계가 작동을 하면 열 접합을 통해 밀봉하여 완성된다. 대량생산을 하는 곳에서 많이 사용하는 방법이며, 설비가격이 높은 편이라 일반적으로 많은 곳에서 사용하지는 않는다.

③ 어떤 포장을 하든, 식품의약품 안전처 기준에 맞추어, 식품 표시사항을 부착한다.

3) 포장재의 종류

(1) 종이

식품용으로 많이 사용되는 포장재이다.

간편하고 가벼우며 경제적이다.

떡의 경우에는 물과 습기에도 약한 종이보다는 최대한 코팅된 종이 및 종이접시에 사용한다.

(2) 플라스틱

투명하고 단단하여 많이 사용되는 포장재이다. 종이보다는 금액이 높지만 다른 고가의 포장재보다는 낮은 편이라 대체적으로 많이 사용되고 있다.

다양한 형태의 제품이 있어서, 떡의 종류에 따라 알맞은 사이즈와 크기로 선택 사용 가능하다.

하지만, 열에 약하고 충격에 의해 쉽게 부서지거나 찢어진다는 단점이 있다.

(3) 유리

알맞은 살균 과정을 거치면 인체에 가장 무해하고 투명하여 내용물이 다 보이는 장점이 있다. 떡에도 매우 잘 맞고 내수성, 내습성, 내약품성, 차단성이 강하기 때문에 떡 외에도 다양한 식품에서 사용되는 포장법이다. 열에도 강해 가열살균이 가능한 포장재이다.

그러나 유리의 경우 무겁고, 유통 시 잘 파손되기 때문에 보호를 위한 에어캡(뽁뽁이) 등의 추가 포장비가 들게 되어 경제적으로 좋지 않다.

(4) 폴리에틸렌(polyethylene)

식품에 직접 닿아도 되는 폴리에틸렌 제품은 무독성으로 떡에 있는 수분을 잘 차단해준다.

식품의 포장용 외에도 에어캡, 선물 포장지 등 여러 포장지에 사용되는 성분이다.

(5) 금속

흔히 캔 포장을 생각하면 되는데, 통조림용으로 널리 사용된다.

가장 안전하고 오래 보관할 수는 있는데, 설비가 필요한 포장법이어서 떡 포장에는 잘 사용하지 않는 포장법이다.

02 포장용기 표시사항

1) 식품표시의 기능

예전에는 식품포장을 할 때 단순히 제품의 상태나 품질을 보전하고 보호하는 데에 집중하였지만, 현재에는 상품의 보관뿐 아니라 식품에 대한 바른 정보를 소비자에게 제공하는데 더 큰 목적을 두고 있다.

제품의 유통기한, 원재료명, 첨가물, 내용량, 영양성분 등의 정보를 표기하여 소비자로 하여금 좀 더 합리적인 소비를 할 수 있게 도와주는 역할을 한다.

알레르기 유무, 칼로리 정보 등 제품에 대한 정보를 빠르고 정확하게 판단 구분할 수 있게 도와준다.

2) 식품표시의 방법

- 주 표시면에는 제품명, 내용량, 내용량에 해당하는 열량을 표시하여야 한다.
- 정보 표시면에는 식품유형, 영업소의 명칭(상호) 및 소재지, 유통기한, 원재료명, 주의사항 등을 표시하여야 한다.

✓ 떡류의 경우 포장 표시 사항

- 제품명
- 식품유형
- 영업소(장)의 명칭(상호) 및 소재지
- 유통기한
- 원재료명
- 용기·포장재질
- **품목보고번호**: 식품위생법에 따라 관할기관에 품목제조를 보고할 때 부여되는 번호
- 성분명 및 함량(해당 경우에 한함)
- 보관방법(해당 경우에 한함)
- 주의사항(소비자 안전을 위한 주의사항)

✓ 질문

식품 표시를 할 때 대표자의 이름도 들어가야 한다(×).

이 내용은 아래 식품의약품 안전처에서 제공하는 내용을 바탕으로 좀 더 깊게 살펴보도록 한다.

(도2) **표시사항 표시서식도안**

제품명	○○○ ○○	• (예시) 이 제품 ○○○를 사용한 제품과 같은 시설에서 제조
식품유형	○○○(○○○○○○*) *기타표시사항	
영업소(장)의 명칭(상호) 및 소재지	○○식품, ○○시 ○○구 ○○로 ○○길 ○○	• (타법 의무 표시 사항 표시) 정당한 소비자의 피해에 대해 교환, 환불
유통기한	○○년 ○○월 ○○일까지	
내용량	○○○g	• (업체 추가표시사항 예시) 서늘하고 건조한 곳에 보관
원재료명	○○, ○○○○, ○○○○○○, ○○○○○, ○○, ○○○○○○○, ○○○, ○○○○○	• **부정·불량식품 신호**: 국번없이 1399
	○○*, ○○○*, ○○* 함유 (*알레르기 유발물질)	• (업체 추가표시사항 예시) 고객상담실 ○○○-○○○-○○○○
성분명 및 함량	○○○(○○mg)	
용기(포장)재질	○○○○○	영향성분* (주표시면 표시 가능)
품목보고번호	○○○○○○○○○○○-○○○	

(도 1) **용기·포장의 주표시면 및 정보표시면 구분**

주표시면(앞면)

정보표시면(뒷면)

주표시면(앞면, 윗면)

정보표시면(뒷면)

주표시면(앞면, 윗면)

정보표시면(뒷면)

주표시면(앞면, 윗면, 뒷면)
정보표시면(양측면)

Ⅲ. 개별표시사항 및 표시기준

1. 식품

가. 과자류, 빵류 또는 떡류

1) 유형

과자, 캔디류, 추잉껌, 빵류, 떡류

2) 표시사항

가) 제품명

나) 식품유형

다) 영업소(장)의 명칭(상호) 및 소재지

라) 유통기한

마) 내용량 및 내용량에 해당하는 열량(단, 열량은 과자, 캔디류, 빵류에 한하며 내용량 뒤에 괄호로 표시)

바) 원재료명

사) 영양성분(과자, 캔디류, 빵류에 한함)

아) 용기·포장 재질

자) 품목보고번호

차) 성분명 및 함량(해당 경우에 한함)

카) 보관방법(해당 경우에 한함)

타) 주의사항

파) 방사선 조사(해당 경우에 한함)

하) 유전자변형식품(해당 경우에 한함)

거) 기타 표시사항

(1) 유탕 또는 유처리한 제품은 "유탕처리제품" 또는 "유처리제품"으로 표시하여야 한다(과자, 캔디류, 추잉껌에 한함).

(2) 유산균 함유 과자, 캔디류는 그 함유된 유산균수를 표시하여야 하며, 특정균의 함유사실을 표시하고자 할 때에는 그 균의 함유균수를 표시하여야 한다.

(3) 한입 크기로서 작은 용기에 담겨 있는 젤리제품(소위 미니컵젤리 제품)에 대하여는 잘못 섭취에 따른 질식을 방지하기 위한 경고문구를 표시하여야 한다.

(예시) "얼려서 드시지 마십시오. 한번에 드실 경우 질식의 위험이 있으니 잘 씹어 드십시오. 5세 이하 어린이 및 노약자는 섭취를 금하여 주십시오" 등의 표시

(4) 식품제조·가공업 영업자가 냉동식품인 빵류 및 떡류를 해동하여 유통하려는 경우에는 제조연월일, 해동연월일, 냉동식품으로서의 유통기한 이내로 설정한 해동 후 유통기한, 해동한 제조업체의 명칭과 소재지(냉동제품의 제조업체와 동일한 경우는 생략할 수 있다), 해동 후 보관방법 및 주의사항을 표시하여야 한다. 다만, 이 경우에는 스티커, 라벨(Label) 또는 꼬리표(Tag)를 사용할 수 있으나 떨어지지 아니하게 부착하여야 한다.

(5) 식품제조·가공업 영업자가 냉동식품인 빵류 및 떡류를 해동하여 유통할 때에는 "이 제품은 냉동식품을 해동한 제품이니 재냉동시키지 마시길 바랍니다" 등의 표시를 하여야 한다.

(6) 껌 베이스 제조에 사용되는 식품첨가물 중 에스테르검, 폴리부텐, 폴리이소부틸렌, 초산비닐수지, 글리세린지방산에스테르, 자당지방산에스테르, 소르비탄지방산에스테르, 탄산칼슘, 석유왁스, 검레진, 탤크, 트리아세틴은 "껌기초제" 또는 "껌베이스"로 표시할 수 있다.

3) 표시방법, 소비자안전을 위한 주의사항 표시, 소비자가 오인·혼동하는 표시금지, 장기보존식품의 표시, 인삼 또는 홍삼성분 함유식품의 표시, 방사선조사식품의 표시는 Ⅱ.공통표시기준에 따른다.

03 떡류의 보관방법

떡은 0~60도에서 노화가 일어나는데 온도가 낮은 0~5도 사이에 노화가 가장 빠르게 일어나기 때문에 떡을 보관할 때에는 냉장보관(냉장고와 동일한 온도 보관)은 피해야 좋다. 뜨거운 김이 한 김 사라지면-18도 이하로 냉동 보관이 되어야 한다.

- **냉장보관**: 냉장보관의 온도는 0~10도 이하이다. 미생물의 증식, 변패 반응 등을 억제하면서 식품의 저장기간을 늘려준다.
- **냉동보관**: 냉동보관은-18도 이하를 뜻하며, 색소 비타민 파괴가 일어나지 않는다. 단백질과 지방의 화학변화도 일어날 수 없기 때문에 떡의 장기보관을 위해서라면 냉동보관을 한다.
  제일 안전하고 노화가 거의 일어나지 않는 온도는-20도~-30도이다.

✓ 질문

떡은 냉장보관을 해야 노화가 지연된다(×)
떡은 냉동보관을 해야 한다(○)

Chapter 4

출제 예상 문제

01 재료를 계량하는 방법으로 틀린 것은?

① 계량컵(1C)의 용량은 250ml이며 가득 계량할 때는 계량컵의 높이만큼 채운 후 깎아서 계량한다.
② 계량스푼은 양념 등의 부피를 측정하며 Ts(Table spoon, 큰 술), ts(tea spoon, 작은 술)로 표시한다.
③ 저울을 사용할 때, 저울이 평평하고 단단한 곳에 놓여있고 수평이 맞는지 확인한다.
④ 저울을 사용할 경우 0점을 먼저 확인한 후 용기를 올린 뒤에 다시 0점을 맞춘 후 재료를 올려 계량을 한다.

02 다음 중 계량컵과 계량스푼의 용량이 바르게 연결된 것은?

① 계량컵 200cc, 큰 술 15cc, 작은 술 10cc
② 계량컵 200cc, 큰 술 15cc, 작은 술 5cc
③ 계량컵 250cc, 큰 술 25cc, 작은 술 10cc
④ 계량컵 250cc, 큰 술 25cc, 작은 술 15cc

03 여름철 쉽게 상하지 않는 고물이 아닌 것은?

① 콩가루고물　② 깨고물
③ 거피팥고물　④ 코코넛고물

04 쉽게 상하지 않아 여름철에 먹는 떡을 바르게 고른 것은?

㉠ 주악	㉡ 증편
㉢ 팥경단	㉣ 깨찰편
㉤ 녹두고물경단	㉥ 율고

① ㉡, ㉣, ㉥　② ㉠, ㉡, ㉣
③ ㉠, ㉡, ㉤　④ ㉡, ㉣, ㉤

05 약밥은 어느 절기의 절식인가?

① 초파일　② 추석
③ 중화절　④ 정월대보름

06 약밥을 만드는 캐러멜 소스를 만드는 방법으로 맞지 않는 것은?

① 약밥을 중탕으로 찌면 캐러멜 반응이 계속 유지되어 약밥의 색이 더 진해지고 맛도 좋아진다.
② 냄비에 설탕과 식용유를 넣고 불에 올린 다음 타지 않도록 골고루 상태를 보아가며 젓가락으로 저어준다.
③ 전체적으로 갈색이 되면 녹말 물을 넣어 고루 저어주며 농도를 조절한다.
④ 불을 끈 뒤에 물엿을 넣어서 윤기있는 캐러멜소스를 완성한다.

07 재료의 계량 시 주의사항으로 바르지 않은 것은?

① 고체(버터나 마가린) 식품은 부피보다 무게를 재는 것이 정확하다. 재료를 실온에 두어 약간 부드럽게 한 뒤 계량컵이나 스푼에 빈 공간이 없도록 채워서 표면을 평면이 되도록 깎아서 계량한다.
② 흑설탕은 끈적거리는 성질이 있어 계량컵에 빈공간이 없도록 눌러 담아 평면이 되도록 계량한다.
③ 쌀, 팥, 깨 등 알갱이 식품은 계량컵에 담아 살짝 흔들어서 표면을 평면이 되도록 깎아서 계량한다.
④ 가루 상태인 밀가루, 쌀가루, 백설탕은 수북이 담아 흔들어서 평면이 되도록 깎아서 계량한다.

08 백설기떡 만들기에 대한 설명 및 방법으로 틀린 것은?

① 백설기떡을 조각내어 나누고 싶을 경우 찜기에 올리기 전에 먼저 칼집을 넣고 찐다.
② 백설기는 부재료에 따라 콩설기, 팥설기, 모듬설기 등 다양한 이름으로 불린다.
③ 쌀을 씻어 7~8시간 정도 담갔다가 건져 30분간 물기를 빼고, 빻아 채에 내려 고운 가루를 만든 후 분량의 소금을 넣어 쌀가루를 만든다.
④ 쌀가루에 물, 소금, 설탕을 같이 넣고 수분을 맞춘 다음 채에 내려서 떡을 쪄준다.

09 송편을 만드는 방법으로 틀린 것은?

① 송편의 소로는 가을에 나오는 밤, 대추, 거피팥, 녹두 등이 있다.
② 송편은 다섯 가지 색을 들여 만들면 오색송편이 된다.
③ 송편은 쪄서 익힌 후 찬물에 넣고 빨리 식혀 물기를 뺀 다음, 기름을 바른 후 포장하는 것이 좋다.
④ 찹쌀가루를 익반죽한 후 소를 넣어 오므려 붙인 뒤 반달 모양으로 빚어서 솔잎을 깔고 찐 떡이다.

10 약밥에 대해 설명하는 것으로 틀린 것은?

① 약밥에 들어가는 기본적인 재료로는 밤, 대추, 잣, 호박씨, 건포도 등이 있다.
② 최초의 약밥에 한약 재료가 들어갔기 때문에 약밥이라고 불렸다.
③ 우리나라 말에 꿀을 '藥'이라 하여 꿀을 넣어 만들었다 하여 약밥이라고 불렀다.
④ 찜기에 젖은 면보를 깔고 찹쌀을 우선 40분 정도 쪄준 다음, 소금물을 끼얹은 후 주걱으로 위아래를 뒤집어 주고 20분 더 쪄서 총 1시간 정도 찐다.

11 찹쌀이나 찹쌀가루를 밥처럼 쪄서 안반이나 절구에 담고 떡메로 쳐서 고물을 묻힌 떡은?

① 인절미 ② 약밥
③ 증편 ④ 화전

12 다음 중 인절미 만드는 방법으로 틀린 것은?

① 찹쌀을 불렸다가 건져 30분 정도 물기를 뺀 후, 찜기에 찌면 질지 않은 인절미를 만들 수 있다.
② 고물로 사용할 콩가루에는 소금과 설탕을 넣어 간을 맞추어 사용한다.
③ 양푼 혹은 절구에 쪄진 찹쌀을 넣고 방망이에 설탕물을 잘 적셔가며 골고루 친다.
④ 썰어 놓은 떡이 뜨거울 때 콩고물을 묻힌다.

13 다음 중 증편 만드는 방법으로 틀린 것은?

① 증편에 쓰이는 쌀가루는 고울수록 좋아서 가는체에 내려준다.
② 증편은 1차 발효로 완성되는 떡이며 추가로 발효를 하지 않아도 된다.
③ 증편은 부풀려 찌는 떡류이다.
④ 증편은 쌀가루를 술로 반죽하여 부풀게 한 다음 틀에 담고 대추, 밤, 석이버섯 등의 고명을 얹어 찐떡이다.

14 다음 중 약밥을 만드는 순서로 올바른 것은?

① 캐러멜소스 버무리기→중불로 중탕하기→찹쌀찌기→양념하기
② 찹쌀찌기→양념하기→중불로 중탕하기→캐러멜소스 버무리기
③ 찹쌀찌기→캐러멜소스 버무리기→양념하기→중불로 중탕하기
④ 캐러멜소스 버무리기→찹쌀찌기→중불로 중탕하기→양념하기

15 인조가 이괄의 난을 피해 내려왔을 때 이 떡을 처음 맛보고 떡 이름이 무엇인지 묻자, 임씨네 집에서 바친 떡이라도 대답하였고 인조가 '그것 참 절미로구나'하여 지어진 이름의 떡은?

① 송편 ② 석이병
③ 백설기 ④ 인절미

16 고명을 만드는 방법으로 틀린 것은?

① 대추채는 대추를 뜨거운 물에 5분 정도 삶아준 후 꺼내 돌려 깎기하여 씨를 빼낸 후 사용한다.
② 잣은 고깔을 떼어내고 마른 면보로 닦아서 한지나 종이 위에 올려놓고 다져서 사용한다.
③ 석이버섯은 물에 충분히 불려준 후 비벼서 깨끗하게 씻은 후 사용한다.
④ 진달래는 꽃술을 떼고 물에 가볍게 씻은 다음 물기를 빼어 놓았다가 사용한다.

17 설기떡의 종류가 아닌 것은?

① 무설기떡 ② 잡과병
③ 석탄병 ④ 찰시루떡

18 찹쌀가루로 떡을 만들 때 주의해야 할 점으로 올바른 것은?

① 찹쌀가루는 멥쌀가루보다 아밀로오스의 함량이 높아 떡이 설익을 수 있다.
② 찹쌀가루는 방아로 빻을 때 1회 정도로 거칠게 빻아야 잘 쪄진다.
③ 찹쌀가루는 멥쌀가루보다 수분 함량이 적기 때문에 떡을 찔 때 물을 더 주어야 잘 쪄진다.
④ 찹쌀가루는 찜기에 넣을 때 사이사이를 잘 메꾸어주며 편평하게 다듬어 쪄준다.

19 고물을 만드는 방법으로 틀린 것은?

① 붉은 팥은 물에 불리면 색이 빠져나가 곱지 않으므로 물에 불리지 않고 바로 삶아 사용한다.
② 깨고물은 깨를 볶을 때 콩 한두 개와 함께 볶아 콩알이 터지면 깨가 잘 볶아진 것으로 본다.
③ 호박은 설탕과 소금에 미리 절여두었다가 물기가 있는 상태로 떡을 쪄야 맛있다.
④ 녹두, 거피팥 고물을 만들 때는 물에 불린 팥을 보리쌀 씻듯이 박박 문질러 씻어야 뽀얀 고물을 만들 수 있다.

20 다음 중 지지는 떡의 종류가 아닌 것은?

① 주악 ② 산승
③ 부꾸미 ④ 잡과병

21 거피팥고물을 만드는 방법으로 옳지 않은 것은?

① 팥을 반골롤러 혹은 맷돌 등에 넣어서 반쪽을 낸 다음 미지근한 물에 담가 충분히 불린다.
② 불린 팥을 손으로 비벼 씻으며 거품과 이물질을 제거하고 껍질을 분리한 다음 여러 번 헹궈준다.
③ 완성된 거피팥고물은 소분하여 냉동보관을 하고, 사용할 때는 상온 자연해동을 하여 사용하면 된다.
④ 쪄낸 팥을 스텐볼에 쏟아 뜨거운 김을 날린 후에 소금간이나 기호에 맞춰 설탕을 첨가하여, 방방이로 빻고 가는 체에 내려준 후 쟁반이나 넓은 판에 올려 수분을 한 번 더 날려준다.

22 지지는 떡에 대한 설명으로 틀린 것은?

① 지지는 떡을 익힐 때는 가열한 팬에 기름을 두르고 반죽을 놓고 고명을 올린 다음 익으면 뒤집어서 마저 익히는 방법으로 만든다.
② 지지는 떡은 익반죽을 하며 많이 주물러 주어야 표면이 부드럽고 갈라지지 않는다.
③ 지지는 떡의 종류로는 화전, 주악, 부꾸미, 산승 등이 있다.
④ 지진 후에 꿀이나 시럽을 바르면 떡이 굳지 않고 부드러운 상태를 유지할 수 있다.

23 다음 중 찹쌀로 만든 떡이 아닌 것은?

① 경단 ② 증편
③ 석이단자 ④ 구름떡

24 다음 중 멥쌀로 만든 떡이 아닌 것은?

① 백설기 ② 가래떡
③ 송편 ④ 경단

25 다음 중 빚어 찌는 떡류가 아닌 것은?

① 송편　② 모싯잎 송편
③ 쑥개떡　④ 주악

26 다음 중 켜떡류가 아닌 것은?

① 상추떡　② 콩설기
③ 물호박떡　④ 느티떡

27 이중 단위와 그 용량이 잘못 연결된 것은?

① 쌀 1말 : 8kg　② 쌀 1되 : 1.6kg
③ 쌀 1가마 : 100kg　④ 도정 후 쌀 1섬 : 144kg

28 내수성, 내습성, 내약품성, 차단성이 강하기 때문에 떡 외에도 다양한 식품에서 사용되는 포장법이다. 열에도 강해 가열살균이 가능한 포장재는?

① 유리　② 종이
③ 셀로판　④ 플라스틱

29 간편하고 경제적이며 식품용으로 많이 사용되는 포장재이다. 하지만 내수성, 내습성, 내유성 등에 취약하다는 단점이 있는 포장재는?

① 셀로판　② 플라스틱
③ 종이　④ 유리

30 직접 닿아도 되는 무독성으로 떡에 있는 수분을 잘 차단해준다. 식품의 포장용 외에도 에어캡, 선물 포장지 등 여러 포장지에 사용되는 성분이다. 이 포장재는?

① 폴리에틸렌　② 유리
③ 종이　④ 플라스틱

31 포장의 기능으로 알맞지 않은 것은?

① 제품의 성분과 중량과 유통기한을 확인할 수 있다.
② 외부로부터의 이물질, 오염 등을 차단하고 식품의 안전성을 유지 혹은 상승시킨다.
③ 식품의 유통 가능 거리를 늘려주고, 유통 중 파손, 오염으로부터 보호한다.
④ 포장을 통해 판매촉진, 광고효과를 보아 가격을 더 높여 판매할 수 있다.

32 떡류의 제품 표시사항으로 옳지 않은 것은?

① 품목보고 번호　② 용기포장 재질
③ 주원료　④ 영업소(장)의 대표자명

33 약식을 만들 때 사용하는 재료가 아닌 것은?

① 참기름　② 석이버섯
③ 캐러멜소스　④ 진간장

34 식품 표시 중 주표시면에 반드시 들어가야 할 사항이 아닌 것은?

① 제품명
② 내용량
③ 유통기한
④ 내용량에 해당하는 열량

35 식품 포장의 기능으로 맞지 않는 것은?

① 용기로서의 기능　② 정보성, 상품성
③ 소비자접근용이성　④ 상품수익증대

36 떡을 포장하기 전에 냉동고에 떡을 넣어 냉각하는 이유로 옳은 것은?

① 미생물이 번식하기 좋은 30~60℃를 빠르게 지나 온도를 낮추기 위해서
② 떡의 모양을 고정하여 썰거나 포장하기 쉽게 하기 위해서
③ 떡을 포장할 때 떡끼리 붙어있는 것을 미리 방지하기 위해서
④ 떡을 대량으로 포장하기 위해 임시장소에 쌓아두기 위해서

37 떡을 장기 보관하기에 가장 알맞은 온도는?

① 0~4℃ ② 4~10℃
③ 10~60℃ ④ -20~-30℃

38 모듬배기라고도 불리는 떡으로 썰어놓은 모습이 마치 쇠모리편육과 비슷한 떡은?

① 쇠머리찰떡 ② 구름떡
③ 녹두찰편 ④ 잡과병

39 콩설기를 만드는 방법으로 잘못된 것은?

① 쌀가루에 설탕을 섞어 시루에 넣는다.
② 서리태를 섞은 후 시루에 고루 안친다.
③ 서리태는 색이 빠질 우려가 있어 불리지 않고 바로 사용한다.
④ 설기의 폭신한 식감을 위해 멥쌀가루를 중거리(중간체)를 이용하여 2회 이상 내려준다.

40 고물을 만드는 방법으로 틀린 것은?

① 참깨는 물에 불려 비벼서 껍질을 벗겨 사용해야 한다.
② 흑임자는 불리지 않고 깨끗이 씻어서 사용해야 한다.
③ 밤은 속껍질을 벗겨서 물에 담가놓았다가 채를 썰면 부서지기 쉬우니, 물에 담가두지 말고 채를 썰거나 설탕물에 담가 두었다가 물기를 말려서 부드럽게 건조하여 채를 썬다.
④ 석이(석이채를 만드는 재료)는 찬물에 담갔다가 살살 헹궈주어 사용한다.

41 폴리에틸렌에 대한 설명으로 틀린 것은?

① 폴리에틸렌은 전자렌지에 넣어 음식을 조리하는 것은 좋지 않다.
② 폴리에틸렌은 90도 이상의 뜨거운 식품에 20분 이상 사용 시 코팅이 벗겨지는 단점이 있다.
③ 폴리에틸렌은 무독성으로 식품이 직접 닿아도 되는 소재이다.
④ 폴리에틸렌은 수분 차단성이 좋지 않아, 추가로 비닐포장지를 함께 사용한다.

42 떡의 종류가 바르게 연결된 것은?

① 단자류-사과단자, 설기떡
② 찌는 찰떡-쇠머리찰떡, 구름떡
③ 켜떡-느티떡, 설기떡
④ 경단류-오색경단, 증편

Chapter 5 ANSWER

정답

01	①	02	②	03	③	04	②	05	④
06	②	07	④	08	④	09	④	10	②
11	①	12	③	13	②	14	③	15	④
16	①	17	④	18	②	19	③	20	④
21	④	22	①	23	②	24	④	25	④
26	②	27	③	28	①	29	③	30	①
31	④	32	④	33	②	34	③	35	④
36	①	37	④	38	①	39	③	40	④
41	④	42	②						

01
계량컵의 용량은 200ml이다.

02
계량컵의 용량은 200cc이며, 1Ts(Table spoon, 큰 술)은 15cc, 1ts(tea spoon, 작은 술)는 5cc이다.

03
- 콩고물, 깨고물, 코코넛고물은 쉽게 상하지 않아 여름철에 해먹기 좋다.
- 거피팥고물은 여름철에 쉽게 상하기 때문에 보관에 주의해야 한다.

04
㉠ **주악** : 기름에 지져먹는 떡
㉡ **증편** : 술에 의해 발효시킨 떡
㉣ **깨찰편** : 쉽게 상하지 않는 고물(콩, 깨 등)을 넣은 찹쌀떡 등이 여름철에 쉽게 상하지 않아 많이 먹은 떡

06
캐러멜 소스를 만들 때 냄비에 설탕과 물을 넣고 불에 올린 다음 젓지 말고 가장자리부터 갈색이 나기 시작하면 불을 약하게 해준다.

07
쌀가루, 밀가루, 백설탕 등은 덩어리가 없는 상태에서 누르지 말고 수북이 담아 편평한 것으로 고르게 밀어 표면이 수평으로 평면이 되게 한 다음 깎아서 계량을 한다. 이때 계량컵을 흔들지 말아야 한다.

08
- 쌀가루에 물, 소금, 설탕을 동시에 넣게 되면 끈적해져서, 질감이 질겨진다.
- 쌀가루에 소금과 물로 수분을 준 다음 골고루 비벼 섞어 체에 내린 후, 설탕을 넣고 가볍게 섞어 쪄야 질감이 부드러워진다.

09
송편은 멥쌀로 만든다.

10
약밥에는 한약재료가 들어가지 않는다. 꿀을 '약'이라 하여 약밥이라고 불렀다.

12
방망이에 설탕물이 아닌 소금물을 잘 적셔가며 골고루 쳐준다. 특히 인절미는 소금간이 맞아야 더 고소하고 맛있다.

13
증편은 1차 발효 약 5~6시간, 2차 발효 약 2시간→3차 발효 약 30분 이후 찜기에 올려 찐다.

16
대추채는 대추를 면보로 닦은 후 돌려 깎기하여 대추씨를 빼낸 후 밀대로 밀고 채를 썰어준다.

17
찰시루떡은 설기떡이 아닌 켜떡이다.

찌는떡	설기떡 (무리떡)	백설기, 콩설기, 무설기떡, 잡과병, 도행병, 율고, 국화병, 괴엽병, 애병, 적증병, 상자병, 산삼병, 석탄병 등
	켜떡	물호박떡, 상추떡, 무시루떡, 느티떡, 백편, 꿀편, 승검초편, 석이편, 찰시루떡, 깨찰편, 녹두찰편, 두텁떡, 꿀찰편 등

18
- 찹쌀가루는 멥쌀가루보다 아밀로펙틴의 함량이 높아 설익을 수 있다.
- 찹쌀가루는 멥쌀가루보다 물을 덜 주어야 한다.
- 찹쌀가루는 찜기의 수증기가 잘 통할 수 있도록 주먹 쥐어 안치를 해 주어야 한다.
- 가운데 김이 올라올 수 있도록 해주어야 잘 쪄진다.

19
호박은 설탕에 미리 절여두면 물이 생기고 질어진다.
미리 절여두지 않고 설탕을 묻힌 후 쌀가루와 바로 버무려 찌는 것이 좋다.

20
잡과병은 찌는 떡이며 설기떡(무리떡)이다.

21
거피 팥고물의 경우 가는 체가 아닌 어레미에 내려준다.

22
지지는 떡은 가열한 팬에 기름을 두르고 반죽을 놓고, 한면이 다 익었을 때 뒤집어서 익은 면 위에 고명이나 다양한 꽃을 올려 마저 익혀준다.

23
증편은 멥쌀로 만든다.

24
경단은 찹쌀로 만든다.

25
주악은 기름에 지지는 떡이다.

26
콩설기는 설기떡이다.

찌는떡	설기떡 (무리떡)	백설기, 콩설기, 무설기떡, 잡과병, 도행병, 율고, 국화병, 괴엽병, 애병, 적증병, 상자병, 산삼병, 석탄병 등
	켜떡	물호박떡, 상추떡, 무시루떡, 느티떡, 백편, 꿀편, 승검초편, 석이편, 찰시루떡, 깨찰편, 녹두찰편, 두텁떡, 꿀찰편 등

27

쌀 1말	8kg
쌀 1되	1.6kg(1.5kg로 표기하는곳 있음)
쌀 1가마	80kg
쌀 1섬(도정 후)	144kg

29
종이

31
포장의 기능은 상품의 가격을 높이는 데 있지 않다.

32
영업소(장)의 명칭(상호) 및 소재지는 표시사항이다.

33
약식의 재료로는 흰설탕, 진간장, 대추씨거른물, 꿀, 참기름, 식용유, 녹말 등이 있다.

34
유통기한은 정보 표시면에 기재하여도 된다.
- 주 표시면에는 제품명, 내용량, 내용량에 해당하는 열량을 표시하여야 한다.
- 정보 표시면에는 식품유형, 영업소의 명칭(상호) 및 소재지, 유통기한, 원재료명, 주의사항 등을 표시하여야 한다.

36
미생물이 번식하기 좋은 온도보다 더 낮추면서, 노화를 방지할 수 있는 온도로 최대한 빠르게 이동시키기 위해서이다.

37
- -20~-30℃에서는 노화가 거의 일어나지 않아 장기보관에 알맞다.
- 냉동법이라 하여도 미생물의 증실을 완벽하게 차단시킨 것은 아니다. 너무 오랜 기간 냉동 보관하게 되면 식품의 품질이 저하된다.

39
서리태는 12시간 이상 충분히 물에 불려주어야 하며, 달지 않아야 맛있기 때문에 특별히 설탕 간을 하지 않는다.

40
- 석이는 따뜻한 물에 담갔다가 비벼주어야 하며, 막을 완전히 벗겨주어야 한다.
- 가운데 돌기를 떼어내고 깨끗한 물이 나올 때까지 비벼 씻어주어야 한다.

41
폴리에틸렌은 수분 차단성이 좋다.

떡제조기능사

PART 3

위생·안전관리

Chapter 1

개인위생관리

01 개인위생관리 주의할 점

① 식품 또는 식품첨가물을 채취, 제조, 가공, 조리, 저장, 운반 또는 판매하는 일에 직접 종사하는 영업자 및 종업원은 「식품위생 분야 종사자의 건강진단 규칙」에 따라 매년 1회의 건강검진을 받아야 한다. 보건증을 뜻하며, 업장에는 상시(대표자 및 관련 종사자들 모두의 보건증) 비치해 두어야 한다.

> ✓ 질문
>
> 카페에서 일하는 단기아르바이트생은 보건증이 필요 없다(×).

② **영업에 종사하지 못하는 질병**: 1군감염병(콜레라, 장티푸스, 파라티푸스, 세균성이질, 장출혈성대장균감염증, A형감염), 결핵(비감염성인 경우는 제외), 피부병 또는 그 밖의 화농성 질환, 후천성 면역 결핍증(AIDS, 에이즈)이다.

③ 구토, 황달, 피부가려움, 발진, 콧물, 설사 기타 등등의 증상이 있을 경우 업무에 주의를 요해야 하고, 의사의 진단을 받고 치료를 한다.

④ **개인 위생 관리**

머리	• 매일 청결하게 감고 긴 머리를 깨끗하게 묶어준다. • 시험장에서는 잔머리가 보이지 않게 한다.
모자	• 깨끗하고 단정한 조리복용 모자를 착용한다. • 실핀으로 고정하여 조리 중 흘러내리지 않게 한다. • 긴 머리일 경우 깨끗하게 묶고, 망사핀으로 머리를 감싸준다.
화장	• 지나친 화장과 향수를 하지 않는다. • 인조 눈썹 등의 부착물을 사용하지 않는다. • 얼굴의 땀 등을 손으로 만지거나 닦지 않도록 한다.
장신구	• 목걸이, 귀걸이 등 장신구 착용을 하지 않는다. • 시계도 착용하지 않는다.
마스크	• 깨끗하게 준비된 마스크를 사용하며, 코까지 덮어준다.

앞치마	• 이물질이 없도록 세척, 소독 건조 후 착용한다. • 착용 중 청결을 유지하며, 더러워진 앞치마는 깨끗한 것으로 교체 착용한다. • 전처리용, 배식용, 세척용 등 상황에 맞춰 다른 앞치마를 착용한다.
상의	• 흰색의 면 소재, 조리복을 입는 것이 가장 좋다. • 소매단이 음식물에 닿지 않도록 깔끔한 것이 좋다. • 목둘레가 늘어나 있지 않은 것이 좋다. • 외출복과 구분 보관·관리해야 한다. • 매일 세척해 주어야 한다.
하의	• 유색 이물질이 쉽게 식별될 수 있는 하얀색 작업복이 좋다. • 편하게 움직일 수 있는 몸의 여유가 있는 복장이 좋다. • 매일 세척, 건조하여 착용한다. • 외출복과 구분 보관·관리해야 하며, 조리복으로 외출하지 않아야 한다.
신발	• 신고 벗기 편하고, 안전사고 예방을 위해 미끄럽지 않는 재질을 선택하는 것이 좋다. • 작업장 바닥의 기름기나 물기를 수시로 제거해 주어야 안전사고를 예방할 수 있다. • 위생화, 장화를 신고 작업장 외부 혹은 화장실 등을 드나들지 않아야 한다. • 위생화도 항상 청결을 유지해야 하며 소독·건조가 잘 된 것을 사용한다.
손	• 손톱은 짧고 깔끔하게 하고, 매니큐어 등을 바르지 않는다. • 음식물 제조하기 전, 70%의 에틸알코올을 희석하여 손에 분무하여 건조 소독을 한다. 손소독제를 이용한다. • 반지, 시계, 팔찌 등을 착용하지 않는다. • 손을 씻을 때는 소독용 양성비누(양이온 계면활성제)로 흐르는 물에 깨끗하게 씻는다.
개인건강관리 및 태도	• 돈, 휴대전화를 만진 손으로 바로 음식물을 만지지 않도록 한다. • 작업 중에 코를 만지거나 헛기침을 하거나 머리를 긁는 행동은 하지 않는다. • 작업 중에 화장실을 갈 때는 탈의실에서 작업복, 작업모, 작업신발 등을 바꿔서 착용하고 간다.

02 오염 및 변질의 원인

- 달걀, 유제품, 곡류식품, 콩식품, 육류, 조개류 등은 수분함량과 단백질 함량이 높아서 세균이 쉽게 증식할 수 있다. 이러한 식품을 잠재적 위해 식품(PHF)이라고 한다. 이 제품은 2시간 이상 실온에 방치하면 안된다.
- 식재료, 조리기구, 물 등에 오염되어 있던 미생물이 오염이 되지 않은 제품에 접촉되어 오염이 전이되는 것을 교차오염(cross-contamination)이라고 한다. 조리 기구를 각 식품군별로 나누어서 사용해야 한다. 도마와 칼 등은 채소류, 육류, 생선류 등 각각 나누어 사용하는 것이 좋다. 세척 후 소독의 과정을 거쳐 깨끗하게 유지 및 사용하여야 한다.

1) 잠재적 위해식품(Potentially Hazardous Food, PHF)

잠재적 위해식품(potentially hazardous food)이란 온도와 시간 관리가 필요한 식품으로 육류 및 식육가공제품, 해산물, 유제품, 절단된 과일 및 야채 등을 예로 들 수 있다.
수분함량과 단백질 함량이 높은 식품에서는 세균이 쉽게 증식할 수 있다.
달걀, 유제품, 곡류식품, 콩식품, 단백식품, 육류, 가금류, 조개류, 갑각류 등이 있다.
이러한 식품을 잠재적 위해식품(Potentially hazardous food)라고 한다.
5~60℃에서 가장 미생물 증식이 높아진다.
조리된 식품을 2시간 이상 상온에 방치하지 않아야 한다.

구분	내용
부패	[단백질이] [미생물의] 분해 작용에 의해 아민이나 황화수소 등의 유독성 물질을 생성하여, 본래의 여러 성질을 잃고 악취를 발생하여 취식이 불가능해진 현상을 말한다.
변패	[탄수화물이나 지방(지질) 식품이] [미생물의] 분해 작용에 의해 산미를 내거나 정상적이지 않은 맛과 냄새를 내며 변질되는 현상을 말한다.
산패	[지방이] [공기, 햇빛 등]에 방치하였을 때 산소에 의해 산화되어 냄새와 맛이 변질되는 현상을 말한다. 차갑고 어두운 곳에서는 산패가 조금 더 지연된다. 산소, 빛, 열은 산패를 촉진시키는 요인이다.
발효	[미생물이나 효소가] 식품의 성질을 변화시키고 분해시키는 현상인데, 그 변화가 우리 몸에 유익한 균을 생성시키는 현상을 말한다. 간장, 된장, 고추장 및 빵 등이 이러한 발효 현상을 이용한 제품이다.

✓ 질문

- 떡이나 밥 등이 미생물의 분해 작용으로 변질되는 현상은→변패(=탄수화물 및 지방)
- 이 중에서 미생물에 의한 식품 변질현상이 아닌 것은→산패
- 이 중에서 우리 몸에 유익한 균을 생성하는 현상은→발효

2) 식품 변질에 영향을 주는 인자

영양소, 수분, 온도, pH, 산소 등이 식품 변질에 영향을 준다.

변질의 대표적인 원인으로는

① 식품 자체의 효소 작용으로 인한 변질

② 미생물의 번식으로 인한 변질

③ 산화로 인한 비타민 파괴 및 지방 산패 등의 원인이 있다.

3) 부패 미생물

미생물은 적당한 영양소, 수분, 온도 pH, 산소가 있어야 생육이 가능하다.

① **영양소** : 미생물의 영양소는 질소원(아미노산, 무기질소, 질산염 등), 무기염류(인, 유황 등), 생육소(비타민), 탄소원(당질, 탄산가스, 유당 등)이 있다.

② **수분** : 미생물의 발육 증식에는 40% 이상의 수분이 필요한데 미생물의 몸체를 구성한다. 건조한 상태에서는 생명 유지는 가능하나 발육, 번식이 불가능하다.

③ **온도** : 균의 종류에 따라서 발육이 활성화되는 온도가 다르다. 하지만 0℃ 이하의 영하온도와 80℃ 이상의 고온에서는 발육의 거의 불가능하다.

✓ 온도에 따른 미생물의 분류

- **저온균(0℃~20℃), 최적온도는 10~20 ℃** : 저온에서 부패를 일으키는 세균
  대표 : 엔테로 박테리아, 에셰리키아, 클레브시엘라, 엔테로박터, 아이로박터 등
- **중온균(15℃~55℃) 최적온도는 25~37 ℃** : 대부분 병원균이며, 세균에 의해 식품의 부패를 발생시킨다.
  대표 : 슈도모나스, 아이로모나스, 비브리오, 알칼리제네스, 아트로박터 등
- **고온균(40℃~70℃) 최적온도는 50~60℃** : 온천수에 서식하는 세균

④ **pH(수소이온농도)** : 곰팡이, 효모는 pH 4.0~6.0의 약산성에서 생육이 활발하며, 세균은 pH 6.5~7.5 의 중성 또는 약알칼리에서 생육이 활발하다.

⑤ **산소** : 산소의 경우 5가지 균으로 나뉘는데

- **호기성 균(산소가 있어야 증식)** : 곰팡이, 효모, 바실루스, 방선균
- **혐기성균(산소가 없어야 증식)** : 낙산균, 클로스트리디움
- **통성혐기성(산소유무 상관없이 증식)** : 젖산균, 효모
- **편성호기성(산소가 없어도 증식하고, 있으면 더 잘 증식)** : 보툴리누스균, 웰치균
- **편성혐기성 증식**(산소가 있으면 생육할 수 없는 세균)으로 나뉜다.

⑥ 미생물의 크기는 곰팡이 > 효모 > 스피로헤타 > 세균 > 리케차 > 바이러스 순이다.

⑦ 미생물 증식의 3대 조건은 영양소, 온도, 수분이다.

식품의 부패 판정은 관능적, 물리적, 미생물학적 검사, 화학적 검사 등이 있다.

- **관능적 검사** : 눈, 코, 입 등의 감각기관을 이용함
- **물리적 검사** : 식품의 점성, 탄력성, 경도 등을 측정하는 방법

• 미생물학적 검사에서 1g당 초기부패는 10^7로 나타낸다.

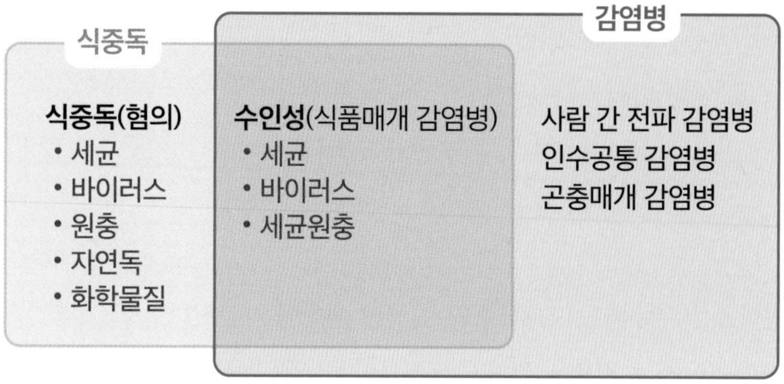

식중독과 감염병의 범위

식품위생의 범위와 명칭

03 감염병 및 식중독의 원인과 예방대책

1) 감염병

감염병 발생의 3대 요소는 감염원(병원체, 병원소), 감염경로(전파 방법, 환경요소), 숙주의 감수성(개인 면역에 대한 저항력)으로 나뉜다. 감염원(병원체, 병원소)으로부터 직접, 간접적으로 전파되는 질환이다.

음식의 섭취로 인한 소화기계 감염병, 호흡에 의한 호흡기계 감염병, 다른 사람과의 다양한 경로로 발생한다.

※**감염병의 예방**: 감염병 발생의 3대 요소를 예방하면 되는데 아래와 같다.

① **감염원**: 감염원(환자)을 조기 발견하고, 격리하며, 치료를 하여 전파를 막는다.

② **감염경로**: 감염경로를 점검·제거하고, 오염되었거나 의심되는 제품을 폐기하고, 설비와 도구들을 소독하여 사용한다.

③ **숙주의 감수성**: 개인의 질병에 맞는 예방접종을 맞아야 하며, 개인의 면역력을 증강시켜야 한다.

병원체에 따른 감염병의 종류

세균성 감염병	이질, 장티푸스, 장출혈성대장균, 콜레라 등
바이러스성 감염병	폴리오(소아마비), A형 감염(유행성 감염), 홍역, 일본뇌염, 광견병, 급성회백수염, 전염성설사증 등
리케차성 감염병	쯔쯔가무시병, Q열, 발진티푸스, 발진열 등
원충성(기생충성) 감염병	아메바성 이질 등

✓ **리케차**(Rickettsia)

- 리케차속 병원균에 속하는 세균을 통틀어 말한다.
- 일반 세균보다 크기가 작고 바이러스처럼 살아있는 세포 밖에서는 증식하지 못한다.
- 리케차는 일부 곤충이나 진드기와 같은 절지동물의 세포 내에 사는데, 사람에게 감염되어 발진티푸스, 쓰쓰가무시병 같은 질병을 일으킨다.
- 에니지원이나 영양원은 숙주에 의존한다. 리케차가 일으키는 질병의 증상에는 오한, 발열, 두통 등이 있다.

감염병의 종류 및 분류

법정 감염병	내용
제1군	세균성이질, 장티푸스, 파라티푸스, 콜레라, 장출혈성 대장균, A형 간염 등
제2군	디프테리아, 백일해, 파상풍, 홍역, 수두, 일본뇌염 등
제3군	성홍열, 결핵, 말라리아, 탄저, 공수병, AIDS, 매독 등
제4군	페스트, 뎅기열, 두창, 바이러스성 출혈열 등
제5군	회충증, 편충증, 요충증, 장흡충증 등

✓ 영업에 종사하지 못하는 질병의 종류

식품위생법 제54조 법 40조 제5하에 따라 영업에 종사하지 못하는 사람은 다음의 질병에 걸린 사람으로 한다.

- 법률 제2조 제2호에 따른 제1군 감염병, 법률 제2조 제4호 결핵(비감염성인 경우 제외), 피부병 또는 그 밖의 화농성 질환, 후천성 면역결핍증(법률 제9조 성병에 관한 건강진단을 받아야 하는 영업에 종사하는 사람만 해당한다)

▶ 영업에 종사하지 못하는 질병

세균성이질, 장티푸스, 파라티푸스, 콜레라, 장출혈성 대장균, A형 간염, 감염성인 결핵, 피부병 또는 그 밖의 화농성, 후천성 면역결핍증

▶ 영업에 종사할 수 있는 질병

비감염성인 결핵, 홍역, 일본뇌염, 독감, 두창, 뎅기열 등

✓ 제1장 총칙

제1조(목적) 이 법은 국민 건강에 위해(危害)가 되는 감염병의 발생과 유행을 방지하고, 그 예방 및 관리를 위하여 필요한 사항을 규정함으로써 국민 건강의 증진 및 유지에 이바지함을 목적으로 한다.

1. "감염병"이란 제1급감염병, 제2급감염병, 제3급감염병, 제4급감염병, 기생충감염병, 세계보건기구 감시대상 감염병, 생물테러감염병, 성매개감염병, 인수(人獸)공통감염병 및 의료관련감염병을 말한다.
2. "제1급감염병"이란 생물테러감염병 또는 치명률이 높거나 집단 발생의 우려가 커서 발생 또는 유행 즉시 신고하여야 하고, 음압격리와 같은 높은 수준의 격리가 필요한 감염병으로서 다음 각 목의 감염병을 말한다. 다만, 갑작스러운 국내 유입 또는 유행이 예견되어 긴급한 예방·관리가 필요하여 보건복지부장관이 지정하는 감염병을 포함한다.
   가.에볼라바이러스병
   나.마버그열
   다.라싸열
   라.크리미안콩고출혈열
   마.남아메리카출혈열
   바.리프트밸리열

사. 두창
아. 페스트
자. 탄저
차. 보툴리눔독소증
카. 야토병
타. 신종감염병증후군
파. 중증급성호흡기증후군(SARS)
하. 중동호흡기증후군(MERS)
거. 동물인플루엔자 인체감염증
너. 신종인플루엔자
더. 디프테리아

3. "제2급감염병"이란 전파가능성을 고려하여 발생 또는 유행 시 24시간 이내에 신고하여야 하고, 격리가 필요한 다음 각 목의 감염병을 말한다. 다만, 갑작스러운 국내 유입 또는 유행이 예견되어 긴급한 예방·관리가 필요하여 보건복지부장관이 지정하는 감염병을 포함한다.

가. 결핵(結核)
나. 수두(水痘)
다. 홍역(紅疫)
라. 콜레라
마. 장티푸스
바. 파라티푸스
사. 세균성이질
아. 장출혈성대장균감염증
자. A형 간염
차. 백일해(百日咳)
카. 유행성이하선염(流行性耳下腺炎)
타. 풍진(風疹)
파. 폴리오
하. 수막구균 감염증
거. b형 헤모필루스인플루엔자
너. 폐렴구균 감염증
더. 한센병
러. 성홍열
머. 반코마이신내성황색포도알균(VRSA) 감염증
버. 카바페넴내성장내세균속균종(CRE) 감염증

4. "제3급감염병"이란 그 발생을 계속 감시할 필요가 있어 발생 또는 유행 시 24시간 이내에 신고하여야 하는 다음 각 목의 감염병을 말한다. 다만, 갑작스러운 국내 유입 또는 유행이 예견되어 긴급한 예방·관리가 필요하여 보건복지부장관이 지정하는 감염병을 포함한다.

가. 파상풍(破傷風)
나. B형 간염
다. 일본뇌염
라. C형 간염
마. 말라리아
바. 레지오넬라증
사. 비브리오패혈증

개인위생관리

아. 발진티푸스
자. 발진열(發疹熱)
차. 쯔쯔가무시증
카. 렙토스피라증
타. 브루셀라증
파. 공수병(恐水病)
하. 신증후군출혈열(腎症侯群出血熱)
거. 후천성면역결핍증(AIDS)
너. 크로이츠펠트-야콥병(CJD) 및 변종크로이츠펠트-야콥병(vCJD)
더. 황열
러. 뎅기열
머. 큐열(Q熱)
버. 웨스트나일열
서. 라임병
어. 진드기매개뇌염
저. 유비저(類鼻疽)
처. 치쿤구니야열
커. 중증열성혈소판감소증후군(SFTS)
터. 지카바이러스 감염증

5. "제4급감염병"이란 제1급감염병부터 제3급감염병까지의 감염병 외에 유행 여부를 조사하기 위하여 표본감시 활동이 필요한 다음 각 목의 감염병을 말한다.
가. 인플루엔자
나. 매독(梅毒)
다. 회충증
라. 편충증
마. 요충증
바. 간흡충증
사. 폐흡충증
아. 장흡충증
자. 수족구병
차. 임질
카. 클라미디아감염증
타. 연성하감
파. 성기단순포진
하. 첨규콘딜롬
거. 반코마이신내성장알균(VRE) 감염증
너. 메티실린내성황색포도알균(MRSA) 감염증
더. 다제내성녹농균(MRPA) 감염증
러. 다제내성아시네토박터바우마니균(MRAB) 감염증
머. 장관감염증
버. 급성호흡기감염증
서. 해외유입기생충감염증
어. 엔테로바이러스감염증
저. 사람유두종바이러스 감염증

6. "기생충감염병"이란 기생충에 감염되어 발생하는 감염병 중 보건복지부장관이 고시하는 감염병을 말한다.
7. 삭제 〈2018.3.27.〉
8. "세계보건기구 감시대상 감염병"이란 세계보건기구가 국제공중보건의 비상사태에 대비하기 위하여 감시대상으로 정한 질환으로서 보건복지부장관이 고시하는 감염병을 말한다.
9. "생물테러감염병"이란 고의 또는 테러 등을 목적으로 이용된 병원체에 의하여 발생된 감염병 중 보건복지부장관이 고시하는 감염병을 말한다.
10. "성매개감염병"이란 성 접촉을 통하여 전파되는 감염병 중 보건복지부장관이 고시하는 감염병을 말한다.
11. "인수공통감염병"이란 동물과 사람 간에 서로 전파되는 병원체에 의하여 발생되는 감염병 중 보건복지부장관이 고시하는 감염병을 말한다.
12. "의료관련감염병"이란 환자나 임산부 등이 의료행위를 적용받는 과정에서 발생한 감염병으로서 감시활동이 필요하여 보건복지부장관이 고시하는 감염병을 말한다.
13. "감염병환자"란 감염병의 병원체가 인체에 침입하여 증상을 나타내는 사람으로서 제11조 제6항의 진단 기준에 따른 의사, 치과의사 또는 한의사의 진단이나 보건복지부령으로 정하는 기관(이하 "감염병병원체 확인기관"이라 한다)의 실험실 검사를 통하여 확인된 사람을 말한다.
14. "감염병의사환자"란 감염병병원체가 인체에 침입한 것으로 의심이 되나 감염병환자로 확인되기 전 단계에 있는 사람을 말한다.
15. "병원체보유자"란 임상적인 증상은 없으나 감염병병원체를 보유하고 있는 사람을 말한다.
16. "감시"란 감염병 발생과 관련된 자료 및 매개체에 대한 자료를 체계적이고 지속적으로 수집, 분석 및 해석하고 그 결과를 제때에 필요한 사람에게 배포하여 감염병 예방 및 관리에 사용하도록 하는 일체의 과정을 말한다.
17. "역학조사"란 감염병환자, 감염병의사환자 또는 병원체보유자(이하 "감염병환자 등"이라 한다)가 발생한 경우 감염병의 차단과 확산 방지 등을 위하여 감염병환자 등의 발생 규모를 파악하고 감염원을 추적하는 등의 활동과 감염병 예방접종 후 이상반응 사례가 발생한 경우 그 원인을 규명하기 위하여 하는 활동을 말한다.
18. "예방접종 후 이상반응"이란 예방접종 후 그 접종으로 인하여 발생할 수 있는 모든 증상 또는 질병으로서 해당 예방접종과 시간적 관련성이 있는 것을 말한다.
19. "고위험병원체"란 생물테러의 목적으로 이용되거나 사고 등에 의하여 외부에 유출될 경우 국민 건강에 심각한 위험을 초래할 수 있는 감염병병원체로서 보건복지부령으로 정하는 것을 말한다.
20. "관리대상 해외 신종감염병"이란 기존 감염병의 변이 및 변종 또는 기존에 알려지지 아니한 새로운 병원체에 의해 발생하여 국제적으로 보건문제를 야기하고 국내 유입에 대비하여야 하는 감염병으로서 보건복지부장관이 지정하는 것을 말한다.

[시행일 : 2020. 1. 1.] 제2조

2) 식중독의 분류

- **미생물** : 세균성(독소형, 감염형), 바이러스성(공기, 물 등)
- **화학물질** : 자연독(동물성, 식물성, 곰팡이 독소), 화학적(첨가물, 농약, 유해식품 등) 이렇게 나누어진다.

표를 통해 조금 더 세부적으로 알아본다.

대분류	중분류	소분류	감염종류	설명
미생물	세균성	감염형	살모넬라	• 달걀, 닭고기, 우유, 생선, 알 등 및 그 가공품을 통해 감염된다. • 고열을 발생하며 복통 설사를 일으킨다. • 65도 이상 온도에서 20분 이상 가열하면 예방할 수 있다.
			장염비브리오균	• 날 것(생선회, 초밥)이나 충분히 익히지 않은 어패류를 섭취하거나 조리과정 중 교차 오염된 음식 섭취를 통해 감염된다. • 설사, 복통, 구토, 발열 등을 일으킨다. • 잠복기는 4시간에서 4일 정도이며, 60도 이상에서 15분 이상 가열하여 섭취하면 예방할 수 있다.
			병원성 대장균식 중독	• 병원성 대장균에 의한 식중독은 계절과 관계없이 발생하며 여름철에 조금 더 많은 편이다. 가축, 동물, 건강한 사람 등 광범위하며 원인 식품 햄, 치즈, 분유, 도시락, 오염된 우유 등이 있다. 이 균은 감염된 환자의 변으로부터 위생 상태나 손을 씻는 습관이 부적당할 때 다른 사람에게 전달될 수 있다. • 사람과 동물의 분변을 위생적으로 처리하고 항상 손을 씻으며 청결한 상태를 유지하고 제품, 식품, 물은 가열 조리하여 섭취한다. • 장출혈성 대장균이 대표적이다. • 혈변과 심한 복통을 동반하며 사망률이 3~5%로 높다. 미국 햄버거에 의한 식중독 사건으로 처음 발견되었다.
			기타, 캠필로박터, 여시니아, 리스테리아 모노사이토제네스 등	

대분류	중분류	소분류	감염종류	설명
미생물	세균성	독소형	황색포도상구균	• 현미경으로 본 성상이 포도알이 밀집해 있는 모습처럼 보여서 이런 이름이 붙여졌다. • 저항성이 강하여 공기, 토양 등의 자연계에 광범위하게 분포하고 있고 건강한 사람과 동물의 피부 등에도 상재하고 있어 식품에 쉽게 오염된다. 피부에 서식하여, 화농성 질환을 일으키는 대표적인 원인균이다. 화농성 염증과 식중독(food poisoning), 패혈증, 부스럼, 모낭염, 중이염, 결막염 등을 일으키는 원인균이다. • 손을 청결히 하여 예방한다. • 빵류, 상온에 놔둔 김밥, 햄, 저민 육류 등이 대표적으로 조심해야 할 식품군이다. • 황색포도구균의 장독소는 100도 이상의 열에 30분 이상을 끓여도 견뎌내기 때문에 애초에 균이 자라지 못하도록 상온에 방치하는 시간 자체를 없도록 하며 예방을 더욱 철저히 해야 한다.
			보툴리누스균	• 보툴리누스균은 타원형의 간균이다. 보툴리누스독(Botulinum toxin)은 청산가리, 폴로늄보다도 독한 자연계 최고의 맹독이라서 사망률이 높은 세균이다. • 신경독소인 뉴로톡신을 생산한다. • 신경마비 증상을 보이며, 사망률 50%의 치사율로 매우 위험한 균이다. • 가정에서 만든 통, 병조림, 훈제 및 진공 포장 어류, 구운 감자 등에서 생기며 특히 통조림이 대표적이다. 100도 이상의 온도에서 20분 이상의 가열을 하면 예방할 수 있다.
				기타, 클로스트리디움 퍼프린제스 등

대분류	중분류	소분류	감염종류	설명
미생물	세균성	바이러스	노로 바이러스	겨울철, 사람의 분변으로 인해 오염된 물, 식품 등에 의해 발생한다. 실내를 자주 환기시키고 손을 자주 씻어 개인의 위생을 철저하게 하면 예방할 수 있다.
			로타 바이러스	겨울철에 생후 24개월 미만의 영유아에게 장염을 일으키는 바이러스이다. 주변 환경을 깨끗하게 하고 위생을 철저하게 하면 예방할 수 있다.

개인위생관리

세균과 바이러스성 식중독의 비교

	세균	바이러스
특징	균(독소)에 의해 식중독 발병	크기가 매우 작은 DNA 구조이며, 단백질 등의 외피에 둘러싸여 있다.
증식	온도, 습도 등이 알맞을 경우 자체 증식된다.	자체 증식이 불가능하며 반드시 숙주가 존재해야 증식이 가능하다.
발병의 개체량	일정량(수백~수백만) 이상의 균이 존재해야 발병된다.	아주 미량(10개~100개)의 개체만으로도 발병이 가능하다.
증상	설사, 구토, 발열, 두통 등	메스꺼움, 구토, 설사, 두통 등
치료	항생제 등으로 치료 가능하며 일부 백신이 존재한다.	일반적 치료법이나 백신이 없다.
2차감염여부	2차감염 거의 없음	대부분 2차 감염이됨

✓ 겨울철 식중독, 노로바이러스

보통, 여름철에만 식중독이 걸린다고 생각하는 경우가 많다.
하지만 겨울철에도 노로 바이러스(Norovirus infection)라는 균에 의한 식중독이 발병한다.

감염경로
- 오염된 식수, 오염된 물로 재배된 채소, 과일, 식품 등의 섭취로 인한 경구감염
- 감염환자의 가검물의 비위생적인 처리와 조리도구의 오염으로 인한 접촉감염
- 기침, 재채기, 대화를 통하여 이차감염이 발생되어 확산된다.

관련 증상
- 근육통, 구역, 설사, 구토, 복통 등
- 백신 및 치료법은 없으며, 대부분 치료를 하지 않아도 자연적으로 치유된다.
- 심한 탈수나 전해질 불균형이 발생될 수 있어서 충분한 물 섭취나 수액을 통한 치료로 증상을 호전시킬 수 있다.

대분류	중분류	소분류	감염종류	설명
화학물질	자연독	식물성	감자독	초록색 싹(솔라닌), 썩은 부분(셉신)
			버섯독	무스카린, 아마니타톡신, 이보텐산 등
			목화씨	고시풀(정제되지 않은 면실유에 있다)
			피마자	리신
			청매	아미그랄린
			수수	듀린
		동물성	복어독	테트로톡신
			굴독	삭시톡신과 베네루핀이 있는데 이중 굴은 베네루핀의 함량이 더 높다.
		곰팡이	땅콩, 곡류, 메주, 간장, 된장 아플라톡신 독소를 생성하며 간암을 유발한다.	아플라톡신
			황색으로 오염된 쌀	황변미 중독, 신장독(시트리닌), 신경독(시트레오비리딘), 간장독(아이슬란디톡신)
			호밀, 밀, 귀리, 보리 등에서 주로 발생하며, 맥각 알랄로이드 물질이 원인이다.	맥각중독(맥각독)
			곡류(옥수수, 밀, 쌀)에 많이 발견되며, 주로 옥수수에서 발생이 된다.	푸모니신(붉은곰팡이독)

✓ 독버섯 감별법

- 악취가 난다.
- 색이 선명하고 화려하다.
- 줄기 부분이 곱지 않고 거칠다.
- 버섯의 살이 세로로 쪼개지지 않는다.
- 표면에 점액이 있다.
- 신맛과 쓴맛이 난다.

✓ 황변미(Yellowed Rice) 중독

- 페네실리움속 푸른곰팡이가 원인이 된다.
- 저장미(수분 14~15%를 함유한 쌀에 곰팡이가 번식하여 누렇게 변색)가 원인식품이다.
- 시트리닌(신장독), 시트레오비리딘(신경독), 아이스란디톡신(간장독)의 독소를 갖고 있다.
- 증상으로는 혈액순환장애, 호흡장애, 신경마비, 경련 및 간장독 신장독을 일으킨다.

대분류	중분류	소분류	감염종류	설명
화학물질	화학적	본의 아니게 잔류, 혼입		고의로 넣은 것이 아닌 본의 아니게 농약, 동물용 의약품 등이 남아있거나, 유전자 변형식품 등이 혼입되는것이 원인
		첨가되는 유해물질		고의적 혹은 실수로 넣은 식품첨가물이 원인
		제조, 가공, 저장 시 생성		지질의 산화생성물, 니트로소아민 등이 원인
		중금속 식중독	수은	• 수은으로 오염된 어패류를 과다하게 섭취, 몸 안에 쌓여 발생하는 식중독 • **증상** : 구토, 신장장애, 경련, 사지가 떨리고, 발음이나 행동에 장애증상이 있다. • **대표적** : 미나마타병
			카드뮴	• 중독성이 매우 강하며 광산폐수, 식수, 농장물의 오염 등에 의해 발생하는 식중독이다. • 구토, 설사, 복통 등의 증상 • **대표적** : 이타이이타이병
			납	• 농약, 통조림의 부식, 납성분이 나오는 수도관 • 음식물에는 멍게, 미더덕에 많다. • 빈혈, 시력장애, 마비 등의 증상
			비소	• 비소화합물(방부제, 살충제, 농약 등)에 의한 식중독으로 음식물에서는 해조류, 갑각류에도 많다. • 급성구토, 경련 등
			주석	• 통조림 등의 부식과 첨가로 인한 식중독 • 구토, 설사 등
			구리	• 놋그릇, 놋칼 등의(조리도구)로부터의 식중독 • 독성은 낮은 편이지만 구토, 설사 등의 증상이 있다.
			아연	• 물에 잘 녹는 아연의 특징에 따라 음료가 담긴 캔이나, 기타 도구를 통해 흡수되는 식중독이다. • 고열, 오한, 어지러움증 등의 증상이 있다.

✓ 인수공통감염병

- 인수공통감염병이란 동물과 사람 간에 서로 전파되는 병원체에 의하여 발생되는 감염병이다.
- 인수공통 감염병은 세계적으로 약 200여종이 존재한다.
- 대표적으로는 결핵, 탄저, 브루셀라증, 야토병, 돈단독, 렙토스피라증, 큐열(Q Fever) 등이 있다.

인수공통감염병 종류	이환가축
탄저	소, 말, 염소, 낙타
결핵	소, 산양
야토병	산토끼, 양
브루셀라증	소, 돼지, 산양, 말
돈단독	돼지
렙토스피라증	쥐
큐열(Q Fever)	쥐, 소, 양
구제역	소, 돼지, 양, 염소
조류인플루엔자	닭, 칠면조, 오리
광우병	소

3) 식중독의 예방 및 대책

식중독 예방의 3대 원칙은 끓여먹기, 손 씻기, 익혀 먹기이다(보건복지부).

식중독이 발생 시 신속 보도를 통해 감염경로를 빠르게 차단할 수 있다.

- **발생신고**: 의심환자 발생시설운영자, 이용자, 의사, 한의사는 보건소에 신고한다.
- **발생보고**: 보건소(감염부서) → 시, 군, 구(위생부서) → 시, 도, 식약처에 보고한다.

① 조리도구 및 식재료의 청결 및 신선도 유지한다.

② 어패류나 육류는 저온 저장을 통해 보관하고, 반드시 익혀 먹는다.

③ 개인위생 관리를 철저히 한다(구충제 복용, 예방접종 등).

④ 채소는 흐르는 물에 씻어 먹는다.

⑤ 조리된 음식(김밥) 등은 상온에 보관하지 않으며, 제품제작 후 신선도가 유지되는 시간 안에 빠르게 섭취한다.

⑥ 식품원료에 맞는 알맞은 살균, 소독을 실시하고 시설, 기구, 포장, 식품 취급자 등 원재료와 재료가 있는 곳은 항상 청결을 유지한다.

4) 살균 및 소독의 정의

(1) 살균

미생물에 열을 이용한 물리적 방법 혹은 화학적 방법으로 모든 형태의 **미생물을 제거**하여 무균상태로 만드는 것을 말하며, 이때 멸균과 다르게 유익한 것은 되도록 남기고 유해한 것을 선택적으로 제거하는 것을 말한다.

(2) 멸균

모든 미생물을 살균 또는 제거하여 무균상태를 만드는 것이다.

유익한 세균과 유해한 세균을 모두 제거하게 된다. 물체의 표면 또는 그 내부에 분포하는 모든 세균을 완전히 죽이는 것으로 소독의 가장 안전한 형태이다.

(3) 소독

병원균에 물리적(열을 가함), 화학적(화학약품을 통한) 방법으로 물체의 표면 또는 그 내부에 있는 병원균을 죽여 전파력 또는 감염력을 없애는 것이다.

미생물의 포자는 제거되지 않으며 비병원성 미생물은 남아 있어도 무방하다.

소독은 대부분 미생물의 오염을 방지하기 위해 사용한다.

(4) 방부

미생물의 증식을 억제하고 식품의 부패나 발효를 방지하는 것을 뜻한다.

✓ 소독력의 크기 : 멸균 > 살균 > 소독 > 방부

5) 살균 소독의 종류 및 방법

- **물리적 살균소독법** : 자외선멸균법, 방사선멸균법, 세균여과법, 자비소독법, 화염멸균법, 건열멸균법, 고압증기멸균법, 유통증기멸균법, 간헐멸균법, 초고온순간살균법, 고온단시간살균법, 저온살균법 등이 있다.
- **화학적 살균소독법** : 역성비누, 석탄산, 염소, 차염소산나트륨, 표백분(클로르칼크), 크레졸비누액(3%), 생석회, 머큐로크롬(3%), 에틸렌옥사이드(기체), 포르말린과산화수소(3%), 승홍수(0.1%), 에틸알코올(70%), 오존 등이 있다.

(1) 물리적 살균소독법

물리적 살균 소독법 종류	설명
자외선 멸균법 (자외선조사)	• **도르노선(Dorno Ray)** : 파장 2500~2800Å이 살균력이 좋다. • 살균효과가 크고, 모든 균 종류에 살균효과가 있다. • 실외소독일 경우 일광소독, 실내소독의 경우 자외선소독이라 한다. • 태양빛(일광) 소독의 경우도 햇빛에 있는 자외선을 이용하는 방법이다. • 단백질이 공존하는 경우에는 살균효과가 감소하며, 살균효과가 표면에 한정되어 광선이 닿지 않는 곳에는 효과가 없는 단점이 있다.
방사선멸균법 (방사선조사)	• 식품에 방사선을 쐬어 살균하는 방법이다. • 식품이 포장되어있더라도 살균이 가능하지만, 방사선 살균을 위한 설비비가 비싼 것이 단점이다.
세균여과법	• 세균여과기를 통하여 액체로 된 식품(음료, 시구) 등을 통과시키는 방법이다. 세균보다 작은 바이러스는 여과기를 통과하므로 걸러지지 않는 단점이 있다.
자비소독법 (열탕소독)	• 끓는 물(100℃)에서 15분~30분간 처리하는 방법이다. • 식기류, 행주 등의 소독에 이용한다. • 아포형성균은 완전 사멸되지 않는다.
화염멸균법	• 불에 타지 않는 물건(도자기, 유리, 금속류) 등을 불꽃 속에 20초 이상 접촉하여 미생물을 사멸하는 방법이다.
건열멸균법	• 건열 오븐, 건열멸균기를 사용하여 160℃~180℃에서 30분~1시간 가열하는 방법이다. • 유리기구, 주사바늘, 금속 등의 소독에 이용되어 주로 치과에서 사용을 한다.
고압증기 멸균법	• 압증기멸균기(고압증기솥, 오토클레이브)를 이용하여 121℃에서 15분~20분간 증기로 멸균하는 방법이다. • 아포형성균을 포함한 모든 균 사멸이 가능하다. • 통조림이나 거즈 등의 소독에도 이용된다.
유통증기 멸균법	• 100℃ 의 유통증기에서 30분~60분간 가열하는 방법이다. • 냄비, 찜기 등에 물을 넣고 끓여 올라오는 증기로 살균하는 방법이다. • 조리도구나 작은 기기를 소독할 때 바람직하다. • 아포형성균 사멸은 불가능하다.
간헐멸균법	• 100℃의 유통증기에서 20~30분간 1일 1회로 3회 반복하여 멸균하는 방법이다. 아포형성균까지 사멸 가능하다.
초고온 순간살균법	• 130~140℃에서 2초간 살균하는 방법으로 영양손실이 거의 없고, 완전멸균이 가능한 방법으로 우유의 소독에 이용된다.

물리적 살균 소독법 종류	설명
고온단 시간살균법	• 70~75℃에서 15~30초간 살균하는 방법이다. • 우유의 소독에 이용된다.
저온살균법	• 61~65℃에서 30분간 가열하는 방법이다. • 영양소 손실이 적고, 고온처리가 부적합한 유제품 등의 소독에 사용된다.

(2) 화학적 살균소독법

화학적 살균소독법 종류	설명
역성비누(양성비누)	• 과일, 야채, 손, 식기소독에 사용한다. • 원액(10%)을 200~400배 희석하여 사용(0.01~0.1%)한다. • 보통비누와 동시에 사용하면 살균효과가 감소된다. • 유기물 존재 시 살균효과가 감소된다. • 무색 무미 무해하다. 무독성으로 살균력이 강하다.
석탄산(3%)	• 변소(분뇨), 하수도 등의 오물 소독에 사용된다. • 살균력이 안전하고 유기물에도 소독력이 약화되지 않는다. • 독성이 강하고 냄새가 독하다. • 금속부식성이 있으며 피부에 강한 자극을 준다.
염소, 차염소산나트륨	• 염소의 경우 상수도, 수영장에서 사용되며 자극성이 있고 금속 부식성이 있다. • 차염소산나트륨은 물에 희석하여 사용하며 채소, 과일, 음료수 등의 소독에 사용된다.
표백분(클로르칼크)	• 음료수, 수영장, 채소, 식기 등의 소독에 사용된다.
크레졸비누액(3%)	• 오물, 손 소독용으로 많이 사용한다. • 냄새가 강하게 나며, 피부자극은 약하지만 석탄산보다 2배 정도 소독력은 강하다.
생석회	• 오물, 화장실, 쓰레기통 등 습기가 많은 오물소독에 사용된다. • 물을 뿌린 후 살포하거나 땅에 직접 뿌려 사용한다. • 값이 싸고 구하기 쉽지만, 공기 중 노출 시 살균력이 저하되는 단점이 있다.
머큐로크롬(3%)	• 국소적 항감염제(소독약), 수은에 에오딘색소를 결합시킨 분말로 녹이면 선홍색이 된다. 2% 수용액은 '빨간약'이라고 속칭되고 있다. • 피부나 입안의 상처를 소독하는데 주로 사용된다.
에틸렌옥사이드(기체)	• 약간 달콤한 냄새가 나는 인화성 가스(기체)이며 물에 쉽게 용해된다. • 식품 및 의약품 소독에 사용된다.

화학적 살균소독법 종류	설명
포르말린	• 포름알데히드를 물에 녹여 30~40% 수용액으로 만들어 사용한다. • 변소, 하수도, 오물 소독에도 사용된다. • 건물 내 소독 가죽, 나무 등에도 사용된다.
과산화수소(3%)	• 피부나 입안의 상처를 소독하는데 사용한다(구내염에 사용된다).
승홍수(0.1%)	• 금속에 사용할 경우 부식성이 강하며 비금속기구의 소독에 주로 사용된다. • 손, 피부소독에 사용된다.
에틸알코올(70%)	• 금속기구, 초자기구, 손 소독에 사용된다.
오존	• 수중에서 살균력을 갖고 있다. 발생기 산소에 의해 살균이 된다.

6) 부패 방지를 위한 냉각, 냉장, 냉동법

(1) 냉각

가열조리된 음식의 온도를 내리는 것으로, 자연적으로 식히는 방법과 냉수나 냉장고 등에 넣어 식히는 경우가 있다.

냉각은 묵이나 젤리처럼 겔(Gel)화시키기 위해 사용되거나, 샐러드와 냉채 같은 식품은 차게 하여 맛이 좋아지게 만드는데 목적이 있다.

식품의 크기가 크고 두꺼운 것보다는 작고 얇은 것이 냉각속도가 빠르며, 열전도율이 높은 도구를 사용하면 좀 더 빠르게 냉각 가능하다.

(2) 냉장

평균 0~10℃(평균 냉장고 5℃)의 저온에서 식품을 일정 기간 동안 신선한 상태로 보관 및 관리하는 방법이다. 채소나 과일류의 보존에 많이 이용된다.

(3) 냉동(동결저장)

미생물의 번식을 억제하고, 제품(식품)의 효소작용 및 산화를 억제하여 품질 저하를 방지하는 것에 목적이 있다.

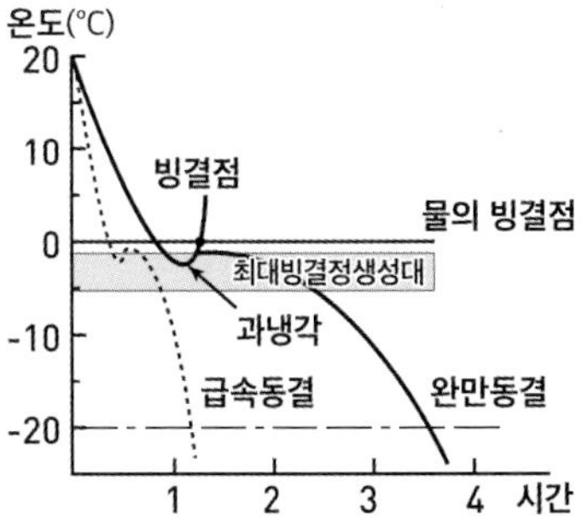

식품의 냉동 곡선

① 냉동식품

- 약-18℃ 이하가 되도록 급속 동결한 다음 판매를 목적으로 포장한 식품을 뜻한다. 0℃ 이하의 동결저장은 미생물의 성장과 증식을 억제하고 식품의 효소 반응 속도를 늦추고 화학적 변화를 억제함으로써 식품을 장기적으로 저장할 수 있게 한다. 축산물과 수산물의 장기간 저장에 이용된다.
- 빙결점(-2~-1℃ 사이)에서 저장하는 것을 말하며 실제로 보통-18℃ 이하에서 저장하는 것을 의미한다.

- 0℃ 정도의 낮은 온도로 저장하게 되면 얼음 결정이 세포의 조직을 파괴하여 식품의 맛과 상태가 변질되는 경우가 있다.
- 식품을 동결할 때는 먼저 수분의 동결이 일어나고 식품의 구성 성분과 결합되어 있는 용액의 동결은 수분의 동결보다 낮은 온도에서 일어난다.
- 위 그래프에서처럼 최대빙결정생성대를 지날 때 얼음 결정이 많이 생성된다.
- 식품은 최대 빙결점 생성대를 통과하는 속도에 따라 얼음 결정의 크기가 달라지는데, 통과 시간이 긴 완만 동결의 경우 급속 동결을 할 때보다 큰 얼음 결정이 생긴다. 그로 인해 완만 동결의 경우는 급속 동결을 할 때보다 식품의 조직이 손상되거나 단백질이 변성되어 식품의 품질이 저하될 가능성이 높다.

② 식품별 냉동방법

- 냉동 시 생성되는 얼음의 결정은 급속 동결시킬수록 식품의 조직 파괴가 적다.
- 서서히 동결되는 완만 냉동의 경우 얼음결정이 커지면서 드립(Drip) 현상이 생겨 식품의 질이 떨어진다.
- 채소류는 데친 후 동결시켜야 한다.

✓ **이유**: 미생물을 살균하여 변질을 막고, 조직의 질감을 부드럽게 하며 부피를 감소시켜 저장을 용이하게 도와준다.

- 모든 식품은 밀폐하여 냉동하여야 한다.
- 냉동 날짜와 식품명을 표시하며 해동 후 재냉동을 하지 않는다.

7) 식품의 부패방지를 위한 건조법

미생물은 수분 15% 이하에서는 번식하지 못하는 원리를 이용해 식품을 보존하는 방법이다.

일광 건조법	해산물 및 농산물에 많이 사용되지만 품질이 저하되고 넓은 면적이 필요하다는 단점이 있다.
고온 건조법	90℃ 이상의 고온으로 보존하는 법이다.
열풍 건조법	공기를 가열한 후 식품 표면으로 쏘아 수분을 증발시키는 방법이다. 일광건조법에 비해 넓은 면적이 필요하지 않으며 시간도 단축된다는 장점이 있지만, 설비비용이 많이 든다는 단점이 있다.
배건법	직접 불에 가열하여 건조하는 방법이다.
동결 건조법	진공상태의 제품을 냉동시킨 후 건조하는 방법으로 당면 등이 있다.
분무 건조법	액체 제품을 건조실 안에 분무하며 건조하는 방법이다. 분유 등이 있다.
감압 건조법	감압, 저온으로 건조하는 방법이다. 건채소 건과일 등이 있다.

04 식품위생법 관련 법규 및 규정

1) 식품위생의 정의

(1) WHO(세계보건기구)의 정의

식품의 생육, 생산, 제조에서부터 최종적으로 소비자에게 섭취되기까지의 전 과정에 걸친 식품의 안정성, 보존성, 악화 방지를 위한 모든 수단을 말한다(WHO 환경위생 전문위원회, 1955).

(2) 우리나라에서의 정의

식품위생이란 식품, 첨가물, 기구 또는 용기·포장을 대상으로 하는 음식에 관한 위생을 말한다(식품위생법 제 2조 제 8항)

'식품'이란 의약으로 섭취하는 것을 제외한 모든 음식물을 말한다.

2) 식품위생의 목적

- 식품으로 인한 위생상의 위해를 방지한다.
- 식품에 대한 올바른 정보를 제공한다.
- 식품 영양상의 질적 향상을 도모한다.
- 국민 보건의 향상과 증진에 이바지한다.

3) 식품위생의 행정기구

중앙기구	식품의약품안전처	식품위생법에 그 기초를 두고 식품위생 행정업무를 총괄, 지휘, 감독한다.
	질병관리본부	각종 질병의 원인 규명을 위한 연구와 보건·복지 분야의 종사자의 교육훈련을 실시하고, 백신을 개발한다.
지방기구	특별시, 광역시, 각 구청, 군청의 보건위생과	식품위생 감사원을 배치한다.
	시·도의 보건환경연구원	식품위생 검사를 한다.
	보건소	관할 영업소 종사자에 대한 건강진단, 교육 등을 한다.

개인위생관리

4) 식중독 발생 시 신고 보고 체계

① 시장, 군수, 구청장→보고 관리 시스템 입력 및 보고→유관기관에 발생 사실 동시에 알림

- **발생신고**: 집단급식소, 의사(의무신고), 의심환자, 음식점(자율신고)→보건소
- **발생보고**: 보건소(감염부서)→시 · 군 · 구(위생부서)→시 · 도, 식약처

② **보건소**: 위생과 역학조사팀을 구성하여 현장에 출동하여 조사를 실시한다.
환자를 대상으로 증상, 섭취 음식물, 장소, 설문조사 등을 실시하고 영업장의 시설 및 식재료를 수거 검사 의뢰를 한다.

③ 학교 식중독 발생 시 식중독 발생 학교와 동일한 식자재를 사용한 학교에 사용 중지 조치를 취해야 한다. 교육청과 식약처에 발생 보고한다.

식품위생법

국가법령정보센터(www.law.go.kr)
[시행 2019.11.1] [법률 제16431호, 2019.4.30, 일부개정]

제1장 총칙

[1] 식품위생법의 목적(법 제1조)

식품으로 인하여 생기는 위생상의 위해(危害)를 방지하고 식품영양의 질적 향상을 도모하며 식품에 관한 올바른 정보를 제공하여 국민보건의 증진에 이바지함을 목적으로 한다.

[2] 식품위생법상의 용어 정의(법 제2조)

이 법에서 사용하는 용어의 뜻은 다음과 같다.

1. "식품"이란 모든 음식물(의약으로 섭취하는 것은 제외한다)을 말한다.
2. "식품첨가물"이란 식품을 제조·가공·조리 또는 보존하는 과정에서 감미(甘味), 착색(着色), 표백(漂白) 또는 산화방지 등을 목적으로 식품에 사용되는 물질을 말한다. 이 경우 기구(器具)·용기·포장을 살균·소독하는 데에 사용되어 간접적으로 식품으로 옮아갈 수 있는 물질을 포함한다.
3. "화학적 합성품"이란 화학적 수단으로 원소(元素) 또는 화합물에 분해 반응 외의 화학 반응을 일으켜서 얻은 물질을 말한다.
4. "기구"란 다음 각 목의 어느 하나에 해당하는 것으로서 식품 또는 식품첨가물에 직접 닿는 기계·기구나 그 밖의 물건(농업과 수산업에서 식품을 채취하는 데에 쓰는 기계·기구나 그 밖의 물건 및 「위생용품 관리법」 제2조제1호에 따른 위생용품은 제외한다)을 말한다.
   가. 음식을 먹을 때 사용하거나 담는 것
   나. 식품 또는 식품첨가물을 채취·제조·가공·조리·저장·소분[小分, 완제품을 나누어 유통을 목적으로 재포장하는 것을 말한다. 이하 같다]·운반·진열할 때 사용하는 것
5. "용기·포장"이란 식품 또는 식품첨가물을 넣거나 싸는 것으로서 식품 또는 식품첨가물을 주고받을 때 함께 건네는 물품을 말한다.
6. "위해"란 식품, 식품첨가물, 기구 또는 용기·포장에 존재하는 위험요소로서 인체의 건강을 해치거나 해칠 우려가 있는 것을 말한다(7번 8번 삭제 2019.03.14.).
9. "영업"이란 식품 또는 식품첨가물을 채취·제조·가공·조리·저장·소분·운반 또는 판매하거나 기구 또는 용기·포장을 제조·운반·판매하는 업(농업과 수산업에 속하는 식품 채취업은 제외한다)을 말한다.
10. "영업자"란 제37조제1항에 따라 영업허가를 받은 자나 같은 조 제4항에 따라 영업신고를 한 자 또는 같은 조 제5항에 따라 영업등록을 한 자를 말한다.
11. "식품위생"이란 식품, 식품첨가물, 기구 또는 용기·포장을 대상으로 하는 음식에 관한 위생을 말한다.
12. "집단급식소"란 영리를 목적으로 하지 아니하면서 특정 다수인에게 계속하여 음식물을 공급하는 다음 각 목의 어느 하나에 해당하는 곳의 급식시설로서 대통령령으로 정하는 시설을 말한다.
   가. 기숙사
   나. 학교
   다. 병원
   라. 「사회복지사업법」 제2조제4호의 사회복지시설
   마. 산업체
   바. 국가, 지방자치단체 및 「공공기관의 운영에 관한 법률」 제4조제1항에 따른 공공기관

사. 그 밖의 후생기관 등

13. "식품이력추적관리"란 식품을 제조·가공단계부터 판매단계까지 각 단계별로 정보를 기록·관리하여 그 식품의 안전성 등에 문제가 발생할 경우 그 식품을 추적하여 원인을 규명하고 필요한 조치를 할 수 있도록 관리하는 것을 말한다.
14. "식중독"이란 식품 섭취로 인하여 인체에 유해한 미생물 또는 유독물질에 의하여 발생하였거나 발생한 것으로 판단되는 감염성 질환 또는 독소형 질환을 말한다.
15. "집단급식소에서의 식단"이란 급식대상 집단의 영양섭취 기준에 따라 음식명, 식재료, 영양성분, 조리방법, 조리인력 등을 고려하여 작성한 급식계획서를 말한다.

[3] 식품 등의 취급(법 제3조)

① 누구든지 판매(판매 외의 불특정 다수인에 대한 제공을 포함한다. 이하 같다)를 목적으로 식품 또는 식품첨가물을 채취·제조·가공·사용·조리·저장·소분·운반 또는 진열을 할 때에는 깨끗하고 위생적으로 하여야 한다.

② 영업에 사용하는 기구 및 용기·포장은 깨끗하고 위생적으로 다루어야 한다.

③ 제1항 및 제2항에 따른 식품, 식품첨가물, 기구 또는 용기·포장(이하 "식품 등"이라 한다)의 위생적인 취급에 관한 기준은 총리령으로 정한다.

제2장 식품과 식품첨가물

[1] 위해식품 등의 판매 등 금지(법 제4조)

누구든지 다음 각 호의 어느 하나에 해당하는 식품 등을 판매하거나 판매할 목적으로 채취·제조·수입·가공·사용·조리·저장·소분·운반 또는 진열하여서는 아니 된다.

1. 썩거나 상하거나 설 익어서 인체의 건강을 해칠 우려가 있는 것
2. 유독·유해물질이 들어 있거나 묻어 있는 것 또는 그러할 염려가 있는 것. 다만, 식품의약품안전처장이 인체의 건강을 해칠 우려가 없다고 인정하는 것은 제외한다.
3. 병(病)을 일으키는 미생물에 오염되었거나 그러할 염려가 있어 인체의 건강을 해칠 우려가 있는 것
4. 불결하거나 다른 물질이 섞이거나 첨가(添加)된 것 또는 그 밖의 사유로 인체의 건강을 해칠 우려가 있는 것
5. 제18조에 따른 안전성 심사 대상인 농·축·수산물 등 가운데 안전성 심사를 받지 아니하였거나 안전성 심사에서 식용(食用)으로 부적합하다고 인정된 것
6. 수입이 금지된 것 또는 「수입식품안전관리 특별법」 제20조제1항에 따른 수입신고를 하지 아니하고 수입한 것
7. 영업자가 아닌 자가 제조·가공·소분한 것

[2] 병든 동물 고기 등의 판매 등 금지(법 제5조)

누구든지 총리령으로 정하는 질병에 걸렸거나 걸렸을 염려가 있는 동물이나 그 질병에 걸려 죽은 동물의 고기·뼈·젖·장기 또는 혈액을 식품으로 판매하거나 판매할 목적으로 채취·수입·가공·사용·조리·저장·소분 또는 운반하거나 진열하여서는 아니 된다.

[3] 기준·규격이 정하여지지 아니한 화학적 합성품 등의 판매 등 금지(법 제6조)

누구든지 기준·규격이 정하여지지 아니한 화학적 합성품인 첨가물과 이를 함유한 물질을 식품첨가물로 사용하는 행위 혹은 식품첨가물이 함유된 식품을 판매하거나 판매할 목적으로 제조·수입·가공·사용·조리·저장·소분·운반 또는 진열하는 행위를 하여서는 아니 된다. 다만, 식품의약품안전처장이 제57조에 따른 식품위생심의위원회(이하 "심의위원회"라 한다)의 심의를 거쳐 인체의 건강을 해칠 우려가 없다고 인정하는 경우에는 그러하지 아니하다.

[4] 식품 또는 식품첨가물에 관한 기준 및 규격(법 제7조)

① 식품의약품안전처장은 국민보건을 위하여 필요하면 판매를 목적으로 하는 식품 또는 식품첨가물에 관한 다음 각 호의 사항을 정하여 고시한다.

1. 제조·가공·사용·조리·보존 방법에 관한 기준
2. 성분에 관한 규격

② 식품의약품안전처장은 제1항에 따라 기준과 규격이 고시되지 아니한 식품 또는 식품첨가물의 기준과 규격을 인정받으려는 자에게 제1항 각 호의 사항을 제출하게 하여 「식품·의약품분야 시험·검사 등에 관한 법률」 제6조제3항제1호에 따라 식품의약품안전처장이 지정한 식품전문 시험·검사기관 또는 같은 조 제4항 단서에 따라 총리령으로 정하는 시험·검사기관의 검토를 거쳐 제1항에 따른 기준과 규격이 고시될 때까지 그 식품 또는 식품첨가물의 기준과 규격으로 인정할 수 있다.

③ 수출할 식품 또는 식품첨가물의 기준과 규격은 제1항 및 제2항에도 불구하고 수입자가 요구하는 기준과 규격을 따를 수 있다.

④ 제1항 및 제2항에 따라 기준과 규격이 정하여진 식품 또는 식품첨가물은 그 기준에 따라 제조·수입·가공·사용·조리·보존하여야 하며, 그 기준과 규격에 맞지 아니하는 식품 또는 식품첨가물은 판매하거나 판매할 목적으로 제조·수입·가공·사용·조리·저장·소분·운반·보존 또는 진열하여서는 아니 된다.

[5] 권장규격 예시 등(법 제7조의2)

① 식품의약품안전처장은 판매를 목적으로 하는 제7조 및 제9조에 따른 기준 및 규격이 설정되지 아니한 식품 등이 국민보건상 위해 우려가 있어 예방조치가 필요하다고 인정하는 경우에는 그 기준 및 규격이 설정될 때까지 위해 우려가 있는 성분 등의 안전관리를 권장하기 위한 규격(이하 "권장규격"이라 한다)을 예시할 수 있다.

② 식품의약품안전처장은 제1항에 따라 권장규격을 예시할 때에는 국제식품규격위원회 및 외국의 규격 또는 다른 식품 등에 이미 규격이 신설되어 있는 유사한 성분 등을 고려하여야 하고 심의위원회의 심의를 거쳐야 한다.

③ 식품의약품안전처장은 영업자가 제1항에 따른 권장규격을 준수하도록 요청할 수 있으며 이행하지 아니한 경우 그 사실을 공개할 수 있다.

제3장 기구와 용기·포장

[1] 유독기구 등의 판매·사용 금지(법 제8조)

유독·유해물질이 들어 있거나 묻어 있어 인체의 건강을 해칠 우려가 있는 기구 및 용기·포장과 식품 또는 식품첨가물에 직접 닿으면 해로운 영향을 끼쳐 인체의 건강을 해칠 우려가 있는 기구 및 용기·포장을 판매하거나 판매할 목적으로 제조·수입·저장·운반·진열하거나 영업에 사용하여서는 아니 된다.

[2] 기구 및 용기·포장에 관한 기준 및 규격(법 제9조)

식품의약품안전처장은 국민보건을 위하여 필요한 경우에는 판매하거나 영업에 사용하는 기구 및 용기·포장에 관하여 제조 방법에 관한 기준, 기구 및 용기·포장과 그 원재료에 관한 규격 사항을 정하여 고시한다.

제4장 표시

[1] 유전자변형식품 등의 표시(법 제12조의 2)

① 생명공학기술을 활용하여 재배·육성된 농산물·축산물·수산물 등을 원재료로 하여 제조·가공한 식품 또는 식품첨가물(이하 "유전자변형식품 등"이라 한다)은 유전자변형식품임을 표시하여야 한다.

다만, 제조·가공 후에 유전자변형 디엔에이(DNA, DeoxyriboNucleic acid) 또는 유전자변형 단백질이 남아 있는 유전자변형식품 등에 한정한다.

1. 인위적으로 유전자를 재조합하거나 유전자를 구성하는 핵산을 세포 또는 세포 내 소기관으로 직접 주입하는 기술
2. 분류학에 따른 과(科)의 범위를 넘는 세포융합기술

② 제1항에 따라 표시하여야 하는 유전자변형식품 등은 표시가 없으면 판매하거나 판매할 목적으로 수입·진열·운반하거나 영업에 사용하여서는 아니 된다.

③ 제1항에 따른 표시의무자, 표시대상 및 표시방법 등에 필요한 사항은 식품의약품안전처장이 정한다.

제5장 식품 등의 공전(公典)

식품의약품안전처장은 제7조 1항 식품 또는 식품첨가물의 기준과 규격, 제9조 1항 기구 및 용기·포장의 기준과 규격의 내용을 실은 식품 등의 공전을 작성·보급하여야 한다.

제6장 검사 등

[1] 위해평가(법 제15조)

식품의약품안전처장은 국내외에서 유해물질이 함유된 것으로 알려지는 등 위해의 우려가 제기되는 식품 등이 제4조 위해식품 등의 판매 등 금지 또는 제8조 유독기구 등의 판매·사용 금지에 따른 식품 등에 해당한다고 의심되는 경우에는 그 식품 등의 위해요소를 신속히 평가하여 그것이 위해식품 등인지를 결정하여야 한다.

[2] 검사명령 등(제19조 4)

식품의약품안전처장은 「국내외에서 유해물질이 검출된 식품 등, 그 밖에 국내외에서 위해발생의 우려가 제기되었거나 제기된 식품 등」 어느 하나에 해당하는 식품 등을 채취·제조·가공·사용·조리·저장·소분·운반 또는 진열하는 영업자에 대하여 식품전문 시험·검사기관 또는 국외시험·검사기관에서 검사를 받을 것을 명할 수 있다. 다만, 검사로써 위해성분을 확인할 수 없다고 식품의약품안전처장이 인정하는 경우에는 관계 자료 등으로 갈음할 수 있다.

[3] 출입·검사·수거 등(제22조)

① 식품의약품안전처장, 시·도지사 또는 시장·군수·구청장은 식품 등의 위해방지·위생관리와 영업질서의 유지를 위하여 필요하면 다음 각 호의 구분에 따른 조치를 할 수 있다.

1. 영업자나 그 밖의 관계인에게 필요한 서류나 그 밖의 자료의 제출 요구
2. 관계 공무원으로 하여금 다음 각 목에 해당하는 출입·검사·수거 등의 조치
   가. 영업소(사무소, 창고, 제조소, 저장소, 판매소, 그 밖에 이와 유사한 장소를 포함한다)에 출입하여 판매를 목적으로 하거나 영업에 사용하는 식품 등 또는 영업시설 등에 대하여 하는 검사
   나. 가목에 따른 검사에 필요한 최소량의 식품 등의 무상 수거
   다. 영업에 관계되는 장부 또는 서류의 열람

② 식품의약품안전처장은 시·도지사 또는 시장·군수·구청장이 제1항에 따른 출입·검사·수거 등의 업무를 수행하면서 식품 등으로 인하여 발생하는 위생 관련 위해방지 업무를 효율적으로 하기 위하여 필요한 경우에는 관계 행정기관의 장, 다른 시·도지사 또는 시장·군수·구청장에게 행정응원(行政應援)을 하도록 요청할 수 있다. 이 경우 행정응원을 요청받은 관계 행정기관의 장, 시·도지사 또는 시장·군수·구청장은 특별한 사유가 없으면 이에 따라야 한다.

③ 제1항 및 제2항의 경우에 출입·검사·수거 또는 열람하려는 공무원은 그 권한을 표시하는 증표 및 조사기간, 조사범위, 조사담당자, 관계 법령 등 대통령령으로 정하는 사항이 기재된 서류를 지니고 이를 관계인에게 내보여야 한다.

④ 제2항에 따른 행정응원의 절차, 비용 부담 방법, 그 밖에 필요한 사항은 대통령령으로 정한다.

[4] 식품 등의 재검사(법 제23조)

① 「수입식품안전관리 특별법」 식품 등을 검사한 결과 해당 식품 등이 제7조 식품 또는 식품첨가물에 관한 기준 및 규격 또는 제9조 기구 및 용기·포장에 관한 기준 및 규격 에 따른 식품 등의 기준이나 규격에 맞지 아니하면 대통령령으로 정하는 바에 따라 해당 영업자에게 그 검사 결과를 통보하여야 한다.

② 제1항에 따른 통보를 받은 영업자가 그 검사 결과에 이의가 있으면 검사한 제품과 같은 제품(같은 날에 같은 영업시설에서 같은 제조 공정을 통하여 제조·생산된 제품에 한정한다)을 식품의약품안전처장이 인정하는 국내외 검사기관 2곳 이상에서 같은 검사 항목에 대하여 검사를 받아 그 결과가 제1항에 따라 통보받은 검사 결과와 다를 때에는 그 검사기관의 검사성적서 또는 검사증명서를 첨부하여 식품의약품안전처장, 시·도지사 또는 시장·군수·구청장에게 재검사를 요청할 수 있다. 다만, 시간이 경과함에 따라 검사 결과가 달라질 수 있는 검사항목 등 총리령으로 정하는 검사항목은 재검사 대상에서 제외한다.

③ 제2항에 따른 재검사 요청을 받은 식품의약품안전처장, 시·도지사 또는 시장·군수·구청장은 영업자가 제출한 검사 결과가 제1항에 따른 검사 결과와 다르다고 확인되거나 같은 항의 검사에 따른 검체(檢體)의 채취·취급방법, 검사방법·검사과정 등이 제7조제1항 또는 제9조제1항에 따른 식품 등의 기준 및 규격에 위반된다고 인정되는 때에는 지체 없이 재검사하고 해당 영업자에게 재검사 결과를 통보하여야 한다. 이 경우 재검사 수수료와 보세창고료 등 재검사에 드는 비용은 영업자가 부담한다.

④ 제2항 및 제3항에 따른 재검사 요청 절차, 재검사 방법 및 결과 통보 등에 필요한 사항은 총리령으로 정한다.

⑤ 시행규칙 제21조(식품 등의 재검사 제외대상) 법 제23조제2항 단서에 따라 재검사 대상에서 제외하는 검사항목은 이물, 미생물, 곰팡이독소, 잔류농약 및 잔류동물용의약품에 관한 검사로 한다.

[5] 자가품질검사 의무(법 제31조)

식품 등을 제조·가공하는 영업자는 총리령으로 정하는 바에 따라 제조·가공하는 식품 등이 제7조 식품 또는 식품첨가물에 관한 기준 및 규격 또는 제9조 기구 및 용기·포장에 관한 기준 및 규격에 따른 기준과 규격에 맞는지를 검사하여야 한다.

② 식품 등을 제조·가공하는 영업자는 제1항에 따른 검사를 「식품·의약품분야 시험·검사 등에 관한 법률」 제6조제3항제2호에 따른 자가품질위탁 시험·검사기관에 위탁하여 실시할 수 있다.

③ 제1항에 따른 검사를 직접 행하는 영업자는 제1항에 따른 검사 결과 해당 식품 등이 제4조부터 제6조까지, 제7조제4항, 제8조 또는 제9조제4항을 위반하여 국민 건강에 위해가 발생하거나 발생할 우려가 있는 경우에는 지체 없이 식품의약품안전처장에게 보고하여야 한다.

④ 제1항에 따른 검사의 항목·절차, 그 밖에 검사에 필요한 사항은 총리령으로 정한다.

⑤ 자가품질검사에 관한 기록서는 2년간 보관하여야 한다(시행규칙 제31조).

✓ 자가품질검사의무의 면제

식품의약품안전처장 또는 시·도지사는 제48조제3항에 따른 식품안전관리인증기준적용업소가 다음 각 호에 해당하는 경우에는 제31조제1항에도 불구하고 총리령으로 정하는 바에 따라 자가품질검사를 면제할 수 있다.

1. 제48조제3항에 따른 식품안전관리인증기준적용업소가 제31조제1항에 따른 검사가 포함된 식품안전관리인증기준을 지키는 경우
2. 제48조제8항에 따른 조사·평가 결과 그 결과가 우수하다고 총리령으로 정하는 바에 따라 식품의약품안전처장이 인정하는 경우

제7장 영업

[1] 업종별 시설기준(시행규칙 제36조, 별표 14)

① 다음의 영업을 하려는 자는 총리령으로 정하는 시설기준에 맞는 시설을 갖추어야 한다.

1. 식품 또는 식품첨가물의 제조업, 가공업, 운반업, 판매업 및 보존업
2. 기구 또는 용기·포장의 제조업

3. 식품접객업

② 제1항 각 호에 따른 영업의 세부 종류와 그 범위는 대통령령으로 정한다.

[별표 14]

1. 식품제조·가공업의 시설기준

가. 식품의 제조시설과 원료 및 제품의 보관시설 등이 설비된 건축물(이하 "건물"이라 한다)의 위치 등

1) 건물의 위치는 축산폐수·화학물질, 그 밖에 오염물질의 발생시설로부터 식품에 나쁜 영향을 주지 아니하는 거리를 두어야 한다.

2) 건물의 구조는 제조하려는 식품의 특성에 따라 적정한 온도가 유지될 수 있고, 환기가 잘 될 수 있어야 한다.

3) 건물의 자재는 식품에 나쁜 영향을 주지 아니하고 식품을 오염시키지 아니하는 것이어야 한다.

나. 작업장

1) 작업장은 독립된 건물이거나 식품제조·가공 외의 용도로 사용되는 시설과 분리(별도의 방을 분리함에 있어 벽이나 층 등으로 구분하는 경우를 말한다. 이하 같다)되어야 한다.

2) 작업장은 원료처리실·제조가공실·포장실 및 그 밖에 식품의 제조·가공에 필요한 작업실을 말하며, 각각의 시설은 분리 또는 구획(칸막이·커튼 등으로 구분하는 경우를 말한다. 이하 같다)되어야 한다. 다만, 제조공정의 자동화 또는 시설·제품의 특수성으로 인하여 분리 또는 구획할 필요가 없다고 인정되는 경우로서 각각의 시설이 서로 구분(선·줄 등으로 구분하는 경우를 말한다. 이하 같다) 될 수 있는 경우에는 그러하지 아니하다.

3) 작업장의 바닥·내벽 및 천장 등은 다음과 같은 구조로 설비되어야 한다.

가) 바닥은 콘크리트 등으로 내수처리를 하여야 하며, 배수가 잘 되도록 하여야 한다.

나) 내벽은 바닥으로부터 1.5미터까지 밝은 색의 내수성으로 설비하거나 세균방지용 페인트로 도색하여야 한다. 다만, 물을 사용하지 않고 위생상 위해발생의 우려가 없는 경우에는 그러하지 아니하다.

다) 작업장의 내부 구조물, 벽, 바닥, 천장, 출입문, 창문 등은 내구성, 내부식성 등을 가지고, 세척·소독이 용이하여야 한다.

4) 작업장 안에서 발생하는 악취·유해가스·매연·증기 등을 환기시키기에 충분한 환기시설을 갖추어야 한다.

5) 작업장은 외부의 오염물질이나 해충, 설치류, 빗물 등의 유입을 차단할 수 있는 구조이어야 한다.

6) 작업장은 폐기물·폐수 처리시설과 격리된 장소에 설치하여야 한다.

다. 식품취급시설 등

1) 식품을 제조·가공하는데 필요한 기계·기구류 등 식품취급시설은 식품의 특성에 따라 식품 등의 기준 및 규격에서 정하고 있는 제조·가공기준에 적합한 것이어야 한다.

2) 식품취급시설 중 식품과 직접 접촉하는 부분은 위생적인 내수성 재질[스테인레스·알루미늄·에프알피(FRP)·테프론 등 물을 흡수하지 아니하는 것을 말한다. 이하 같다]로서 씻기 쉬운 것이거나 위생적인 목재로서 씻는 것이 가능한 것이어야 하며, 열탕·증기·살균제 등으로 소독·살균이 가능한 것이어야 한다.

3) 냉동·냉장시설 및 가열처리시설에는 온도계 또는 온도를 측정할 수 있는 계기를 설치하여야 한다.

라. 급수시설

1) 수돗물이나 「먹는물관리법」 제5조에 따른 먹는 물의 수질기준에 적합한 지하수 등을 공급할 수 있는 시설을 갖추어야 한다.

2) 지하수 등을 사용하는 경우 취수원은 화장실·폐기물처리시설·동물사육장, 그 밖에 지하수가 오염될 우려가 있는 장소로부터 영향을 받지 아니하는 곳에 위치하여야 한다.

3) 먹기에 적합하지 않은 용수는 교차 또는 합류되지 않아야 한다.

마. 화장실

1) 작업장에 영향을 미치지 아니하는 곳에 정화조를 갖춘 수세식 화장실을 설치하여야 한다. 다만, 인근에 사용하기 편리한 화장실이 있는 경우에는 화장실을 따로 설치하지 아니할 수 있다.

2) 화장실은 콘크리트 등으로 내수처리를 하여야 하고, 바닥과 내벽(바닥으로부터 1.5미터까지)에는 타일을 붙이거나 방수페인트로 색칠하여야 한다.

바. 창고 등의 시설

1) 원료와 제품을 위생적으로 보관·관리할 수 있는 창고를 갖추어야 한다. 다만, 창고에 갈음할 수 있는 냉동·냉장시설을 따로 갖춘 업소에서는 이를 설치하지 아니할 수 있다.

2) 창고의 바닥에는 양탄자를 설치하여서는 아니 된다.

사. 검사실

1) 식품 등의 기준 및 규격을 검사할 수 있는 검사실을 갖추어야 한다.

아. 운반시설

식품을 운반하기 위한 차량, 운반도구 및 용기를 갖춘 경우 식품과 직접 접촉하는 부분의 재질은 인체에 무해하며 내수성·내부식성을 갖추어야 한다.

[2] 영업허가 등(법 제37조)

① 제36조제1항 각 호에 따른 영업 중 대통령령으로 정하는 영업을 하려는 자는 대통령령으로 정하는 바에 따라 영업 종류별 또는 영업소별로 식품의약품안전처장 또는 특별자치시장·특별자치도지사·시장·군수·구청장의 허가를 받아야 한다. 허가받은 사항 중 대통령령으로 정하는 중요한 사항을 변경할 때에도 또한 같다.

② 식품의약품안전처장 또는 특별자치시장·특별자치도지사·시장·군수·구청장은 제1항에 따른 영업허가를 하는 때에는 필요한 조건을 붙일 수 있다.

③ 제1항에 따라 영업허가를 받은 자가 폐업하거나 허가받은 사항 중 같은 항 후단의 중요한 사항을 제외한 경미한 사항을 변경할 때에는 식품의약품안전처장 또는 특별자치시장·특별자치도지사·시장·군수·구청장에게 신고하여야 한다.

④ 제36조제1항 각 호에 따른 영업 중 대통령령으로 정하는 영업을 하려는 자는 대통령령으로 정하는 바에 따라 영업 종류별 또는 영업소별로 식품의약품안전처장 또는 특별자치시장·특별자치도지사·시장·군수·구청장에게 신고하여야 한다. 신고한 사항 중 대통령령으로 정하는 중요한 사항을 변경하거나 폐업할 때에도 또한 같다.

[3] 영업허가 등의 제한(법 제38조)

① 다음 각 호의 어느 하나에 해당하면 제37조제1항에 따른 영업허가를 하여서는 아니 된다.

1. 해당 영업 시설이 시설기준에 맞지 아니한 경우
2. 영업허가가 취소되거나 영업허가가 취소되고 6개월이 지나기 전에 같은 장소에서 같은 종류의 영업을 하려는 경우. 다만, 영업시설 전부를 철거하여 영업허가가 취소된 경우에는 그러하지 아니하다.
3. 성매매알선 등 행위의 처벌에 관한 법률을 위반하여 영업허가가 취소되고 2년이 지나기 전에 같은 장소에서 제36조제1항제3호에 따른 식품접객업을 하려는 경우
4. 영업허가가 취소되거나 「식품 등의 표시·광고에 관한 법률」에 따라 영업허가가 취소되고 2년이 지나기 전에 같은 자(법인인 경우에는 그 대표자를 포함한다)가 취소된 영업과 같은 종류의 영업을 하려는 경우
5. 청소년 보호법을 위반하여 영업허가가 취소된 후 3년이 지나기 전에 같은 자(법인인 경우에는 그 대표자를 포함한다)가 제36조제1항제3호에 따른 식품접객업을 하려는 경우
6. 위해식품 등의 판매 등 금지규정을 위반하여 영업허가가 취소되고 5년이 지나기 전에 같은 자(법인인 경우에는 그 대표자를 포함한다)가 취소된 영업과 같은 종류의 영업을 하려는 경우
7. 식품접객업 중 국민의 보건위생을 위하여 허가를 제한할 필요가 뚜렷하다고 인정되어 시·도지사가 지정하여 고시하는 영업에 해당하는 경우
8. 영업허가를 받으려는 자가 피성년후견인이거나 파산선고를 받고 복권되지 아니한 자인 경우

[4] 건강진단(제 법40조)

① 총리령으로 정하는 영업자 및 그 종업원은 건강진단을 받아야 한다. 다만, 다른 법령에 따라 같은 내용의 건강진단을 받는 경우에는 이 법에 따른 건강진단을 받은 것으로 본다.

② 건강진단을 받은 결과 타인에게 위해를 끼칠 우려가 있는 질병이 있다고 인정된 자는 그 영업에 종사하지 못한다.

③ 건강진단을 받지 아니한 자나 건강진단 결과 타인에게 위해를 끼칠 우려가 있는 질병이 있는 자를 그 영업에 종사시키지 못한다.

[5] 식품위생교육(법 제41조)

① 대통령령으로 정하는 영업자 및 유흥종사자를 둘 수 있는 식품접객업 영업자의 종업원은 매년 식품위생에 관한 교육(이하 "식품위생교육"이라 한다)을 받아야 한다.

② 제36조제1항 각 호에 따른 영업을 하려는 자는 미리 식품위생교육을 받아야 한다. 다만, 부득이한 사유로 미리 식품위생교육을 받을 수 없는 경우에는 영업을 시작한 뒤에 식품의약품안전처장이 정하는 바에 따라 식품위생교육을 받을 수 있다.

제8장 조리사 등

[1] 조리사(법 제51조)

① 집단급식소 운영자와 대통령령으로 정하는 식품접객업자는 조리사(調理士)를 두어야 한다. 다만, 다음 각 호의 어느 하나에 해당하는 경우에는 조리사를 두지 아니하여도 된다.

1. 집단급식소 운영자 또는 식품접객영업자 자신이 조리사로서 직접 음식물을 조리하는 경우
2. 1회 급식인원 100명 미만의 산업체인 경우
3. 제52조제1항에 따른 영양사가 조리사의 면허를 받은 경우

② 집단급식소에 근무하는 조리사는 다음 각 호의 직무를 수행한다.

1. 집단급식소에서의 식단에 따른 조리업무[식재료의 전(前) 처리에서부터 조리, 배식 등의 전 과정을 말한다]
2. 구매식품의 검수 지원
3. 급식설비 및 기구의 위생·안전 실무
4. 그 밖에 조리실무에 관한 사항

[2] 영양사(법 제52조)

① 집단급식소 운영자는 영양사(營養士)를 두어야 한다.

다만, 다음 각 호의 어느 하나에 해당하는 경우에는 영양사를 두지 아니하여도 된다.

1. 집단급식소 운영자 자신이 영양사로서 직접 영양 지도를 하는 경우
2. 1회 급식인원 100명 미만의 산업체인 경우
3. 제51조제1항에 따른 조리사가 영양사의 면허를 받은 경우

② 집단급식소에 근무하는 영양사는 다음 각 호의 직무를 수행한다.

1. 집단급식소에서의 식단 작성, 검식(檢食) 및 배식관리
2. 구매식품의 검수(檢受) 및 관리
3. 급식시설의 위생적 관리
4. 집단급식소의 운영일지 작성
5. 종업원에 대한 영양 지도 및 식품위생교육

[3] 조리사의 면허(법 제53조)

① 조리사가 되려는 자는 「국가기술자격법」에 따라 해당 기능분야의 자격을 얻은 후 특별자치시장·특별자치도지사·시장·군수·구청장의 면허를 받아야 한다.

② 제1항에 따른 조리사의 면허 등에 관하여 필요한 사항은 총리령으로 정한다.

[4] 결격사유(법 제54조)

다음 각 호의 어느 하나에 해당하는 자는 조리사 면허를 받을 수 없다.

1. 「정신건강증진 및 정신질환자 복지서비스 지원에 관한 법률」 제3조제1호에 따른 정신질환자. 다만, 전문의가 조리사로서 적합하다고 인정하는 자는 그러하지 아니하다.
2. 「감염병의 예방 및 관리에 관한 법률」 제2조제13호에 따른 감염병환자. 다만, 같은 조 제4호 나목에 따른 B형 간염환자는 제외한다.
3. 「마약류관리에 관한 법률」 제2조제2호에 따른 마약이나 그 밖의 약물 중독자
4. 조리사 면허의 취소처분을 받고 그 취소된 날부터 1년이 지나지 아니한 자

[5] 명칭사용금지(법 제55조)

조리사가 아니면 조리사라는 명칭을 사용하지 못한다.

[6] 교육(법 제56조)

① 식품의약품안전처장은 식품위생 수준 및 자질의 향상을 위하여 필요한 경우 조리사와 영양사에게 교육(조리사의 경우 보수교육을 포함한다. 이하 이 조에서 같다)을 받을 것을 명할 수 있다.
다만, 집단급식소에 종사하는 조리사와 영양사는 2년마다 교육을 받아야 한다.

② 제1항에 따른 교육의 대상자·실시기관·내용 및 방법 등에 관하여 필요한 사항은 총리령으로 정한다.

③ 식품의약품안전처장은 제1항에 따른 교육 등 업무의 일부를 대통령령으로 정하는 바에 따라 관계 전문기관이나 단체에 위탁할 수 있다.

제9장 식품위생심의위원회

[1] 식품위생심의위원회의 설치 등(법 제57조)

식품의약품안전처장의 자문에 응하여 다음 각 호의 사항을 조사·심의하기 위하여 식품의약품안전처에 식품위생심의위원회를 둔다.

1. 식중독 방지에 관한 사항
2. 농약·중금속 등 유독·유해물질 잔류 허용 기준에 관한 사항
3. 식품 등의 기준과 규격에 관한 사항
4. 그 밖에 식품위생에 관한 중요 사항

[2] 심의위원회의 조직과 운영(법 제58조)

① 심의위원회는 위원장 1명과 부위원장 2명을 포함한 100명 이내의 위원으로 구성한다.

② 심의위원회의 위원은 다음 각 호의 어느 하나에 해당하는 사람 중에서 식품의약품안전처장이 임명하거나 위촉한다.

1. 식품위생 관계 공무원
2. 식품 등에 관한 영업에 종사하는 사람
3. 시민단체의 추천을 받은 사람
4. 동업자조합 또는 한국식품산업협회(이하 "식품위생단체"라 한다)의 추천을 받은 사람
5. 식품위생에 관한 학식과 경험이 풍부한 사람

제10장 보칙

[1] 식중독에 관한 조사 보고(법 제86조, 시행령 제59조)

① 다음 각 호의 어느 하나에 해당하는 자는 지체 없이 관할 특별자치시장·시장·군수·구청장에게 보고하여야 한다. 이 경우 의사나 한의사는 대통령령으로 정하는 바에 따라 식중독 환자나 식중독이 의심되는 자의 혈액 또는 배설물을 보관하는 데에 필요한 조치를 하여야 한다.

1. 식중독 환자나 식중독이 의심되는 자를 진단하였거나 그 사체를 검안(檢案)한 의사 또는 한의사
2. 집단급식소에서 제공한 식품 등으로 인하여 식중독 환자나 식중독으로 의심되는 증세를 보이는 자를 발견한 집단급식소의 설치·운영자

[2] 식중독 원인의 조사(시행령 제59조)

① 식중독 환자나 식중독이 의심되는 자를 진단한 의사나 한의사는 다음 각 호의 어느 하나에 해당하는 경우 식중독 환자나 식중독이 의심되는 자의 혈액 또는 배설물을 채취하여·군수·구청장이 조사하기 위하여 인수할 때까지 변질되거나 오염되지 아니하도록 보관하여야 한다. 이 경우 보관용기에는 채취일, 식중독 환자나 식중독이 의심되는 자의 성명 및 채취자의 성명을 표시하여야 한다.

1. 구토·설사 등의 식중독 증세를 보여 의사 또는 한의사가 혈액 또는 배설물의 보관이 필요하다고 인정한 경우
2. 식중독 환자나 식중독이 의심되는 자 또는 그 보호자가 혈액 또는 배설물의 보관을 요청한 경우

② 특별자치시장·시장·군수·구청장이 하여야 할 조사는 다음 각 호와 같다.

1. 식중독의 원인이 된 식품 등과 환자 간의 연관성을 확인하기 위해 실시하는 설문조사, 섭취음식 위험도 조사 및 역학적(疫學的) 조사
2. 식중독 환자나 식중독이 의심되는 자의 혈액·배설물 또는 식중독의 원인이라고 생각되는 식품 등에 대한 미생물학적 또는 이화학적(理化學的) 시험에 의한 조사
3. 식중독의 원인이 된 식품 등의 오염경로를 찾기 위하여 실시하는 환경조사

③ 특별자치시장·시장·군수·구청장은 제2항제2호에 따른 조사를 할 때에는 「식품·의약품분야 시험·검사 등에 관한 법률」 제6조제4항 단서에 따라 총리령으로 정하는 시험·검사기관에 협조를 요청할 수 있다.

[3] 집단급식소(법 제88조)

① 집단급식소를 설치·운영하려는 자는 총리령으로 정하는 바에 따라 특별자치시장·특별자치도지사·시장·군수·구청장에게 신고하여야 한다. 신고한 사항 중 총리령으로 정하는 사항을 변경하려는 경우에도 또한 같다.

② 집단급식소를 설치·운영하는 자는 집단급식소 시설의 유지·관리 등 급식을 위생적으로 관리하기 위하여 다음 각 호의 사항을 지켜야 한다.

1. 식중독 환자가 발생하지 아니하도록 위생관리를 철저히 할 것
2. 조리·제공한 식품의 매회 1인분 분량을 총리령으로 정하는 바에 따라 144시간 이상 보관할 것
3. 영양사를 두고 있는 경우 그 업무를 방해하지 아니할 것
4. 영양사를 두고 있는 경우 영양사가 집단급식소의 위생관리를 위하여 요청하는 사항에 대하여는 정당한 사유가 없으면 따를 것
5. 그 밖에 식품 등의 위생적 관리를 위하여 필요하다고 총리령으로 정하는 사항을 지킬 것

제11장 벌칙

[1] 법 제93조 벌칙 : 3년 이상의 징역

소해면상뇌증(狂牛病), 탄저병, 가금 인플루엔자에 해당하는 질병에 걸린 동물을 사용하여 판매할 목적으로 식품 또는 식품첨가물을 제조·가공·수입 또는 조리한 자는 3년 이상의 징역에 처한다.

[2] 법 제93조 벌칙 : 1년 이상의 징역

마황(麻黃), 부자(附子), 천오(川烏), 초오(草烏), 백부자(白附子), 섬수(蟾수), 백선피(白鮮皮), 사리풀에 해당하는 원료 또는 성분 등을 사용하여 판매할 목적으로 식품 또는 식품첨가물을 제조·가공·수입 또는 조리한 자는 1년 이상의 징역에 처한다.

[3] 법 제94조 벌칙 : 10년 이하의 징역 또는 1억 원 이하의 벌금

다음 각 호의 어느 하나에 해당하는 자는 10년 이하의 징역 또는 1억 원 이하의 벌금에 처하거나 이를 병과할 수 있다.

1. 제4조부터 제6조까지를 위반한 자

[1] 위해식품 등의 판매 등 금지(법 제4조)

누구든지 다음 각 호의 어느 하나에 해당하는 식품 등을 판매하거나 판매할 목적으로 채취·제조·수입·가공·사용·조리·저장·소분·운반 또는 진열하여서는 아니 된다.

1. 썩거나 상하거나 설익어서 인체의 건강을 해칠 우려가 있는 것
2. 유독·유해물질이 들어 있거나 묻어 있는 것 또는 그러할 염려가 있는 것. 다만, 식품의약품안전처장이 인체의 건강을 해칠 우려가 없다고 인정하는 것은 제외한다.
3. 병(病)을 일으키는 미생물에 오염되었거나 그러할 염려가 있어 인체의 건강을 해칠 우려가 있는 것
4. 불결하거나 다른 물질이 섞이거나 첨가(添加)된 것 또는 그 밖의 사유로 인체의 건강을 해칠 우려가 있는 것
5. 제18조에 따른 안전성 심사 대상인 농·축·수산물 등 가운데 안전성 심사를 받지 아니하였거나 안전성 심사에서 식용(食用)으로 부적합하다고 인정된 것
6. 수입이 금지된 것 또는 「수입식품안전관리 특별법」 제20조제1항에 따른 수입신고를 하지 아니하고 수입한 것
7. 영업자가 아닌 자가 제조·가공·소분한 것

[2] 병든 동물 고기 등의 판매 등 금지(법 제5조)

누구든지 총리령으로 정하는 질병에 걸렸거나 걸렸을 염려가 있는 동물이나 그 질병에 걸려 죽은 동물의 고기·뼈·젖·장기 또는 혈액을 식품으로 판매하거나 판매할 목적으로 채취·수입·가공·사용·조리·저장·소분 또는 운반하거나 진열하여서는 아니 된다.

[3] 기준·규격이 정하여지지 아니한 화학적 합성품 등의 판매 등 금지(법 제6조)

누구든지 기준·규격이 정하여지지 아니한 화학적 합성품인 첨가물과 이를 함유한 물질을 식품첨가물로 사용하는 행위 혹은 식품첨가물이 함유된 식품을 판매하거나 판매할 목적으로 제조·수입·가공·사용·조리·저장·소분·운반 또는 진열하는 행위를 하여서는 아니 된다. 다만, 식품의약품안전처장이 제57조에 따른 식품위생심의위원회(이하 "심의위원회"라 한다)의 심의를 거쳐 인체의 건강을 해칠 우려가 없다고 인정하는 경우에는 그러하지 아니하다.

2. 제8조를 위반한 자

✓ **유독기구 등의 판매·사용 금지**(법 제8조)

유독·유해물질이 들어 있거나 묻어 있어 인체의 건강을 해칠 우려가 있는 기구 및 용기·포장과 식품 또는 식품첨가물에 직접 닿으면 해로운 영향을 끼쳐 인체의 건강을 해칠 우려가 있는 기구 및 용기·포장을 판매하거나 판매할 목적으로 제조·수입·저장·운반·진열하거나 영업에 사용하여서는 아니 된다.

3. 제37조제1항을 위반한 자

✓ **제37조**(영업허가 등)

① 제36조제1항 각 호에 따른 영업 중 대통령령으로 정하는 영업을 하려는 자는 대통령령으로 정하는 바에 따라 영업 종류별 또는 영업소별로 식품의약품안전처장 또는 특별자치시장·특별자치도지사·시장·군수·구청장의 허가를 받아야 한다. 허가받은 사항 중 대통령령으로 정하는 중요한 사항을 변경할 때에도 또한 같다.

② 제1항의 죄로 금고 이상의 형을 선고받고 그 형이 확정된 후 5년 이내에 다시 제1항의 죄를 범한 자는 1년 이상 10년 이하의 징역에 처한다.

③ 제2항의 경우 그 해당 식품 또는 식품첨가물을 판매한 때에는 그 판매금액의 4배 이상 10배 이하에 해당하는 벌금을 병과한다.

[4] 법 제 95조 벌칙 : 5년 이하의 징역 또는 5천만 원 이하의 벌금

다음 각 호의 어느 하나에 해당하는 자는 5년 이하의 징역 또는 5천만 원 이하의 벌금에 처하거나 이를 병과할 수 있다.

① 제7조제4항(그 기준과 규격에 맞지 아니하는 식품 또는 식품첨가물을 판매하거나 판매할 목적으로 제조·수입·가공·사용·조리·저장·소분·운반·보존 또는 진열하여서는 아니 된다) 또는 제9조제4항(기준과 규격이 정하여진 기구 및 용기·포장은 그 기준에 따라 제조하여야 하며, 그 기준과 규격에 맞지 아니한 기구 및 용기·포장은 판매하거나 판매할 목적으로 제조·수입·저장·운반·진열하거나 영업에 사용하여서는 아니 된다) 을 위반한 자

② 제37조제5항(영업을 하려는 자는 대통령령으로 정하는 바에 따라 영업 종류별 또는 영업소별로 식품의약품안전처장 또는 특별자치시장·특별자치도지사·시장·군수·구청장에게 등록하여야 하며, 등록한 사항 중 대통령령으로 정하는 중요한 사항을 변경할 때에도 또한 같다)을 위반한 자

③ 제43조에 따른 영업 제한을 위반한 자

✓ **제43조**(영업 제한)

① 특별자치시장·특별자치도지사·시장·군수·구청장은 영업 질서와 선량한 풍속을 유지하는 데에 필요한 경우에는 영업자 중 식품접객영업자와 그 종업원에 대하여 영업시간 및 영업행위를 제한할 수 있다.

② 제1항에 따른 제한 사항은 대통령령으로 정하는 범위에서 해당 특별자치시·특별자치도·시·군·구의 조례로 정한다.

④ 제45조제1항 전단(위해식품 등의 회수 : 식품 등이 위해와 관련한 조항들을 위반한 사실을 알게된 경우에는 지체 없이 유통 중인 해당 식품 등을 회수하거나 회수하는 데에 필요한 초치를 하여야 한다)을 위반한 자

⑤ 제72조(폐기처분 등) 제1항·제3항 또는 제73조(위해식품 등의 공표) 제1항에 따른 명령을 위반한 자

⑥ 제75조제1항에 따른 영업정지 명령을 위반하여 영업을 계속한 자(제37조제1항에 따른 영업허가를 받은 자만 해당한다)

[5] 법 제96조 벌칙 : 3년 이하의 징역 또는 3천만 원 이하의 벌금

제51조(집단급식소 운영자와 대통령령으로 정하는 식품접객업자는 조리사(調理士)를 두어야 한다) 또는 제52조(집단급식소 운영자는 영양사(營養士)를 두어야 한다)를 위반한 자는 3년 이하의 징역 또는 3천만 원 이하의 벌금에 처하거나 이를 병과할 수 있다.

[6] 법 제97조 벌칙 : 3년 이하의 징역 또는 3천만 원 이하의 벌금

다음 각 호의 어느 하나에 해당하는 자는 3년 이하의 징역 또는 3천만 원 이하의 벌금에 처한다.

1. 아래조항을 위반한 자
   ① 제12조의2제2항(유전자변형식품 등의 표시)
   ② 제17조제4항(위해식품 등에 대한 긴급대응)
   ③ 제31조제1항·제3항(자가품질검사 및 보고의무)
   ④ 제37조제3항·제4항(영업허가 및 신고 등)
   ⑤ 제39조제3항(영업 승계 및 신고 등)
   ⑥ 제48조제2항·제10항(식품안전관리인증기준 및 위탁제조 가공금지)
   ⑦ 제49조제1항 단서(식품을 제조·가공 또는 판매하는 자 중 식품이력추적관리를 하려는 자는 총리령으로 정하는 등록기준을 갖추어 해당 식품을 식품의약품안전처장에게 등록할 수 있다. 다만, 영유아식 제조·가공업자, 일정 매출액·매장면적 이상의 식품판매업자 등 총리령으로 정하는 자는 식품의약품안전처장에게 등록하여야 한다)
   ⑧ 제55조를(명칭 사용 금지) 조리사가 아니면 조리사라는 명칭을 사용하지 못한다.
2. 제22조제1항(출입, 검사 , 수거 등) 제72조제1항·제2항(폐기처분 등)에 따른 검사·출입·수거·압류·폐기를 거부·방해 또는 기피한 자
3. 삭제<2015.2.3.>
4. 제36조(시설기준)에 따른 시설기준을 갖추지 못한 영업자
5. 제37조제2항(영업허가에 붙는 조건)에 따른 조건을 갖추지 못한 영업자
6. 제44조제1항(영업자 등의 준수사항)에 따라 영업자가 지켜야 할 사항을 지키지 아니한 자. 다만, 총리령으로 정하는 경미한 사항을 위반한 자는 제외한다.
7. 제75조제1항(허가취소 등)에 따른 영업정지 명령을 위반하여 계속 영업한 자(제37조제4항 또는 제5항에 따라 영업신고 또는 등록을 한 자만 해당한다) 또는 같은 조 제1항 및 제2항에 따른 영업소 폐쇄명령을 위반하여 영업을 계속한 자
8. 제76조제1항(품목 제조정지 등)에 따른 제조정지 명령을 위반한 자
9. 제79조제1항(폐쇄조치 등)에 따라 관계 공무원이 부착한 봉인 또는 게시문 등을 함부로 제거하거나 손상시킨 자

[7] 법 제 98조 벌칙 : 1년 이하의 징역 또는 1천만 원 이하의 벌금

다음 각 호의 어느 하나에 해당하는 자는 1년 이하의 징역 또는 1천만 원 이하의 벌금에 처한다.

1. 제44조제3항(손님과 함께 술을 마시거나 노래 또는 춤으로 손님의 유흥을 돋우는 접객행위(공연을 목적으로 하는 가수, 악사, 댄서, 무용수 등이 하는 행위는 제외한다)를 하거나 다른 사람에게 그 행위를 알선하여서는 아니 된다)을 위반하여 접객행위를 하거나 다른 사람에게 그 행위를 알선한 자
2. 제46조제1항(식품 등의 이물 발견보고 등)을 위반하여 소비자로부터 이물 발견의 신고를 접수하고 이를 거짓으로 보고한 자
3. 이물의 발견을 거짓으로 신고한 자
4. 제45조제1항 후단(위해식품 등의 회수, 및 회수계획)을 위반하여 보고를 하지 아니하거나 거짓으로 보고한 자

[8] 법 제 100조 벌칙 : 양벌규정

법인의 대표자나 법인 또는 개인의 대리인, 사용인, 그 밖의 종업원이 그 법인 또는 개인의 업무에 관하여 제93조제3항 또는 제94조부터 제97조까지의 어느 하나에 해당하는 위반행위를 하면 그 행위자를 벌하는 외에 그 법인 또는 개인에게도 해당 조문의 벌금형을 과(科)하고, 제93조제1항의 위반행위를 하면 그 법인 또는 개인에 대하여도 1억 5천만 원 이하의 벌금에 처하며, 제93조제2항의 위반행위를 하면 그 법인 또는 개인에 대하여도 5천만 원 이하의 벌금에 처한다. 다만, 법인 또는 개인이 그 위반행위를 방지하기 위하여 해당 업무에 관하여 상당한 주의와 감독을 게을리하지 아니한 경우에는 그러하지 아니하다.

[9] 법 제 101조 벌칙 : 과태료 500만 원 이하

다음 각 호의 어느 하나에 해당하는 자에게는 500만 원 이하의 과태료를 부과한다.

1. 아래 내용을 위반한 자
   ① **제3조** : 식품 등을 위생적으로 취급한다.
   ② 제40조제1항(영업자 및 종업원의 건강진단 실시한다) 및 제3항(타인에게 위해를 끼칠 우려가 있는 질병이 있는 자를 그 영업에 종사시키지 못한다)
   ③ 제41조제1항(대통령령으로 정하는 영업자 및 유흥종사자를 둘 수 있는 식품접객업 영업자의 종업원은 매년 식품위생에 관한 교육(이하 "식품위생교육"이라 한다)을 받아야 한다) 및 제5항(영업자는 특별한 사유가 없는 한 식품위생교육을 받지 아니한 자를 그 영업에 종사하게 하여서는 아니 된다)
   ④ 제86조제1항(식중독에 관한 조사 보고 : 의사나 한의사는 대통령령으로 정하는 바에 따라 식중독 환자나 식중독이 의심되는 자의 혈액 또는 배설물을 보관하는 데에 필요한 조치를 하여야 한다)
2. 제19조의4제2항(위해우려 검사명령)을 위반하여 검사기한 내에 검사를 받지 아니하거나 자료 등을 제출하지 아니한 영업자
3. 제37조제6항(식품 또는 식품첨가물을 제조 가공 사실보고)을 위반하여 보고를 하지 아니하거나 허위의 보고를 한 자
4. 제42조제2항(실적보고)을 위반하여 보고를 하지 아니하거나 허위의 보고를 한 자
5. 제48조제9항(식품안전관리인증기준적용업소가 아닌 업소의 영업자는 식품안전관리인증기준적용업소라는 명칭을 사용하지 못한다)을 위반한 자
6. 제56조제1항(식품의약품안전처장은 식품위생 수준 및 자질의 향상을 위하여 필요한 경우 조리사와 영양사에게 교육(조리사의 경우 보수교육을 포함한다. 이하 이 조에서 같다)을 받을 것을 명할 수 있다. 다만, 집단급식소에 종사하는 조리사와 영양사는 2년마다 교육을 받아야 한다)을 위반하여 교육을 받지 아니한 자
7. 제74조제1항(시설기준에 맞지 아니한 경우에는 기간을 정하여 그 영업자에게 시설을 개수(改修)할 것을 명할 수 있다)에 따른 명령에 위반한 자
8. 제88조제1항(집단급식소를 설치·운영하려는 자는 총리령으로 정하는 바에 따라 특별자치시장·특별자치도지사·시장·군수·구청장에게 신고하여야 한다. 신고한 사항 중 총리령으로 정하는 사항을 변경하려는 경우에도 또한 같다) 전단을 위반하여 신고를 하지 아니하거나 허위의 신고를 한 자
9. 제88조제2항(집단급식소를 설치·운영하는 자는 집단급식소 시설의 유지·관리 등 급식을 위생적으로 관리하기 위하여 지켜야할 사항)을 위반한 자

[10] 법 제 101조 벌칙 : 과태료 300만 원 이하

다음 각 호의 어느 하나에 해당하는 자에게는 300만 원 이하의 과태료를 부과한다.

1. 제44조제1항(영업자 등의 준수사항)에 따라 영업자가 지켜야 할 사항 중 총리령으로 정하는 경미한 사항을 지키지 아니한 자
2. 제46조제1항(식품 등의 이물 발견보고 등)을 위반하여 소비자로부터 이물 발견신고를 받고 보고하지 아니한 자

3. 제49조제3항(식품이력추적관리 등록기준 등)을 위반하여 식품이력추적관리 등록사항이 변경된 경우 변경사유가 발생한 날부터 1개월 이내에 신고하지 아니한 자

4. 제49조의 3제4항을 위반하여 식품이력추적관리정보를 목적 외에 사용한 자

[11] 법 제 102조 벌칙 : 과태료에 대한 규정 적용의 특례

제101조의 과태료에 관한 규정을 적용하는 경우 제82조에 따라 과징금을 부과한 행위에 대하여는 과태료를 부과할 수 없다.

다만, 제82조제4항 본문에 따라 과징금 부과처분을 취소하고 영업정지 또는 제조정지 처분을 한 경우에는 그러하지 아니하다.

Chapter 2

작업환경 위생관리

01 공정별 위해요소 관리 및 예방 HACCP(Hazard Analysis Critical Control Point)

우리말로는 HA(Hazard Analysis, 위해분석)과 CCP(Critical Control Point, 중요관리점)을 합친 말로서 위해요소 중점관리기준이라는 용어로 쓰인다.

'어떤 위해를 미리 예측하여 그 위해 요인을 특별히 정해두고, 반드시 필수적으로 억제 또는 제어 관리할 중점 항목을 관리한다'라고 쉽게 풀어 말할 수 있다.

식품의 안전성을 확보하기 위해서 식품이 생산되고 소비되는 모든 과정 안의

- 건강에 위해가 될 만한 사항을 예측을 한다.
- 위해가 될 가능성의 내용을 특별히 지정해 둔다.
- 예방방법을 미리 결정한다.
- 그 예방 및 관리방법이 적절한 지 여부를 모니터링(확인 및 감시)함으로써 적절하게 관리하는 것이다.
- 관리범주를 벗어나 예외적으로 발생할 수 있는 위해를 사전에 찾아내고 마찬가지로 대응안을 미리 결정해 두는 것이다.
- 모니터링 결과나 개선조치 방법 등을 기록, 보관하여 지속적인 시스템으로 발전시키고 관리하는 방법을 말한다.

02 식품 안전관리인증기준 제도 정의와 7원칙 12단계 순서

HACCP관리는 전 세계 공통적인 12원칙(12단계)이 있다.

준비절차 5단계+HACCP의 7가지 원칙을 합쳐 총 12단계로 이루어져 있다.

구분	단계순서 (원칙)	단계이름	내용
준비단계	1단계	HACCP팀 구성	제품에 대한 충분한 지식과 기술을 갖고 있고 전체를 바라볼 수 있는 전문가로 팀을 편성하는 것이 좋다.
	2단계	제품설명서 작성	원료명칭, 구입지, 산지, 제조자, 제조방법 등을 확인 기록한다.
	3단계	사용용도 확인	제품의 보관, 섭취법 등을 기록한다.
	4단계	공정 흐름도 작성	시설도면에 종업원의 동선, 공기(환기)등에 대해 기입한다.
	5단계	공정흐름도 현장확인	공정흐름도, 시설도면, 작업지침서 등이 서류와 실제 현장이 일치하는 지를 확인한다.
본단계	6단계 (1원칙)	모든 잠재적 위해요소 분석	원료 및 공정 등에 대하여 생물학적, 물리적, 화학적 위해요소를 찾아서 평가하고 발생요인을 찾아 예방할 수 있는 방법을 찾는다.
	7단계 (2원칙)	중요 관리점의 결정	HACCP를 적용하며 식품에 위해 될 부분을 방지, 제거, 안정성 확보할 수 있는 단계와 공정을 결정한다.
	8단계 (3원칙)	중요 관리점 한계기준설정	적절한 관리가 가능한지와 함께 판단을 할 수 있는 한계관리기준을 설정한다.
	9단계 (4원칙)	중요 관리점 모니터링 체계 확립	CCP관리가 정해진 기준에 따라 잘 이루어지는지를 판단하기 위해서, 정기적으로 모니터링(측정, 관찰)한다.
	10단계 (5원칙)	개선조치 방법수립	설정된 관리기준을 위반하거나 벗어난 경우 개선조치를 설정하여 관리한다.
	11단계 (6원칙)	검증절차 및 방법수립	HACCP 시스템이 잘 적용되고 실행되고 있음을 검증하기 위한 절차를 설정 확인한다.
	12단계 (7원칙)	문서화 및 기록유지	모니터링, 일반적 위생관리 프로그램, 개선조치, 검증 등 모든 단계에 대한 문서화 방법이 포함되고, 기록절차를 수립한다. HACCP계획이 적절히 실시되고 있다는 증거를 만드는 것이다.

03 HACCP제도 도입의 이점

① 식품위생수준이 유지되어 안전성이 향상되면서 유지된다.

② 회사의 이미지 제고와 제품에 대한 신뢰도 향상으로 인한 경쟁력 강화될 수 있다.

③ 조직전체의 위생지식이 향상된다.

④ 경험이 과학적으로 뒷받침되어, 매뉴얼을 통해 경험이 적은 사람이라 해도 품질 향샹과 식중독 방지에 대해 높은 의식을 갖게 할 수 있다.

⑤ 문제발생 시 빠른 조치와 대처를 통해 시스템 안에서 통제 관리가 가능해진다.

⑥ 우대조치(기준 제14조 관련): 식품위생법 제17조 제1항에 의한 출입 · 검사 · 수거 등이 HACCP 적용업소로 지정된 업소에 대해서는 완화된다.

⑦ 소비자 입장에서는 안전한 식품을 선택할 기회를 제공받는 효과가 있다.

Chapter 3

안전관리

01 개인안전점검

① 작업장 바닥의 물기나 기름기로 인해 미끄러져 넘어지지 않도록 주의한다.

② 작업자의 피로도가 높아 안전에 주의를 소홀할 수 없도록 충분한 휴식을 취한다.

③ 베임, 절단, 끼임 등을 방지하기 위해 작업복장(옷, 장갑 등)을 올바르게 착용한다.

④ 원, 부재료가 높은 곳에서부터 떨어지는 낙하, 혹은 이동하며 생기는 충돌 등이 생기지 않도록 조심한다.

⑤ 스팀, 오븐, 가스기기 등으로 인해 화상을 입지 않도록 조심한다.

⑥ 작업자의 숙련도에 따라 작업의 속도와 난이도 조절을 한다.

⑦ 안전도구 사용법을 숙지하고, 사고발생 시 올바른 방식으로 사용할 수 있어야 한다.

02 도구 및 장비 류의 안전점검

① 작업장의 조명은 220룩스(lux) 이상으로 유지해 주어야 한다.

② 도구 장비류의 특성에 맞는 세척, 살균법 등을 정해놓고 청결을 유지한다.

③ 식품과 접촉하는 도구에는 약간의 불순물, 독성도 없도록 더욱 청결에 유의한다.

④ 후드, 배기구 청소 시 안전한 사다리를 이용하고, 기계청소 시에 시작 전 전원을 차단한다.

Chapter 4 출제 예상 문제

01 개인위생에 대한 설명으로 적절하지 않은 것은?

① 지나친 화장을 하지 않고 향수, 인조속눈썹 등의 부착물은 사용하지 않는다.
② 식품을 가공하거나 조리작업 중에는 손목시계, 팔찌, 반지 등 장신구를 착용하지 않는다.
③ 신발은 벗기 편리하며 미끄럽지 않은 모양과 재질을 선택하여 사용한다.
④ 위생복 상의를 선택할 때 편안하게 작업하기 위해 소매단이 넉넉하게 여유가 많은 것으로 선택한다.

02 개인위생관리에 대한 설명으로 적절하지 않은 것은?

① 식품을 취급하는 중에는 음주, 담배를 하지 않는다.
② 작업 중에 코를 만지거나 기침을 하거나 머리를 긁는 행동은 하지 않는다.
③ 발열, 설사, 구토, 감기로 인한 기침 등이 있을 경우 즉시 의사의 진단을 받고 치료한다.
④ 피부병 및 화농성 상처가 있을 때는 장갑을 착용하고 식품제조나 조리작업에 참여한다.

03 역성비누의 특징으로 틀린 것은?

① 과일, 야채, 손, 식기소독에 사용한다.
② 원액(10%)을 200~400배 희석하여 사용(0.01~0.1%)한다.
③ 보통비누와 동시에 사용하면 살균효과가 증가된다.
④ 무색 무미 무해하다. 무독성으로 살균력이 강하다.

04 조리실무에 종사하는 영양사와 조리사는 몇 년마다 건강검진을 받아야 하나?

① 1년 ② 2년
③ 3년 ④ 5년

05 식재료나 조리기구, 물 등에 오염되어 있던 미생물이 오염되지 않은 식재료나 조리기구, 물 등에 접촉 되거나 혼입되면서 전이되는 현상을 뜻하는 것은?

① 교차오염 ② 식품오염
③ 도구오염 ④ 이중오염

06 단백질이 분해 작용에 의해 아민이나 황화수소 등의 유독성 물질을 생성하여, 본래의 여러 성질을 잃고 악취를 발생하여 취식이 불가능해진 현상을 말한다.

① 부패 ② 변패
③ 산패 ④ 발효

07 탄수화물(떡이나 밥 등)이 분해 작용에 의해 산미를 내거나 정상적이지 않은 맛과 냄새를 내며 변질되는 현상을 말한다.

① 부패 ② 변패
③ 산패 ④ 발효

08 지방(지질) 식품이 공기, 햇빛 등에 방치하였을 때 산소에 의해 산화되어 냄새와 맛이 변질되는 현상을 말한다.

① 부패 ② 변패
③ 산패 ④ 발효

09 감염병은 세균, 바이러스, 기생충 등에 의해 감염되는 질환이다. 감염의 3대 요소에 포함되지 않는 것은?

① 감염원 ② 감염경로
③ 숙주의 감수성 ④ 숙주의 나이

10 증식에 필요한 최저 수분활성도(Aw)가 높은 미생물부터 바르게 나열된 것은?

① 세균 > 효모 > 곰팡이 ② 세균 > 곰팡이 > 효모
③ 효모 > 세균 > 곰팡이 ④ 곰팡이 > 효모 > 세균

11 산소가 있어도 없어도 잘 증식하는 균은?

① 호기성균 ② 혐기성균
③ 통성혐기성균 ④ 편성호기성균

12 식품의 변질 종류가 아닌 것은?

① 발효 ② 부패
③ 산패 ④ 변패

13 감염병과 감염병 요인의 예방법의 연결이 알맞지 않은 것은?

① 감염원 - 감염원을 조기 발견하여 격리 치료하여 전파를 막는다.
② 감염경로 - 감염경로는 점검 후 제거하고, 오염 의심 제품은 폐기한다.
③ 숙주의 감수성 - 개인의 질병에 맞는 예방접종을 맞아야 한다.
④ 감염원 - 개인의 면역력을 증강시켜야 한다.

14 식품위생법 제54조 법 40조 제5하에 따라 영업에 종사하지 못하는 질병이 아닌 것은?

① 세균성이질 ② 장출혈성 대장균
③ A형 간염 ④ 일본뇌염

15 다음 중 HACCP의 준비단계 순서로 바른 것은?

① HACCP팀구성 - 제품설명서 작성 - 사용용도 확인 - 공정흐름도 작성 - 공정흐름도 현장확인
② HACCP팀구성 - 사용용도 확인 - 제품설명서 작성 - 공정흐름도 현장확인 - 공정 흐름도 작성
③ HACCP팀구성 - 사용용도 확인 - 제품설명서 작성 - 공정흐름도 작성 - 공정흐름도 현장확인
④ HACCP팀구성 - 제품설명서 작성 - 사용용도 확인 - 공정흐름도 현장확인 - 공정 흐름도 작성

16 다음 중 HACCP의 7원칙에 해당하지 않는 것은?

① 모든 잠재적 위해요소 분석
② 중요관리점의 결정
③ 중요관리점 한계기준 설정
④ 공정 흐름도 현장확인

17 발효를 이용한 식품이 아닌 것은?

① 증편 ② 고추장
③ 간장 ④ 송편

18 기생충 감염 예방책으로 적절하지 않은 것은?

① 개인위생 관리를 철저히 하고 영양제를 잘 복용한다.
② 어패류와 육류는 반드시 익혀 먹는다.
③ 채소는 흐르는 물에 여러 번 씻어 먹는다.
④ 조리도구는 소독하여 사용한다.

19 교차오염을 방지하는 방법으로 틀린 것은?

① 칼, 도마, 용기 등의 조리도구를 육류, 가금류, 생선류 등 종류별로 구분하여 사용한다.
② 사용한 칼, 도마, 용기 등에 있는 물로는 교차오염이 발생하지 않으므로 젖은 조리도구들을 한곳에 모아둔다.
③ 먹이 통로나 틈새를 차단하여 방충·방서를 철저히 한다.
④ 위생규칙을 철저히 따르고, 용도별로 사용장갑 및 위생복을 구분하여 사용한다.

20 식품안전관리 인증기준(HACCP)을 식품별로 정하여 고시하는 자는?

① 식품의약품안전처장 ② 환경부장관
③ 보건복지부장관 ④ 시장 · 군수 · 구청장

21 HACCP(위해요소중점관리기준) 적용업소의 기준에 따라 관리되는 사항에 대한 기록은 최소 몇 년 이상 보관하여야 하는가?

① 1년 ② 2년
③ 5년 ④ 10년

22 인수공통감염병이란 사람과 동물이 같은 병원체에 의하여 발생하는 질병을 말한다. 아래 중 인수공통감염병이 아닌 것은?

① 탄저 ② Q열
③ 파상열 ④ 성홍열

23 영업자 및 종업원이 받아야 하는 식품위생 교육시간은 몇 시간인가?

① 2시간 ② 3시간
③ 4시간 ④ 6시간

24 식중독 예방으로 적절하지 않은 것은?

① 손 자주 씻기 ② 끓여먹기
③ 재료상온 보관 ④ 익혀먹기

25 끓는 물(100℃)에서 15분~30분간 처리하는 방법이다. 식기류, 행주 등의 소독에 이용한다. 아포형성균은 완전히 사멸되지 않는 이 소독법은?

① 열탕소독법 ② 건열멸균법
③ 화염멸균법 ④ 고압증기멸균법

26 다음 중 화학적 소독법이 아닌 것은?

① 역성비누(양성비누) ② 석탄산(3%)
③ 생석회 ④ 자비소독법

27 미생물이 이용 가능한 수분을 수분활성도라고 하며, 이 수분활성도에 따라 식품의 부패에 가장 빠르게 증식하는 것은?

① 바이러스 ② 곰팡이
③ 효모 ④ 세균

28 다음 중 감염형 식중독을 모두 잘 고른 것은?

㉠ 살모넬라식중독	㉡ 노로바이러스
㉢ 장염비브리오식중독	㉣ 병원대장균식중독
㉤ 보툴리누스균	㉥ 포도상구균

① ㉠, ㉢, ㉤ ② ㉠, ㉢, ㉣
③ ㉡, ㉢, ㉤ ④ ㉢, ㉣, ㉥

29 세균성 식중독의 하나로, 보통 통조림 식품 등이 원인이다. 신경독소인 뉴로톡신을 생산한다. 병조림과 통조림 제조 시 120℃에서 30분 가열로 사멸하여 예방할 수 있는 것은?

① 포도상구균 ② 보툴리누스
③ 아우라민 ④ 테트로톡신

30 세균과 바이러스의 차이를 잘못 설명한 것은?

① 세균은 균에 의해 식중독이 발병된다.
② 바이러스는 아주 미량의 개체만으로도 발병이 가능하다.
③ 세균은 치료법이나 백신이 없다.
④ 바이러스는 자체 증식이 불가능하여, 반드시 숙주가 존재해야 증식이 가능하다.

31 다음 중 노로바이러스에 대한 설명으로 틀린 것은?

① 겨울철에 주로 발생되며 사람의 분변에 오염된 물, 식품 등에 의해 감염된다.
② 감염되면 설사, 복통, 구토 등의 증상이 나타난다.
③ 실내를 자주 환기시키고 개인위생을 철저히 하는 것이 예방법이다.
④ 발병 후 자연 치유되지 않는다.

32 세균성 식중독 중 화농성 질환을 일으키는 대표적인 원인균이며 장내독소인 엔테로톡신을 생성하는 것은?

① 비브리오균 ② 대장균
③ 황색포도상구균 ④ 보틀리누스균

33 다음 중 황색포도상구균의 특징으로 틀린 것은?

① 세균성 식중독이다.
② 화농성 질환을 일으킨다.
③ 장내독소인 엔테로톡신을 생성한다.
④ 120℃에서 15분간 가열하면 독소가 없어진다.

34 식품 제조공정에서 서로 섞이지 않는 물과 기름을 혼합하여 잘 섞이게 하는 식품첨가물은?

① 유화제 ② 소포제
③ 보존제 ④ 팽창제

35 다음 중 곰팡이 독의 연결로 틀린 것은?

① 황변미중독-쌀
② 아플라톡신독소-땅콩, 간장
③ 맥각독-보리, 밀, 호밀
④ 솔라닌-곡류

36 다음 중 동물성 자연독의 연결로 틀린 것은?

① 복어-테트로톡신
② 홍합, 대합조개-삭시톡신
③ 모시조개-베네루핀
④ 바지락, 굴-고시폴

37 식품의 변질 및 부패를 일으키는 주원인은?

① 미생물 ② 기생충
③ 농약 ④ 자연독

38 다음 중 식품위생법에 명시된 목적이 아닌 것은?

① 위생상의 위해를 방지
② 건전한 유통, 판매를 도모
③ 식품 영양의 질적 향상을 도모
④ 식품에 관한 올바른 정보를 제공

39 식품위생법상 식품 위생의 정의는?

① 음식과 의약품을 포함한 위생을 말한다.
② 농산물, 기구 또는 용기포장의 올바른 위생 상태를 말한다.
③ 식품 및 식품첨가물만을 대상으로 하는 위생을 말한다.
④ 식품, 식품첨가물, 기구 또는 용기포장을 대상으로 하는 음식에 관한 위생을 말한다.

40 독소형 세균성 식중독으로 짝 지어진 것은?

① 맥각독, 콜리균
② 살모넬라, 장염비브리오
③ 황색포도상구균, 클로스트리디움 보툴리늄균
④ 리스테리아, 솔라닌

41 황변미 중독을 일으키는 오염 미생물은?

① 곰팡이 ② 효모
③ 기생충 ④ 세균

42 집단 식중독 발병 시 처치 사항으로 알맞은 것은?

① 원인이 된 식품을 재빨리 폐기 처리한다.
② 해당기관에 즉시 신고한다.
③ 병원에 가기 전 소화제를 빠르게 복용시킨다.
④ 구토물 등은 원인균이 많이 함유되어 있으므로 깨끗하게 치워야 한다.

43 미생물이 자라는데 필요한 조건이 아닌 것은?

① 햇빛 ② 온도
③ 수분 ④ 영양분

44 비병원균, 병원균 등의 미생물을 아포까지 사멸시켜 무균상태로 만들며, 물체의 표면 또는 그 내부에 분포하는 모든 세균을 완전히 죽이는 것으로 소독의 가장 안전한 형태는 무엇인가?

① 살균 ② 소독
③ 방부 ④ 멸균

45 전염병의 예방대책과 거리가 먼 것은?

① 병원소의 제거 ② 환자의 격리
③ 식품의 저온보존 ④ 예방접종

46 미생물에 대한 살균력이 가장 큰 것은?

① 적외선 ② 가시광선
③ 자외선 ④ 세균여과법

47 식품조리작업자의 손 소독에 가장 적합한 것은?

① 역성비누 ② 경성세제
③ 승홍수 ④ 생석회

48 식품첨가물이 갖추어야 할 조건으로 틀린 것은?

① 식품에 영양적 성분적 나쁜 영향을 주면 안된다.
② 상품의 가치를 향상시켜야 한다.
③ 식품 성분 등에 대해서 그 첨가물을 확인할 수 있어야 한다.
④ 식품첨가물은 대량으로 사용하였을 때 효과가 나타날수록 좋다.

49 HACCP에 대한 설명으로 틀린 것은?

① 미국, 일본, 유럽연합, 국제기구(W.H.O) 등에서도 모든 식품에 HACCP 적용할 것을 권장하고 있다.
② HACCP의 12절차의 첫 번째 단계는 'HACCP팀 구성' 이다.
③ HACCP는 어떤 위해를 미리 예측하여 그 위해요인을 사전에 파악하는 것이다.
④ HACCP의 12절차 중 중요관리점(CCP)결정은 준비단계에서 진행된다.

50 식품위생법상 집단급식소는 상시 1회 몇 인에게 식사를 제공하는 급식소인가?

① 10명 이상 ② 50명 이상
③ 100명 이상 ④ 150명 이상

Chapter 5 ANSWER

정답

01	④	02	④	03	③	04	①	05	①
06	①	07	②	08	③	09	④	10	①
11	③	12	①	13	④	14	④	15	①
16	④	17	④	18	①	19	②	20	①
21	②	22	④	23	②	24	③	25	①
26	④	27	④	28	②	29	②	30	③
31	④	32	③	33	④	34	①	35	④
36	④	37	①	38	②	39	④	40	③
41	①	42	②	43	①	44	④	45	③
46	③	47	①	48	④	49	④	50	②

01
소매단이 넉넉하면 이물질이 묻거나 조리하고 있는 식품에 소매단이 젖을 수 있다.
소매단은 늘어지지 않고 단정하게 착용하여야 한다.

02
피부병 및 화농성 상처가 있을 경우 식품제조나 조리작업에 참여할 수 없다.

03
보통비누와 동시에 사용하면 살균효과가 감소된다.

09
감염의 3대 요소는 감염원, 감염경로, 숙주의 감수성이다.

10
- **세균** : 0.90~0.95
- **효모** : 0.88~0.90
- **곰팡이** : 0.65~0.8

11
- 호기성 균(산소가 있어야 증식) 곰팡이, 효모, 바실러스, 방선균
- 혐기성균(산소가 없어야 증식) 낙산균, 클로스트리디움
- 통성혐기성(산소유무 상관없이 증식) 젖산균, 효모
- 편성호기성(산소가 없어도 증식하고, 있으면 더 잘 증식) 보톨리누스균, 웰치균
- 편성혐기성 증식(산소가 있으면 생육할 수 없는 세균)

13
개인의 면역력을 증강시키는 것은 숙주의 감수성 요인 예방법이다.

14
영업에 종사하지 못하는 질병 : 세균성이질, 장티푸스, 파라티푸스, 콜레라, 장출혈성 대장균, A형 간염, 감염성인 결핵, 피부병 또는 그 밖의 화농성, 후천성 면역결핍증
영업에 종사할 수 있는 질병 : 비감염성인 결핵, 홍역, 일본뇌염, 독감, 두창, 뎅기열 등

16
HACCP의 7원칙
- 모든 잠재적 위해요소 분석
- 중요관리점의 결정
- 중요관리점 한계기준 설정
- 중요관리점 모니터링체계 확립
- 개선조치 방법 수립
- 검증절차 및 방법 수립
- 문서화 및 기록유지가 있다.

'공정 흐름도 현장확인'은 준비단계에 속한다.

17
송편은 발효를 하지 않고 만드는 떡이다.

18
개인 위생관리를 철저히 하며 구충제를 일정기간마다 복용해 준다.

19
교차오염은 조리도구 및 물로도 발생하기 때문에 각각의 자리에 위생적이고 건조하게 보관되어야 한다.

20
식품위생에 관한 행정관리 업무는 식품의약품안전처에서 주관한다. 식품위생법 제48조 1항을 참고한다.

제48조(식품안전관리인증기준)

① 식품의약품안전처장은 식품의 원료관리 및 제조·가공·조리·소분·유통의 모든 과정에서 위해한 물질이 식품에 섞이거나 식품이 오염되는 것을 방지하기 위하여 각 과정의 위해요소를 확인·평가하여 중점적으로 관리하는 기준(이하 "식품안전관리인증기준"이라 한다)을 식품별로 정하여 고시할 수 있다.

21
- 식품위생법 제49조의 2, 특별한 사항이 없을 경우 2년 이상 보관해야 한다.

제49조의2(식품이력추적관리정보의 기록·보관 등)

① 제49조제1항에 따라 등록한 자(이하 이 조에서 "등록자"라 한다)는 식품이력추적관리기준에 따른 식품이력추적관리정보를 총리령으로 정하는 바에 따라 전산기록장치에 기록·보관하여야 한다.

② 등록자는 제1항에 따른 식품이력추적관리정보의 기록을 해당 제품의 유통기한 등이 경과한 날부터 2년 이상 보관하여야 한다.

③ 등록자는 제1항에 따라 기록·보관된 정보가 제49조의3제1항에 따른 식품이력추적관리시스템에 연계되도록 협조하여야 한다.

22
- 인수공통 감염병에는 탄저, 결핵(비감염성결핵은 제외), Q열, 파상열이 대표적이다.
- 성홍열은 소화기계 감염병이다.

23
3시간이다.

26
자비소독법은(열탕소독)이라고 하며 물리적 소독법이다.

27
세균 > 효모 > 곰팡이 순서로 부패가 빠르게 증식한다.

28
노로바이러스는 바이러스성 식중독이며, 보툴리누스균, 포도상구균은 독소형 식중독이다.

29
- **포도상구균**: 화농성 질환을 일으키는 대표적인 독소형 원인균으로 장내독소인 엔테로톡신을 생성한다. 김밥, 도시락, 빵, 떡 등의 원인 식품이 있다.
- **아우라민**: 단무지, 카레 등에 사용되는 황색 타르색소의 유해 식품 첨가물이다.
- **테트로톡신**: 복어에 있는 동물성 자연독이다.

30
- 세균은 항생제 등 치료가 가능하며 일부 백신이 존재한다.
- 바이러스가 특별한 치료법이나 백신이 없다.

	세균	바이러스
특징	균(독소)에 의해 식중독 발병	크기가 매우 작은 DNA 구조이며, 단백질 등의 외피에 둘러싸여 있다.
증식	온도, 습도 등이 알맞을 경우 자체 증식된다.	자체 증식이 불가능하며 반드시 숙주가 존재해야 증식이 가능하다.
발병의 개체량	일정량(수백~수백만) 이상의 균이 존재해야 발병된다.	아주 미량(10개~100개)의 개체만으로도 발병이 가능하다.
증상	설사, 구토, 발열, 두통 등	메스꺼움, 구토, 설사, 두통 등
치료	항생제 등으로 치료 가능하며 일부 백신이 존재한다.	일반적 치료법이나 백신이 없다.
2차 감염 여부	2차 감염 거의 없음	대부분 2차 감염이 됨

31
- 공기 중이 아닌 오염된 음식물이나 식수의 섭취를 통해 전파된다. 실내를 자주 환기시키고 개인위생을 철저히 하는 것이 예방법이다.
- 노로바이러스는 감염 후 1~2일 뒤에 자연 치유된다.

33
100도 이상의 온도에서 15분간 가열해도 없어지지 않으며, 218~248℃에서 30분 이상 가열해야 균이 파괴된다.

34
- **소포제**: 거품을 없애는 목적
- **보존제**: 부패미생물의 증식을 막는 목적
- **팽창제**: 빵, 과자 제조 시 식품을 부풀게 하여 조직을 연하게 하는 목적

35
솔라닌: 감자의 식물성 자연독이다. 초록색 싹 부위에 있는 독소이다.

36
- **바지락, 굴, 모시조개**: 베네루핀
- **목화씨**: 고시풀, 식물성 자연독이다.

37
식품의 변질의 요인으로는 생물학적 요인(미생물에 의한 발효 및 부패), 화학적 요인(산화와 수소이온농도), 물리적 요인(온도, 수분, 빛) 등이 있다.

38
식품위생의 목적
- 식품으로 인한 위생상의 위해를 방지한다.
- 식품에 대한 올바른 정보를 제공한다.
- 식품 영양상의 질적 향상을 도모한다.
- 국민 보건의 향상과 증진에 이바지한다.

39
우리나라에서의 정의: 식품위생이란 식품, 첨가물, 기구 또는 용기·포장을 대상으로 하는 음식에 관한 위생을 말한다(식품위생법 제2조 제8항)

41
곰팡이독이 원인이 되어 황변미 중독이 발생된다.

42
- 원인이 된 식품이나 구토물 등은 원인균 검출에 필요하므로 버리지 않는다.
- 소화제 복용은 적절한 조치가 아니며, 즉시 의사의 진단을 받고 치료한다.

44
- **살균**: 미생물에 물리적 화학적 자극을 가하여 미생물의 세포를 사멸시키는 것
- **소독**: 병원미생물의 생활을 파괴하여 감염력을 약화시키는 것
- **방부**: 미생물의 증식을 억제하고 식품의 부패나 발효를 방지하는 것
- 소독력의 크기는 멸균 > 살균 > 소독 > 방부이다.

45
식품의 저온보존은 식중독 예방대책이다.

46
자외선의 도르노선(Dorno Ray)
- 파장 2500~2800Å이 살균력이 좋다.
- 살균효과가 크고, 모든 균 종류에 살균효과가 있다.

48
식품 첨가물은 소량만으로도 효과를 나타낼 수 있어야 한다.

49
준비단계
- HACCP팀구성→제품설명서 작성→사용용도 확인→공정흐름도 작성→공정흐름도 현장확인
- 중요관리점 결정은 7원칙에 해당된다.

50
1회 50명 이상에게 식사를 제공하는 급식소를 말한다.

떡제조기능사

PART 4

우리나라 떡의 역사 및 문화

Chapter 1

떡의 역사

떡은 곡식가루를 찌거나, 물과 반죽하여 삶거나, 지지고, 치거나, 빚어서 만든 음식을 통틀어 이르는 말이다. 통과의례, 시절 및 명절의 행사 등에서 사용되는 우리나라의 생활에 밀착되어 있는 전통적 고유음식이다. 서양의 경우 잘게 부수어 놓은 곡류를 구워 빵으로 먹었고, 동양에서는 끓는 물에 직접 삶거나 증기를 이용하여 밥이나 떡류 등으로 발전되었다.

조리기술의 발달과 도구의 발달로 시대에 따라 점차 변화하여 현재의 모습을 띄게 되었다.

01 다양한 떡의 어원

① '찌다'라는 동사가 명사가 되어 '찌다→찌기→떼기→떠기→떡'으로 어원이 변화하였다.

② 부드러운 음식이 시간이 지나 굳어지면서 '딱딱+먹다=떡'으로 변화되었다.

③ 나누어 베푸는 '덕'의 센 발음인 '떡'으로 변화되었다.

④ 떡의 어원은 중국의 한자어에서 찾아볼 수 있는데 병(餠), 이(餌), 고(糕, 餻), 병이(餠餌), 편(片, 鯿) 등으로 불리고 있다.

우리나라와 일본에서는 떡을 한자로 '병(餠)'이라고 표기한다.

중국에서는 밀가루로 만든 떡을 '병', 밀가루 이외의 곡식으로 만든 떡은 '이(餌)'라고 한다.

시루떡을 의미하는 고(餻)와 낟알을 쪄서 치는 떡을 의미하는 자(餈)가 있다.

오늘날 우리의 떡은 재료에 따른 명칭상의 구별 없이 '떡'이라 하고, 한자어로 나타날 때는 '병(餠)' 또는 '편(片, 鯿)'이라는 표현으로 주로 사용한다.

⑤ 한대 이전의 문헌인 '주례'에 **구이분자(糗餌粉餈)**라는 표기도 보인다.

> 조선 시대의 문헌인「성호사설」에는 이에 대한 해석을 다음과 같이 하고 있다.
> 곧「주례」주에 이르기를 "합쳐 찌는 것이 이(餌)이고 만드는 것이 자(咨)이다."라고 했던 바, 이(餌)는 찧어 가루로 만든 다음에 반죽을 하므로 "떡으로 만든다"라고 하였으며, 자는 쌀을 쪄서 매에 문드러지게 치는 까닭에 "합쳐서 찐다"라고 한 것이라는 것이다.
> 이에 덧붙여 구(救)란 볶은 콩이고, 분(粉)이란 콩가루이므로 찹쌀이나 기장쌀로써 먼저 가루를 만들어 볶은 콩을 얹어 만든 떡이 구이(餌)이며, 찹쌀과 기장쌀을 먼저 쪄서 만든 다음 콩가루를 묻힌 것이 분자(粉餈)라 했다.→현대의 인절미와 비슷하다고 할 수 있다.

시대별 표시 한자어	관련서적 및 역사
떡	「규합총서」에 1800년 최초로 기록되었다.
병[餠]	떡, 먹다, 떡처럼 넓고 편편한 것이라는 뜻의 한자로 떡을 한자로 표현할 때 주로 사용되는 한자이다.
이[餌]	먹이, 먹다, 이익이라는 뜻의 한자로 「성호사설」에서 밀가루 이외의 곡분을 시루에 쪄낸 떡이라는 의미로 사용되었고, 「조선무쌍신식요리제법」에서 쌀가루를 찐 것이라고 표현되었다.

02 시대별 떡의 역사

1) 선사시대

우리 민족은 삼국시대 이전의 유적에서도 시루와 같은 유적들이 발견되어, 삼국이 성립되기 전 부족국가 시대부터 떡을 먹기 시작했을 것으로 추정하고 있다.

(1) 구석기 시대

구석기 시대(B.C 7000년~B.C 8000년)에는 수렵과 채취를 하며 식량을 확보하였다.

구석기 후기부터 불을 사용하기 시작한 것으로 추측하고 있다.

(2) 신석기 시대

신석기시대(B.C 8000년~B.C 1000년)의 전형적인 주거형태 움집이며 가운데 화덕을 배치한 다음 지붕을 덮은 형태로, 본격적으로 불을 이용하기 시작하였던 것으로 추측하고 있다.

① **황해도 봉산 지탑리 유적**: 갈돌(곡물의 껍질을 벗기고 가루로 만들어주는 도구)

② **신석기 대표적인 유물**: 빗살무늬 토기(그릇을 이용해 음식을 보관하거나 만들어 먹은 것을 증명함)

(3) 청동기 시대

청동기 시대(B.C 10세기~B.C 4세기)부터 본격적으로 벼농사를 짓고 밥을 해먹기 시작했다.

① **경기도 구룡산 북변리 유적/동창리 유적**: 돌확(=확돌: 곡식을 갈아먹는 도구)

② **함경북도 나진 초도 조개더미**: 시루(이 시루는 바닥에 구멍이 여러 개 있고 손잡이가 존재한다. 곡식을 데우거나 쪄 먹었다.)

(4) 고조선 시대

단군 조선은 제정일치의 정치체계를 갖추고 제례가 존재한 사회였다.

부여의 영고, 고구려의 동맹, 동예의 무천, 삼한의 수릿날과 계절제 등의 제천행사가 있었고 농업생산성의 비약적인 발전이 있었다고 보고 있다. 떡은 신에게 올리는 제례에 필수인 음식으로 중요한 역할을 했을 것으로 추측하고 있다.

2) 삼국시대와 통일신라시대

「삼국사기」, 「삼국유사」 등의 문헌과 그림 등으로 떡 문화의 발전된 모습을 볼 수 있다.

① **「삼국사기」 신라본기**: 제2대 남해왕 서거 후 유리와 탈해가 서로 왕위를 사양하다 떡을 깨물어 잇자국이 많은 사람이 지혜롭다 여겨 왕위를 계승하였다.

✓ 잇자국이 선명하게 날 정도의 떡이라 하여 흰떡, 인절미, 절편류로 추정하고 있다.

② **「삼국사기」 백결선생조**: 제20대 자비왕의 거문고 명인인 백결선생이 "가난하여 떡을 치지 못하였는데, 섣달 그믐날 아내가 이웃집 떡방아 소리를 부러워하자, 떡방아 대신에 아내에게 들려준 떡방아 소리를 내서 위로하였다(대악(⊠樂))."는 기록이 있다. = 도병류

③ **「삼국유사」 가락국기**: 신라 효소왕 때 죽지랑조에 "설병한합과 술한병을 가지고 가 먹었다."라는 기록이 있다. 인절미나 절편류일 것이라고 추측하고 있다.

④ **「삼국유사」 가락국기**: "세시마다 술, 감주와 떡, 밥과 과실, 차 등의 여러 가지를 갖추고 제사를 지냈다."는 기록으로 보아, 떡이 중요한 제례음식이었다고 알 수 있다.

통일신라 시대와 비슷한 시기의 발해에서도 영고탑기략, 발해국지장편, 식화고에 시루떡을 해먹었다는 기록이 남아있다.

⑤ 고구려 안악 3호분 벽화, 시루에 무언가 요리하는 부엌의 모습 속 한 여인이 시루에 무언가를 찌고 그것을 젓가락으로 찔러보고 있는 모습이 그려져 있다.

그림 속 다른 부분에는 발 방아(발로 곡식을 분쇄하는 도구)가 그려져 있어서, 곡식을 도정하고 갈아서 만든 요리인 떡일 것이라고 추측하고 있다.

⑥ **「삼국유사」 신라 효소왕**: 죽지랑조에 '죽지랑이 부하인 득오가 부산성의 창직(倉直)으로 임명되어 급히 떠난 것을 알고 설병(雪餠) 한합과 술 한병을 가지고 노복을 거느리고 찾아가서 술과 떡을 먹었다.'고 기록되어 있다.

삼국유사에 처음으로 설병 떡의 이름이 문헌에 나타났으며 설기, 설기떡, 인절미나 절편류로 추측한다.

✓ 삼국유사

죽지랑의 무리에 득오라는 사람이 있었는데, 매일 죽지랑을 모시다가 갑자기 열흘 가까이 나오지 않았다.
죽지랑이 득오의 어미를 불러 연유를 물었다.
이에 그의 어미가 모량리(牟梁里)의 익선이 득오를 부산성의 창고지기로 급히 임명하여서 미처 인사도 못 여쭙고 떠나게 되었음을 고하였다.
죽지랑이 낭도 137인을 거느리고 설병 한합과 술을 가지고 득오를 위로하러 가서는 밭에서 일하고 있는 득오를 불러 떡과 술을 먹이고 득오에게 휴가를 주어 함께 돌아갈 수 있도록 익선(득오를 부산성 창고지기로 임명한)에게 청하였으나 익선은 굳이 허락하지 않았다.
이때 사리(使吏) 간진(侃珍)이 세금으로 곡식 30석을 거두어 성중으로 돌아가다가 낭의 선비를 아끼는 인품을 아름답게 보고, 익선의 융통성 없음을 못마땅하게 여겨 곡식 30석을 주면서 낭의 청을 허락해줄 것을 청하였지만, 그래도 듣지 않으므로 다시 말과 안장까지 주자 그때야 득오를 놓아 주었다.

3) 고려시대

세금을 낮추어 주고, 소를 이용하는 우경법, 이앙법 등으로 사회적 농민안정책이 활발하였다.

농업의 발달은 음식의 발달에 영향을 주었고, 떡도 다양한 모습으로 유행하게 되었다.

고려시대에는 불교의 번성(육식을 금지함)으로 차와 떡을 즐기는 풍속이 상류층을 중심으로 유행하였다.

세시행사와 제사음식으로써의 역할 외에 떡은 별식으로서 널리 보급된 시기이다.

송도 개경에 쌍화점이라는 떡집이 생겨났는데, 이것을 통해 떡이 상품화되어 일반에게 널리 보급되었음을 알 수 있다.

① **한치윤의 「해동역사」 1765년** : "고려인이 율고를 잘 만든다는 중국인의 견문"이 소개되었다. 원나라 기록인 「거가필용」에 '고려율고'라는 밤설기 떡을 소개하고 있다.

② **「지봉유설(芝峯類說)」의 송사의 기록을 인용** : "고려에는 상사일(음력 3월 3일)에 청애병(쑥떡)을 으뜸가는 음식으로 삼는다."라는 기록이 있다. 어린 쑥잎을 쌀가루에 섞어 쪄서 고(餻, 떡 고)를 만들었다.

③ **공양왕 때 목은이색의 저서 「목은집」** : "유두일에는 **수단**을 만들었고, 찰수수로 전병을 만들어 부쳐 팥소를 싸서 만든 **차전병(찰수수전병)**이 매우 맛이 좋았다."라는 기록이 있다. 절식음식으로 떡이 사용되었음을 알 수 있다.

④ **「고려가요」 쌍화점** : 당시 최초의 떡집이 생겼고, 떡이 상품화되어 일반인에게 널리 보급되었다. 쌍화점에서 만든 떡은 밀가루를 부풀려 채소속, 팥속을 넣은 증편류이다.

⑤ **광종 「고려사」** : 걸인들에게 떡으로 시주했다.

⑥ **신돈 「고려사」** : 떡을 부녀자에게 던져 주었다는 기록이 있다.

⑦ **승려 일연 「고려시대 후기」** : 승려 일연이 1281년에 쓴 「삼국유사」 사금갑(射琴匣)조에 기록되어 있다. 488년(신라시대) 신라의 소지왕이 음력 1월 15일에 경주 남산에 있는 정자인 천천정(天泉亭)에 행차하였다. 이때에 까마귀가 날아와 왕이 신하들에 의해서 살해당할 위기에 처했다는 것을 알려주었다. 그 덕분에 왕은 역모를 꾀하려던 신하와 궁주(宮主)를 활로 쏘아 죽여서 위기를 모면하였다. 이때부터 정월 대보름을 오기일(烏忌日)로 정하여, 까마귀를 기념하여 찰밥을 지어 제사지냈으며, 약식은 여기서 비롯되었다고 한다.

4) 조선시대

농업이 발달하며 음식문화와 조리법, 가공법 등이 함께 발전하게 된 시기이다.

지역마다의 특색, 특성, 향토음식을 접목한 다양한 민속음식이 생겨난 시기이다.

떡의 주재료뿐 아니라, 부재료로써 과일, 꽃, 소, 고물, 약초, 향신료 등으로 다양하게 사용하였고. 천연재료를 이용하면서 떡의 색감과 맛이 화려해지고 다양해졌다. 맛이 풍부해지고 고유 특징이 있는 떡으로 발전되었다.

궁중에서는 고가의 부재료로 폭넓게 사용하였고, 연회에 많이 사용되었다.

조선시대의 각종 문헌에는 약 250여 종의 다양한 떡의 종류가 나온다.

대표적인 문헌은 「도문대적」, 「음식보」, 「동국세시기」, 「시의전서」, 「조선요리제법」, 「음식다미방」, 「규합총서」(1815년) 등이 있다. 이중 「음식다미방」(1670년경), 「규합총서」(1815년), 「음식방문」(1880년경)은 떡의 유래, 조리법 등을 설명해주는 귀한 자료이다.

① **허균 「도문대작」**: 「도문대작(屠門大嚼)」이란 도살장 문을 바라보며 입을 크게 벌려 씹으면서 고기 먹고 싶은 생각을 달랜다는 뜻으로, 상상만 해도 웃음이 절로 나온다는 의미를 갖고 있다. 전국을 돌며 직접 맛본 명물 음식에 대한 기록이며, 가장 오래된 식품전문서로 19종류의 떡이 기록되어 있다. 서울의 시절 음식으로 봄, 여름, 가을, 겨울, 사계절로 나누어 기술되어 있다.

- **봄**: 쑥떡(艾糕), 느티떡(槐葉餠), 두견전(杜鵑煎), 이화전(梨花煎)
- **여름**: 장미전(薔薇煎), 수단(水團), 상화(雙花), 소만두(小饅頭)
- **가을**: 두텁떡(瓊糕), 국화병(菊花餠), 시율나병(柿栗糯餠)
- **겨울**: 떡국(湯餠)
- **사계절**: 증편(蒸餠), 달떡(月餠), 삼병(蔘餠), 송기떡(松膏油), 밀병(蜜餠), 개피떡(舌餠), 자병(煮餠)

② **「음식디미방」**: 1670년(현종 11년)경에 정부인 안동 장씨라 불리던 장계향(張桂香, 1598~1680)이 남긴 책이며, 최초의 한글조리서이다. 총 146종의 조리법이 수록되어 있으며, 그중 석이편법, 밤설기법, 전화법, 빈잡법, 잡과법, 상화법, 증편법, 섭산상법 등 8가지 떡 만드는 방법이 수록되어 있다.

③ **「수문사설」**: 솥에 사람이 모자를 쓰이듯 대나무를 올려, 증기가 새지 않게 하여 익힌다.
즉, 시루(오도증(烏陶甑) - 篳音卑시로밋)이 나온다.

④ **「규합총서」 혼돈병**: 반드시 찰가루를 섞어 쪄야 품위가 있다. 찹쌀가루를 쪄서 유자청 등의 소를 넣고, 볶은 팥가루 고물을 얹어 찐는 것으로 두텁떡과 비슷하다.

⑤ **「규합총서」 석탄병**: '맛이 차마 삼키기 안타까운 고로 석탄병이라고 한다' 멥쌀가루에 감가루와 대추가루, 밤, 귤, 꿀 등을 섞어 찐 떡이다.

⑥ **「규합총서」 기단가오**: 메조가루에 대추, 통팥을 섞어 찐 떡이다.

5) 근대(현대) 이후

일제강점, 6·25사변 등이 지나며 가난함와 연명에 급급한 나머지, 떡을 포함한 음식문화가 피폐해졌다. 더불어 사회변화가 빨라지면서 서양의 빵에 의해 떡의 특별한 발전이 없었다.
방앗간이 등장하여 맞춤 형태로 떡의 종류는 단순화되었다.
현대에 들어서면서 떡의 건강성이 부각되며 점차 연구가 진행되고, 학계, 연구가, 전통기능보유자 등을 중심으로 다양한 떡들이 만들어지고 발전되고 있다.

Chapter 2

떡 문화

01 시, 절식으로서의 떡

절기	날짜(음력)	떡의 종류
설날	1월1일	흰 떡국
정월대보름	1월 15일	약식
중화절	2월 1일	송편
삼짇날	3월 3일	진달래화전
한식	4월 5일	쑥절편, 쑥단자
초파일	4월 8일	느티떡(유엽병)
단오	5월 5일	쑥절편
		쑥인절미
		차륜병(수리취떡)
유두	6월 15일	떡수단
칠석	7월 7일	개찰떡, 밀설구
한가위(추석)	8월 15일	송편, 시루떡
중양절	9월 9일	국화전
상달	10월	붉은팥 시루떡
동지	11월	새알 넣은 팥죽
납입	12월	골무떡(멥쌀을 쳐서 팥소를 넣음)
섣달그믐	12월 31일	온시루떡

(1) 설날(정월 초하루, 음력 1월1일)

한 해의 시작인 음력 정월 초하루에 떡국을 주로 먹는다. 떡국은 한 살을 더 먹는다고 하여 '첨세병'이라고 불린다. 떡국을 끓여 차례상에 올린다. 쌀이 귀한 북쪽 지방은 만두를 추가하여 만둣국이나 만두떡국으로 즐기고, 개성 지방에는 조랭이 떡국을 먹는다.

가래떡은 길게 무병장수하라는 의미가 있고, 떡국떡은 엽전모양으로 재물을 많이 모으라는 의미를 갖고 있다.

(2) 정월대보름

음력 1월 15일을 뜻하며 새해 첫 보름을 기리는 절일이다.

1년의 길흉화복을 점치기도 했던 날로 새로운 농사를 맞이하는 날이다.

쥐불놀이 등의 민속놀이를 하면서, 약식(우리가 흔히 알고 있는 약밥)을 먹었다.

찹쌀을 쪄서 밤, 대추, 설탕을 섞은 후, 참기름과 간장을 넣어 버무린 뒤 다시 한 번 더 쪄낸 음식이다.

(3) 중화절

음력 2월 1일, 2월 첫날 '노비송편 혹은 삭일송편'이라 불리는 송편을 만들었다.

앞으로 시작될 농사일에 대해 노비들을 격려하는 송편이며 나이 수대로 나누어 준 풍속이 있다.

(4) 3월 삼짇날

삼짇날은 음력 3월 3일을 중삼절 또는 삼짇날이라 하여 강남 갔던 제비가 돌아온다는 명절이다.

'화전놀이'라 하여 찹쌀가루에 진달래 꽃잎을 얹어 번철에 지져 꿀을 발라먹는 **진달래화전**(두견화전)이 대표적이다.

삼짇날은 봄의 시작을 알리는 날로 탕평채, 향애단, 쑥떡, 진달래화전, 창면, 화면, 진달래 화채 등의 음식을 먹었다.

저자 홍석모「동국세시기」: 삼짇날의 대표 음식으로 화전(花煎), 화면(花麵), 수면(水麵)이 기록되어있다.

(5) 한식

동지로부터 105일째 되는 날로 설날, 단오, 추석과 함께 4대 명절의 하나로 일정 기간 불의 사용을 금지하며 찬 음식을 먹는 고대 중국의 풍습에서 유래된 명절이다.

한식날에는 따뜻해져서 돋아난 어린 쑥을 뜯어 절편이나 쑥단자로 떡을 만들어 먹었다.

(6) 초파일(부처님 오신 날, 음력 4월8일)

BC 642년 음력 4월 8일에 태어난 '고타마 싯다르타(부처)'의 생일을 기념하기 위한 날이다.

4월 첫 번째 8일이라고 하여 초파일이라고 불리는 날이다.

느티떡: 해모수의 탄생일로 해모수 기리기 위하여 북방에서 신목으로 여기고 있는 느티나무의 이름을 딴 떡으로, 쌀가루에 느티나무 어린 순을 넣어서 팥고물과 켜켜이 찐 시루떡이다.

(7) 단오

음력 5월 5일이며, 수릿날, 천중절, 중오절이라고도 불린다.

수리취를 삶아서 굵은 체에 내린 후 건더기를 손으로 짠 것을 멥쌀가루에 설탕물을 넣어 체로 내린뒤 찐 떡을 뜻하며, 수리떡, 수리취절편, 차륜병(車輪餠)이라고도 한다.

(8) 유두(流頭)

음력 6월 15일, 유둣날 또는 유두절이라 하며 물과 관련이 깊은 명절이다.

유두는 동류수두목욕(東流水頭沐浴)의 약자로 동쪽으로 흐르는 물(약수)에 머리를 감고 목욕을 한다는 뜻이다. 물로 부정(不淨)을 씻는 것을 뜻하며, 몸과 마음을 정화한다는 의미가 있다.

신라 때에 성행하던 풍속의 하나인데, 더위를 잊기 위해 액막이를 하는 의미로 제를 드렸다.

「동국세시기(東國歲時記)」에는 유두의 대표 명절식으로 수단(水團), 연병(連餠), 상화병(霜花餠), 수교위(水角兒)가 있다고 하였다.

수단은 멥쌀가루를 쪄서 구슬같이 만든 다음, 그것을 꿀물에 넣어 차갑게 먹는 것이다.

상화병은 밀가루를 반죽하여 콩이나 깨에 꿀을 섞은 소를 싸서 찐 것이다.

밀국수, 밀전병, 부추전, 호박전과 참외나 수박 등의 햇과일을 함께 먹었다.

(9) 칠석과 삼복

음력 7월 7일, 칠월 칠석으로 견우와 직녀가 만나는 날이다.

흰쌀로만 백설기를 만들어 먹거나, 쌀가루에 막걸리 등의 술을 넣어 발효시켜 찐 증편이나 찹쌀을 익반죽하여 소를 넣고 기름에 튀긴 주악을 대표 절식으로 만들어 먹었다.

이 떡들은 더운 날씨에도 쉽게 상하지 않는 공통 특징을 갖고 있다.

(10) 추석

음력 8월 15일, 우리나라의 대표 2대 명절 중 하나이다. 가배(嘉俳), 가배일(嘉俳日), 가위, 한가위, 중추(仲秋), 중추절(仲秋節), 중추가절(仲秋佳節)이라고도 한다.

그 해에 수확한 햅쌀로 시루떡과 송편을 빚어 조상께 제사를 지내는 추수감사제의 성격이다.

올해의 벼(올벼)로 빚은 송편이라고 하여 오려송편이라고 불리었다.

(11) 중양절

음력 9월 9일, '중구(重九)' 숫자 9가 '양' 겹쳤다는 뜻이다.

9월 9일은 날짜와 달의 숫자가 같은 중일(重日) 명절(名節)의 하나이다.

시인과 묵객들이 야외로 나가서 시를 읊거나 풍국놀이를 하며, 추석 때 햇곡식으로 제사를 올리지 못한 집안에서는 뒤늦게 조상에게 천신(薦新)을 하였다.

떡을 하고 집안의 으뜸신인 성주신에게 밥을 올려 차례를 지내는 곳도 있다. 전남 고흥의 한 지역에서는 이때 시제(時祭)를 지내는데, 이를 '귈제'라고 한다.

중양절에는 국화주(菊花酒), 국화전(菊花煎), 밤떡(栗糕)을 대표적으로 만들어 먹었다.

(12) 상달

음력 10월, 일 년 농사의 마무리하는 시기로, 햇곡식과 햇과일을 수확한 것에 대해 하늘과 조상께 예의와 감사를 올리는 기간을 뜻한다. 곤월(坤月), 동난(冬暖), 동훤(冬暄), 맹동(孟冬) 등의 다양한 이름으로 불리었다.

시루떡(붉은 팥고물), 애단자(쑥을 찹쌀가루에 넣어서 만든 단자), 밀단자 등을 만들어 제사를 지내며 풍파를 없애고 건강을 기원하였다.

(13) 동지

음력 11월, 낮의 길이가 가장 짧고 밤의 길이가 가장 긴 날을 뜻한다. 이날은 작은설이라고 하여 다가올 내년의 부정한 악귀나 나쁜 액을 물리치기 위한 의미로 찹쌀경단(새알심)을 넣고 붉은 팥으로 팥죽을 쑤어 먹었다. 찹쌀경단은 나이 수만큼 팥죽에 넣어먹었다.

(14) 납일

동지로부터 세 번째의 미일(未日), 날짐승 길질승들을 사냥(참새잡이)하여 신에게 제사지내는 날이다.

한 해를 무사히 지낸 것에 감사하는 의미로 하늘과 조상께 감사를 올리는 날이다.

멥쌀가루를 시루에 쪄 쳐서 팥소를 넣고 골무 모양의 떡(골무떡)을 만들어 먹었다.

(15) 섣달그믐

음력 12월 31일, 다가올 새해의 나쁜 액을 물리치기 위한 의미로 새해를 맞이하기(음력 1월 1일) 전날이므로 집에 남아있는 재료들을 모두 넣어서 따뜻하게 온시루떡 등을 해먹었다.

02 떡 종류에 따른 구분

(1) 설기떡에 대한 문헌

① **「성호사설」, 1763**

- '지금도 설기를 숭상한다. 가례에 쓰는'자고'가 이것이다.'
- '멥쌀가루에 습기를 준 다음, 시루에 넣어 떡이 되도록 오래 익힌다. 이것이 백설기다.'

(2) 단자류에 대한 문헌

① **「증보산림경제」, 1766**: '향애단자'란 이름이 처음으로 기록됨

② **「임원십육지」, 1826**: '찹쌀, 팥, 밤, 잣, 꿀로 만든다'라고 기록됨

(3) 삶는 떡에 대한 문헌

① **「요록」, 1680 추정**: 약이 되는 음식을 다룬 조리서. 경단병이 처음으로 거론됨

(4) 지지는 떡에 대한 문헌

① **「도문대작」**: 자병, 전화병, 유전병이라 하여 화전에 대한 내용이 기록되어 있다.

② **「동국세시기」, 1849년**: 녹두가루를 사용한 두견화, 장미화, 국화 등의 꽃과 꿀, 기름 등을 사용한 화전에 관하여 기록되어 있다.

찌는떡	설기떡(무리떡)	백설기, 콩설기, 무설기떡, 잡과병, 도행병, 율고, 국화병, 괴엽병, 애병, 적증병, 상자병, 산삼병, 석탄병 등
	켜떡	물호박떡, 상추떡, 무시루떡, 느티떡, 백편, 꿀편, 승검초편, 석이편, 찰시루떡, 깨찰편, 녹두찰편, 두텁떡, 꿀찰편 등
치는떡	멥쌀도병	가래떡, 절편, 떡볶이떡, 개피떡 등
	단자	석이단자, 대추단자, 유자단자, 밤단자, 쑥구리단자, 각색단자, 도행단자, 토란단자, 건시단자 등
	찹쌀도병	인절미, 깨인절미, 수리취인절미, 팥인절미 등
삶는떡	경단류	[현대] 두텁단자, 율무단자, 보슬이 단자 등
지지는떡	주악	승검초주악, 은행주악, 대추추악, 석이주악 등
	부꾸미	찹쌀부꾸미, 수수부꾸미, 결명자부꾸미 등
	기타	빙떡, 화전, 산승, 기타 전병류

- 무 설기떡은 설기떡류, 무시루떡은 켜떡류에 속한다.
- 무설기떡은 켜를 두지 않고 한 무리로 쪄서 설기떡이라 하고, 무시루떡은 주로 붉은팥 고물을 켜로 두고 찌기 때문에 켜떡이다.

03 통과의례와 떡

(1) 삼칠일

아기가 태어난 지(3×7일=21일)을 뜻한다.

대문에 걸어두었던 금줄을 걷고 외부인 출입을 허용하며, 아기에게 제대로 옷을 갖춰 입혔다.

아무것도 넣지 않고 순백색의 백설기를 만들었다.

아기와 산모를 속세와 구별하여 산신의 보호 아래 둔다는 의미를 담고 있고, 집에 모인 가족끼리만 나누어 먹고, 그 떡을 밖으로 내보내 나누어 먹지는 않았다.

- **상차림떡**: 백설기

(2) 백일

아기가 태어난지 100일째 되는 날을 축하하는 날이다.

백일에는 **백설기**를 만들어 아기의 무병장수와 큰 복을 받기를 기원하며 하얗고 맑게 티없게 자라라는 의미를 담았다.

백설기는 이웃 백집에 돌리는 풍습이 있다. 떡을 받은 집에서는 답례로 흰 실타래나 돈, 쌀을 담아 보냈다.

백설기와 함께 붉은팥수수경단, 오색송편을 함께 만들어 주었는데, **붉은팥수수경단**의 붉은색이 귀신으로부터 보호되며 혹시 있을지 모를 액을 막아준다는 의미가 있다.

오색송편에는 오색, 오행, 오덕, 오미의 관념으로 만물의 조화라는 뜻을 담고 있다.

소를 넣은 송편은 속이 꽉 찬 사람이 되라는 뜻이며, 소가 없는 송편은 마음을 넓게 가진 사람이 되라는 뜻으로 송편 두 가지를 만들었다.

- **상 차림떡**: 백설기, 붉은 차수수경단, 오색송편

(3) 돌

아기가 태어난 지 만 1년이 되는 날을 축하하는 날이다.

돌잔치의 '돌'은 열두 달을 한 바퀴 돌았다는 뜻이다. 태어난 지 1년을 넘겼으면 앞으로도 무사히 살아남는다는 뜻의 과거의 잔치가 현재까지 내려오고 있다.

백설기, 팥수수경단, 오색송편의 의미는 백일 때와 같으며, 무지개떡은 아이가 밝고 만물의 조화로운 미래를 갖길 기원하는 의미가 있다.

- **상차림 떡**: 백설기, 붉은 차수수경단, 오색송편, 무지개떡, 인절미

(4) 혼례

남녀가 만나 혼인관계를 맺는 절차는 육례라고 하여 총 6가지(혼담, 사주, 택일, 납폐, 예식, 신행)으로 되어 있다.

그중에서 신랑 측으로부터 함을 받는 날 봉채 떡을 준비하는 풍습이 있었다.

① 봉채떡(봉치떡)

- 찹쌀 3되와 붉은팥 1되로 2켜의 시루떡을 안치고 그 위 중앙에 대추 7알을 동그랗게 올리고 가운데 밤을 올린 찹쌀 시루떡이다.

- **봉채떡(봉치떡)의 의미** : 부부간의 금슬, 붉은팥은 액막이를, 떡 2켜는 부부 한쌍을, 대추 7알은 아들 7명을 의미한다.
- 찹쌀 3되와 대추 7개의 숫자는 길함을 나타낸다.
- 혼례 당일에는 달떡과 새떡을 올렸다. 달떡은 둥글게 빚은 절편으로 보름달처럼 가득 채우며 밝게 살라는 의미를 지녔다. 가운데 밤은 풍요와 장수를 뜻한다.

② 이바지 음식으로도 인절미와 절편으로 만들어 보냈다.

인절미는 부부가 찰떡처럼 좋은 금슬을 가지고 살라는 의미가 있다.

③ 달떡과 색떡은 혼례상에 올렸는데, 둥글게 빚은 흰달떡으로 둥근 달처럼 부부가 세상을 밝게 비추고 서로를 채워가며 살기를 기원하는 의미가 있다.

(5) 회갑(자기가 태어난 해로 돌아왔다)

태어난 지 61세(만 60년)이 되는 해의 생일을 뜻하며 회갑, 또는 환갑이라 한다.

예전에는 평균수명이 60살이 되지 않아 회갑은 매우 경사스러운 일이어서 자손들로부터 큰 축하를 받고 잔치를 했다.

① 큰상차림의 떡 : 백편, 녹두편, 꿀편, 승검초편 등을 사각형으로 썰어 층층이 높이 올린 후에 그 위에 다시 화전, 부꾸미, 주악, 다양한 단자 등을 웃기로 얹어 장식한다.

- **백편** : 곱게 빻은 멥쌀가루에 설탕을 섞어 가루를 얇게 켜를 지어 안치고 매 켜마다 썬 대추 · 밤 · 석이 · 실백 · 파래 등으로 색스럽게 고명을 얹어 찐 떡으로 증편류이다.
- **꿀편** : 곡물가루에 설탕물, 꿀물 등을 내린 후 밤, 대추, 곶감, 잣가루, 청매, 귤병 등을 섞어 찐 떡
- **승검초편** : 멥쌀가루에 승검초가루, 막걸리, 설탕물, 꿀을 넣고 손으로 비벼 체에 내린 후 시루에 편평하게 깔고 대추채와 밤채, 석이버섯채, 고명을 얹어가며 켜켜이 안쳐 찐 떡이다.

(6) 제례

조상에 대해 올리는 제사로 시루떡과 편류를 주로 올렸다.

붉은팥고물은 귀신을 쫓는다고 하여 제례에 사용하지 않고, 녹두고물편, 거피팥고물편, 흑임자고물 등 사용했으며, 주로 **하얀고물**로 많이 사용하였다.

(7) 책례

아이가 한 권의 어려운 책을 끝낼 때마다 축하의 의미와 격려의 의미로 오색송편, 경단을 만들어 축하했다.

(8) 성년례

성년이 되었음을 축하하고 책임과 의무를 일깨워 주는 의례로 각종 떡과 약식을 포함, 다양한 음식을 만들었다.

04 지역별 향토떡

(1) 서울, 경기

지역	특징	떡의 종류	
서울 경기	① 다양한 종류의 과일, 서해에서 각종 해산물을 공급받아 원재료가 풍성하다. ② 고려시대 수도인 개성의 영향을 많이 받았다. ③ 모양과 맛의 종류가 다양하다.	대표떡	석이단자, 대추단자, 은행단자, 각색경단, 상추설기, 색떡, 강화근대떡, 각색편, 쑥갠떡, 쑥버무리, 여주산병
		이외	쑥구리단자, 밤단자, 유자단자, 개떡, 개성경단, 개성주악, 개성조랭이떡, 밀범벅떡, 배피떡, 백령고 김치떡, 수수벙거지, 물호박떡, 건시단자, 느티떡, 화전

(2) 강원도

지역	특징	떡의 종류	
강원도	① 영서지역의 산악, 밭에서 나는 작물과 영동지역에서 나는 다양한 해산물로 인해 재료도 다양하고 떡의 종류도 많다. ② 영서지역에서 많이나는 작물인 감자, 옥수수, 콩, 메밀 등의 특산물을 재료로 하는 떡이 많다.	대표적인 떡	감자시루떡, 감자떡, 감자녹말송편, 메밀전병, 방울증편
		이외의 떡	도토리송편, 칡송편, 옥수수설기, 감자경단, 옥수수보리개떡, 메싹떡, 팥소흑임자, 우무송편

(3) 충청도

지역	특징	떡의 종류	
충청도	① 양반과 서민의 떡을 구분하였다.	대표적인 떡	해장떡, 쇠머리떡, 약편, 곤떡, 증편, 인절미, 호박송편, 햇보리떡 등
		설명	**증편** : 익반죽한 쌀가루를 막걸리로 발효 **해장떡** : 손바닥 크기 인절미에 붉은 팥고물을 묻힌 떡

(4) 경상도

지역	특징	떡의 종류	
경상도	① 상주와 문경 지역의 밤, 대추, 감으로 만든 떡이 유명하다. ② 경주지역은 제사떡으로 유명하다. ③ 낙동강의 난류와 한류의 영향으로 풍부한 수산물을 얻을 수 있다.	대표적인 떡	대추, 감, 밤으로 만든 설기떡과 편떡, 제사떡, 모시잎송편, 만경떡, 쑥굴레 잣구리
		이외의 떡	밀비지, 칡떡, 모듬백이, 결명자 찰부꾸미

(5) 전라도

지역	특징	떡의 종류	
전라도	① 전라도는 우리나라 최대 곡창지대로 곡식이 가장 많이 생산되는 지역이다. ② 다른지방에 비해 떡이 사치스럽다. ③ 다른지역과 달리 화려한 색과 장식을 더한 떡이 많으며, 맛도 각별하다.	대표적인 떡	감시루떡, 감고지떡, 감인절미, 나복병, 수리취떡, 고치떡, 꽃송편, 구기자떡
		이외의 떡	삐삐떡, 삘기송편, 깨떡, 깨시루떡, 호박메시루떡, 복령떡, 송피떡, 전주경단, 섭전

(6) 제주도

지역	특징	떡의 종류	
제주도	① 물이 귀하여 논이 드문 지역이었다. 주된 농사는 밭농사로 대부분 조, 보리, 콩, 팥, 녹두, 감자, 고구마가 많이 재배되었다. ② 다른 지방에 비해 떡이 귀했다. ③ 쌀보다는 곡물(잡곡)을 이용한 떡이 많으며 쌀떡은 제사 때만 썼다.	대표적인 떡	오메기떡, 돌래떡(경단), 빙떡(메밀부꾸미), 빼대기(감제떡), 상애떡, 도돔떡, 달떡 등
		이외의 떡	침떡(좁쌀시루떡), 쑥떡(속떡), 중괴, 우직, 은절미

(7) 함경도

지역	특징	떡의 종류	
함경도	① 험준한 산악지대로 잡곡이 많이 재배되진 않았지만 콩, 조, 강냉이, 수수, 피의 품질이 좋았다. ② 북쪽지방의 떡의 특성인 소박한 느낌의 떡을 만들었다. ③ 날씨가 추워서 얼어있는 감자 등을 이용한 떡이 많았다.	대표적인 떡	찰떡인절미, 달떡, 갈마떡, 오그랑떡 등
		이외의 떡	언감자송편, 기장인절미, 구절떡, 가랍떡, 귀리절편, 괴명떡, 콩떡, 깻잎떡, 함경도 인절미 등

(8) 평안도

지역	특징	떡의 종류	
평안도	① 떡이 매우 크고 소담스럽다.	대표적인 떡	장떡, 조개송편, 찰부꾸미, 골미떡, 꼬장떡
		이외의 떡	송기떡, 뽕떡, 니도래미, 찰부꾸미, 감자시루떡, 강냉이골무떡

(9) 황해도

지역	특징	떡의 종류	
황해도	① 평야지대로 곡물 중심의 떡이 다양하게 발달되었다. ② 모양과 크기도 크고 푸짐하였다. ③ 조를 재료로 많이 사용하였다.	대표적인 떡	무설기떡, 오쟁이떡, 큰송편, 꿀물경단, 혼인인절미, 닭알떡
		이외의 떡	잔치 메시루떡, 우기, 수수무살이, 닭알범벅, 수리치인절미, 징편, 잡곡부치기

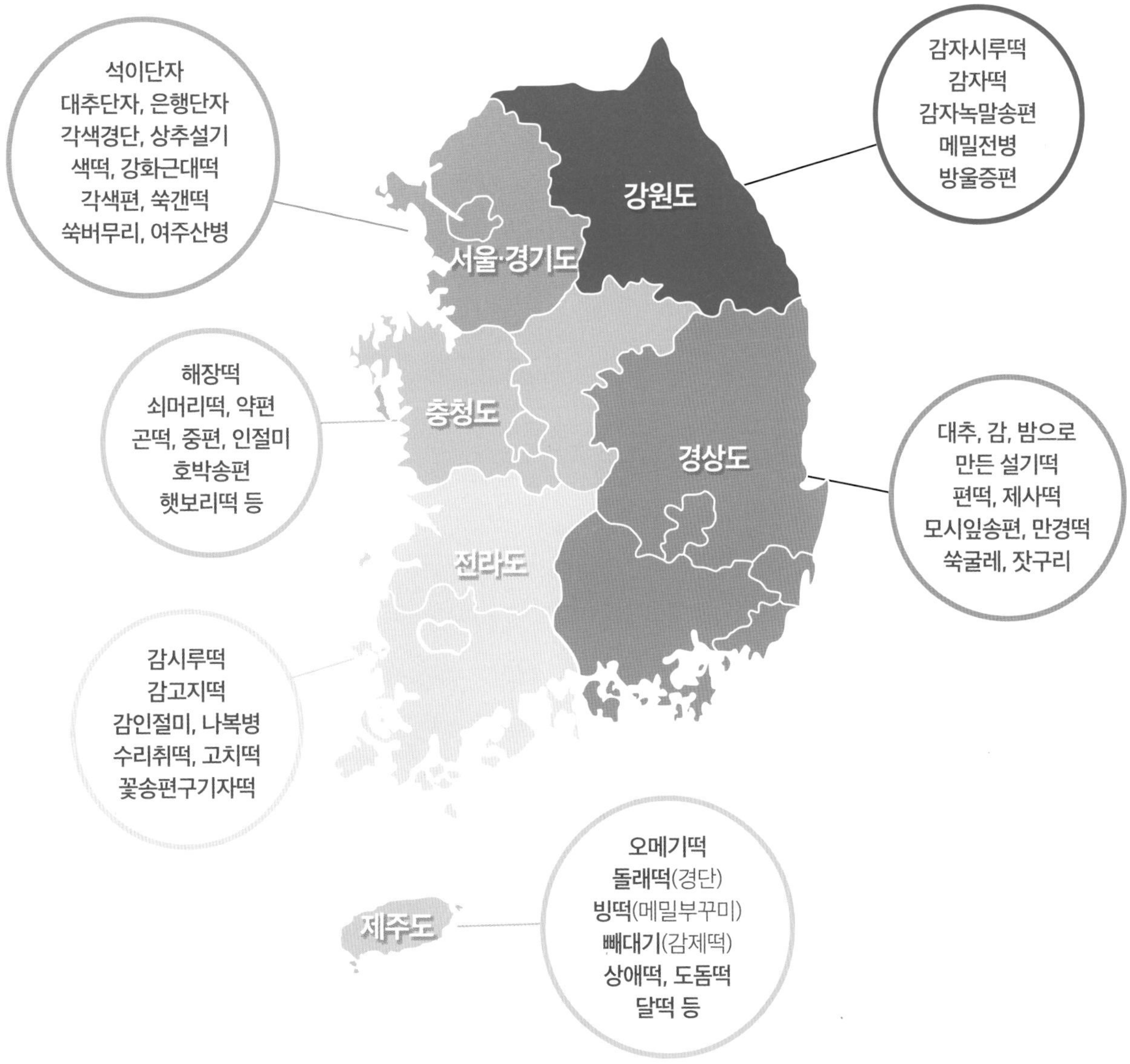

지역별 향토떡

Chapter 3 출제 예상 문제

01 떡의 어원에 대해 잘못 설명한 것은?

① 부드러운 음식이 시간이 지나 굳어지면서 딱딱+먹다=떡으로 변화되었다.
② 우리나라와 일본에서는 떡을 한자로 '고(糕, 餻)'이라고 표기한다.
③ 나누어 베푸는 '덕'의 센 발음인 '떡'으로 변화되었다.
④ '찌다'라는 동사가 명사가 되어 찌다→찌기→떼기→떠기→떡으로 어원이 변화하였다.

02 처음으로 한글로 된 '떡'이라는 단어가 기록된 곳은?

① 삼국사기 ② 규합총서
③ 삼국유사 ④ 성호사설

03 우리나라에서 떡을 한자로 표현할 때 주로 사용하며, 한대 이후 밀가루로 만들어진 떡을 의미하는 표시 한자어는?

① 병이(餠餌) ② 병(餠)
③ 이(餌) ④ 고(餻)

04 「성호사설」에는 밀가루 이외의 곡분을 그대로 시루에 넣어서 쪄낸 떡의 의미로 사용되었으며, 한대(漢代) 이전에 떡을 표기한 표시 한자어는?

① 병이(餠餌) ② 병(餠)
③ 이(餌) ④ 고(餻)

05 함경북도 나진 초도 조개더미(청동기 시대)에 이 유물을 통하여 '우리 민족이 삼국시대 이전부터 곡물을 가루로 찐 떡을 해먹었다.'는 것을 추측할 수 있는 유물은?

① 돌확 ② 시루
③ 갈돌 ④ 편칼

06 '제2대 남해왕 서거 후 유리와 탈해가 서로 왕위를 사양하다 떡을 깨물어 잇자국이 많은 사람이 지혜롭다 여겨 왕위를 계승하였다.'라는 내용이 기록된 문헌의 이름은?

① 삼국사기 ② 삼국유사
③ 지봉유설 ④ 해동역사

07 "가난하여 떡을 치지 못하였는데, 섣달 그믐날 아내가 이웃집 떡방아 소리를 부러워하자, 떡방아 대신에 아내에게 들려준 떡방아 소리를 내서 위로하였다."는 내용이 기록된 문헌과 연관있는 내용을 모두 고른 것은?

㉠ 백결선생	㉡ 삼국사기
㉢ 삼국유사	㉣ 자비왕
㉤ 도문대작	

① ㉡, ㉢, ㉣ ② ㉠, ㉡, ㉣
③ ㉠, ㉢, ㉣ ④ ㉠, ㉢, ㉤

08 「삼국유사」, 가락국기에는 "세시마다 술, 감주와 떡, 밥과 과실, 차 등의 여러 가지를 갖추고 제사를 지냈다."라는 기록이 있다. 이 기록을 보아 이 시대의 떡의 역할로 추측할 수 있는 것은?

① 최초의 떡집이 생겨 떡은 일반화되고 널리 퍼졌다.
② 시간마다 즐겨먹는 음식이었다.
③ 떡이 중요한 제례음식이었다고 알 수 있다.
④ 매우 사치스러운 음식으로 발전되었다.

09 삼국유사에 처음으로 기록된 설병(雪餠)과 관계가 없는 것은?

① 득오 ② 죽지랑
③ 신라 효소왕 ④ 신라본기 유리왕

10 1613년 지봉유설에 송사를 인용하여 '고려에서는 상사일 3월 3일, (ㄱ)을 으뜸가는 음식으로 삼았다.'라고 하였는데 (ㄱ)에 들어갈 떡으로 알맞은 것은?

① 청애병 ② 잡과병
③ 석탄병 ④ 국화병

11 '율고(栗餻)'에 대한 설명으로 틀린 것은?

① 한자를 직역하면 밤나무+경단이라 하는데 바로 밤설기떡을 뜻한다.
② 「목은집」에 고려 사람들이 율고를 잘 만들었다고 칭송한 중국인의 견문이 기록되어 있다.
③ 「거가필용」에 고려율고라는 떡을 소개하고 있다.
④ 율고는 쌀가루에 밤을 통째로 섞어서 시루에 찌거나, 밤을 삶아 으깬 것에 찹쌀가루와 꿀을 섞어 넣어 시루에 찐다.

12 떡의 역사 중 고려시대의 특징 및 설명으로 틀린 것은?

① 고려시대에는 불교문화가 생활뿐 아니라 음식에도 영향을 끼쳤다.
② 고려시대의 송도 개경에 최초의 떡집 「쌍화점」이 생겨났다.
③ 고려시대에는 상류층에서만 떡을 만들어 먹었다.
④ 고려시대에는 육식을 금지하여 떡과 한과 등이 크게 발전하였다.

13 떡의 어원 변화로 알맞은 것은?

① 찌다→찌기→떠기→떼기→떡
② 찌기→찌다→떠기→떼기→떡
③ 찌다→찌기→떼기→떠기→떡
④ 찌기→떼기→찌다→떠기→떡

14 상고시대 때 우리 민족이 떡을 먹기 시작했는지 알 수 있는 유물들의 연결로 바르지 않은 것은?

① 황해도 봉산 신석기 유적지 : 돌확
② 경기도 북변리와 동창리의 무문토기시대 : 확돌(돌확)
③ 함경북도 나진 초도 조개더미 : 시루
④ 출토된 유적으로 보아, 곡물을 가루로 만들어 찐 시루떡을 해먹었을 것으로 추측한다.

15 1815년 규합총서에 '맛이 차마 삼키기 안타까운 고로 ○○이라 한다.'의 ○○에 들어갈 떡의 이름은?

① 청애병 ② 석탄병
③ 차륜병 ④ 애병

16 '지금도 설기를 숭상한다. 가례에 쓰는 '자고'가 이것이다.', '멥쌀가루에 습기를 준 다음, 시루에 넣어 떡이 되도록 오래 익힌다. 이것이 백설기다.'라고 기록한 문헌은?

① 음식지미방 ② 요록
③ 증보산림경제 ④ 성호사설

17 화전(花煎)에 대한 설명으로 틀린 것은?

① 찹쌀가루를 반죽하여 기름에 지진 떡이다.
② 음력 2월 1일 중화절에 절식으로 많이 먹었다.
③ 진달래화전 이외에 봄에는 이화전(梨花煎), 여름에는 장미화전(薔薇花煎), 가을에는 황국화와 감국잎으로 국화전(菊花煎)을 부쳐 먹었다. 꽃이 없을 때에는 미나리잎·쑥잎·석이버섯·대추 등으로 꽃모양을 만들어 붙여 화전을 만들어 먹었다.
④ 일명 꽃지지미라고도 한다.

18 조선시대 떡 문화의 특징으로 틀린 것은?

① 의례식의 발달로 떡은 고임상(큰상)의 중요한 위치를 차지하게 되었다.
② 각종 의례행사의 필수 음식이 되었다.
③ 궁중과 반가를 중심으로 발달된 떡은 사치스럽게 종류와 맛이 한층 다양하고 고급화되었다.
④ 전반적으로 농업기술은 발전하였지만, 음식의 조리 및 가공 기술은 발전하지 못한 시기이다.

19 조선시대에 떡을 기록한 문헌이 아닌 것은?

① 도문대작 ② 규합총서
③ 음식지미방 ④ 해동역사

20 다음 중 절일과 절식으로 먹는 떡의 연결이 바르지 않은 것은?

① 정월대보름-약식 ② 한가위-국화전
③ 단오-차륜병 ④ 삼짇날-진달래화전

21 다음 중 절일과 절식으로 먹는 떡의 연결이 바르지 않은 것은?

① 중양절-국화전 ② 동지-팥죽
③ 단오-차륜병(수리취떡) ④ 초파일-떡수단

22 회갑 때 주로 올린 떡은?

① 승검초편 ② 달떡
③ 색떡 ④ 봉치떡

23 우리나라 4대 명절이 아닌 것은?

① 설날 ② 한식
③ 단오 ④ 동지

24 '달떡'의 설명으로 틀린 것은?

① 달떡은 달 모양으로 둥글게 쪄낸 켜떡류이다.
② 달떡은 혼례와 연관이 있는 통과의례 떡이다.
③ 보름달처럼 밝고 가득 차고 둥글게 잘 살기를 염원하는 의미를 담고 있다.
④ 달떡과 색떡은 혼례 당일에 올렸다.

25 떡국의 다른 이름이 아닌 것은?

① 첨세병 ② 백탕
③ 병탕 ④ 기주떡

26 신라 소지왕 때 목숨을 구해준 까마귀에 대한 고마움을 표현하던 것으로 까마귀 깃털 색을 닮은 이것의 절일과 절식의 연결이 바른 것은?

① 정월대보름-약밥 ② 삼짇날-약밥
③ 한식-석탄병 ④ 정월대보름-석탄병

27 중화절(음력 2월 1일)에 농사철의 시작을 기념하는 날로, 농사를 시작하기 전 일꾼들에게 커다란 송편을 만들어 나이 수대로 주었는데 이 송편의 이름은?

① 노비송편 ② 오색송편
③ 솔기송편 ④ 쑥송편

28 다음 중 절일과 절식으로 먹는 떡의 연결이 바르지 않은 것은?

① 중화절-삭일송편 ② 삼짇날-진달래화전
③ 한식-장미화전 ④ 초파일-느티떡

29 다음 중 절일과 절식으로 먹는 떡의 연결이 바르지 않은 것은?

① 유두절-상애떡 ② 유두절-상화병
③ 삼복-주악 ④ 칠석-송편

30 가장 기본이 되는 떡류로 물에 불린 곡물을 분쇄하여 시루에 안치고 수증기로 쪄내는 형태로 설기와 증편, 켜떡 등을 무엇이라 하는가?

① 증병 ② 도병
③ 삶는떡 ④ 유전병

31 통과 의례 중 첫 돌잔치에 차리는 떡의 의미로 잘못된 것은?

① 백설기-신성함과 정결함.
② 오색송편-5가지의 재주는 반드시 키워라.
③ 붉은 차수수경단-혹시 모를 안 좋은 액을 막는다.
④ 무지개떡-만물의 조화를 이루는 사람이 되어라.

32 혼례에 사용한 떡의 의미로 잘못된 것은?

① 떡의 2켜는 부부를 의미하고 찹쌀은 부부가 찰떡처럼 화목하게 지내기를 기원하는 뜻이다.
② 붉은 팥고물은 화를 피하라는 의미이다.
③ 봉치떡의 대추는 아들 칠형제를 상징하며 자손이 번창하기를 기원한다.
④ 달떡은 달처럼 예쁘고 빛나는 딸을 낳기를 기원한다.

33 더운 여름철에 쉽게 상하지 않아 '삼복'에 먹었던 음식은?

① 송편 ② 팥시루떡
③ 인절미 ④ 증편

34 치는 떡의 종류로 틀린 것은?

① 석이단자 ② 개피떡
③ 유자단자 ④ 빙떡

35 쌀보다 잡곡이 흔해서 잡곡을 이용한 떡이 많은 지역은 어디인가?

① 황해도 ② 제주도
③ 함경도 ④ 평안도

36 거의 농사가 끝나고 곡식과 과일이 가장 풍성한 달로 1년 중 가장 으뜸이라 하여 이날 무를 섞어서 팥시루떡을 쪄서 고사를 지낸 절기는?

① 삼짇날 ② 상달
③ 유두 ④ 섣달그믐

37 동짓날에 대한 설명으로 틀린 것은?

① 낮의 길이가 가장 짧고 밤의 길이가 가장 긴 날이다.
② 찹쌀 경단을 만들어 나이 수만큼 팥죽에 넣어 먹었다.
③ 동지는'작은 설날'이라고 불리기도 하였다.
④ 팥의 붉은색이 악귀를 쫓아준다고 하여 하얀 팥으로 만들어 먹었다.

38 골무떡의 설명으로 틀린 것은?

① 골무떡은 납일에 먹는 절식이다.
② 골무떡은 찹쌀가루를 쪄서 떡메로 친 다음 팥소를 넣고 골무 모양의 떡을 만들어 먹었다.
③ 크기가 골무만 하다고 하여 골무떡이라고 불리었다.
④ 골무떡은 색색으로 빚어 만들어 나누어 먹었다.

39 아이가 태어나 첫돌을 맞았을 때 돌 상차림에 오르지 않는 떡은?

① 인절미 ② 백설기
③ 차수수경단 ④ 가래떡

40 통과 의례 중 아이가 서당에 다니면서 어려운 책을 한 권씩 뗄 때마다 축하하고 앞으로 더욱 정진하라는 격려의 의미로 행하는 의례를 뜻하는 것은?

① 회갑 ② 책례
③ 성년례 ④ 혼례

41 아이가 나이가 들어 어른이 되었음을 축하하고 책임과 의무를 일깨워 주는 날로 각종 떡과 약식을 포함한 다양한 음식을 차려주었던 의례를 뜻하는 것은?

① 회갑 ② 책례
③ 성년례 ④ 혼례

42 섣달그믐에 집에 남아있는 재료들을 모두 넣어서 따뜻하게 해 먹은 떡은?

① 모듬백이 ② 잡과편
③ 온시루떡 ④ 승검초편

43 다음 중 회갑잔치 때, 큰상 차림의 떡으로 올라가지 않는 떡은?

① 승검초편 ② 꿀편
③ 녹두편 ④ 약식

44 각 지역의 향토떡에 대한 설명으로 틀린 것은?

① 강원도는 양반과 서민의 떡이 구분되어 있다.
② 전라도는 곡식이 많이 생산되어 음식 못지않게 떡도 사치스럽고 맛이 각별하다.
③ 제주도는 쌀보다 잡곡이 흔하여 잡곡을 이용한 떡이 많다.
④ 평안도는 다른 지방에 비해 매우 큼직하고 소담하다.

45 황해도 지역의 향토떡으로 맞는 것은?

① 무설기떡 ② 조개송편
③ 찰떡인절미 ④ 해장떡

Chapter 4

ANSWER

정답

01	②	02	②	03	②	04	③	05	②
06	①	07	②	08	③	09	④	10	①
11	②	12	③	13	③	14	①	15	②
16	④	17	②	18	④	19	④	20	②
21	④	22	①	23	④	24	①	25	④
26	①	27	①	28	③	29	④	30	①
31	②	32	④	33	④	34	④	35	②
36	②	37	④	38	②	39	④	40	②
41	③	42	③	43	④	44	①	45	①

01
우리나라와 일본에서는 떡을 한자로 '병(餠)'이라고 표기한다.

07
「삼국사기」, 백결선생조
제20대 자비왕의 거문고 명인인 백결선생이 "가난하여 떡을 치지 못하였는데, 섣달그믐날 아내가 이웃집 떡방아 소리를 부러워하자, 떡방아 대신에 아내에게 들려준 떡방아 소리를 내서 위로하였다. 〈대악〉(碓樂)"는 기록이 있다.

08
세시
음력 정월부터 섣달까지 해마다 같은 시기에 반복되어 전해오는 주기전승의례. 세시·세사·월령·시령·세시의례

09
「삼국유사」, 신라 효소왕
죽지랑조에 '죽지랑이 부하인 득오가 부산성의 창직(倉直)으로 임명되어 급히 떠난 것을 알고 설병(雪餠) 한합과 술 한병을 가지고 노복을 거느리고 찾아가서 술과 떡을 먹었다.'고 기록되어 있다. 신라본기 유리왕은 유리와 탈해의 왕위계승에 관한 기록이 있다.

10
지봉유설의 송사는 청애병(쑥떡)과 관련된 문헌이다.

11
- 「해동역사」에 고려 사람들이 율고를 잘 만들었다고 칭송한 중국인의 견문이 기록되어 있다.
- 「목은집」은 고려 공양왕 때 목은 이색의 저서이다.

12
고려시대에는 상류층이나 세시행사와 제사 음식뿐 아니라 하나의 별식으로 일반에 이르기까지 널리 보급되었는데, 최초의 떡집인 「쌍화점」을 통해 떡이 상품화되고 일반적으로 널리 보급되었음을 알 수 있다.

13
찌다→찌기→떼기→떠기→떡

14
황해도 봉산 신석기 유적지: 갈돌

16
「성호사설」, 1763년 문헌이다.

17
삼월 삼짇날(重三節)
음력 3월 3일에 절식으로 먹었으며, 「동국세시기」에서 삼짇날 음식은 진달래화전과 화면이 으뜸이라고 하는 문헌도 찾아볼 수 있다.

18
농업기술과 음식의 조리 및 가공기술이 발달하고 식생활 문화가 매우 향상되었다.
조선시대에는 유교의 영향으로 신분의 지위의 높고 낮음에 따라 음식의 크기와 떡을 쌓은 높이(고임상, 큰상차림) 등에 차이를 두었다. 고급화되었으며 떡의 전성기를 이룬 시기이다.

19
해동역사
고려 사람들이 밤 설기 떡인 '율고'를 잘 만들었다고 칭송한 중국인의 견문이 기록되어 있는 문헌이다.

20
한가위에는 햅쌀로 시루떡과 송편을 만들어 조상께 감사함을 표현했다.

21
초파일은 석가탄일을 경축하며 느티떡(유엽병)을 만들어 먹었으며, 떡수단은 6월 유두절에 먹었던 절식이다.

22
회갑 때는 백편, 꿀편, 승검초편을 주로 만들었다.
달떡, 색떡, 봉치떡은 혼례와 연관이 있는 떡이다.

23
우리나라의 4대 명절은 설날, 단오, 추석, 한식이다.

24
달떡은 달 모양으로 둥글게 빚은 절편이다.

25
나이를 한 살 더 먹는다고 하여→첨세병
색이 희다고 하여→백탕
떡을 넣은 탕이라고 하여→병(餠)탕이라 불렸다.

28
- **한식** : 쑥떡
- **초파일** : 장미화전, 느티떡

29
상애떡과 상화병은 같은 떡을 의미한다.
칠석에는 백설기를 만들어 먹었다.

30
- **증병** : 찌는떡
- **도병** : 시루에 찐 다음 절구나 안반 등에서 쳐서 만드는 떡
- **유전병** : 기름에 지지는 떡
- **삶는떡(경단류)** : 끓는 물에 익반죽한 떡을 넣고 익히는 떡

31
오색송편 : 오행과 오덕을 갖은 사람이 되어라.

32
달떡은 부부가 세상을 보름달처럼 밝게 비추고 서로 둥글게 채워가며 살기를 기원하는 의미를 갖는다.

33
여름철에는 주악, 부꾸미 등의 기름에 지지는 떡류와 술로 발효를 한 증편류를 먹었다.

34
빙떡은 기름에 지지는 떡이다.

35
제주도는 쌀이 많이 생산되지 않고, 잡곡이 많아 잡곡 떡이 많다.

37
이날은 팥의 붉은색이 악귀를 쫓아주고 액을 막아준다고 하여 팥죽을 쑤어먹으며, 장독대나 집 앞에 붉은 팥은 뿌려 액을 쫓았다.

38
골무떡은 멥쌀가루를 쪄서 만들었다.

39
첫돌에는 백설기, 붉은 차수수경단, 오색송편, 인절미, 무지개떡이 올라간다.

43
회갑 잔치 때 큰 상차림의 떡은 백편, 녹두편, 꿀편, 승검초편 등을 사각형으로 썰어 층층이 높이 올린 후에 그 위에 다시 화전, 부꾸미, 주악, 다양한 단자 등을 웃기로 얹어 장식한다.

44
양반과 서민의 떡이 구분되어 있는 곳은 충청도이다.

45
- **무설기떡** : 황해도
- **조개송편** : 평안도
- **찰떡인절미** : 함경도
- **해장떡** : 충청도

떡제조기능사

PART 5

모의고사

Chapter 1 1회

정답 및 해설

01 쌀의 종류인 자포니카형, 자바니카형, 인디카형 에 대한 설명으로 틀린 것은?

① 한국, 일본, 중국 등에서 재배되고 단립종인 쌀의 종류는 자바니카형이다.
② 제일 끈기가 적고 장립종으로 가늘고 길게 생긴 종은 바로 인디카형이다.
③ 우리나라에서 떡으로 주로 사용되는 쌀의 종류는 자포니카형이다.
④ 자바니카형은 필리핀 중국의 북부, 서부지방 등에서 재배되는데 자포니카형과 인디카형의 중간형대로 밥을 지었을 때 끈기가 적다.

답 ①

해 한국, 일본, 중국 등에서 재배되고 단립종인 쌀의 종류는 자포니카형이다.

02 쌀의 취급 및 보관법으로 알맞은 것은?

① 떡가루를 만들 때는 쌀을 2~3시간 정도 불려야 가루가 미세하게 분쇄되어 떡이 부드럽다.
② 쌀을 씻을 때는 쌀의 이물질을 제거하기 위해 세게 문질러 씻는다.
③ 쌀의 저장 시 수분함량을 15% 이하로 유지하면 미생물로 인한 쌀의 변질을 막을 수 있다.
④ 쌀을 보관할 때는 뜨거운 열기와 습기가 조금 있는 곳이 좋다.

답 ③

해
- 쌀가루는 7~8시간 정도 불려야 하며, 쌀은 너무 세게 문질러 씻으면 쌀알이 으깨어지므로 가볍게 씻어 주어야 한다.
- 쌀을 보관할 때는 뜨거운 열기와 습기가 없고 곤충을 차단할 수 있는 서늘한 장소에 보관한다.

03 떡의 호화를 빠르게 하는 방법으로 틀린 것은?

① 전분입자가 클수록 빠르다.
② 수분함량이 많을수록 빠르다.
③ 가열온도가 높을 때 빠르다.
④ 전분현탁액의 pH가 산성일수록 호화가 빠르다.

답 ④

해 pH가 알칼리 상태일수록 호화가 빨리 진행된다.

04 떡의 노화를 촉진하는 요인으로 틀린 것은?

① 전분입자의 크기가 작을 때
② 전분의 수분함량이 30~60%일 때
③ -18℃ 이하의 냉동온도일 때
④ 아밀로오스함량이 많을 때

답 ③
해 노화가 가장 빠른 온도는 0~5℃이며, -18℃ 이하에서는 노화가 억제된다.

05 발효를 통해 만들어진 음식이 아닌 것은?

① 증편 ② 상화병
③ 간장 ④ 백설기

답 ④
해
- 증편과 상화병은 모두 막걸리를 발효시킨 식품이다.
- 상화병은 밀가루를 누룩이나 막걸리 등으로 반죽하여 부풀린 후 소(발효)를 넣어 빚어 찐 떡을 뜻한다.

06 40%의 과당과 35%의 포도당이 함유되어 있으며 그 외에 약 2%의 서당, 18%의 수분 그리고 약간의 비타민과 무기염류를 함유하고 있다. 우리나라에는 아카시아꽃, 싸리꽃, 메밀꽃, 밤꽃 등에서 얻을 수 있는 당의 종류는?

① 황설탕 ② 분말설탕
③ 물엿 ④ 꿀

답 ④

07 쌀을 불리는 시간의 특성으로 맞지 않는 것은?

① 1kg의 찹쌀을 수침하면 약 1.3~1.4kg으로 무게가 증가한다.
② 1kg의 멥쌀을 수침하면 약 1.2~1.25kg으로 무게가 증가한다.
③ 불린 쌀의 양은 계절만 같다면 늘 정확한 양을 산출할수 있다.
④ 찹쌀이 멥쌀보다 아밀로펙틴 함량이 많아 수분 흡수율이 다르게 나타난다.

답 ③
해 불린 쌀의 양은 계절, 수침 시간, 쌀의 수분함량, 물의 온도 등에 따라 변수가 다양하다.

08 천연색소성분과 색을 잘못 연결한 것은?

① 초록색-클로로필 ② 노란색-플라보노이드
③ 갈색-안토시아닌 ④ 붉은색-베타레인

답 ③
해 갈색-탄닌

09 치는 떡의 종류가 아닌 것은?

① 가래떡 ② 인절미
③ 대추단자 ④ 주악

답 ④
해 주악은 지지는 떡이다.

10 떡류 조리원리에 대한 설명으로 틀린 것은?

① 찬물로 하는 떡 반죽을 날반죽이라고 한다.
② 송편을 만들 때 익반죽을 하는 이유는 멥쌀 단백질은 끈기가 적기 때문에 끓는 물을 첨가하여 전분 호화반응을 유도하여 반죽에 끈기를 얻기 위함이다.
③ 송편을 찔 때 솔잎을 넣는 이유는 피톤치드의 성분이 송편의 방부제 역할을 하기 때문이다.
④ 쌀가루에 막걸리를 넣고 반죽하여 발효시킨 증편은 쉽게 상하기 때문에 여름철에 먹지 않았다.

답 ④
해 증편은 다른 떡보다 미생물에 의한 변패가 느려서 쉽게 상하지 않아 여름철에 주로 먹었다.

11 외피가 단단하고 탄닌(tannin)을 함유하고 있어서 떫은맛이 많아, 물에 불린 다음 세게 문질러 씻어 주어야 떫은맛이 많이 사라지는 것은?

① 기장 ② 수수
③ 메밀 ④ 조

답 ②

12 다음 중 서류에 속하는 것은?

① 고구마 ② 콩
③ 기장 ④ 땅콩

답 ①
해 서류는 식물의 뿌리를 뜻하며 감자, 고구마, 토란, 마 등이 있다.

13 쌀 등을 씻을 때나 이물질을 골라내는데 매우 편리한 도구이다. 안쪽 면이 여러 줄의 골이 파여 있어서 콩이나 팥, 녹두 등을 비벼 씻을 때 사용한 도구는?

① 안반 ② 이남박
③ 시루 ④ 조리

답 ②

14 완두콩의 조리 특성으로 틀린 것은?

① 완두는 단맛이 있어 완두콩 밥이나, 떡, 과자를 만들 때 소나 고물로 사용된다.
② 완두는 설탕에 조려 완두배기로 많이 사용한다.
③ 완두는 전분이 풍부하고 칼륨, 엽산, 비타민 B1이 들어 있는 식품이다.
④ 완두는 가열조리 시 점성이 많아 당면이나 청포묵을 주로 만든다.

답 ④
해 가열조리 시 점성이 많이 생겨서 당면이나 청포묵을 만드는 두류는 녹두이다.

15 다음 중 떡살에 대한 설명으로 틀린 것은?

① 떡살은 주로 나무 혹은 도자기로 만들어졌다.
② 축원과 감사의 길상문양이 새겨져 있다.
③ 차륜병이나 수리취떡과 같은 동그란 형태의 절편에 눌러 박아 모양을 내는 도구이다.
④ 찹쌀 위에 떡살을 올려두고 떡메로 쳐서 완성한다. 떡메의 강도에 따라 떡의 찰짐정도가 결정된다.

답 ④
해 찹쌀을 안반 위에 올리고 떡메로 쳐서 치는 떡을 만들 때 사용되는 도구는 안반과 떡메이다. 떡밥을 다 치면 떡판 위에서 잘라 고물을 묻히거나 떡살로 눌러 모양을 내었다.

16 쌀가루와 고물을 소금이 아닌 간장으로 간을 한 궁중의 대표적인 떡으로 임금님 생신 때 빠지지 않고 올랐던 떡은?

① 주악　② 경단
③ 청애병　④ 두텁떡

답 ④

17 포장의 기능에 대한 설명으로 알맞은 것은?

① 과장 광고로 소비자의 욕구를 충족시켜 판매를 촉진할 수 있다.
② 포장을 통하여 제품의 질을 높여 판매가격을 높일수 있다.
③ 포장을 통하여 제품의 이물질과 오염 등을 감추거나 가릴 수 있다.
④ 포장을 통하여 식품의 용량과 모양을 규격화할 수 있다.

답 ④

18 재료를 계량하는데 사용하는 도구가 아닌 것은?

① 저울　② 계량스푼
③ 계량컵　④ 밀대

답 ④

19 포장의 기능이 아닌 것은?

① 용기로서의 기능　② 영양첨가
③ 경제성　④ 보호기능

답 ②
해 포장의 기능에는 용기로서의 기능, 소비자접근용이성, 정보성, 상품성, 안전성, 경제성, 친환경성, 보호기능 등이 있다.

20 다음 중 고물로 사용하기 어려운 것은?

① 콩　② 녹두
③ 잣　④ 치자

답 ④
해 치자는 노란색 발색제이다.

21 화전으로 사용할 수 없는 꽃은?

① 장미 ② 진달래
③ 맨드라미꽃 ④ 철쭉꽃

답 ④
해 철쭉꽃에는 독성이 있다.

22 멥쌀로 만든 떡이 아닌 것은?

① 송편 ② 증편
③ 가래떡 ④ 경단

답 ④

23 식재료별 보관 온도로 맞지 않는 것은?

① 빵, 떡 - 냉장보관
② 견과류 - 습기 적은 그늘진 곳
③ 토마토 - 7~10℃
④ 바나나 - 11~15℃

답 ①
해 빵, 떡은 냉동 보관해야 한다.

24 빚어 찌는 떡의 대표적인 떡으로 멥쌀가루를 익반죽하여 깨나 콩으로 만든 소를 넣고 솔잎을 깔고 찌는 떡은?

① 송편 ② 백설기
③ 두텁떡 ④ 콩설기

답 ①

25 켜떡에 대한 설명으로 올바른 것은?

① 찹쌀로 켜떡을 만들면 고물이 많아 수분함량이 높아져 찌는 시간이 단축된다.
② 켜떡으로는 느티떡, 모듬설기떡, 팥시루떡이 대표적이다.
③ 켜떡에 멥쌀을 사용하는 경우에는 수증기가 잘 올라갈 수 있도록 쌀가루를 체에 한 번만 내려준다.
④ 찹쌀과 멥쌀에 두류, 채소류 등 다양한 부재료를 켜켜이 넣고 안쳐서 찌는 떡을 뜻한다.

답 ④

26 떡의 제조과정으로 틀린 것은?

① 찰떡은 거칠게 빻을수록 익히기 좋으나 식감이 떨어질 수 있다.
② 찰떡은 많이 치대줄수록 노화가 빨라진다.
③ 콩설기의 경우 콩이 달지 않아야 맛있고 콩찰편의 경우 콩이 달아야 맛있다.
④ 꿀떡의 경우는 제조 후 설탕이 녹는데 시간이 걸리기 때문에 미리 만들어 놓는 것이 좋다.

답 ②
해 찰떡은 많이 치대줄수록 노화를 늦출 수 있다.

27 재료의 계량 시 주의사항으로 바르지 않은 것은?

① 고체(버터나 마가린) 식품은 무게보다 부피를 재는 것이 정확하다.
② 흑설탕은 끈적거리는 성질이 있어 계량컵에 빈공간이 없도록 눌러 담아 평면이 되도록 계량한다.
③ 쌀, 팥, 깨 등 알갱이 식품은 계량컵에 담아 살짝 흔들어서 표면을 평면이 되도록 깎아서 계량한다.
④ 가루 상태인 밀가루, 쌀가루, 백설탕은 수북이 담아 흔들지 않고, 평면이 되도록 깎아서 계량한다.

답 ①
해 고체(버터나 마가린) 식품은 부피보다 무게를 재는 것이 정확하다.

28 1컵(200ml) 기준 마른 콩을 물에 하룻밤 불리게 되면 약 몇 배로 불어나는가?

① 약 1배 ② 약 2.5~3배
③ 약 4.5~5배 ④ 약 6배

답 ②
해 보통 2.5~3배 정도 불어난다.

29 다음 중 감미료 종류가 아닌 것은?

① 설탕 ② 물엿
③ 분말설탕 ④ 포도당

답 ④

30 치는 찰떡류를 주먹 쥐어 안칠 때 시루 밑에 설탕을 뿌려주는 이유는?

① 설탕을 추가하여 간을 더 달달하게 하기 위해
② 수증기가 원활하게 올라와 떡을 잘 익히기 위해
③ 떡이 시루에 들러붙지 않아 익히고 난 이후에 손쉽게 떼어내기 위해
④ 찰떡이 시루 구멍으로 빠져나가는 것을 방지하기 위해

답 ③

31 개인위생에 대한 설명으로 적절하지 않은 것은?

① 머리카락이 빠져나오지 않도록 위생모자를 착용하여야 한다.
② 식품을 만드는 중에 화장실을 갈 때는 작업신발만 갈아 신고 간다.
③ 건강상태와 복장착용상태를 늘 점검한다.
④ 손에 묻은 물기를 앞치마에 닦지 않는다.

답 ②
해 식품을 만드는 중에 화장실을 갈 때는 작업복, 작업모, 작업신발 등을 바꿔서 착용하고 가야한다.

32 조리실무에 종사하는 영양사와 조리사는 몇 년마다 건강검진을 받아야 하나?

① 1년 ② 2년
③ 3년 ④ 5년

답 ①

33 개인의 손 위생에 대한 것으로 알맞지 않은 것은?

① 역성비누를 이용하여 흐르는 물에 깨끗이 씻는다.
② 역성비누와 보통비누를 섞어서 같이 사용해 주면 소독 효과가 더 좋다.
③ 손 소독을 할 때는 70%의 에틸알코올을 희석하여 분무 용기에 담아 뿌려 건조 후 사용한다.
④ 작업 중에 머리, 얼굴, 코 등을 만져서 손을 오염시키지 않도록 한다.

답 ②
해 역성비누는 보통비누와 같이 사용하면 살균효과가 떨어진다.

34 역성비누의 특징으로 틀린 것은?

① 보통비누와 같이 사용하면 효과와 살균력이 떨어지기 때문에 같이 쓰지 않는다.
② 기구, 용기 등의 소독에 사용된다.
③ 유기물이 존재하면 살균효과가 떨어진다.
④ 양이온 계면활성제로 무미, 무해하지만 연노란색을 띤다.

답 ④
해 역성비누는 무색, 무미, 무해하다.

35 다음 중 교차오염에 대한 설명으로 틀린 것은?

① 교차오염을 방지하기 위해 식품 검수 및 취급 시에는 바닥으로부터 20cm 이상의 높이에서 검수하는 것이 좋다.
② 식재료나 조리기구, 물 등에 오염되어 있던 미생물이 다른 식재료나 조리기구에 전이되는 현상을 말한다.
③ 교차오염을 예방하기 위해 칼, 도마, 조리기구 등은 식품군별로 구별하여 사용한다.
④ 생식품 또는 오염된 조리 기구에서 사용된 행주, 수세미 등은 소독 세척하여 사용한다.

답 ①
해 교차오염을 방지하기 위해 식품 검수 및 취급 시에는 바닥으로부터 60cm 이상의 높이에서 검수하는 것이 좋다.

36 감염병 발생 3대 요소를 잘못 연결한 것은?

① 감염원 - 병원체, 병원소
② 감염경로 - 전파 방식, 환경
③ 감염경로 - 감염증상
④ 숙주의 감수성 - 개인 면역에 대한 저항

답 ③

37 세균성 감염병의 종류가 아닌 것은?

① 이질 ② 장티푸스
③ 콜레라 ④ A형 감염

답 ④
해 A형 감염은 바이러스성 감염병이다.

38 식품위생법 제54조 법 40조 제5하에 따라 영업에 종사하지 못하는 질병이 아닌 것은?

① 세균성이질 ② 장출혈성 대장균
③ A형 간염 ④ 식중독

답 ④
해 영업에 종사하지 못하는 질병
- 세균성이질, 장티푸스, 파라티푸스, 콜레라, 장출혈성 대장균, A형 간염, 감염성인 결핵, 피부병 또는 그밖의 화농성, 후천성 면역결핍증

39 감염병은 세균, 바이러스, 기생충 등에 의해 감염되는 질환이다. 감염의 3대 요소에 포함되지 않는 것은?

① 감염원 ② 감염경로
③ 숙주의 감수성 ④ 숙주의 지역성

답 ④
해 감염의 3대 요소는 감염원, 감염경로, 숙주의 감수성이다.

40 작업장 재해의 발생 형태가 아닌 것은?

① 작업장 바닥 물기나 기름기와 바르지 않은 자세로 인한 미끄러짐.
② 무거운 원·부재료를 옮기는 중에 발생되는 근 골격계 질환
③ 보관된 원·부재료의 낙하로 인한 부상
④ 유행성 독감으로 인한 작업장 내 감기 감염

답 ④

41 HACCP 준비단계가 아닌 것은?

① 공정도의 작성 ② 제품에 대한 기술
③ 공정도의 현장검증 ④ 중요 관리점 결정

답 ④
해 준비단계는 총 5단계로 구성되어 있다.
① HACCP팀 구성, ② 제품설명서 작성, ③ 사용용도 확인, ④ 공정 흐름도 작성, ⑤ 공정흐름도 현장확인

42 식품위생법에서 위해 식품 판매 금지의 내용으로 틀린 것은?

① 식품첨가물이 들어있는 것
② 썩거나 상한 것
③ 불결한 이물질이 섞여있는 것
④ 유독, 유해 물질이 묻어있는 것

답 ①

1회

43 다음 중 식품위생법상 집단 급식소에서 근무하는 영양사의 직무가 아닌 것은?

① 급식시설의 위생적 관리
② 구매식품의 검수 및 관리
③ 급식소 운영일지 작성
④ 급식설비 및 기구의 위생 안전 실무

답 ④

해 급식설비 및 기구의 위생 안전실무는 조리사의 직무이다.

44 다음 중 식품위생법의 벌칙에 관한 내용으로 틀린 것은?

① 썩거나 상하거나 설익어서 인체의 건강을 해칠 우려가 있는 것을 채취, 제조, 수입, 가공, 사용, 조리, 저장, 소분, 운반 또는 진열한 자는 10년 이하의 징역 또는 1억 원 이하의 벌금이 부과된다.
② 조리사를 두지 않은 집단급식소 운영자와 식품접객업자는 3년 이하의 징역 또는 3천만 원 이하의 벌금이 부과된다.
③ 영리를 목적으로 식품접객업을 하는 장소에서 손님과 함께 술을 마시거나 노래 또는 춤으로 손님의 유흥을 돋우는 것을 금지한 규정을 위반할 경우 1년 이하의 징역 또는 1천만 원의 벌금이 부과된다.
④ 종업원이 위반행위를 하면 그 행위를 벌하고 법인 또는 개인 대표에게는 벌하지 않는다.

답 ④

해 양벌규칙(법 제100조)

- 법인의 대표자나 법인 또는 개인의 대리인, 사용인, 그밖의 종업원이 그 법인 또는 개인의 업무에 관하여 위반행위를 하면 그 행위자를 벌하는 외에 그 법인 또는 개인에게도 해당 조문의 벌금형을 부과한다.

45 식품위생법상 식품위생의 대상이 되지 않는 것은?

① 식품 및 식품 첨가물 ② 식품, 용기 및 포장
③ 식품, 기구 ④ 의약품

답 ④

해 식품위생이란 식품, 식품첨가물, 기구 또는 용기 포장을 대상으로 하는 음식에 관한 위생을 말한다.

46 제주도 지역의 향토떡이 아닌 것은?

① 오메기떡 ② 달떡
③ 빙떡 ④ 개성주악

답 ④

해 개성주악은 서울·경기 지역의 향토떡이다.

47 각 지역과 향토 떡의 연결로 틀린 것은?

① 경기도-석이단자, 개성경단
② 전라도-오메기떡, 빙떡
③ 충청도-해장떡, 쇠머리떡
④ 강원도-감자시루떡, 감자떡

답 ②

해 전라도

- 감시루떡, 감고지떡, 감인절미, 나복병, 수리취떡, 고치떡, 깨떡 등

48 각 지역과 향토 떡의 연결로 틀린 것은?

① 평안도-장떡, 조개송편
② 황해도-닭알떡, 무설기떡
③ 함경도-달떡, 언감자떡
④ 강원도-모시잎송편, 만경떡

답 ④
해 강원도
- 감자시루떡, 감자떡, 감자녹말송편, 감자경단, 옥수수설기, 메밀전병, 방울증편 등

49 음력 8월 추석에 먹었던 떡은?

① 오려송편　② 노비송편
③ 증편　④ 약밥

답 ①
해 올해의 벼(올벼)로 빚은 송편이라고 하여 오려송편이라고 불리었다.

50 「주례」에 나온 구이분자라는 떡은 어떤 떡인가?

① 떡을 쳐서 만든 떡에 콩가루를 묻힌 오늘날의 인절미 형태의 떡
② 멥쌀가루에 막걸리를 넣어 부풀린 오늘날의 증편형태의 떡
③ 쌀가루를 익반죽하여 지진 오늘날의 부꾸미형태의 떡
④ 여러가지 재료를 섞어 시루에 무리지어 찐 오늘날의 설기 떡

답 ①

51 우리나라 지방 중에서 쌀보다 잡곡이 흔하여 잡곡을 이용한 떡이 많았으며 쌀떡은 제사 때만 쓴 지역은 어디인가?

① 강원도　② 평안도
③ 함경도　④ 제주도

답 ④

52 다음 중 시대별 역사 및 떡에 대해 잘못 설명한 것은?

① 구석기 시대에는 동굴 생활을 하며 수렵과 채취로 식량을 채취하였다.
② 신석기시대에는 갈판과 갈돌로 곡식을 가루내어 먹었다.
③ 신석기 시대에는 빗살무늬 토기와 같은 그릇을 이용해 음식을 보관하였음을 알 수 있다.
④ 철기시대의 유적지인 나진초도패총에서 시루가 발견되었다.

답 ④
해
- 청동기 시대의 유적지인 나진초도패총에서 최초로 시루가 발견되었다.
- 이 시루는 바닥에 구멍이 뚫려있고 손잡이가 달려있다.

53 처음으로 「쌍화점」이라는 떡집이 생겨나고 떡이 상품화되어 일반인에게 널리 보급된 시기는 언제인가?

① 고려시대 ② 조선시대
③ 삼국시대 ④ 상고시대

답 ①

54 다음 중 절일과 절식의 연결이 틀린 것은?

① 중화절-노비송편 ② 삼짇날-진달래화전
③ 단오-송편 ④ 유두-떡수단

답 ③
해 단오
- 쑥절편, 쑥인절미, 차륜병(수리취떡)을 먹었다.

55 다음 중 절일과 절식의 연결이 바른 것은?

① 삼복-국화전
② 중양절-붉은 팥 시루떡
③ 동지-팥죽
④ 섣달그믐-주악

답 ③

56 통과의례에 사용했던 떡으로 잘못 연결된 것은?

① 혼례-봉치떡, 달떡
② 백일-백설기, 붉은 차수수경단, 오색송편
③ 삼칠일-가래떡
④ 첫돌-백설기, 붉은 차수수경단, 오색송편, 인절미, 무지개떡

답 ③
해 삼칠일-백설기이다.

57 강원도의 향토떡이 아닌 것은?

① 감자시루떡 ② 감자떡
③ 옥수수설기 ④ 감인절미

답 ④
해 감인절미는 전라도 향토떡이다.

58 「조선무쌍신식요리제법」에 쌀가루를 쪄서 둥글게 만들어 가운데 소를 넣은 것으로 기록된 떡은?

① 혼돈 ② 담
③ 교이 ④ 병이

답 ①

59 상고시대 유적지에서 발견된 유물이 아닌 것은?

① 갈돌 ② 시루
③ 떡칼 ④ 돌확

답 ③

60 재료의 전처리 도구 및 장비 안전관리 방법으로 틀린 것은?

① 작업 전 작업장 기계들이 올바르게 작동하는지 확인하며, 수평 여부를 확인한다.
② 기계에 재료를 투입할 경우 장갑 낀 손을 사용하면 위험하다.
③ 기계를 청소할 때는 전원을 내리고 청소한다.
④ 물청소를 한 이후에는 기계를 공회전 하여 내부까지 마를 수 있도록 한다.

답 ④

Chapter 2 2회

정답 및 해설

01 아밀로오스 함량이 20~30% 함유되어 있고, 아밀로펙틴 함량이 70~80% 정도로 반투명하고 광택이 있는 쌀의 종류는?

① 현미 ② 백미
③ 멥쌀 ④ 찹쌀

답 ③

02 다음 중 두류에 속하지 않는 것은?

① 현미 ② 녹두
③ 서리태 ④ 팥

답 ①
해 두류는 콩, 팥, 녹두, 완두콩, 동부, 강낭콩, 땅콩 등이 있으며 현미는 곡류이다.

03 다음 중 호화 전분을 급속히 냉각시키면 단단하게 굳는 현상을 뜻하는 것은?

① 노화 ② 겔화
③ 호정화 ④ 호화

답 ②

04 다음 중 전분에 물을 가하지 않고 160~180℃ 가열하면 가용성 덱스트린을 형성하는데, 대표적으로 뻥튀기, 누룽지, 구운식빵의 표면 등이 이에 해당한다. 이 현상을 뜻하는 것은?

① 노화 ② 겔화
③ 호정화 ④ 호화

답 ③

05 떡의 호화를 빠르게 하는 방법으로 틀린 것은?

① 전분입자가 클수록 빠르다.
② 수분함량이 많을수록 빠르다.
③ 가열온도가 높을 때 빠르다.
④ 설탕을 20% 이상 첨가하면 빠르다.

답 ④
해 설탕을 20% 이상 넣거나 지방을 첨가하면 호화가 억제된다.

06 다음 중 떡의 노화가 가장 빨리 일어나는 떡은?

① 백설기 ② 찹쌀떡
③ 쇠머리떡 ④ 콩찰편

답 ①
해 아밀로오스 함량이 많은 멥쌀로 만든 떡이 제일 노화가 빠르다.

07 당의 감미정도의 크기를 비교한 것으로 올바른 것은?

① 과당 > 전화당 ② 전화당 > 과당
③ 포도당 > 자당 ④ 갈락토오스 > 과당

답 ①
해 당의 감미정도 순서
과당(120~180) > 전화당(85~130) > 자당, 설탕, 서당(100) > 포도당(70~74) > 맥아당, 엿당(60) > 갈락토오스(33) > 유당, 젖당(16)

08 흰색 설탕을 곱게 분쇄하여 전분을 일부 섞어 만들며 분말도가 다른 여러 가지 제품이 있다. 케이크를 데코하거나 도넛 등 튀김음식에 주로 사용하는 당의 종류는?

① 분말설탕 ② 백설탕
③ 황설탕 ④ 꿀

답 ①

09 불린 쌀의 양이 늘 일정하지 않은 변수의 요인으로 틀린 것은?

① 수침시간 ② 쌀의 수분함량
③ 물의 온도 ④ 쌀의 성장시간

답 ④
해 불린 쌀의 양은 계절, 수침시간, 쌀의 수분함량, 물의 온도 등에 따라 변수가 다양하다.

10 발색제의 연결로 올바른 것은?

① 분홍색 - 시금치 ② 초록색 - 모싯잎분말
③ 노란색 - 흑미 ④ 검은색 - 포도

답 ②
해

노란색 (flavonoid, 플라보노이드)	치자, 단호박, 단호박가루, 송화, 울금, 황매화
주황색	황치즈가루, 파프리카(빨간색)
초록색 (chlorophyll, 클로롤필)	시금치, 모싯잎, 녹차분말, 클로렐라 분말, 쑥가루
붉은색 (anthocyanin, 안토시아닌) (betalain 베타레인)	딸기분말, 백년초, 비트, 홍국쌀가루
보라색	자색고구마, 흑미, 포도, 복분자가루
갈색(tannin, 탄닌)	코코아가루, 커피, 대추고, 갈근가루, 둥굴레
검은색	흑임자, 석이버섯, 블랙코코아

11 다음은 검은색을 내는 재료로 사용하며, 물에 충분히 불려서 돌기(중앙 부분의 튀어나온부분)을 떼어내고 안쪽의 이끼를 체 등에 비벼 깨끗이 벗겨낸 후 여러 번 씻어 내어 주어야 한다. 보통 고명이나 장식용으로 사용하며 분쇄하여 분말의 형태로도 사용되는 이 재료는?

① 느타리버섯 ② 석이버섯
③ 목이버섯 ④ 표고버섯

답 ②

12 지지는 떡의 종류가 아닌 것은?

① 주악 ② 부꾸미
③ 경단 ④ 화전

답 ③
해 경단은 삶는 떡이다.

13 곡류의 가루에 끓는 물을 넣어 반죽하는 것을 뜻하는 것은?

① 날반죽 ② 익반죽
③ 고압반죽 ④ 기계반죽

답 ②

14 땅콩에 대한 설명으로 틀린 것은?

① 땅콩은 곰팡이 독소에 오염될 수 있어서 보관에 각별히 유의해야 한다.
② 땅콩을 보관할 때는 서늘하며 건조한 장소에 보관한다.
③ 땅콩은 단백질은 풍부하지만, 탄수화물과 필수지방산은 포함되어 있지 않다.
④ 땅콩은 유지 제조용으로 쓰이며 소립종과 식용으로 볶아먹는 대립종이 있다.

답 ③
해 땅콩은 지방 45%, 단백질 35%, 탄수화물이 20~30% 들어있으며 필수지방산 중 아라키돈산이 풍부하다.

15 다음 중 분쇄 도구가 아닌 것은?

① 맷돌 ② 키
③ 방아 ④ 절구와 절굿공이

답 ②

16 계량기구로 물을 계량했을 때 틀린 것은?

① 1큰 술=15ml ② 1작은 술=5ml
③ 1컵=250ml ④ 1큰 술=3작은 술

답 ③
해 1컵=200ml이다.

17 떡을 만드는 재료의 전처리 방법으로 적절한 것은?

① 고명으로 사용하는 대추는 뜨거운 물에 삶아준 다음 찬 물에 헹구어 사용한다.
② 현미와 흑미는 6시간 정도 물에 불려 사용한다.
③ 발색제 사용 시에는 종류와 상관없이 바로 쌀가루에 섞어 사용한다.
④ 치자를 고를 때는 맑은 색을 내기 위해 오래되지 않고, 크기가 큰 것을 고르는 것이 좋다.

답 ④

해 • 고명으로 사용하는 대추는 젖은 면보를 껍질 표면을 살짝 닦아 사용한다.
• 현미와 흑미는 3시간마다 물을 바꾸어주며 12시간 이상 물에 불려 사용한다.
• 발색제 사용 시에는 종류에 따라 다르게 섞어 사용한다.

18 다음 중 붉은 팥고물 만들 때의 설명으로 잘못된 것은?

① 팥고물을 찐 다음 양푼 볼에 담아 뜨거운 김을 날려서 빻아야 고물이 질지 않고 보슬보슬하다.
② 붉은 팥은 거피팥과 다르게 물에 불리지 않고 끓는 물에 삶아 사용한다.
③ 붉은 팥 시루떡에 떡 고물로 사용할 때에는 가는체에 내려서 곱게 내려준다.
④ 팥고물을 만들 때는 너무 푹 삶지 말아야 한다.

답 ③

해 붉은 팥 시루떡에 떡 고물로 사용할 때에는 대강 찧거나, 거피팥으로 소를 사용할 때에는 어레미에 내려 쓴다.

19 재료의 전처리 방법으로 틀린 것은?

① 콩은 깨끗이 씻은 후 12시간 이상 충분히 물에 불린다.
② 팥은 삶을 때는 팔팔 끓은 첫물은 버리고 다시 물을 받아 삶아준다.
③ 팥의 첫물을 버리는 이유는 바로 팥의 사포닌 성분을 버리기 위함이다.
④ 호박고지를 물에 불릴 때에는 설탕이나 소금 없이 미지근한 물에 불리는 것이 좋다.

답 ④

해 호박고지를 물에 불릴 때에는 설탕을 넣어 불리는 것이 좋다.

20 약밥을 만들 때 사용하지 않는 재료는?

① 흰설탕 ② 진간장
③ 꿀 ④ 후추

답 ④

21 가래떡을 만들 때의 순서로 올바른 것은?

① 수분주기→찌기→치기→모양 만들기
② 수분주기→반죽하기→모양만들기→찌기
③ 익반죽하기→모양만들기→찌기→자르기
④ 날반죽하기→모양만들기→찌기→자르기

답 ①

해 쌀가루에 수분을 주고 찜기나 시루에 쌀가루를 고루 펴서 쪄준 다음, 쪄낸 떡을 안반이나 양푼에 넣고 친 다음 직경이 3cm 정도가 되도록 길게 밀어 모양을 만들어준다.

22 포장의 기능이 아닌 것은?

① 용기로서의 기능 ② 반품 및 폐기 용이
③ 경제성 ④ 보호기능

답 ②

23 떡류의 포장의 표시사항이 아닌 것은?

① 유통기한 ② 용기 포장 재질
③ 품목보고번호 ④ 방사선조사

답 ④
해 방사선 조사는 코코아가공류 또는 초콜릿류 제품의 경우 해당사항이 있는 경우에만 표시한다.

24 석이병의 장식으로 적당한 것은?

① 석이채와 비늘잣 ② 밤채와 대추채
③ 대추와 비늘잣 ④ 호두분태와 대추채

답 ①

25 떡과 재료의 연결이 잘못된 것은?

① 두텁떡 : 밤채, 대추채, 계피가루
② 녹두시루떡 : 녹두고물, 찹쌀
③ 쑥설기 : 멥쌀, 쑥가루
④ 콩찰편 : 완두콩, 찹쌀

답 ④
해 완두콩이 아니라 서리태이다.

26 대표적인 설기떡인 백설기에 대한 설명으로 옳지 않은 것은?

① 쌀가루에 물과 소금을 넣고 체에 여러 번 내릴수록 맛이 좋아진다.
② 백일이나 돌 때 많이 사용한다.
③ 규합총서에 백설고라고 기록되어 있다.
④ 백설기를 조각설기로 나누고 싶을 경우, 떡이 완성된 후 스크래퍼를 이용하여 잘라주면 더 깨끗하게 나누어진다.

답 ④
해 조각설기로 만들고 싶은 경우, 찜기에 올리기 전 칼금을 먼저내어준 후 쪄 주어야 한다.

27 찌는 찰떡류에 해당하는 것으로 틀린 것은?

① 쇠머리찰떡 ② 콩설기
③ 구름떡 ④ 콩찰떡

답 ②
해 콩설기는 멥쌀 설기류떡이다.

28 떡을 만드는 제조 과정의 순서에 해당하지 않는 것은?

① 쌀씻기 ② 원재료 구매
③ 치기 ④ 물빼기

답 ②

29 찹쌀가루를 익반죽하여 둥글게 만들어 끓는 물에 삶아 여러 가지 고물을 묻힌 떡은?

① 차륜병 ② 송편
③ 경단 ④ 모듬찰떡

답 ③

30 다음 중 치는 떡이 아닌 것은?

① 영양찰떡 ② 인절미
③ 떡국떡 ④ 절편

답 ①

31 개인위생에 대한 설명으로 적절하지 않은 것은?

① 머리는 매일 감고, 긴 머리는 묶는다.
② 지나친 화장을 하지 않고, 인조 속눈썹을 붙이지 않는다.
③ 앞치마는 착용 중 항상 청결을 유지하며 전처리용, 조리용 배식용, 세척용으로 구분하여 사용한다.
④ 모자는 바람이 잘 통할 수 있는 망사모자를 쓰는 것이 좋다.

답 ④

해 모자는 귀와 머리카락이 보이지 않게 착용하며, 망사모자는 피하고 조리모자를 착용하는 것이 좋다.

32 잠재적 위해식품(PHF)이 아닌 것은?

① 달걀 ② 잘리지 않은 과일
③ 유제품 ④ 육류

답 ②

해
- 수분함량과 단백질 함량이 높은 식품에서는 세균이 쉽게 증식할 수 있다.
- 달걀, 유제품, 곡류식품, 콩식품, 단백식품, 육류, 가금류, 조개류, 갑각류 등이 있다. 이러한 식품을 잠재적 위해식품(Potentially hazardous food)라고 한다.
- 5~60℃에서 가장 미생물 증식이 높아진다.
- 조리된 식품을 2시간 이상 상온에 방치하지 않아야 한다.

33 개인위생에 대한 설명으로 적절하지 않은 것은?

① 입과 턱을 감싸는 마스크를 착용하는 것이 좋다.
② 신발은 신고 벗기 편하며, 미끄럽지 않은 재질을 선택 사용한다.
③ 신발은 오염구역과 비오염 구역 전용으로 구분하여 신는다.
④ 조리용 장갑을 끼고 식품을 다룰 경우에는 손톱위생 상태에 신경을 쓰지 않아도 된다.

답 ④

해 손톱은 짧고 깨끗하게 하며 매니큐어 등을 바르지 않는다.

34 영업자 및 종업원이 받아야 하는 식품위생 교육 시간은 몇 시간인가?

① 2시간 ② 3시간
③ 4시간 ④ 6시간

답 ②
해 3시간이다.

35 식품의 변질 종류가 아닌 것은?

① 산패 ② 부패
③ 발효 ④ 변패

답 ③

36 식품의 미생물학적 검사에서 초기 부패를 나타내는 것은?

① 10^3 ② 10^5
③ 10^7 ④ 10^9

답 ③
해 미생물학적 검사에서 1g당 초기부패는 10^7로 나타낸다.

37 감염병의 요소와 예방법이 틀린 것은?

① 감염원 - 환자를 조기 발견하고 격리하며 치료를 한다.
② 감염원 - 환자와 병원에 가기 전 민간요법으로 빠르게 치료를 한다.
③ 감염경로 - 감염경로를 점검 후 제거한다.
④ 숙주의 감수성 - 개인의 질병에 맞는 예방접종을 맞고, 개인의 면역력을 증강시킨다.

답 ②

38 다음 중 바이러스성 감염병의 종류가 아닌 것은?

① 폴리오 ② A형 감염(유행성 감염)
③ 일본뇌염 ④ Q열

답 ④
해 Q열은 리케차성 감염병이다.

39 제1군 법정 감염병에 속하지 않는 것은?

① 세균성 이질 ② 장출혈성 대장균
③ 콜레라 ④ 수두

답 ④
해 수두는 제2군 법정 감염병이다.

40 다음 중 자연독의 원인과 이름이 틀리게 연결된 것은?

① 감자 - 솔라닌 ② 광대버섯 - 무스카린
③ 목화씨 - 고시풀 ④ 수수 - 리신

답 ④
해 수수 - 듀린, 피마자 - 리신이다.

41 식품위생법상 집단급식소에서 조리 및 제공한 식품의 매회 1인분 분량을 보관해야 하는 시간으로 알맞은 것은?

① 30시간 이하 ② 60~90시간
③ 90~144시간 ④ 144시간 이상

답 ④

42 다음 중 아래 내용은 어떤 감염형 식중독인가?

- 계절과 관계없이 발생하며 여름철에 조금더 많은 편이다.
- 가축, 동물, 건강한 사람 등 광범위하며 원인식품 햄, 치즈, 분유, 도시락, 오염된 우유 등이 있다.
- 이 균은 감염된 환자의 변으로부터 위생 상태나 손을 씻는 습관이 부적당할 때 다른 사람에게 전달될 수 있다.
- 사람과 동물의 분변을 위생적으로 처리하고 항상 손을 씻으며 청결한 상태를 유지하고 제품, 식품, 물은 가열 조리하여 섭취한다.
- 혈변과 심한 복통을 동반하며 사망률이 3~5%로 높다.
- 미국 햄버거에 의한 식중독 사건으로 처음 발견되었다.

① 포도상구균 ② 비브리오 식중독
③ 병원성 대장균 식중독 ④ 노로바이러스

답 ③

43 식중독 발생 시 신속 보고체계의 순서가 바른 것은?

① 의사 → 시, 군, 구(위생부서) → 보건소 → 시, 도, 식약처
② 의사 → 보건소 → 시, 군, 구(위생부서) → 시, 도, 식약처
③ 보건소 → 의사 → 시, 군, 구(위생부서) → 시, 도, 식약처
④ 보건소 → 시, 군, 구(위생부서) → 의사 → 시, 도, 식약처

답 ②

44 조리사 또는 영양사의 면허를 발급받을 수 있는 자는?

① 정신질환자(전문의가 적합하다고 인정하는 자 제외)
② 마약중독자
③ 파산선고자
④ 조리사 또는 영양사 면허의 취소 처분을 받고 그 취소된 날부터 1년이 지나지 않은 자

답 ③
해 정신질환자, 마약중독자, 조리사 또는 영양사 면허의 취소처분을 받고 그 취소된 날부터 1년이 지나지 않은 자, 2군 전염병환자(B형 간염환자 제외)는 면허를 발급받을 수 없다.

45 다음 중 1천만 원 이하의 과태료가 부과되는 경우는?

① 식품 등을 위생적으로 취급하지 않은 자
② 영양표시 기준을 준수하지 아니한 자
③ 영업신고증, 영업허가증 보관 의무를 준수하지 아니한 자
④ 식품이력 추적관리 정보를 목적 외에 사용한 자

답 ②
해 ① 식품 등을 위생적으로 취급하지 않은 자 : 500만 원 이하의 과태료 부과
③ 영업신고증, 영업허가증 보관의무를 준수하지 아니한 자 : 300만 원 이하의 과태료 부과
④ 식품이력추적관리정보를 목적 외에 사용한 자 : 300만 원 이하의 과태료 부과

46 우리나라 지방 중에서 서민과 양반의 떡이 구분되어 있던 지역은 어디인가?

① 강원도 ② 전라도
③ 충청도 ④ 제주도

답 ③

47 메조가루에 대추, 통팥을 섞어서 찐 떡으로 규합총서에 기록되어 있는 떡은?

① 혼돈병 ② 기단가오
③ 석탄병 ④ 상애떡

답 ②

48 고려시대 떡에 대해 잘못 설명한 것은?

① 농업이 비약적으로 발전한 시기이다.
② 불교가 번성함에 따라 차와 떡을 즐기는 풍속이 유행하였다.
③ 이색의 「고려사」에는 수단과 수수전병에 대한 기록이 있다.
④ 「거가필용」, 「해동역사」에 고려인이 율고를 잘 만든다고 기록되어 있다.

답 ③
해 수단과 수수전병에 대한 기록이 있는 문헌은 이색의 「목은집」이다.

49 설날에 대한 설명으로 틀린 것은?

① 한해의 시작인 음력 정월 초하루를 뜻한다.
② 떡국은 '첨세병', '백탕', '병탕'이라고도 불리었다.
③ 쌀이 귀한 북쪽 지방에서는 만둣국이나 떡 만둣국을 먹었다.
④ 개성 지방에서는 고기를 듬뿍 넣은 고기 떡국을 먹었다.

답 ④
해 개성지방에서는 조랭이 떡국을 먹었다.

50 떡에 대한 설명으로 틀린 것은?

① 가래떡은 1년 내내 순수하고 무탈하기를 기원하였다.
② 가래떡은 길게 무병장수하라는 의미를 담고 있다.
③ 가래떡을 얇게 썰은 떡국 떡은 엽전모양으로 재물을 많이 모으라는 의미를 담고 있다.
④ 가래떡은 한해 동안 건강하게 잘 지낸 가족들에게 고마운 마음을 표현한 것이다.

답 ④

51 정월대보름에 먹었던 음식이 아닌 것은?

① 약밥 ② 오곡밥
③ 송편 ④ 부럼

답 ③
해 정월 대보름에는 약밥, 오곡밥, 묵은나물과 복쌈, 부럼, 귀밝이술 등을 먹었다.

52 단자류에 대한 설명으로 틀린 것은?

① 1827년 「임원십육지」에 '찹쌀, 팥, 밤, 잣, 꿀로 만든다'고 적혀있다.
② 단자는 멥쌀가루를 쪄서 친 떡이다.
③ 1766년대 「증보산림경제」에 '향애단자'라는 이름으로 처음 단자류가 기록되었는데 쑥을 이용하여 만들었다.
④ 단자류에는 석이단자, 쑥구리단자, 대추단자 등이 있다.

답 ②
해 단자는 찹쌀가루를 쪄서 친 떡이다.

53 다음 중 절일과 절식의 연결이 바른 것은?

① 중양절 - 국화전 ② 상달 - 주악
③ 칠석 - 쑥절편 ④ 유두 - 진달래화전

답 ①

54 다음 중 절일과 절식의 연결이 틀린 것은?

① 칠석 - 밀설구 ② 한가위 - 송편
③ 섣달그믐 - 온시루떡 ④ 초파일 - 차륜병

답 ④
해 초파일은 느티떡(유엽병)을 먹었다.

55 혼례일에 먹는 떡 중 부부가 세상을 보름달처럼 밝게 비추고 서로 둥글게 채워가며 살기를 기원하는 의미를 갖는 떡은?

① 경단 ② 백설기
③ 달떡 ④ 구름떡

답 ③

56 한 해 동안 무사히 지내도록 도와준 천지만물의 신령과 조상들에게 감사하는 마음으로 제사를 지내며 멥쌀가루를 시루에 쪄 쳐서 팥소를 넣고 골무 모양의 떡을 만들어 먹었던 날은?

① 납일　　② 중양절
③ 단오　　④ 칠석

답 ①

57 황해도의 향토떡이 아닌 것은?

① 무설기떡　　② 오쟁이떡
③ 꿀물경단　　④ 꼬장떡

답 ④
해 꼬장떡은 평안도 향토떡이다.

58 통과의례에 사용했던 떡으로 바르게 연결된 것은?

① 백일 - 약식　　② 혼례 - 백설기
③ 회갑 - 백편, 녹두편　　④ 책례 - 차수수경단

답 ③
해 회갑 때는 갖은편(백편, 녹두편, 꿀편, 승검초편), 화전이나 주악, 단자, 부꾸미 등을 웃기로 얹어 장식하고, 색떡으로 나뭇가지에 꽃이 핀 모양을 만들어 꼽아 장식하였다.

59 곡식이 가장 많이 생산되어 음식 못지 않게 떡도 사치스럽고 맛이 각별한 지역으로 대표 떡으로는 감시루떡, 수리취떡, 고치떡, 꽃송편 등이 있는 지역은?

① 황해도　　② 전라도
③ 충청도　　④ 함경도

답 ②

60 올해 만든 햅쌀로 만든 송편이라는 뜻을 갖고있는 송편은?

① 오려송편　　② 꽃송편
③ 오색송편　　④ 삭일송편

답 ①

Chapter 3 3회

정답 및 해설

01 한국, 일본, 중국, 동북부 및 중부아메리카 등에서 재배되고, 형태는 단립종, 원립종으로 길이가 짧고 둥글게 생겼으며 밥을 지었을 때 끈기가 있는 쌀의 종류는?

① 자포니카형　　② 자바니카형
③ 인디카형　　④ 중립종

답 ①

02 떡의 노화를 지연하는 요인으로 틀린 것은?

① 전분입자의 크기가 클 때
② 전분의 수분함량이 15%이하 이거나 60% 이상일 때
③ -18℃ 이하의 냉동온도일 때
④ 아밀로오스 함량이 많을 때

답 ④

해
- 아밀로펙틴의 함량이 많은 찹쌀이 멥쌀보다 떡의 노화가 느리다.
- 아밀로오스 함량이 많을수록 떡의 노화가 되기 쉽다.

03 비효소적 갈변반응으로 설탕을 170℃ 이상 높은 온도에서 가열할 때 생성되는 갈색화 현상으로 색과 향이 좋아서 약식소스, 떡, 한과 등에 사용된다. 이 현상을 뜻하는 것은?

① 호정화　　② 겔화
③ 젤화　　④ 캐러멜화

답 ④

04 효모나 세균 등의 미생물이 효소를 이용해서 식품의 유기물을 분해시키는 과정을 뜻하는 것은?

① 방부　　② 멸균
③ 발효　　④ 소독

답 ③

05 떡의 호화를 빠르게 하는 방법으로 틀린 것은?

① 전분입자가 클수록 빠르다.
② 멥쌀은 아밀로펙틴의 함량이 높아 호화가 빠르다.
③ 가열온도가 높을 때 빠르다.
④ 소금을 첨가하면 빠르다.

답 ②

해 멥쌀은 아밀로오스 함량이 높아 호화가 빠르다.

06 당의 감미정도의 순서로 알맞은 것은?

① 유당 > 전화당 > 과당 > 맥아당 > 포도당 > 갈락토오스
② 전화당 > 포도당 > 과당 > 맥아당 > 갈락토오스 > 유당
③ 과당 > 전화당 > 포도당 > 맥아당 > 갈락토오스 > 유당
④ 포도당 > 맥아당 > 갈락토오스 > 과당 > 전화당 > 유당

답 ③
해 당의 감미정도 순서
과당(120 ~ 180) > 전화당(85 ~ 130) > 자당, 설탕, 서당(100) > 포도당(70 ~ 74) > 맥아당, 엿당(60) > 갈락토오스(33) > 유당, 젖당(16)

07 당의 종류 중 설탕에 대한 설명으로 틀린 것은?

① 백설탕은 가장 많이 사용하는 당으로, 포도당과 과당이 결합되어 이루어진 서당을 뜻한다.
② 설탕의 감미는 100으로 당의 감미 표준 물질이다.
③ 설탕을 사용할 경우 전분의 노화가 빨라지므로 설탕의 첨가를 늘리지 않는 것이 좋다.
④ 설탕은 소비자의 연령, 지역 등에 따라 사용량이 달라지므로 소비 대상에 따라 당도를 조정하는 것이 좋다.

답 ③
해 설탕의 경우 전분의 노화를 지연시킨다.

08 떡을 만들 때 사용되는 소금에 대한 설명으로 틀린 것은?

① 소금은 수소결합에 영향을 미치며 전분의 호화를 촉진시켜 준다.
② 떡류 제조 시 소금의 양은 보통 쌀의 무게에 대해 3~4%를 넣는다.
③ 재제염을 사용하면 항상 일정한 염도를 유지할 수 있다.
④ 떡을 찔 때 소금을 넣어주어야 간이 맞아서 맛이 좋아진다.

답 ②
해 떡류 제조 시 소금의 양은 보통 쌀의 무게에 대하여 1.2~1.3%를 넣는다.

09 발색제에 대한 설명으로 틀린 것은?

① 떡가루에 먼저 색을 들인 다음 물을 넣고 수분을 맞추는 것이 좋다.
② 발색제는 분말과 생채소, 입자의 형태, 섬유질의 함량 등에 따라 그 사용법이 달라진다.
③ 발색제 중 분말류는 수분 첨가량을 늘려주어야 한다.
④ 생야채 또는 과일류는 수분 첨가량을 늘려주어야 한다.

답 ④
해 생야채와 과일류는 수분함량이 높기 때문에 수분 첨가량을 낮춰 주어야 한다.

10 우리나라의 대표적인 노란색 발색제로써 식품이 아닌 염색에 주로 사용된다. 이 열매를 끓는 물에 담가두어 발색제 성분이 우러나오면 체에 밭쳐서 건지는 사용하지 않고, 거른 물만 사용한다. 이 열매의 이름은?

① 노란색 파프리카　② 단호박
③ 치자　④ 노란색 방울토마토

답 ③

11 콩의 흡습성을 높이기 위한 방법으로 틀린 것은?

① 불리는 물의 온도를 높인다.
② 0.3%의 식소다를 첨가한다.
③ 조리시간이 얼마 걸리지 않으므로 불리지 않고 바로 사용한다.
④ 1%의 소금물에 불려 사용한다.

답 ③
해
- 조리시간이 오래 걸리기 때문에 가열 전 콩은 6시간 이상 충분히 물에 불려 사용해야 한다.
- 콩의 흡습성을 높이기 위해서는, 물의 온도를 높이거나, 0.3%의 식소다나 0.2%의 탄산칼륨을 첨가하며, 1%의 소금물에 담가 불려준다.

12 찌는 떡의 종류가 아닌 것은?

① 백설기　② 잡과병
③ 송편　④ 화전

답 ④

13 쌀가루를 체 치는 이유로 적합하지 않은 것은?

① 쌀가루를 체에 치면 공기가 혼입되는 것을 도와준다.
② 혼합된 물질의 균일한 맛과 색상을 내기 위해 체를 친다.
③ 떡을 찔 때 시루 내부의 쌀가루 사이로 증기가 잘 통과하여 떡이 고르게 잘 익도록 한다.
④ 찹쌀의 경우 체에 여러 번 내려 공기를 많이 혼입하여 쪄야 고르게 잘 익는다.

답 ④
해 찹쌀을 체로 칠 경우 수증기의 통과를 방해하므로 떡이 제대로 익지 않는다.

14 세계 4대 작물 중 하나로 쌀 다음으로 주식으로 많이 이용되는 곡물은?

① 밀　② 보리
③ 콩　④ 수수

답 ②
해 세계 4대 작물 중 하나로 쌀 다음으로 주식으로 많이 이용되는 곡물은 보리이다.

15 다음 중 지질에 대한 설명으로 틀린 것은?

① 물에 녹지 않고 에테르, 벤젠 등의 유기 용매에 녹는다.
② 중요한 열량원이며 성장 발육에 필수적인 지방산도 있다.
③ 형태에 따라 상온에서 고체로 있는 지방과 상온에서 액체로 있는 기름으로 나뉜다.
④ 주요 열량 에너지원이며 1g당 4kcal의 열량을 낸다.

답 ④

해 지질은 1g당 9kcal의 열량을 내는 에너지원이다.

16 가래떡을 만들 때 쓰지 않는 도구는?

① 안반 ② 편칼
③ 시루 ④ 번철

답 ④

해 시루는 떡을 찔 때 사용되며, 안반은 떡을 칠 때 사용하고, 모양을 내어 적당한 크기로 자를 때 편칼을 사용한다. 번철은 지지는 떡을 만들 때 사용된다.

17 떡류의 포장의 표시사항이 아닌 것은?

① 유통기한 ② 용기 포장 재질
③ 품목보고번호 ④ 영업소 대표이름

답 ④

해 떡류의 경우 포장 표시 사항

- 제품명
- 유통기한
- 식품유형
- 원재료명
- 용기·포장재질
- 품목보고번호
- 영업소(장)의 명칭(상호) 및 소재지

식품위생법에 따라 관할기관에 품목제조를 보고할 때 부여되는 번호

- 성분명 및 함량(해당 경우에 한함)
- 보관방법(해당 경우에 한함)
- 주의사항(소비자 안전을 위한 주의사항)

18 무거워서 유통이나 취급은 불편하지만 내수성, 내습성, 내약품성, 차단성이 좋고 열에 강해 가열살균이 가능한 포장재는?

① 종이 ② 플라스틱
③ 유리 ④ 통조림

답 ③

19 지지는 떡의 한 종류로 작은 송편 모양의 떡을 기름에 지져서 만드는 떡은?

① 주악 ② 부꾸미
③ 개피떡 ④ 설병

답 ①

20 무지개떡을 만들 때 사용하는 천연 가루와 색상의 연결이 올바르지 않은 것은?

① 분홍색-딸기가루 ② 노란색-단호박가루
③ 갈색-치자물 ④ 녹색-쑥가루

답 ③
해 치자물은 노란색이며 단호박 가루대신 사용하기도 하며, 단호박 가루와 함께 사용하기도 한다.

21 약식에 들어가는 재료가 아닌 것은?

① 참기름, 식용유 ② 대추
③ 흑태 ④ 진간장

답 ③
해 약식에 들어가는 재료로는 간장, 흑설탕, 참기름, 대추, 잣, 식용유 등이 있다.

22 다음 중 전분의 겔화가 진행되지 않는 재료는?

① 메밀 ② 도토리
③ 녹두 ④ 시금치

답 ④

23 다음 중 찹쌀로 만든 떡이 아닌 것은?

① 경단 ② 송편
③ 석이단자 ④ 구름떡

답 ②
해 송편은 멥쌀을 익반죽하여 만드는 떡이다.

24 다음 중 멥쌀로 만든 떡이 아닌 것은?

① 백설기 ② 가래떡
③ 송편 ④ 화전

답 ④
해 화전은 찹쌀가루를 익반죽하여 만드는 떡이다.

25 고물을 만드는 방법으로 틀린 것은?

① 참깨는 물에 불려 비벼서 껍질을 벗겨 사용해야 한다.
② 흑임자는 약 6시간 불려준 후 깨끗이 씻어서 사용해야 한다.
③ 밤은 속껍질을 벗겨서 물에 담가놓았다가 채를 썰면 부서지기 쉬우니, 물아 담가두지 말고 채를 썰거나 설탕물에 담가 두었다가 물기를 말려서 부드럽게 건조하여 채를 썬다.
④ 석이는 따뜻한 물에 담갔다가 비벼주어야 하며, 막을 완전히 벗겨주어야 한다. 가운데 돌기를 떼어내고 깨끗한 물이 나올 때까지 비벼 씻어주어야 한다.

답 ②
해 흑임자는 불리지 않고 깨끗이 씻어서 사용해야 한다.

26 떡의 종류로 바르지 않은 것은?

① 삶는떡 ② 치는떡
③ 지지는떡 ④ 구운떡

답 ④

27 떡을 장기 보관하기에 가장 좋지 않으며, 노화가 빨리 진행되는 온도는?

① 0~5℃ ② 4~10℃
③ 10~60℃ ④ -20~-30℃

답 ①
해 0~5℃(냉장온도)에서 노화가 가장 빠르게 진행된다.

28 물호박떡을 만드는 방법으로 틀린 것은?

① 청둥호박(늙은 호박)을 건조하여 말린 호박으로 만들어 준다.
② 말린 호박에 소금과 설탕을 넣어 고루 섞은 다음, 물기가 생기기 전에 쌀가루와 버무려 시루에 넣는다.
③ 호박에 수분이 많기 때문에 쌀가루에 물을 주지 않아도 된다.
④ 늙은 호박의 속을 긁어내고 껍질을 벗긴 후 길이 4cm, 폭 2cm의 크기로 썰어서 건조하여 말린 호박을 만들어 놓는다.

답 ③
해 호박에 수분이 많기 때문에 다른 떡보다 물을 적게 넣는다.

29 송편을 만드는 방법 및 설명으로 틀린 것은?

① 송편을 찔 때 솔잎을 깔고 찌는 이유는, 솔잎을 붙여 송편이 시루에서 잘 떨어지게 하기 위함이다.
② 송편은 다섯 가지 색을 들여 오색의 송편을 만들 수 있다.
③ 송편의 소로는 밤, 대추, 풋콩, 녹두, 깨소 등이 있다.
④ 솔잎이 없는 경우에는 젖은 면보를 깔아주고, 위에는 마른 면보를 덮어서 찜기 뚜껑에서 물이 떨어져 송편이 젖지 않도록 해준다.

답 ①
해 송편을 찔 때 솔잎을 깔고 찌는 이유는, 솔잎에서 나오는 피톤치드의 성분이 떡이 쉽게 상하지 않게 한다.

30 약밥 만들기의 방법으로 옳지 않은 것은?

① 약밥용 찹쌀은 너무 많이 수침(불리기)하지 말고, 약 3시간에서 3시간 30분 정도만 불리는 것이 좋다.
② 냄비에 설탕과 물을 넣어 중불에 올린 다음 젓지 말고 끓인다.
③ 글루코스(포도당) 160℃, 자당 160℃, 맥아당 180℃(설탕의 녹는점) 이상의 온도에서 캐러멜화가 진행된다.
④ 색이 보이면 중불로 올리고 물엿을 넣어서 한번 더 끓이면서 윤기 있는 캐러멜 소스를 완성한다.

답 ④
해 불을 높이는 것이 아니라 꺼준(끈) 뒤에 물엿을 넣어서 윤기 있는 캐러멜 소스를 완성한다.

31 개인위생에 대한 설명으로 적절하지 않은 것은?

① 손에는 다양한 미생물이 살고 있으므로 수시로 닦고 위생적으로 관리한다.
② 손을 씻을 때는 역성비누를 이용하는 것이 더 좋다.
③ 입과 턱을 감사는 마스크를 착용한다.
④ 피부병 및 화농성 상처가 생길 경우 장갑을 끼고 작업을 마무리한다.

답 ④
해 피부병 및 화농성 상처가 있는 경우 법조항에 의거 조리작업에 참여할 수 없다.

32 식품위생법에 식품영업자 및 종업원은 1년 마다 특정 질환에 대한 정기 건강검진을 받는다. 이에 해당되지 않는 질환은?

① 장티푸스　② 결핵
③ 독감　④ 전염성 피부질환

답 ③
해 식품위생법에 식품영업자 및 종업원은 1년마다 장티푸스, 결핵, 전염성 피부질환에 대한 정기 건강진단을 받도록 하고 있다.

33 잠재적 위해식품(PHF)에 대한 설명으로 틀린 것은?

① 달걀, 유제품, 곡류식품, 콩식품, 단백식품, 육류, 가금류, 조개류, 갑각류 등이 있다.
② 수분함량과 단백질 함량이 높은 식품에서는 세균이 쉽게 증식할 수 있다.
③ 60℃ 이상에서 가장 미생물 증식이 높아진다.
④ 조리된 식품을 2시간 이상 상온에 방치하지 않아야 한다.

답 ③
해 5~60℃에서 가장 미생물 증식이 높아진다.

34 식품 변질에 영향을 주는 인자에 대한 설명으로 틀린 것은?

① 식품 변질에 영향을 주는 영양소에는 탄소, 질소, 무기질 등이 있다.
② 수분활성도에 따른 부패 미생물의 빠른 증가 순서는 세균>효모>곰팡이이다.
③ 잘 증식하는 온도에 따라 저온균, 중온균, 고온균으로 나뉜다.
④ 효모와 곰팡이는 알칼리성에서, 세균은 산성에서 잘 증식한다.

답 ④
해 효모와 곰팡이는 pH 4~5 산성에서, 세균은 pH 6.5~7.5 중성에서 잘 증식한다.

35 식품의 변질에 영향을 주는 인자 중 산소에 따른 균의 연결로 알맞은 것은?

① 호기성균-산소가 없어야만 증식
② 혐기성균-산소가 없어도 증식할 수 있지만 있으면 더 잘 증식
③ 통성혐기성균-산소가 있어도, 없어도 잘 증식
④ 편성혐기성 균-산소가 반드시 있어야만 증식

답 ③

해
- **호기성 균(산소가 있어야 증식)**: 곰팡이, 효모, 바실러스, 방선균
- **혐기성균(산소가 없어야 증식)**: 낙산균, 클로스트리디움
- **통성혐기성(산소유무 상관없이 증식)**: 젖산균, 효모
- **편성호기성(산소가 없어도 증식하고, 있으면 더 잘 증식)**: 보톨리누스균, 웰치균
- 편성혐기성 증식(산소가 있으면 생육할 수 없는 세균)

36 식품의 부패를 판정하는 방법 설명으로 틀린 것은?

① 눈, 코, 입 등의 감각기관을 이용한 관능적 검사가 있다.
② 식품의 부패 판정법에는 관능검사, 물리적 검사, 미생물학적 검사만 있다.
③ 미생물학적 검사에서 1g당 초기부패는 10^7로 나타낸다.
④ 식품의 점성, 탄력성, 경도 등을 측정하는 방법인 물리적 검사가 있다.

답 ②

해 식품의 부패 판정법에는 관능검사, 물리적검사, 미생물학적 검사, 화학적 검사가 있다.

37 사람과 동물이 같은 병원체에 의해 발병하는 질병은?

① 인수공통감염병 ② 식중독
③ 경구감염병 ④ 세균성 감염병

답 ①

38 식중독 예방의 3대 원칙이 아닌 것은?(보건복지부 공지 내용)

① 예방접종 ② 끓여먹기
③ 익혀 먹기 ④ 손 씻기

답 ①

39 다음은 어떤 식중독과 관련이 있는 내용인가?

- 타원형의 간균이다.
- 청산가리, 폴로늄보다도 독한 자연계 최고의 맹독이라서 사망률이 높은 세균이다.
- 신경독소인 뉴로톡신을 생산한다.
- 신경마비 증상을 보이며, 사망률 50%의 치사율로 매우 위험한 균이다.
- 가정에서 만든 통, 병조림, 훈제 및 진공 포장 어류, 구운 감자 등에서 생기며 특히 통조림이 대표적이다.
- 100도 이상의 온도에서 20분 이상의 가열을 하면 예방할 수 있다.

① 포도상구균 ② 보툴리누스균
③ 노로바이러스 ④ 병원성 대장균

답 ②

40 병원균에 열을 이용한 물리적인 방법 또는 약품에 의한 화학적 방법을 시행하여 전염병의 전염을 방지하기 위해 원인균만 제거하며 미생물은 남아있는 것은 무엇인가?

① 살균 ② 소독
③ 방부 ④ 멸균

답 ②

해
- **멸균**: 비병원균, 병원균 등의 미생물을 아포까지 사멸시켜 무균상태로 만들며, 물체의 표면 또는 그 내부에 분포하는 모든 세균을 완전히 죽이는 것
- **살균**: 미생물에 물리적 화학적 자극을 가하여 미생물의 세포를 사멸시키는 것
- **소독**: 병원미생물의 생활을 파괴하여 감염력을 약화시키는 것
- **방부**: 미생물의 증식을 억제하고 식품의 부패나 발효를 방지하는 것

41 식품위생의 정의에 대한 설명으로 틀린 것은?

① 식품이란 식품, 식품첨가물, 기구 또는 용기포장을 대상으로 하는 음식에 관한 위생을 말한다.
② 식품이란 의약으로 섭취하는 것을 포함한 모든 음식물을 말한다.
③ 식품으로 인한 위생상의 위해를 방지하고, 식품영양의 질적 향상을 도모함으로써 국민 보건의 증진에 이바지하는 것을 목적으로 한다.
④ 식품 취급시설에 대해서 식품위생법으로 정해진 시술기준을 따르고 관리하는 것은 영업자의 의무이다.

답 ②

해 식품이란 의약으로 섭취하는 것을 제외한 모든 음식물을 말한다.

42 HACCP(위해요소중점관리기준)에서 HA(위해요소) 가 아닌 것은?

① 화학적 위해요소-중금속, 잔류농약, 사용금지된 식품첨가물
② 생물학적 위해요소-대장균, 식중독균, 바이러스, 기생충
③ 물리적 위해 요소-인체를 손상시킬 수 있는 금속, 유리, 돌 등
④ 설비적 위해 요소-설비기계의 작업으로 인한 소음과 미세먼지

답 ④

43 HACCP 도입으로 인한 효과가 아닌 것은?

① 집중된 위생관리와 체계적인 위생관리 체계의 구축
② 위생관리의 효율성 도모
③ 품질안전 비용감소
④ 비능숙 작업자의 최단시간 투입으로 인한 비용절감

답 ④

44 식중독에 관한 조사 보고(법 제86조, 시행령 제59조) 관련 시장, 군수, 구청장이 하여야 할 조사로 맞지 않는 것은?

① 식중독의 원인이 된 식품 등과 환자 간의 연관성을 확인하기 위해 실시하는 설문조사
② 섭취 음식 위험도 조사 및 역학적 조사
③ 식중독 환자나 식중독 의심이 되는 자의 혈액, 배설물 또는 식중독 원인균 즉시 폐기 및 소독
④ 식중독의 원인이 된 식품 등의 오염경로를 찾기 위하여 실시하는 환경조사

답 ③
해 식중독 환자나 식중독 의심이 되는 자의 혈액, 배설물 또는 식중독 원인이라고 생각되는 식품 등에 대한 미생물학적 또는 이화학적 시험에 의한 조사

45 쌀뜨물 같은 음료수의 오염으로 설사를 유발하는 경구 전염병의 원인균은?

① 포도상구균 ② 장염비브리오균
③ 콜레라균 ④ 살모넬라균

답 ③
해 음료수의 오염으로 수인성 감염병이 발병하며, 수인성 감염병에는 1군 감염병에 해당하는 장티푸스, 파라티푸스, 콜레라, 세균성 이질 등이 있다.

46 우리나라 지방 중에서 떡이 매우 큼직하고 소담한 지방은 어디인가?

① 경상도 ② 평안도
③ 제주도 ④ 경기도

답 ②

47 떡을 일컫는 한자어로 내용이 잘못 설명된 것은?

① 유병 : 기름에 지진 것
② 자 : 쌀을 쪄서 치는 것
③ 혼돈 : 찰가루를 쳐서 둥글게 만들어 가운데에 소를 넣는 것
④ 이(餌) : 한 대 이후 밀가루로 만들어진 떡

답 ④

해 • 이(餌) : 밀가루 이외의 곡분을 그대로 시루에 넣어서 찐 떡
• 병(餠) : 한 대 이후 밀가루로 만들어진 떡

48 우리 민족은 삼국시대 이전의 유적에서도 시루와 같은 유적들이 발견되어, 삼국이 성립되기 전 부족국가 시대부터 떡을 먹기 시작했을 것으로 추정하는 근거가 잘못 연결된 것은?

① 황해도 봉산 신석기 유적지의 갈돌
② 경기도 북변리와 동창리(무문토기시대)의 돌확
③ 함경북도 나진 초도 조개더미 시루
④ 황해도 봉산 신석기 유적지의 맷돌

답 ④

49 「규합총서」에 '그 맛이 좋아 차마 삼키기 아까운 떡'이라는 표현이 기록된 떡은?

① 상애떡 ② 석탄병
③ 혼돈병 ④ 승검초편

답 ②

50 찹쌀가루, 승검초가루, 후춧가루, 계핏가루, 꿀, 잣 등을 사용하여 오늘날 두텁떡과 비슷하게 찐떡은?

① 혼돈병 ② 석탄병
③ 승검초편 ④ 기단가오

답 ①

51 조선시대 떡에 대해 잘못 설명한 것은?

① 다양한 곡물을 배합하거나 부재료로 꽃이나 열매나 향신료를 이용하기 시작하였다.
② 농업기술과 음식의 조리방법, 가공 및 보관기술이 발전한 시기이다.
③ 혼례, 빈례, 제례 등 각종 행사와 연회에 필수적인 음식으로 자리 잡았다.
④ 불교가 번성함에 따라 차와 떡을 즐기는 풍속이 유행하였다.

답 ④

해 불교의 번성으로 상류층을 중심으로 떡을 즐긴 시기는 고려시대이다.

52 지지는 떡에 대한 설명으로 틀린 것은?

① 지지는 떡은 주로 찹쌀가루를 사용하였다.
② 지지는 떡은 주로 날반죽을 하였다.
③ 지지는 떡으로 전병, 화전, 주악, 부꾸미 등이 있다.
④ 1849년 「동국세시기」에서는 녹두가루를 사용하였으며 두견화, 장미화, 국화 등의 꽃과 꿀을 사용하였다.

답 ②
해 지지는 떡은 주로 찹쌀로 익반죽을 하였다.

53 다음 중 절일과 절식의 연결이 틀린 것은?

① 중양절 - 국화전　② 상달 - 시루떡
③ 칠석 - 떡수단　④ 정월대보름 - 약식

답 ③

54 떡과 의미가 잘못 연결된 것은?

① 오색송편 - 다섯 가지의 재능을 갖기 위해 열심히 공부하라는 독려의 의미
② 무지개떡 - 다양한 재능과 많은 복을 받으라는 의미
③ 붉은팥수수경단 - 붉은색으로 액을 막아준다는 의미
④ 인절미 - 부부가 찰떡처럼 좋은 금슬을 가지고 살라는 의미

답 ①

55 고려시대의 떡에 관한 내용이 담긴 책으로 바르지 않은 것은?

① 지봉유설　② 목은집
③ 해동역사　④ 음식디미방

답 ④
해 「음식디미방」은 우리나라 최초의 한글 조리서이다.

56 절식으로 느티떡(유엽병)과 장미화전을 먹었던 날은?

① 단오　② 삼짇날
③ 유두　④ 석가탄신일

답 ④

57 제례에 올리는 떡의 고물로 적절하지 않은 것은?

① 흑임자고물　② 녹두고물
③ 붉은팥고물　④ 거피팥고물

답 ③
해 붉은색은 귀신을 물리친다는 의미를 갖고 있는데 조상신에게 좋지 않을 거라 생각하여 붉은색 팥고물을 사용하지 않았다.

58 책례 때에 오색송편을 속이 꽉 찬 것과 빈 것 두 종류로 나누어 만들었다. 그 의미가 바르게 연결된 것은?

① 속이 꽉 찬 것 - 학문적으로 성과를 이루다.
속이 빈 것 - 자만하지 말고 마음을 비워 겸손하라
② 속이 꽉 찬 것 - 인성면에서 속이 꽉찬 사람이 되어라.
속이 빈 것 - 새로운 지식을 받아들이기 위해 머리를 새롭게 비우라는 뜻
③ 속이 꽉 찬 것 - 배를 든든히 채우라는 뜻.
속이 빈 것 - 학문에 대한 열망을 더 갖길 바라는 뜻
④ 속이 꽉 찬 것 - 학문적으로 성과를 이루다.
속이 빈 것 - 책을 다 보지 못한 아이에게 주는 떡

답 ①

59 충청도의 향토떡 설명으로 틀린 것은?

① 양반과 서민의 떡을 구분하였다.
② 대표적인 떡으로는 증편과 해장떡이 있다.
③ 증편은 반죽한 멥쌀가루를 막걸리로 발효시켜진 떡이다.
④ 해장떡은 하얗게 찐 인절미인데 국밥에 넣어 밥 대신 먹는 떡이다.

답 ④
해 해장떡은 손바닥만 한 인절미에 팥고물을 묻혀 먹는 떡이다.

60 무시루떡의 다른 이름은?

① 빙떡 ② 주악
③ 나복병 ④ 율고

답 ③

떡 제 조 기 능 사 실 기

PART 6

시험에 필요한 기본상식 및 준비사항

Chapter 1

수험자의 지참도구

01 지참준비물 목록

순번	재료명	규격	단위	수량	비고
1	가위	가정용	EA	1	조리용
2	계량스푼	-	SET	1	재질, 규격, 색깔 제한 없음
3	계량컵	200ml	EA	1	재질, 규격, 색깔 제한 없음
4	나무젓가락	30-50cm 정도	SET	1	
5	나무주걱	null	EA	1	
6	냄비	-	EA	1	
7	뒤집개	-	EA	1	요리할 때 음식을 뒤집는 기구 (뒤지개, 스파튤라, 터너라고 통용됨)
8	면장갑	작업용	켤레	1	
9	볼(bowl)	-	EA	1	스테인리스볼/플라스틱재질 가능, 대중소 각 1개씩(크기 및 수량 가감 가능, **예시** : 중2개와 소2개 지참 가능)
10	비닐	50×50cm	EA	1	재료 전처리 또는 떡을 덮는 용도, 다용도용으로 필요량 만큼 준비
11	비닐장갑	null	켤레	5	일회용 비닐 위생장갑, 니트릴 라텍스 등 조리용 장갑 사용 가능
12	소창 또는 면보	30×30cm 정도	장	1	
13	솔	소형	EA	1	기름 솔 용도
14	스크레이퍼	150cm 정도	EA	1	재질, 크기, 색깔 제한 없음(제과용, 조리용 스크레이퍼, 호떡누르개, 다용도 누르개 등 가능)
15	신발	작업화	족	1	세부기준 참고
16	위생모	흰색	EA	1	세부기준 참고
17	위생복	흰색(상하의)	벌	1	세부기준 참고(실험복은 위생 0점처리 됨)
18	위생행주	면, 키친타올	EA	1	
19	저울	조리용	대	1	g 단위 측정 가능한 것, 재료 계량용

순번	재료명	규격	단위	수량	비고
20	절구공이	조리용	EA	1	나무밀대, 방망이 (크기와 재질 무관, 공개문제 참고하여 준비)
21	접시	조리용	EA	2	수량, 크기, 재질, 색깔 제한 없음
22	찜기	대나무 찜기, 외경 기준 지름 25×내경 기준 높이 7cm 정도, 오차범위 ±1cm	SET	2	물솥, 시루망(면보, 실리콘 패드) 및 시루 일체 포함 1개만 지참하고 시험시간내 세척하여 사용하는 것도 가능(단, 시험시간의 추가는 없음)
23	체	null	EA	1	경단 건지는 용도, 직경 20cm 냄비에 들어갈 수 있는 소형 크기
24	체	null	EA	1	재질무관(스테인리스, 나무체 등) 28×6.5cm 정도의 중간체, 재료 전처리 등 다용도 활용
25	칼	조리용	EA	1	
26	키친페이퍼	null	EA	1	키친타올
27	후라이팬	-	EA	1	시험장에 후라이팬 구비되어 있음. 필요 시 개인용으로 지참 가능
28	절구	-		1	재질, 규격, 색깔 제한없음
29	원형틀	-		1	바람떡 용도 지름 5.5cm

■ 지참준비물 상세 안내

※핀셋, 계산기는 필수적인 조리용 도구가 아니므로 사용 금지

※길이(cm) 부피(mL) 측정용 눈금이 표시된 조리 도구 사용 허용

-눈금칼, 눈금도마, 계량컵, 계량스푼 등의 사용이 가능하나, 눈금이 표시된 조리도구가 필수적인 준비물은 아님을 참고

-단, '자, 몰드, 틀' 등과 같이 기능 평가에 영향을 미치는 도구 또는 비조리도구는 사용 금지(쟁반이나 그릇 등을 몰드 용도로 사용하는 경우는 감점)

-지참 준비물 외 개별 지참한 도구가 있을 경우, 시험 당일 감독위원에게 사용 가능 여부를 확인 후 사용, 감독위원에게 확인하지 않고 개별 지참한 도구 사용 시 점수에 불이익이 있을 수 있음에 유의

※시험장내 모든 개인 물품에는 기관 및 성명 등의 표시가 없어야 함

※준비물별 수량은 최소 수량을 표시한 것이므로 필요 시 추가 지참 가능

※종이컵, 호일, 랩, 종이호일, 1회용 행주, 수저 등 일반적인 조리용 도구 및 소모품은 필요 시 개별 지참 가능

※타이머를 포함한 시계 지참은 가능하나, 시험 중 다른 수험자에게 방해가 되지 않도록 유의

-개인용 시계, 타이머 지참 시 무음·무진동으로 사용하여야 하며, '알람기능, 소리, 진동' 금지

-손목시계를 착용하는 것은 이물 및 교차오염 방지를 위해 착용 제한(착용 시 감점)

※'뒤집개' 상세 안내

-뒤집개는 요리할 때 음식을 뒤집는 일반적인 조리도구임

-둥근 원판(지름 20-30cm 정도의 아크릴, 플라스틱 등 식품제조 부적합/미확인 재질)은 사용 금지(상세사항은 '큐넷 > 자료실> 공개문제' 참고)

02 수험자 지참도구

1) 스크레퍼

① 스크레퍼는 일반적으로 플라스틱과 스텐 재질 두 가지로 나뉘며, 플라스틱도 두 가지 디자인이 있다.

② 아래와 같은 두 가지 디자인 중 나에게 편안한 제품을 사용하면 되는데, 보통은 끝이 둥근 것보다는 사다리꼴 모양을 더 많이 사용한다. 하지만, 둥근 것만 있다고 굳이 사다리꼴을 더 추가 구매할 필요는 없다.

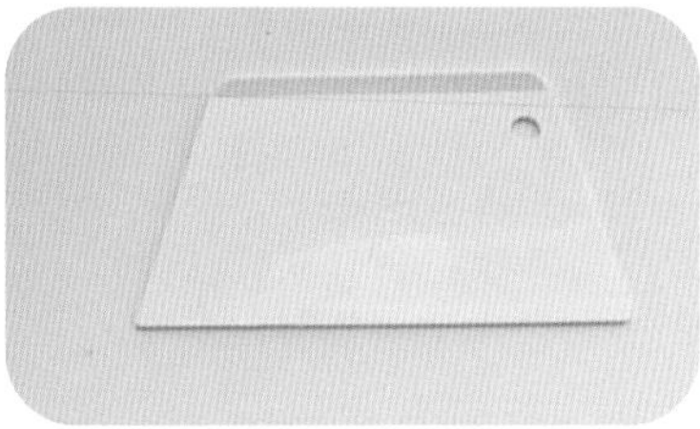

사다리꼴 스크레퍼

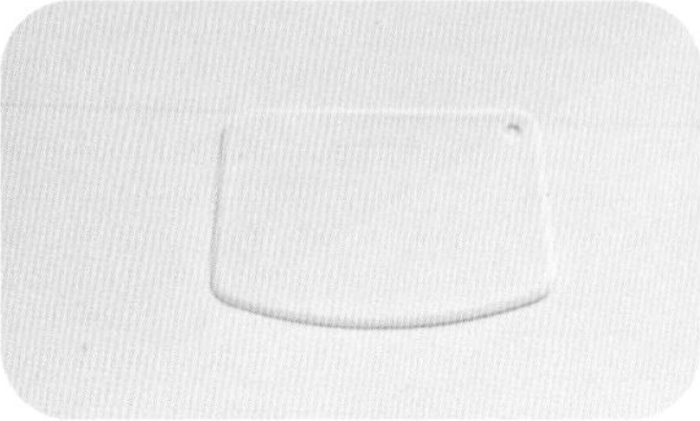

둥근 스크레퍼

스텐 스크레퍼

③ 사다리꼴 모양의 경우 쌀가루를 찜기에 넣어 평평하게 하는 평탄화작업을 할 때, 경단반죽이나 송편반죽을 적당한 크기로 자르거나 나눌 때 사용한다.

④ 검색을 해서 구매할 경우 '베이킹 스크래퍼(=베이킹 스크레퍼)'라고 하면 잘 검색이 되며, 기본적으로 500원~1,000원 사이의 제품으로도 충분하다.

✓ 쌀가루를 찜기에 넣는 부분에서 스크레퍼의 각도와 사용법에 대해 한번 더 자세히 안내가 된다(평탄화하는 모습 258page).

2) 계량컵

① 계량컵은 스텐재질이 일반화되어 있다. 물을 가득 채웠을 때 200ml/200g이 들어간다.

② 유리 재질, 플라스틱 재질, 투명한 재질 등 다양한 종류가 있지만, 떡을 만들 때 그리고 제과제빵 시험장에서는 주로 스텐재질을 사용한다.

3) 계량스푼

① 15cc, 5cc 표시만 있는 양면용 계량스푼이 좋다.

② 계량스푼의 재질관련 스텐이어야 한다거나, 플라스틱은 안 된다거나 하는 기준은 없다.

③ 액체류를 계량할 때는 상관없지만, 조금 딱딱하다 싶은 재질을 계량할 때 초보자가 흔히 하는 실수가 있다. 바로 넓은 디자인의 계량스푼에 좀 더 많이 쌓아올려 계량에 오차가 생기는 실수이다. 그래서 초보자에게는 넓적한 것보다는 동글고(아이스크림 스쿱)처럼 깊게 파여 있는 것을 더 추천한다.

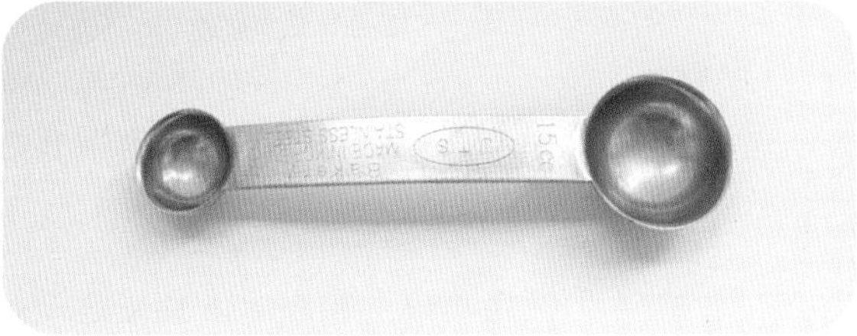
둥근 스타일

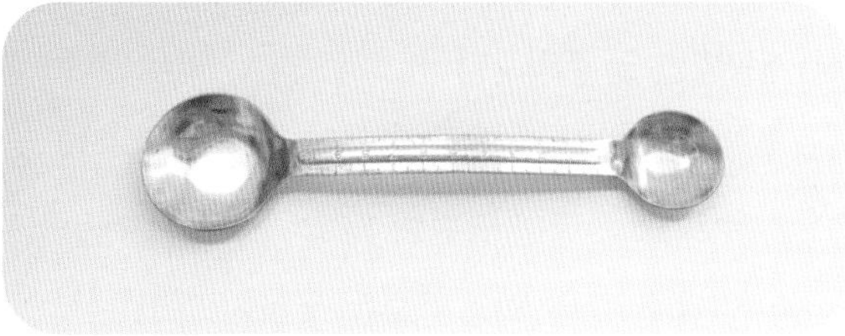
넓은 스타일

④ 계량에 대한 이야기가 나온 만큼, 계량 시 주의사항과 계량하는 방법에 대해 잠시 공부하고 넘어가도록 하자.

(1) 재료의 계량

① **계량도구**

(ㄱ) **전자저울**: 중량을 측정하는 기구이다. g/kg으로 표시한다.

사용할 때, 저울이 평평하고 단단한 곳에 놓여있고 수평이 맞는지 확인한다.

저울을 사용할 경우 0점을 먼저 확인한 후 용기를 올린 뒤에 다시 0점을 맞춘 후 재료를 올려 계량을 한다.

저울의 범위가 무게를 재고자 하는 범위에 맞는 저울인지 확인한다. 예를 들어 3kg까지 가능한 저울에 3kg 초과 무게를 재지 않아야 하며, 소수점 자리까지 신경써야 한다면 소수점 계량이 가능한 저울을 이용한다.

(ㄴ) **계량컵**: 계량컵(1C)의 용량은 200ml이며, 가득 계량할 때는 계량컵의 높이만큼 채운 후 깎아서 계량한다.

② **계량스푼**: 계량스푼은 양념 등의 부피를 측정하며 Ts(Table spoon, 큰 술), ts(tea spoon, 작은 술)로 표시한다.

③ **시간**: 조리시간을 측정할 때 사용하며 스톱워치, 타이머 등이 있다.

계량컵

계량스푼

타이머

④ 계량방법 및 주의사항

(ㄱ) 가루상태의 식품인 밀가루, 쌀가루, 백설탕 등은 누르지 말고 수북이 담은 후, 편편한(밀대 등) 것으로 수평으로 밀며 평면이 되도록 깎아서 계량을 한다.

(ㄴ) 밀가루 같은 고운 가루는 누르지 말고 수북하게 담은 후 흔들지 말고 수평으로 평면이 되도록 깎아서 계량한다(흔들 경우에는 가루 사이사이가 메워져 더 많이 계량이 된다).

(ㄷ) 쌀알, 콩알같은 경우는 가득 담아 살짝 흔들어 표면 평면이 되도록 깎아서 계량한다.

(ㄹ) 액체식품은 투명 계량컵에 담아 계량하며, 눈높이와 수평을 맞춘 후 눈금을 읽는다.

(ㅁ) 양이 적은 액체식품은 계량스푼을 이용하여 계량한다.

(ㅂ) 고체(버터, 마가린 등) 식품의 경우에는 부피보다는 무게(g)을 재는 것이 정확하다.

(ㅅ) 계량컵이나 계량스푼에 잴 때는 재료를 실온에 두어 약간 부드럽게 한 뒤 공간없이 채워서 표면을 평면으로 깎아서 계량한다.

(ㅇ) 흑설탕, 잼 등처럼 끈적거리는 성질이 있는 식품은 계량컵에 빈 공간 없이 눌러 담아 평면이 되도록 계량한다.

⑤ 계량단위

계량도구	표기형식(줄임표시)	mL(CC)	g 변환
1컵	1Cup(1C)	물 200ml	물 200g(=13큰술+1작은술)
1큰술	1Table spoon(1Ts)	물 15ml	물 15g(=3작은술)
1작은술	1tea spoon(1ts)	물 5ml	물 5g
1온스	1oz : ounce	30cc	약 28.35g
1파운드	1lb	453.6g	
1쿼터	1quart	32온스=946.4mL	

물은 ml와 g의 수치가 동일하며, 물을 제외한 제품은 ml와 g이 같지 않은 것이 대부분이다.

✓ 스테인리스 제품 세척 방법에 대해 알아보자

새로 구매한 스테인리스 제품의 경우 첫 세척이 매우 중요하다. 세척을 꼭 해서 사용하기 시작해야 한다.

01 처음 사용 시 키친타올에 식용유를 묻혀 제품 구석구석 연마제(검은 그을음)가 거의 나오지 않을 때까지 반복해서 닦아준다.

02 베이킹소다와 식초를 1 : 1 혹은 2 : 1로 섞어 부드럽게 키친타올로 다시 한 번 닦아준다.

03 세척 후 식초를 살짝 넣은 물에 제품을 담가 중불에서 한번 끓여준다.

04 한번 끓인 스테인리스 제품은 중성세제(설거지할 때 사용하는 기본세제)로 세척을 한다.

05 물기를 깨끗하게 제거한 후에 보관을 해주어야 오래 사용이 가능하다. 이때 물기제거를 하지 않고 보관 시 얼룩이 생길 수 있다.

06 스테인리스는 조리를 하며 쉽게 얼룩이 생길 수 있다. 이때는 다시 2번부터 시작해서 세척보관을 하여 사용한다. 만약 소독이 다 되고나서 얼룩이 생긴 경우 아세트산나트륨이라는 흰색의 결정이 생긴 것일 수 있다. 이때는 구연산을 넣고 살짝 끓이면 없앨 수 있다.

4) 기름솔

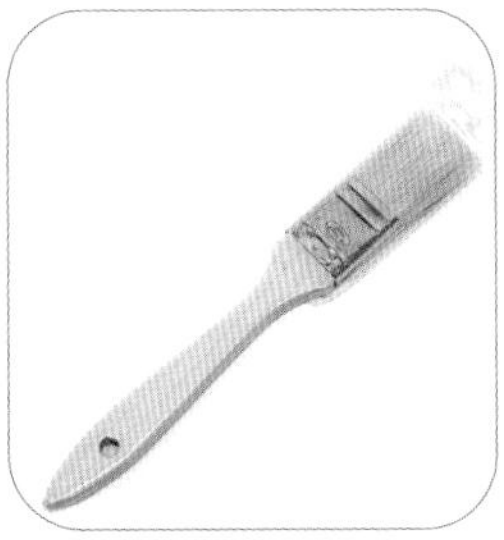
돈모 기름솔

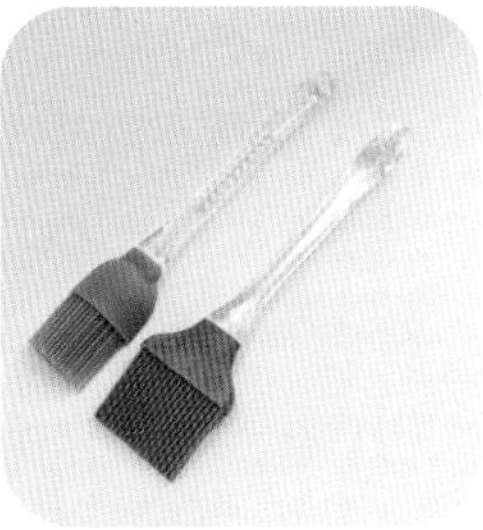
실리콘 기름솔

① 검색을 할 경우 기름솔보다는 '제빵기름솔', '오일브러쉬'로 검색하면 좀 더 쉽게 찾을 수 있다. 기름솔은 흔히 돈모를 사용한 우드핸들로 제작된 제품과 실리콘 재질로 나뉜다.

② 제빵 쪽에서는 보통 돈모를 사용한 우드핸들 오일브러쉬를 사용하며, 떡제조기능사에서는 송편에 참기름을 바르는 용도로 사용되므로 재질의 결이 부드럽다면 두 가지가 모두 사용 가능하다.

③ 개인적으로 깨끗이 빨아 바짝 말려주어야 하는 우드핸들 오일브러쉬보다는, 삶아서 쉽게 세척이 가능한 실리콘 재질을 더 추천한다.

5) 행주

① 준비사항에 1개라고 되어있지만, 보통 추가로 3개 이상을 가져갈 것을 권한다.

② 하나를 계속 빨아서 사용하는 것도 좋지만, 넉넉하게 돌려가며 계속적으로 조리대를 깨끗하게 유지하는 것이 바람직하다(조리대 청결도도 점수에 들어간다).

③ '색이 있는 행주(핑크색, 파랑색)는 감점요인이다. 감점요인이 아니다' 두 가지의 의견이 분분한 만큼, 굳이 감점유무 이야기가 나오는 제품을 가지고 가기보다는 하얀색 면행주로 깨끗하게 삶아 바짝 말린 후 잘 접어서 가지고 가는 것이 좋다.

6) 위생복

상의

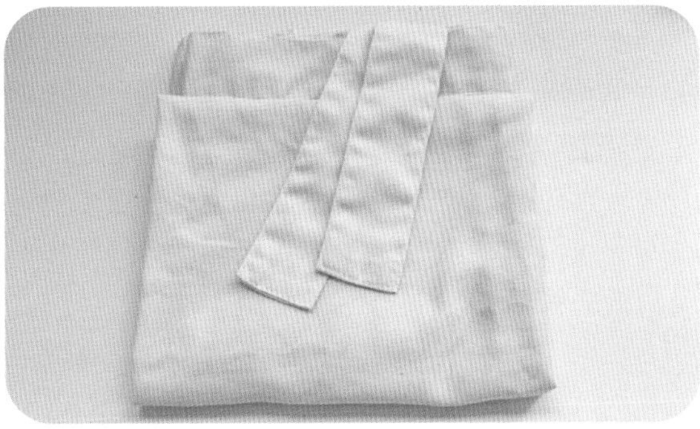
앞치마(하의대체)

① 흰색 상하의가 규격이다. 그러나 흰색하의(흰색바지)는 흰색앞치마로 대체 가능하다. 하지만 화상 등의 안전사고 방지를 위하여 하의를 대체한 흰색 앞치마 안의 하의가 반바지이거나 짧은 치마 등 부적합한 복장일 경우는 감점처리된다.

② 기관 및 성명 등의 표식이 없어야 하는데, 부득이하게 그 옷만 있는 경우에는 시험장에 비치된 청테이프를 떼어 표식부분을 가려주면 되니 너무 큰 걱정을 하거나 새로 구매할 필요는 없다.

③ 흰색 앞치마 안에는 베이지색 면바지나 깔끔한 검정 면소재의 바지를 입는 것을 추천한다.

④ 개인적으로 찢어진 청바지나 매우 짧은치마 등 상식적으로 덜 안전해 보이고, 덜 단정해 보이는 옷은 감점대상이 될 수 있다.

⑤ 더불어 위생복이 너무 지저분하거나 소매 혹은 목 부분의 늘어짐이 심할 경우에는 위생 점수부분에서 감점이 될 수 있다.

⑥ 깨끗하게 빨고 다림질하여 시험장에 착용하시길 바란다.

⑦ 사이즈가 너무 큰 옷 혹은 너무 작아서 시험을 볼 때 불편해 보이는 사이즈가 아닌 정사이즈로 알맞게 착용하길 바란다.

7) 위생장갑(면장갑)

수험자 지참도구 상세에 보면 면장갑으로 명시가 되어 있으며 이유는 안전과 화상방지 용도로 되어있다. 사실상 떡을 실제로 다루는 사람들은 면장갑보다는 실리콘 재질로 안전하고 위생적이며 안감은 면으로 되어 있는 설탕공예장갑을 많이 사용하고 있다. 하지만, 시험장 지참도구에 면장갑으로 되어있으니 우리는 면장갑을 준비해 가도록 한다. 만약, 추후 공지사항이 바뀌어서 실리콘 공예장갑도 가능해지면 이 장갑으로 더 추천한다.

설탕공예장갑(불가능)

면장갑(가능) : 뜨거움 방지적음

면장갑(가능) : 위생상태주의

✓ Tip

면장갑을 끼고 쇠머리찰떡을 치댈 때 면에 떡이 순간 들러붙는 경우가 생길 수 있다.
이를 방지하기 위해 면장갑 위에 비닐장갑을 한 겹 더 덧대고 팔목에 고무줄 한 개씩 끼워서 비닐장갑이 움직이지 않게 고정하여서 사용하면 좋다. 그러면 화상방지도 되고, 떡이 손에 묻었을 때에도 깨끗하고 위생적으로 떼어낼 수 있다.

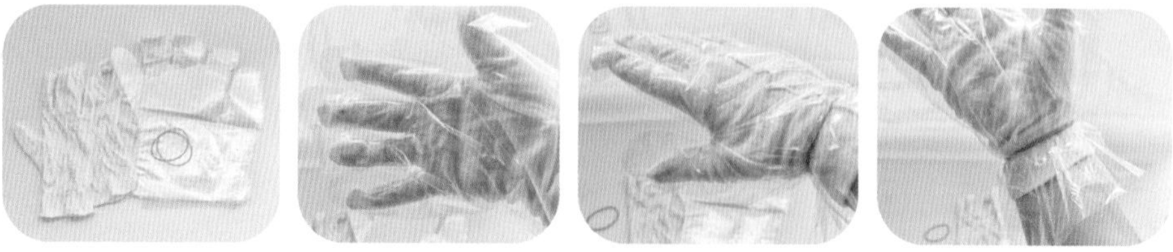

면장갑 착용을 조금 더 위생적으로 사용하는 방법

8) 위생장갑(비닐장갑 5set)

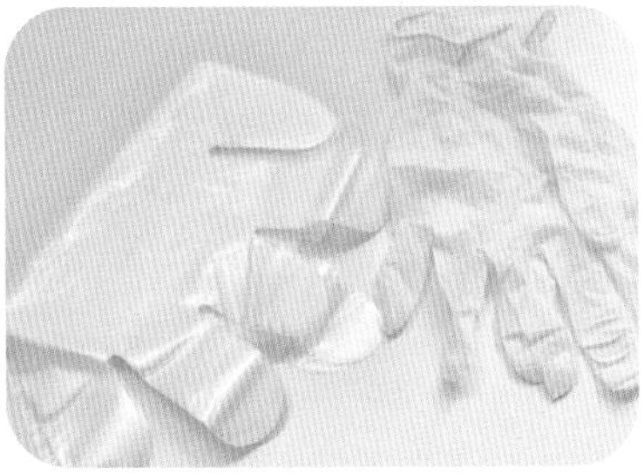

① 일회용 비닐 위생장갑, 니트릴, 라텍스 등 조리용장갑 사용 가능하다.
② 예전에는 대형마트에서만 구매가 가능했던 니트릴, 라텍스 장갑이 요즘은 쉽게 소형 마트에서도 구매가 가능하다. 5세트 맞추어 준비한다.

9) 위생모

흰색이어야 하고, 기관 및 성명 등의 표식이 없을 것(이것 또한 표식이 있을 경우 시험장 대기실에 있는 청테이프로 가리고 들어가면 된다). 흰색 머릿수건으로 대체 가능하다. 일반 떡제조 시 사용하는 위생모, 머릿수건이 아닌 경우는 감점처리(즉, 바리스타모자, 베레모 등은 감점처리) 위생모가 아닌 흰색 비니모자, 털모자, 야구모자 등은 감점처리된다. 실제 시험장에 가보니, 모자는 약 2종을 대부분 착용하였다.

(1) 면으로 되어있고 빨아서 계속 사용가능한 면 모자(식품위생모)

① 이것은 실제 우리가 알고 있는 모자의 형태를 띄고 있고, 귀까지 가리기가 용이하다.
② 단점은 사이즈 조절이 어려운 디자인이 있어서 본인의 사이즈에 맞게 구매를 해야 한다. 장점은 여러 번 사용이 가능하다.

(2) 종이재질로 되어있는 종이모자(보통 부직포 위생모)

이 제품은 소, 중, 대 사이즈로 나뉘며 이 사이즈는 머리 둘레에 중점을 두기보다는 세로(즉, 높이 세로 길이에 초점이 맞춰져 있다) 사이즈가 클수록 더 길다고 보면 된다. 일반적으로 시험장에서는 소~중 사이즈 정도 착용하면 된다.

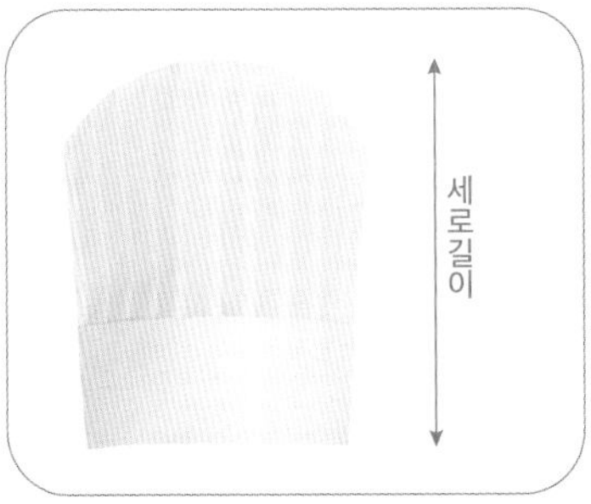

부직포 라운드 종이모자
(소 : 22cm / 중 : 27cm / 대 : 32cm)

수험자의 지참도구

부직포 위생모자 착용하는 방법

부직포 위생모 모습

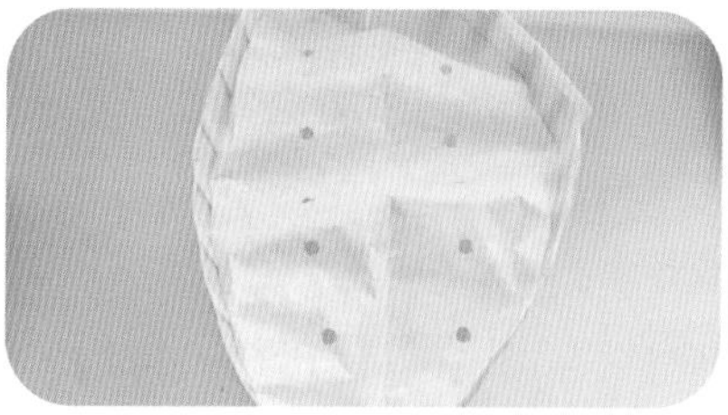
위에 구멍이 있어야 공기가 잘 통한다.

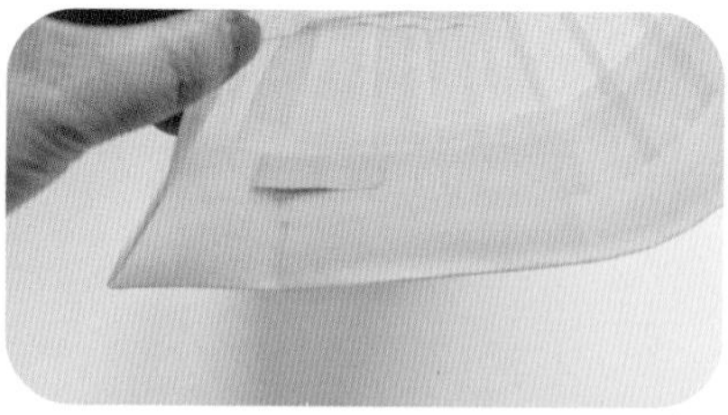
머리에 모자를 써서 사이즈를 측정하고 안쪽에 있는 양면테이프를 이용하여 고정한다.

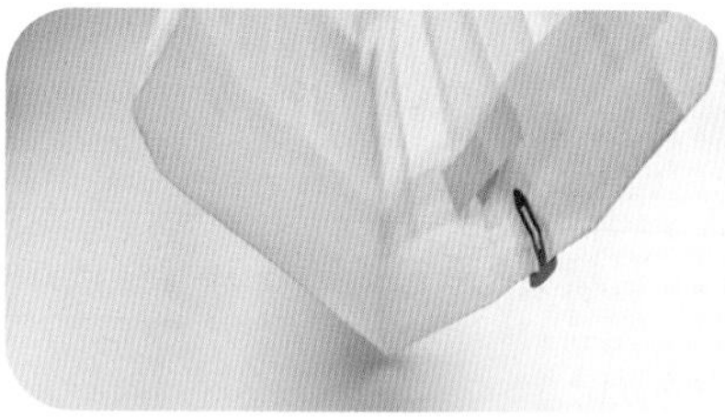
고정을 해도 불안한 경우 똑딱핀이나 실핀 등으로 추가 고정을 해주면 더욱 편안하다.

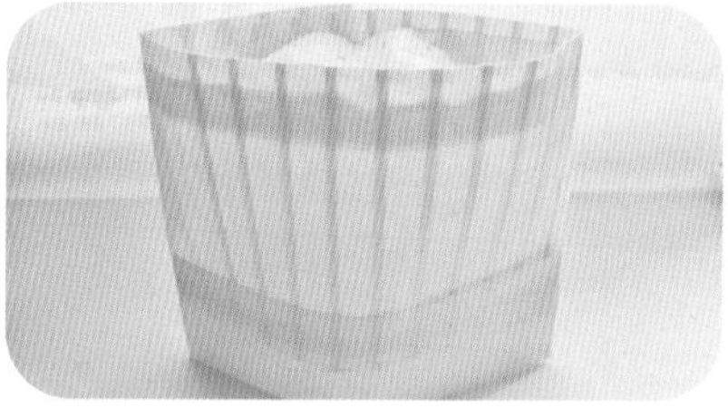
착용 시 이렇게 양면이 뾰족한 모습, 즉 가로로 착용을 하는 것이 아니다.

- 뾰족한 부분이 앞으로 오도록 착용하는 것이 올바른 착용법이다.
- 귀까지 덮어주는 것이 더욱 바람직한 착용법이다.
- 조리 중 모자가 떨어지지 않도록 잘 고정하여 준다.

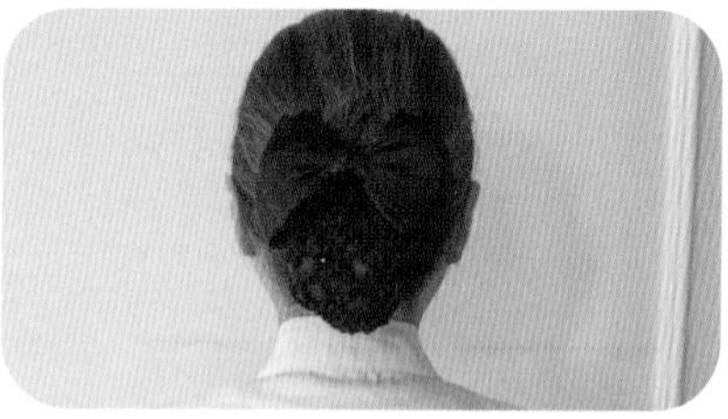
머리카락이 긴 경우에는 머리망으로 정리하여 준다.

- 모자를 써야하기 때문에 머리망은 최대한 아래로 묶어주는 것이 편하다.
- 실핀과 똑딱핀을 이용하여 모자와 머리카락을 연결하고 고정하여 준다.

- 모자는 눈썹 바로 위쪽에 맞게 써준다.
- 귀를 살짝 가려주듯 착용하는 것이 더 깔끔한 위생모 착용법이다.

10) 위생화

① 기관 및 성명 등의 표식이 없어야 한다.

② 미끄러짐 및 화상의 위험이 있는 슬리퍼류, 작업에 방해가 되는 굽이 높은 구두(하이힐), 속굽이 있는 운동화 등 떡제조 시 사용 가능한 작업화가 아닌 경우 감점처리로 공지되어 있다(작업화, 조리화, 운동화 등 가능). 즉, 한마디로 위험해 보이는 신발은 안되며, 깨끗하지 않은 신발도 안 된다.

③ 단정한 운동화도 괜찮지만 색상은 흰색이나 검정색을 추천한다.

④ 모든 조리의복의 경우, 결과적으로 화상이나 기타 위험으로부터의 보호이다. 양말도 발목 양말보다는 발목까지 덮어주는 것을 추천한다.

11) 칼(조리용)

칼은 너무 크거나 너무 작은 과도를 가져가지 않고, 일반 식칼 정도로 준비하면 된다.

① 손이 작은데 칼이 너무 클 경우 밤이나 대추를 전처리하다가 베이는 등 위험이 따르므로 본인의 손 크기에 맞는 알맞은 칼을 구매하는 것이 좋다. 그리고, 칼을 처음에 구매할 때 수납가방, 칼집이 함께 있는 것을 세트로 구매하면 더더욱 좋겠지만, 만약 수납가방이 없다면 따로 구매하여 칼은 안전하게 이동 관리하는 것이 좋다.

② 타 조리사 자격증의 경우에도(예 한식조리사) 칼 가방에 물품을 넣어 이동하며 시험장에도 칼집에 넣어 가져가야 한다.

③ 천으로 된 천 칼 가방, 가죽으로 된 가죽칼 가방, 칼집, 안전칼집 혹은 데바 칼집 등이 있다. 저렴하고 일회성으로 사용하고 싶은 경우 안전칼집을 추천한다.

④ 오래 사용하고 싶다면 저렴한 천 칼 가방이 더 안전하고 다양하게 보관이 가능하여 유용하다. 만약 천 칼 가방을 구매하게 된다면, 기본적으로 준비해야 하는 칼과 나무젓가락 등 굴러다닐 수 있는 집기를 한데모아 시험장에 갈 수 있다.

12) 대나무 젓가락(40~50cm)

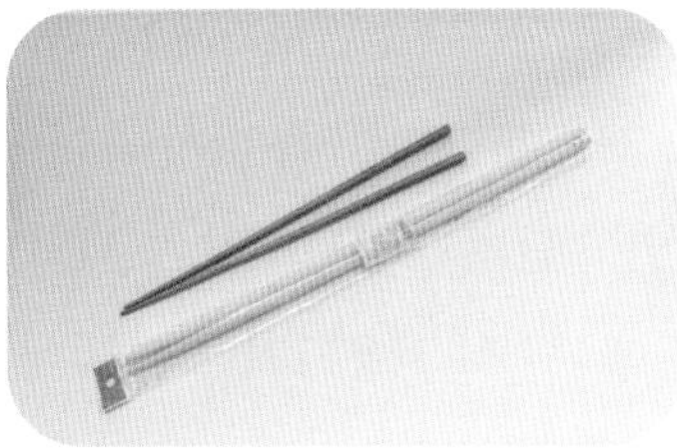

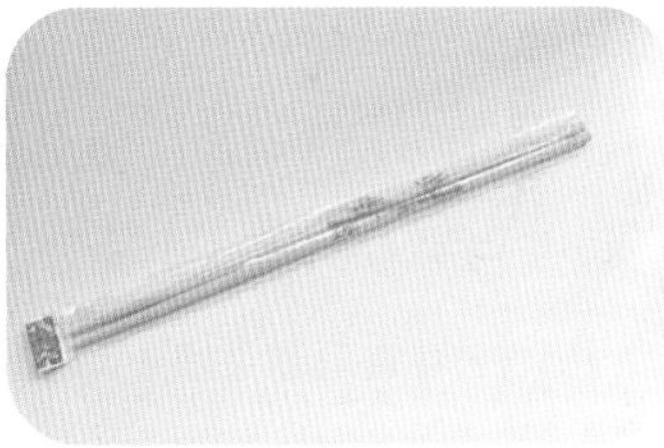

① 경단을 물에 넣고 살짝 저어줄 때 사용하거나, 추후 시험기출 문제로 제공될 수도 있는 튀기는 떡, 지지는 떡류에서 사용될 가능성이 있다.

② 깨끗한 대나무 젓가락으로 40~50cm로 준비하라고 되어있는데 시중에 45cm의 대나무 젓가락이 무난한 편이다.

13) 나무주걱

① 나무주걱의 경우 추후 시험문제가 될 수 있는 고물류 만들기에서 사용될 가능성이 높다.

② 고물류를 만들 때 수분을 날려주거나 살짝 볶아서 사용되는 고물류 만들 때 사용될 듯하다.

14) 뒤집개

① 화전류, 부꾸미류에서 사용하는 뒤집개이다.

② 나무도 좋지만, 실리콘 재질을 추천한다.

15) 면보(30×30cm)

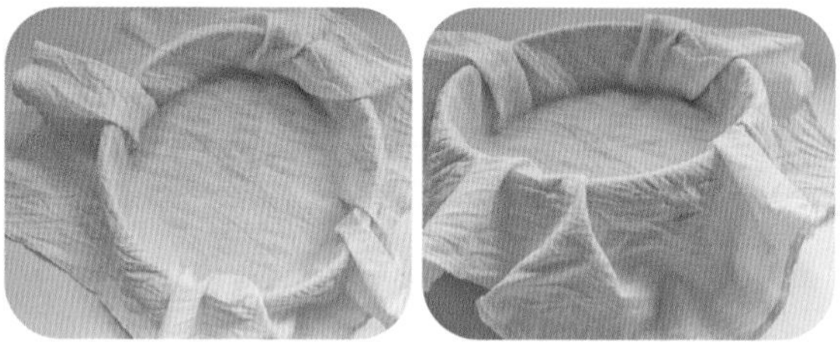

① 가로×세로 30cm 사이즈를 준비하도록 안내되어 있다.

② 크기가 정해져 있지만 혹시 찜기를 지름 25cm를 사용하지 않고 조금 더 큰 찜기를 사용한다면, 그에 맞춰 면보도 조금 더 큰 45×45cm 정도를 준비하는 것이 좋다.

③ 찜기에 면보가 충분히 덮어주지 않는다면, 찹쌀 떡류의 경우 나무찜기에 붙어 제품을 완성하기가 어려워질 수 있다.

④ 더불어 면보가 너무 큰 경우에는 화구(불)에 면보가 닿아 화재사고가 일어나거나, 찜기 위로 깨끗하게 묶는다 하더라도, 제품을 완성 및 제출할 때 매듭을 다시 풀어야 하는 경우가 많다. 그리고 면보가 크면 매듭이 너무 두꺼워져서 뚜껑을 열고 닫기가 불편해질 수 있다.

⑤ 면보는 찹쌀류를 찔 때 시루밑 대신으로 사용되거나, 뚜껑에 묶어 물 떨어짐 방지용으로 사용된다. 대나무 찜기의 경우 1회 사용 시에는 물 떨어짐이 거의 없으나, 2회 이상 사용 시에는 물 떨어짐이나 노란 물이 베어 나오는 경우가 있으므로 여유롭게 2개 정도 준비해 가는 것이 좋다.

✓ '물떨어짐'이란 무엇인가요?

여러분, 물 넣은 냄비를 뚜껑을 닫고 불에 올려보세요.
물이 팔팔 끓으면 수증기가 뚜껑에 맺히고 다시 뚝뚝 떨어져 내려옵니다. 그렇죠?
찜기 중에서 스텐찜기의 경우 뚜껑이 유리입니다. 그래서 수증기가 쭉쭉 올라가서 가운데 맺혀있던 물방울이 떡 윗면에 뚝뚝 떨어집니다.
떨어진 물에 떡이 젖어 절편처럼 윗면이 투명해지거나, 원하는 수분량으로 제품이 나오지 않을 수 있습니다. 그래서 스텐찜기의 경우 떡을 보호하기 위해 반드시 잘 마른 면보(면보자기)를 뚜껑에 씌워서 그 물을 흡수하게 해야 합니다.
대나무 찜기의 경우 윗면에 맺히지 않고 옆으로 흘러내려가는 구조가 잘 형성되어 있습니다.
나무가 물을 흡수한 후 옆으로 흘러내리는 구조여서, 유리뚜껑과 다르게 물 떨어짐 현상이 적습니다.
하지만, 대나무찜기 뚜껑을 처음(건조상태일 때) 사용할 경우에는 물 떨어짐 현상이 적지만 대나무찜기를 연달아 여러 번 사용하는 경우에는 이미 흡수된 물이 많아서 한두 방울 정도 떡에 떨어지는 경우가 있습니다.
즉, 연달아서 대나무찜기를 사용할 경우에는 한두 방울의 물방울로부터 떡을 보호하기 위하여 면보(면포)를 뚜껑에 묶어 사용해 주는 것이 좋습니다.

16) 가위

일반적인 가위를 준비합니다. 비닐을 자르는 등에 사용된다.

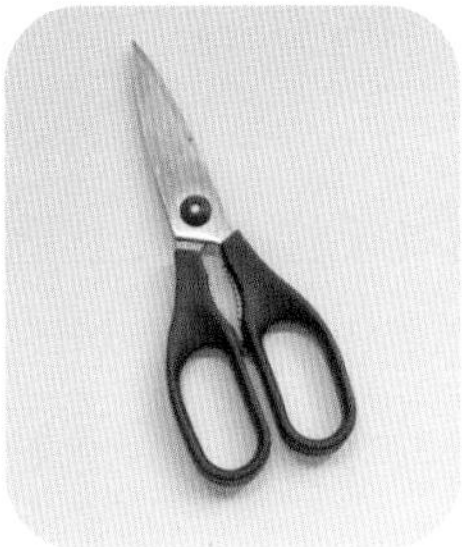

17) 키친타올

몇 장을 찢어서 가져가기보다는 롤 전체를 들고 가는 것을 추천한다.

18) 체

① **경단 건지는 용도:** 직경 20cm 정도의 냄비에 들어갈 수 있는 소형 크기 1개만 들고 가도 된다.

② 너무 작은 사이즈의 체(지름 5~10cm, 가루체)를 가져갈 경우 경단을 한번에(20개~21개)를 담아 올리기 힘들 수 있다. 빠르게 경단을 두 번에 나누어 건진다면 결과물에 큰 차이가 없지만, 천천히 나누어 건질 경우에는 뒤에 건져진 경단이 너무 심하게 물러지거나 익은 경우가 발생할 수 있다. 본인의 작업속도와 동선의 짜임에 따라 크기를 선택하는 것이 좋다.

19) 비닐

떡을 치대는용도의 비닐

떡비닐/김장용비닐/일반 위생비닐

떡반죽 숙성·소분 및 완성된 송편 보관용·비닐

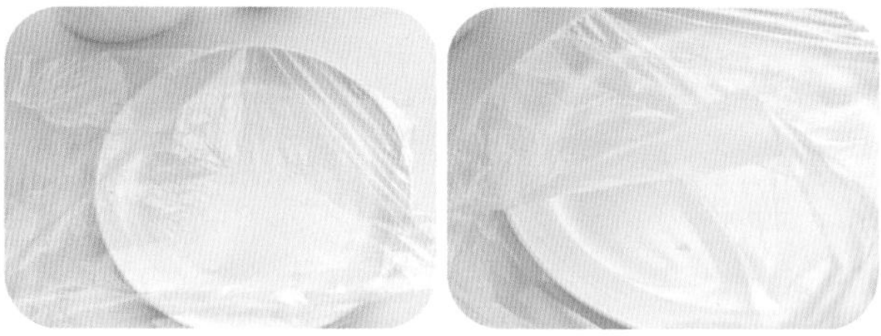

위생비닐

① 떡비닐이나 김장용비닐을 2장~3장 잘라서 적당히 접어 시험장에 가지고 간다.

② 일반 위생 비닐도 3장 정도 준비하는 것이 좋다.

(1) 떡을 치대는 용도로 준비한 비닐 : 떡비닐과 김장용비닐

① 비닐의 경우 쪄서 나온 찰떡류를 치댈 때 많이 사용한다. 그래서 일반적으로 우리가 집에 갖고있는 위생팩의 경우 너무 얇고 뜨거운 김을 이겨내지 못하는 경우도 많다.
떡비닐이라고 하여 두툼하고 2겹으로 구성되어 있는 비닐을 구해서 일정 크기로 잘라 챙겨가는 것이 제일 좋다.

② 떡비닐을 구하기가 어렵다면 시중에서 쉽게 구할 수 있는 김장용 비닐을 구매하여 내가 사용할 크기로 잘라 시험장에 가져가면 좋다. 온오프라인에서 구매하기 쉽다.

(2) 떡반죽을 숙성하거나, 소분하여 잠시 보관하거나, 완성된 송편을 보관하는 용도 : 위생비닐

20) 저울

① 최대 측정 가능 범위가 작을수록 저렴하다. 최대 측정 가능 1kg~10Kg 이상까지 다양하다.

② 우리가 떡제조기능사에서 필요한 저울로는 최대 측정 가능 범위가 **2kg 이상**은 되어야 한다.

③ 저울의 경우, 지금까지의 재료는 제공량이 1kg 미만의 쌀가루이기 때문에 스텐볼+쌀가루+부재료까지 하여 총 무게가 적어도 2kg까지는 측정이 가능한 제품이 좋다(스텐볼 용기의 무게+쌀가루 1kg 내외 무게+물주기의 양+설탕, 소금+부재료 등의 총 합).

④ 안전하게 3kg, 가장 좋은 것은 뜨거운 냄비도 바로 저울 위에 올릴 수 있는 5kg의 저울이 좋다. 하지만 5kg 이상의 저울은 고가이니 가성대비 가격을 따져보고 결정하는 것이 좋다.

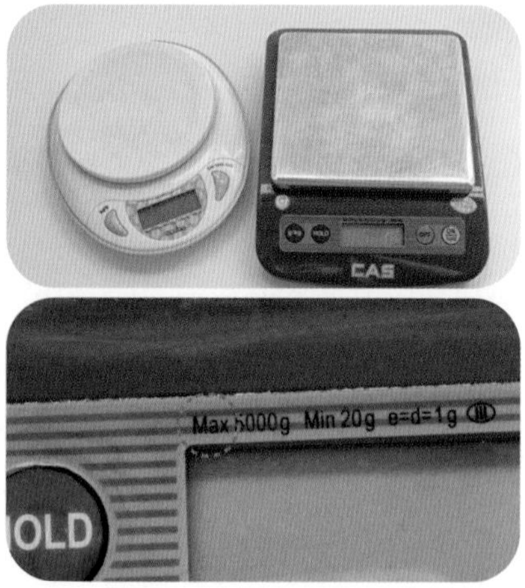

모든 저울에는 Max(최대 측정가능 g)가 적혀있다.

⑤ 시험문제에는 소수점까지 측정을 권하지 않기 때문에, 굳이 소수점 측정가능 저울을 구매할 필요는 없다. 개별 저울을 시험장에 못 가져갔을 때, 그곳(시험장)에 비치되어 있는 공용저울을 사용할 수 있다. 그런데 일반적인 제과제빵 시험이나 일반 요리학원의 저울들을 보면, 잔고장이 있는 경우가 많았고 종종 홀수만 인식한다거나 1g, 3g만 인식하고 2g, 4g 인식이 어렵다거나 수평이 안 맞는 경우도 많았다.

⑥ 시험장에서는 떨리고 긴장되어 집중력이 아무래도 떨어지기 쉬운데, 저울까지 말썽이면 계량부터 골치 아플 수 있고, 그러다보면 아무래도 시험에 더 집중하기 어려우므로 개인이 구매하여 가져가길 추천한다.

21) 찜기 : 물솥, 시루망(=시루밑) 및 시루 포함

(1) 물솥

① 물솥은 우선 깊은 물솥과 낮은 물솥이 있는데, 초보자의 경우에는 깊은 물솥을 사용하는 것이 좋다. 화력조절과 물양의 조절을 잘하지 못하면 떡이 끓으며 올라오는 물과 스팀에 젖을 수 있기 때문이다.

② 더불어 물솥 윗 부분은 3단으로 되어있는데 바로 찜기 사이즈 25cm, 27cm, 30cm에 딱 맞춰 올라가지도록 제작된 것이다.

재질의 차이로 나누면 알루미늄 물솥과 스테인레스 물솥으로 나눌 수 있다.

알루미늄 : 저가(색상이 불투명 회색을 띈다)

- **스텐 : 인덕션용**(자석이 붙는다)
- **스텐 : 가스레인지용**(자석이 붙지 않는다)

(ㄱ) **알루미늄 물솥** : 물솥 중 제일 저렴한 제품으로는 알루미늄 물솥이 있다. 하지만 알루미늄 특성상 잘 구부러지는 특징으로 인해 잘못된 관리할 경우 쉽게 찌그러지고, 그러다보면 수평이 틀어져서 떡을 찔 때 불편할 수 있다. 시험합격을 위해 잠시만 사용한다면 저가인 알루미늄도 괜찮다.

(ㄴ) **스테인리스 물솥** : 스텐 재질의 물솥은 알루미늄 물솥보다 고가이다. 인덕션용, 하이라이트용, 가스레인지용 등 다양하게 시중에 나와 있다. 인덕션과 가스레인지 두 종류의 물솥에서 눈에 띄는 차이는 인덕션용이 좀 더 바닥과 밀착되어 열기가 잘 올라올 수 있도록 되어있는 등 디자인 면 그리고 제품 구성요소(철, 구리, 알루미늄 등)에도 약간의 차이가 있다. 하지만, 육안으로는 거의 구분이 어려우며 구분법은 자석을 붙여보는 방법이다.

자석이 붙는다면 인덕션 용이고, 자석이 붙지 않는다면 가스레인지 용도이다.

인덕션용의 경우 가스레인지와 호환이 가능한 제품이 있으며, 호환이 안되는 제품도 있다. 그렇기 때문에 내가 집에서 인덕션 혹은 하이라이트에서 떡을 연습하고, 그 물솥 그대로 시험장의 가스레인지에 노출되었을 때, 안전상의 문제가 생길 수 있으므로 본인이 소유하고 있는 물솥의 종류와 사용가능한 폭을 정확히 인지하고 있는 것이 중요하다.

물솥을 구매할 때 시험장은 100% 가스레인지를 사용하므로, 그에 맞는 제품을 준비하도록 한다. 즉,

가스레인지용 혹은 인덕션과 가스레인지 두 가지 모두 호환 가능한 제품을 구매하는 것이 바람직하다.

(2) 시루밑

① 실리콘 재질로 되어있는 작은 구멍이 뚫려있는 연한 노란색 매트라고 생각하면 된다.

② 찜기의 종류에 따라 원형, 사각형 등 디자인 및 사이즈가 매우 다양하다.

③ 시루밑의 경우 찜기의 크기와 같은 것을 구매하면 안된다.

④ 종종 찜기를 25cm 구매하고 시루밑도 동일 사이즈인 25cm를 구매하는 경우가 있는데 그럴 경우 찜기 안쪽 사이즈보다 시루밑이 더 커서 직접 시루밑 일부를 더 잘라주어야 할 것이다.

⑤ 찜기의 내지름(안쪽지름)은 실제 우리가 알고 구매한 사이즈보다 작기 때문이다. 즉, 찜기가 25cm의 지름이라면 시루밑은 그보다 2~3cm 정도 작은 사이즈를 구매해야 딱 알맞다

(예 25cm 찜기의 경우 22cm~23cm, 30cm 찜기의 경우 27cm~28cm).

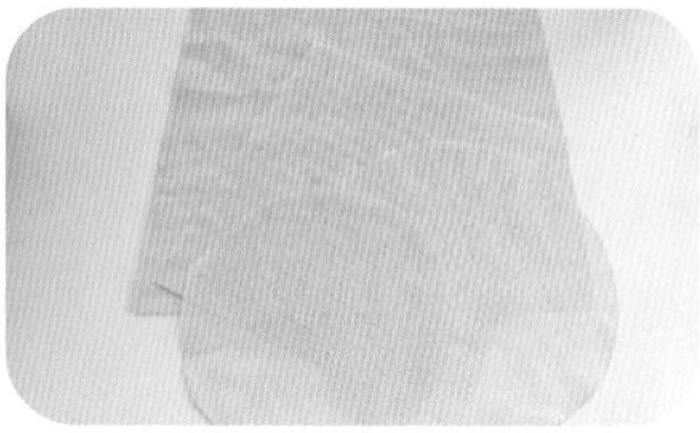

시루밑

시루밑을 넣은 찜기

✓ 시루밑(시루망)의 역할

첫째, 쌀가루를 찜기에 넣을 때, 대나무찜기 구멍으로 쌀가루가 빠져나가는 것을 방지한다.

둘째, 찜기에 바로 쌀가루를 넣었을 때 대나무 찜기와 완성된 떡이 잘 분리되지 않는 단점을 보완하여 깔끔한 떡을 꺼낼 수 있게 도와준다.

셋째, 두 번째의 장점으로 인해 음식물(쌀가루, 떡의 일부 등)이 많이 묻지 않아 나무찜기를 더 오래 좋은 상태로 사용가능하도록 도와준다.

더불어 더욱 위생적으로 음식을 만들고 찜기를 사용할 수 있게 도와준다.

(3) 찜기

✓ 시험 규정에서 제시하는 찜기의 규정

- 대나무 찜기 지름 25cm, 높이 7cm 정도의 2구를 준비하도록 되어있다.
- 찜기를 1개만 지참하고 시험시간 내 세척하여 사용하는 것도 가능(단, 시험시간의 추가는 없음)
- 재질은 대나무찜기이며, 단수(1단, 2단) 및 지름, 높이 등의 크기는 가감 가능(단, 공개문제의 지급재료 양을 감안하여 준비)

대나무찜기 상세 안내('19.11.15)

※ 대나무찜기(물솥, 시루망 및 시루 포함)는 일반 가정용·조리용·휴대용 가스레인지 사용 기준으로 지참

- 대형 찜기(방앗간용 찜기, 스팀솥, 시루솥 등)는 시험장 가스레인지에 사용이 불가하거나, 가스레인지 크기의 제한으로 인해 화구 1개만 사용하는 불이익이 발생할 수 있음
- 찜기 크기가 부적합할 경우, 가스 안전을 고려하여 사용에 제한이 있을 수 있으므로, 공지된 바와 같이 대나무 찜기(지름 25cm 정도)로 지참하여야 함
- 실기시험 안내사항과 공개문제를 참고하여, 수험자 지참도구가 부적합할 경우 가스레인지 화구사용에 제한이 발생할 수 있으며, 이는 수험자 귀책 사유임을 주의

① 내용을 정리해보면, 지름 25cm 높이 7cm 정도의 2구를 준비하며, 약간의 차이가 나는 정도의 찜기는 괜찮다고 설명은 되어있다. 하지만 국가시험 떡제조기능사에서는 시험 시 제공되는 재료의 양은 정해져 있고, 제출하는 제출 접시의 크기도 정해져 있다. **예를 들어, 30cm 이상의 찜기를 준비할 경우 콩설기가 더 넓고 얇게 제작이 되며 제출접시로 옮기며 설기의 쪼개짐이 더 심할 수 있다**(시험장 사용 불가).

② 송편, 경단처럼 찜기의 크기에 큰 영향을 미치지 않는 품목은 제외하더라도 전체를 찜기에 맞춰 찌고 제출하는 품목의 경우에는 아무래도 결과물에 큰 영향을 미칠 수 있다. 즉, 국가에서 공지한 내용에 맞춰 준비하는 것을 제일 추천한다.

대나무찜기 : 30cm
시루밑 : 27~28cm구매

대나무찜기 : 25cm
시루밑 : 22~23cm구매

스텐 2단찜기
시루밑 : 27~28cm구매

③ 나무찜기의 전처리

(ㄱ) 나무찜기의 전처리가 필요한 이유

01 나무찜기 제작과정에서 생겼을 공장의 먼지와 불순물을 제거한다.

02 나무의 고유한 노란 물을 제거하여야만 나무에서 우러나온 노란 물이 떡에 스며들지 않는다. 결과물의 색감이 노랗고 하얗고 얼룩덜룩하지 않으려면 전처리는 반드시 필요하다.

(ㄴ) 전처리를 하는 방법

01 깨끗하게 소독한 씽크대에 물을 받고 찜기를 넣어주거나, 집에서 사용하는 큰 들통이 있다면 그 것을 추천한다. 물을 미지근하게 받고 나무찜기를 넣어준다. 부력으로 인하여 둥둥 뜨기 때문에 나무찜기를 지그시 눌러줄 도구가 필요하다. 냄비의 뚜껑이거나 혹은 약간 무거운 물건으로 눌러주는 것이 좋다. 이때 베이킹소다, 식초, 녹차우린 물(식용 가능한 제품) 등을 넣어서 세척력을 높여주는 것도 좋다.

02 하루가 지난 물을 보면, 노랗게 물이 빠져나왔을 것이다. 새물로 갈아주고 30분간 중불 정도에서 가열하여 삶아준다. 보글보글 끓어오른 후 약 10분 정도가 적당하다. 너무 눌러주면 가스레인지 불의 경우 나무찜기가 열에 의해 손상될 수 있으므로 이때는 살짝만 눌러주는 것이 좋다. 급변하는 온도는 찜기에 좋지 않기 때문에 커피포트, 가스레인지 등에서 따로 팔팔 끓인 물을 부어주는 형식은 옳지 않다.

03 가열이 끝났으면 헹구어 주는데 이때도 녹차우린 물, 흐르는 물에 충분히 씻어준다. 그리고 사선으로 뉘어서 찜기에 스며들었던 물이 흘러 내려갈 수 있도록 놓아 말려준다. 찜기를 원래 모습대로 겹쳐 놓을 경우, 마르는 속도가 늦어지므로 각각 개별적으로 사선으로 눕혀 놓아 주는 것이 좋다.

(ㄷ) 나무찜기의 관리

01 나무찜기는 중성세제(우리가 일반 설거지용으로 사용하는 세제)를 사용하면 안된다. 나무찜기에 스며들고, 우리가 먹는 떡에 고스란히 베어들 수 있기 때문이다.

02 나무찜기는 햇빛 직사광선이 드는 곳에 뉘어 말려줄 경우 나무의 뒤틀림 현상이 생길 수 있다.

03 나무찜기를 햇빛이 아예 없는 그늘에 뉘어 말려줄 경우 너무 오랫동안 마르지 않아 곰팡이가 생길 수 있다.

04 결론적으로 나무찜기는 흐르는 물에 부드러운 솔로 닦아 이물질을 제거하고 헹구어 주고 싶다면, 녹차 물 혹은 식초 등 우리가 식용가능한 물을 이용하여 세척을 추가로 해준다. 직사광선이 들지는 않지만, 춥지 않고 물이 잘 마를 수 있는 곳에 뉘어서 말려주어야 한다. 하루에서 늦어도 이틀 안에 바짝 마를 수 있는 곳이 좋다.

05 전처리를 하였는데도 노란물이 진하다면, 다시 한번 더 전처리를 하는 것이 바람직하다. 여러 번 전처리를 하였는데도 이상하게 노란물이 계속 나온다면 혹 아래와 같이 사용하고 있지 않은지 확인해 보는 것이 좋다.

첫 번째로 이미 한번 사용하여 마르지 않은 상태로 재사용하였을 때, 두 번째로 이미 잘 말려둔 찜기에 굳이 물을 추가로 찜기에 바르거나 뿌리고 떡을 쪘을 때, 세 번째로는 쌀가루의 수분량이 너무 많았던 경우에 이러한 현상이 나타난다.

전처리를 정성껏 한 후 잘 말려져 있는 찜기에 적당한 수분량을 갖고 있는 쌀가루로 떡을 찐다면, 노란물이 나오지 않는다.

Q&A

곰팡이가 피었을 경우 소독을 통해 재사용이 가능한가요??

대부분 이 질문이 들어오면 건강을 위해 버리고 새 것을 구매하시기를 추천 드립니다.
대나무찜기의 겉면에 곰팡이가 보여졌다면, 그것은 대나무의 결 사이사이 안쪽에도 깊숙이 곰팡이가 피었을 가능성이 크기 때문입니다.

22) 스텐체(쌀가루 내림용, 중간체)

(1) 가는체, 중간체, 굵은체(어레미) 비교

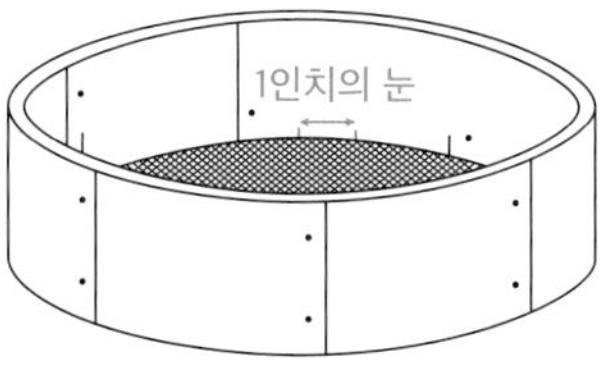

① 체는 기본적으로 가는체, 중간체, 굵은체가 있다. 이 굵기는 체 전체 크기의 지름 혹은 높이를 뜻하는 것이 아니고, 쌀가루를 체에 내릴 때 나오는 체 망의 굵기를 뜻한다.

② 메시라는 수치로 구분한다. 망의 눈이라는 의미이며, 보통 1인치(25.4mm)인 정사각형 속에 포함되는 그물 눈의 수로 표시된다.

✓ 메시의 수에 따라 구분된다. 메시의 숫자가 높을수록 더 촘촘하다는 뜻이다.

고은체(25메시)

중간체(14~16메시)

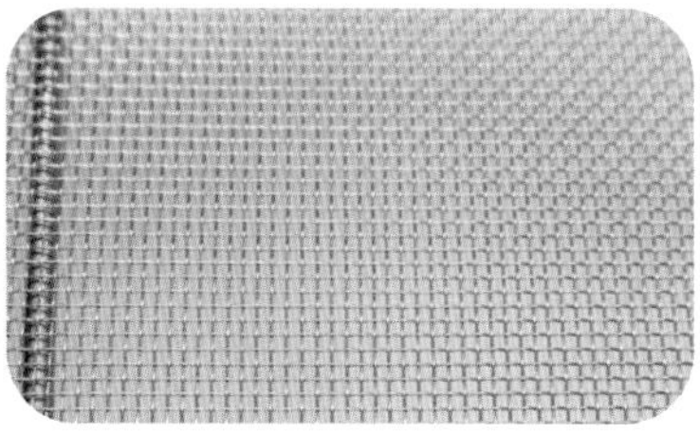
어레미(10메시)

③ 가는체에 쌀가루를 내리면 매우 고운 쌀가루가 된다.

④ 우리가 시험장에 지참해야할 제품은 스테인리스 재질의 중간체이다.

✓ 사용 예

- **가는체**: 증편 등의 고운 쌀가루가 필요한 경우
- **중간체**: 백설기, 콩설기 등의 설기류
- **굵은체**(고물체, 어레미): 고물을 내릴 때 사용한다하여 고물체라고 불리기도 한다.
  굵은체의 다른 이름 어레미, 얼레미 등이 있다. 스텐재질의 경우 굵은체라고 많이 이야기하며, 나무재질의 경우 어레미라고 일반적으로 불린다.

23) 스테인레스(=스테인리스, 스텐) 볼 각 1개씩(2개)

① 스테인레스(=스테인리스, 스텐) 볼 2개가 필요하다.

② 쌀가루에 물을 넣어 수분을 맞출 용도의 볼과 스텐체 밑에 볼을 두어 1번 볼의 쌀가루를 내릴 때 사용할 볼이 필요하여 총 볼 2개가 필요하다.

③ 어떤 사이즈를 사야할지 모를 경우, 온라인 판매처에 세트구성이 되어있는 체와 볼을 같이 구매하면 된다.

24) 추가로 가져가면 좋은 물품들

(1) 여분그릇

① 여분그릇을 시험장에서 추가로 제공하는 곳이 있다고 한다. 하지만, 그것은 시험장마다의 조리시설 준비여부에 따라 달라질 수 있으므로 우리는 사용할 여분그릇을 가지고 가는 것이 좋다.

② 제과제빵의 경우 설탕, 소금, 이스트 등 건(말라있는) 재료들이 많아서 종이컵을 소지하는 경우가 많지만, 떡제조기능사는 호박고지 전처리, 뜨거운 물에 소금 녹여서 익반죽, 삶기, 불리기 등 물을 오래 넣어 두어야 하는 경우가 많기 때문에 뜨거운 물에 쉽게 약해지는 종이컵으론 불편할 수 있다.

③ 물에 잘 젖지 않고 뜨거운 물을 어느 정도 버텨낼 수 있는 위생적인 그릇 종류를 준비하는 것이 좋다(개인적으로 스텐, 내열성 플라스틱 그릇 등이 좋다고 생각한다).

④ 여분그릇의 적당한 크기로는, 콩설기의 콩을 삶은 후 물을 버리고 그 콩을 넣고도 살짝 여유있는 크기로 2개 정도와 소금에 뜨거운 물을 넣어 녹인 후 익반죽할 수 있을 정도, 호박고지를 물에 넣어 불릴 수 있을 작은 사이즈 용도로 2~3개는 기본으로 지참하면 좋을 것이다. 혹, 빠르게 전처리 후 바로 쌀가루에 섞을 예정이라면 굳이 추가 그릇은 없어도 될 수 있다. 하지만, 개별 동선(動線)과 그릇의 사용빈도 등을 고려하여 개인마다 차이가 있으니 연습을 하면서 적당한 크기와 개수를 정해보는 것이 좋다.

(2) 두발상태(머리수건, 똑딱핀, 실핀)

① 긴장하면 땀이 유독 많이 나는 사람이 있다. 이 경우 모자 안에 수건을 덧대어 땀이 흐르지 않게 해주어야 한다. 더불어 긴머리카락을 갖고 있는 수험자의 경우, 머리를 하나로 바로 묶고 시중에서 저렴하게 구매 가능한 머리망을 이용하여 머리카락을 망에 넣어 깔끔하게 고정해준다. 더불어 모자를 고정하기 위해 똑딱핀, 실핀을 넉넉히 가지고 가서 모자를 꼼꼼히 고정하는 것이 좋다.

② 시험 중간에 모자가 벗겨지거나 흘러내리지 않도록 시험대기실에서 확실히 체크하고 시험장에 입장한다.

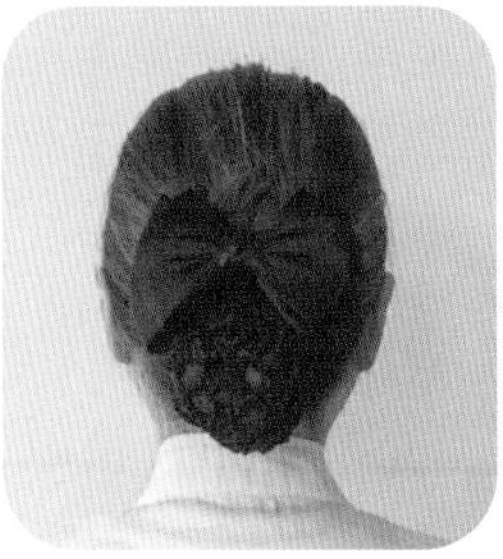

• 모자를 써야 하므로 머리망을 할 때 최대한 아래로 묶어준다.
• 실핀과 똑딱핀으로 잔머리를 모두 모아서 깔끔하게 정돈하듯 묶어준다.

(3) 시험을 보는 중간 중간 사용할 비닐(송편반죽 숙성용, 기본접시 덮개용 등)

떡비닐 준비 부분에서 한번 설명을 하였지만, 추가로 덧대어 설명해본다.

① 송편의 경우 반죽을 익반죽하여 약간의 숙성시간을 두는 것이 좋다. 이때 일반 위생팩에 넣어 공기를 차단하고 숙성시키는 것이 좋다.

② 송편을 하나씩 완성하였을 때에도 위생팩(위생비닐)으로 접시를 덮고 완성된 송편은 비닐 안으로 넣어 마름을 방지하는 것이 좋다.

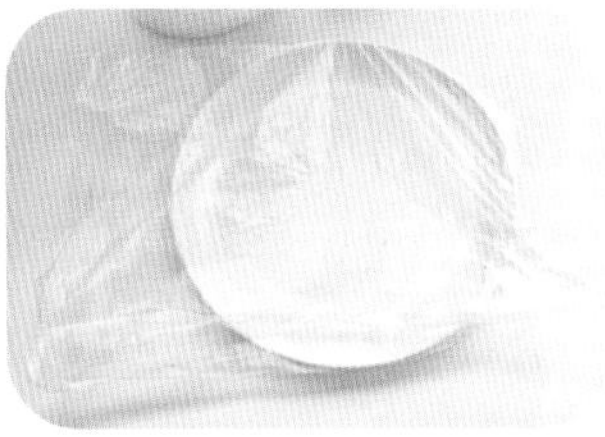

가루를 반죽하여 숙성시키거나 소분한 것을 넣어두는 용도

③ 경단을 익반죽하여 숙성시킬 때, 소분하여 하나씩 둥글리기(동그랗게 만들기)를 할 때에도 접시에 비닐을 씌워 그 안에 반죽을 넣음으로써 마름을 방지해야 한다.

④ 일반 위생팩 비닐 최소 5장 정도 준비하는 것이 좋다.

(4) 숟가락 1~2개

찜기에 설탕을 뿌리거나 섞을 때 위생장갑을 낀 맨손으로 하는 경우도 있는데 이보다는 숟가락을 이용하여 깔끔하게 뿌리거나 섞는 것이 더 좋다.

(5) 이외의 물품을 가져갔는데, 감점 여부가 궁금할 경우

✓ Tip

떡제조 기능 평가에 영향을 미치지 않는 조리용 소모품(종이컵, 호일, 랩, 수저 등)은 지참이 가능하나, "몰드, 틀" 등과 같이 기능 평가에 영향을 미치는 도구는 사용 금지

지참준비물 외 개별 지참한 도구가 있을 경우, 시험 당일 감독위원에게 사용 가능 여부 확인 후 사용. 감독위원에게 확인하지 않고 개별 지참한 도구 사용 시 채점 시 불이익이 있을 수 있음에 유의

① 몰드와 틀 같은 것은 절대 가져가면 안된다. 개인적으로 설기류는 원형 무스링을 지참하게 하는 것도 작품성 면과 실용성면 실제 수요가 있는 기능면에서도 더 좋은 것 같지만, 우선 찜기에 바로 찌는 것을 원칙으로 하므로, 제품의 모양에 변화를 줄 수 있는 기능적인 측면의 도구들은 일체 반입하면 안된다.

② 그 외에 지참도구가 있을 때는 감독 위원에게 문의하고 사용가능을 허락받았을 경우에만 사용한다. 하지만, 그 도구 없이도 완성해 낼 수 있는 제품을 시험문제로 내었기 때문에(필요할 경우 공지가 추가될 것이다) 굳이 추가로 개별도구를 지참하여 문의를 하는 등의 튀는 행동은 최대한 자제하는 것을 추천한다.

✓ 채점 시 불이익 받을 수 있는 도구들

개인타이머, 몰드, 틀, 돌림판, 무스링 등 제품의 결과물에 직접적으로 영향을 미치는 제품은 채점 시 불이익을 받을 수 있다.
타이머의 경우 무소음인 경우만 가능하며 타 수강생에게 방해가 될 수 있는 시계는 감점이 될 수 있다.

(6) 편수냄비 1개

① 쇠머리찰떡과 송편용 콩을 계량하여 따로 삶고 싶은 경우에는 편수냄비 1개를 추가로 지참하는 것이 편하다.

② 시험을 볼 때 불린 서리태가 제공되는데 쇠머리찰떡과 송편용을 한데 모아서 삶게 되면, 다시 나눌 때 그 용량이 변할 수 있다.

③ 서로 따로 삶는 것이 정확한 수치에는 이롭지만 편수냄비가 추가로 없다면 시간상 전처리에 많은 시간이 걸릴 수 있다. 쇠머리찰떡과 송편의 시험을 보게 된다면 편수냄비 1개가 추가로 있는 것이 편하다. 하지만, 개인의 제품 제작 속도와 제작 방법상 필요가 없다면 굳이 더 추가할 필요는 없다.

✓ 플라스틱 통에 접어서 정리하여 넣어서 가져갈 것

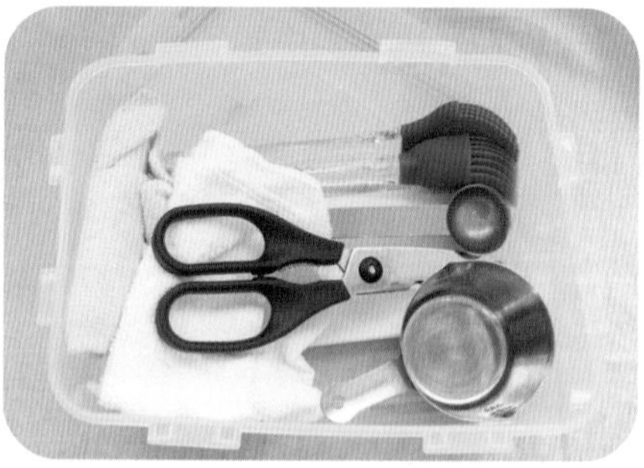

종종 시험을 보러 갈 때, 위생 비닐 봉투 속에서 숟가락 하나, 행주 하나, 다른 위생봉투 속에서 계량컵 하나 이렇게 들고 오는 경우가 있다.
깔끔하게 깨끗한 플라스틱 통에 행주 5개, 비닐접어서 정리, 숟가락, 계량컵 등을 접어서 정리하여 들고 갈 경우 이동하기에도 편하고 깨끗하고 전문성 있어 보인다. 특히 깨질 수 있을 것 같은 물품(추가그릇), 오염이 쉬운(떡비닐, 행주) 등은 따로 들고 가기보다는 정리하여 한 통에 넣어 시험장에 가지고 가길 추천한다.
개인이 추가로 더 준비하는 물품을 포함한 부피와 재질에 맞추어 정리하여 가져가는 것이 좋다.

(7) 절구

① 흑임자 고물 제조용 절구

② 크기, 색상, 재질 등에는 제한이 없으며 공개문제를 참고하여 작품 제조에 적합한 절구를 지참

③ 흑임자 시루떡을 만들 때 절구는 흑임자를 볶은 후 갈 때 사용

한번에 모두 넣을 수 있는 크기

안쪽에 결이 있어서 잘 빻을 수 있는 모양

④ 총 흑임자의 양은 110g 으로 적지 않은 양이기 때문에, 작은 절구를 사용할 경우 시간이 많이 소비될 수 있다.

⑤ 무게감을 생각해서 너무 무겁지 않고 적당한 절구를 선택하는 것이 좋다.

(8) 개피떡(바람떡)용 원형틀

① 공개문제를 참고하여 직경 5.5cm정도의 원형틀을 지참합니다.

03 주요 시험장 시설

(1) 조리대 1개 : 사이즈가 크지 않다. 시험장마다 약간의 차이가 있지만, 직접 시험을 보았던 장소는 가로×세로 약 80×50cm보다도 살짝 작은 느낌이었다(시험장마다 차이 있음).

시험을 위해 연습을 할 때, 조리대를 넓게 사용하여 연습한다면 시험장에서 조금 답답할 수 있다. 즉, 연습할 때도 조리대를 넓게 사용하지 않는 방식으로 연습하는 것이 좋다.

(2) 씽크대 1개 : 바로바로 설거지가 가능하도록 씽크대가 1대 1인용 제공된다.

두 명이 보통 마주보고 시험을 보며, 왼쪽에 하나 오른쪽에 하나 씽크대가 있는 경우가 대부분이다. 시험 중간 중간 설거지를 해야 하고, 시험이 끝나고 씽크대 음식물쓰레기와 주변정리를 깨끗하게 하는 것이 시험의 마무리이다. 내가 주로 사용할 씽크대를 결정했으면 책임지고 청소, 정리, 쓰레기 버리기까지 마무리 후 퇴실하는 것이 좋다.

조리대	1대 1인용
씽크대	1대 1인용
제품 제출대	1대 공용
냉장고	1대 공용
가스레인지	1대 1인용(2구)
도마	1개1인용
접시	2개 1인용
냄비	1개 1인용

【시험장 시설 안내】

※ 위의 주요 시험장 시설은 참고사항이며, 표기된 규격(크기 등)은 시험장 시설에 따라 상이할 수 있음을 양지하시기 바랍니다.

(3) 제품 제출대 : 보통은 뒤쪽에 준비되어 있으며 내 등에 부착된 번호판과 동일한 번호가 있는 곳에 제품을 제출하고 퇴실(퇴장)하면 된다. 이 제출대 위치는 각 시험장마다 다를 수 있으며, 감독관이 미리 안내를 해주기 때문에 걱정할 부분은 전혀 없다.

(4) 가스레인지(1인 2화구) : 하나는 찜기를 올리고 하나는 냄비를 올리도록 되어있으며 냄비와 도마는 미리 준비되어 있다. 한식조리사의 경우 개별적으로 준비한 칼과 도마의 사용 능숙도가 제품의 결과물에 매우 중요한 역할을 한다. 하지만 떡제조기능사에서는 아직 간략히 전처리 도구로만 칼과 도마가 사용되므로 특별히 추가로 도마를 가져갈 필요는 없다.

화구의 경우 자신이 어떻게(어떤 순서로, 어떤 도구를) 사용하는지에 따라서 작업속도에 큰 영향을 미친다. 연습할 때에도 화구 2개를 두고 연습하는 것이 좋다.

(5) 접시(2개 제공) : 이것은 제출용 접시다. 우리는 총 2개의 제품을 만들고 2개의 제품을 전량 제출해야 한다. 시험품목을 만드는 동안에 접시를 사용을 하였다면, 반드시 잘 닦고 물기를 제거한 후 완성된 시험품목을 올려 깨끗하게 제출하는 것이 좋다.

제출용 접시는 제출용으로만 사용하고 싶다면, 제품을 만드는 동안에 사용할 접시를 한두 개 가져가는 것도 좋다. 시험장의 시설에 따라 접시를 추가로 더 사용 가능하도록 할 수도 있지만, 무조건 없다는 전제하에 개인이 추가로 가져가는 것이 더 바람직하다.

04 시험장에서의 시험 준비 순서

1) 시험접수표, 신분증

① 시험장소를 빠르게 확인하고 이동하기 위해서는 한 장 정도 반드시 뽑아 갈 것을 추천한다.

② 신분증이 없다면, 시험을 볼 수 없으므로 법적으로 인정된 신분증을 꼭 소지하길 바란다.

> ✓ **국가시험 신분증 인정범위**
>
> 신분증인정범위는 주민등록증, 유효기간 내 여권, 재외동포거소증, 운전면허증, 외국인등록증, 공무원증, 학생증(사진 및 주민등록번호가 개재된 경우만 허용) 등을 신분증으로 인정하고 있다.

2) 대기실

시험 접수표를 보고 대기실로 이동한다. 대기실에서는 필기시험과 다르게 지 … 게 자리를 잡는다. 옷, 머리, 모자, 신발, 앞치마 등 두발상태와 위생복 착용상태를

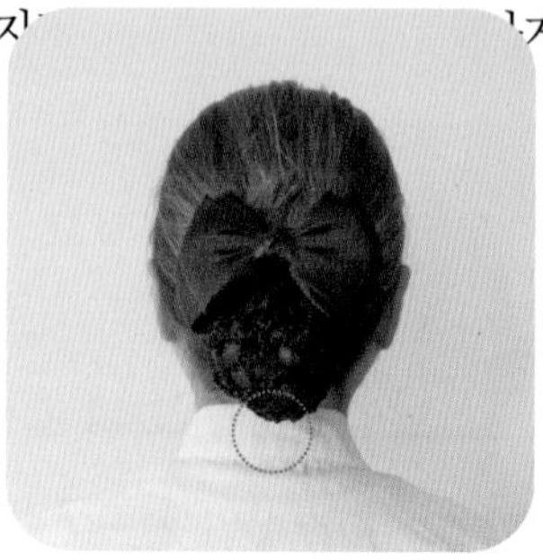

번호표 부착하는 곳

3) 비번호 뽑기, 핸드폰 반납(조리복 목 뒤쪽에 달기)

① 담당자가 와서 상세히 설명을 해준다.

② 번호를 수험자가 직접 뽑게 하는 곳도 있으며, 한 사람씩 호명하며 담당자가 직접 하나씩 꺼내기도 한다.

③ 우선 2020년 기준 4개 종목 중 각 2제품씩 제작하는 시험이 있는데, 인원을 딱 반으로 나누어 한명은(콩설기, 경단) 다른 한명은(쇠머리떡, 송편)을 시험 보게 된다.

④ 마치 필기시험에 A형, B형이 있고 이 두 시험지를 서로 겹치지 않게, 즉 부정시험이 불가능하도록 지그재그로 자리를 배치하는 것과 유사하다.

⑤ 조리대가 마주보도록 되어있는데 앞 수험자는 내가 하는 종목과 다른 종목을 시험본다.

⑥ 비번호(등번호)에 따라 시험의 종류가 시험 당일에 결정되므로 일부 품목만 연습하면 안되고, 모든 품목을 골고루 잘 연습해 와야 한다.

⑦ 핸드폰을 끈 상태로 반납하고 본인확인을 하면 뽑힌 번호표를 준다.

⑧ 작은 집게 형식으로 되어있다. 이 번호표를 뒷목 부분 조리복(넥카라)에 꼽는다. 이때 머리 뒤쪽에 걸어야 해서 부착을 잘 못하는 수험자가 보이면 서로 잘 도와주도록 하자.

4) 시험지 받기(조리대 위에 붙이기)

① 등 뒤에 번호표 부착을 끝내고 대기를 하고 있으면, 담당자의 지시에 따라 시험장으로 이동하게 된다. 가지고 온 도구를 들고 실제 시험장으로 입장하게 된다.

② 시험지를 받고나면 그 종이는 조리대 위쪽을 보면 자석 혹은 집게가 있을 것이다.

③ 그 윗면에 시험지를 부착해 놓고 시험 보는 내내 수시로 확인이 가능하다.

5) 준비하기

① 도착을 하면 실제 가지고 온 도구를 살짝 정리할 시간을 준다. 이때 사용해도 되는 도구인지 헷갈리는 도구를 갖고 왔다면, 이 시간에 감독관에게 사용가능 여부를 확인받는다.

② 더불어 눈금표시가 된 자, 도마, 계량스푼 등을 가지고 왔다면 녹색테이프를 잘라서 그 부분을 가리는 작업도 진행된다.

6) 계량하기 및 시험시작

① 시험 시작은 보통 조리실에 부착되어 있는 시계로 시작을 알리며, 그 시계로 시험마감을 알린다. 종종 정시 시작되지 않고, 20분 정도 뒤에 시작을 알리는 경우가 있는데 정시에 시작된 것으로 착각하여 서둘러 제작을 하게 되는 경우도 있다. 즉, 시험이 시작된 시간, 끝나는 시간을 정확히 인지하고 있는 것이 좋다.

② 시험시작을 알리면 내가 받은 시험지의 계량대로 쌀가루와 부재료 계량을 시작한다.

③ 내 앞에서 시험을 보는 수험자는 앞서 말한 것처럼 나와 다른 품목으로 시험을 보는 사람이다. 힐끗거리거나 특별히 많이 움직이며 오해를 살만한 행동은 절대로 하지 말아야 한다.

7) 완성된 제품 제출대에 제출하기

완성 제품 제출대는 앞쪽, 뒤쪽, 옆쪽 등 시험장의 여유로운 공간 위치에 따라 담당 시험 감독관이 정하여 알려준다. 시험 전에 제출대 위치와 제출방법을 안내해 주기 때문에 미리 걱정할 부분은 없다. 본인의 목 뒤에 부착된 번호와 같은 번호에 제출하면 된다.

8) 마지막 뒷정리하기

① 처음 시험장에 들어갔을 때 그 모습을 반드시 기억해 두자.

② 도마의 위치, 칼의 위치, 보조그릇들의 위치 등 모든 것을 거의 시험 전과 흡사하게 정리정돈을 하고 퇴장하여야 한다. 깨끗하게 씻고 씽크대 청결까지 확인 후 들고 왔던 집기를 들고 퇴장한다.

③ 뒤에 부착되었던 번호표와 시험지를 반납하고, 시험을 보기위해 제출하였던 핸드폰을 돌려받고나오면 시험은 끝이 난다.

05 시험장 안에서의 유의사항 및 참고사항

1) 다치지 않도록 유의한다.

① 제일 주의해야할 사항은 베이거나 데이거나 넘어지거나 하지 않도록 조심한다.

② 안전에 항상 유의한다.

2) 쓰레기를 잘 버리고, 사이사이 조리대를 깨끗하게 유지한다.

① 쓰레기통은 공용으로 뒤쪽 혹은 지정된 자리에 놓여지며, 시험 전 안내를 받게 된다.

② 한식조리사의 경우 개별적으로 쓰레기봉투를 준비하고 나오는 음식물 쓰레기를 모아서 버리는 경우가 많다. 하지만 떡제조기능사의 경우 그렇게 많은 일반음식물 쓰레기가 나오지 않기 때문에 개별적으로 쓰레기봉투를 만들어 조리대에 놓거나 씽크대에 놓는 것보다는 바로바로 공용쓰레기통을 이용하여 한 번에 정리정돈을 하는 것을 추천한다.

3) 빨리한다고 좋은 것은 아니지만, 작업 능숙도를 체크하므로 너무 늦게 하지 않는 것이 좋다.

'제출대에 늦게 내면 감점이 있나요?'라는 질문을 많이 받는다.

시험시간이 지나 제출하게 될 경우에는 큰 문제가 되지만, 시험시간 안에 맨 마지막에 낸다고 해서 특별히 크게 감점되지는 않는다. 하지만 어떤 작업을 하는 모습과 함께 속도 등 얼마나 제품을 노련하게 잘 만드는지를 보는 부분이 있기 때문에 아주 상관이 없다고 할 수는 없다.

4) 전량제출이다. 빨리하다가 제품일부를 놓칠 경우 크게 감점될 수 있다.

① 떡제조기능사의 평가 기준은 전량제출이다. 즉, 전체 지급된 양만큼의 그람수가 제출이 다 되어야 한다는 뜻이다. 애초에 계량을 잘못하여 양이 부족한 경우도 감점의 대상이며, 우리가 시험을 보는 송편, 경단 등의 쌀 반죽을 손에서 놓쳐 바닥에 떨어트리는 경우 전량 제출을 못한 것이 되기 때문에 감점이 될 수 있다.

② 속도를 빨리 내려다보니 동그랗게(동글리기) 만들 때 종종 경단이나 송편을 놓치기도 한다. 이렇게 되면 오히려 안 좋은 결과가 나올 수 있으므로 시간 내에 하되, 품목을 손에서 놓치지 않도록 매우 유의하는 것이 좋다.

5) 마주보는 수험자가 일찍 퇴실하여도 조급해 하지 말자.

① 콩설기와 경단의 경우 1시간~1시간 20분 이내로 제출자가 많은 편이고, 쇠머리찰떡과 송편은 1시간 반 ~2시간을 꽉 채워 제출하는 경우가 많다. 조리대는 마주보고 있기 때문에 쇠머리찰떡과 송편을 하는 수험생은 앞 수험생이 먼저 퇴장하고 뒷정리하는 것을 보게 된다. 앞 수험생이 먼저 퇴장한다고 하여 마음 조급해 하지 말아야 한다.

② 더불어 먼저 퇴장을 하게 되더라도 조용히 예의를 지켜 건물 밖으로 나간 후 이야기를 나누거나 핸드폰 전원을 켜야 한다.

6) 제출대에 제출하기 전까지는 끝난 것이 아니다.

제출대에 가는 길에 넘어지거나 엎어질 수 있다. 완벽히 제출하기 전까지는 끝난 것이 아니다. 시험이 끝날 때까지 안전사고에 늘 유의해야 하며 조심히 행동하는 것이 바람직하다.

7) 지급받은 것 중 제품을 만들고 남은 것 처리방법

처음에는 재료를 제과제빵처럼 앞에서 직접 가지고 와서 계량까지 맞추는 시간이 존재할 것이라 예상했다. 앞으로 어떻게 변경될지는 모르지만 2019년에는 앞 수강생과 내가 사용할 양보다도 넉넉하게 쌀가루가 한 봉지 채 놓여 있었다. 다른 부 재료들도 계량이 굳이 필요하지 않을 정도로 소분되어 종이컵에 담겨있었다. 설탕과 소금은 넉넉히 조리대 위에 비치되어 있었다. 즉, 계량하고 남는 재료는 따로 폐기를 하거나 즉각적으로 반납하지 않았고, 시험지에 작성된 양만큼 계량 후 남는 재료는 그 봉지 그대로 조리대 위에 올려두기만 하면 되었다.

이 부분은 시험이 점차 발전되면서 얼마든지 유동적으로 바뀔 수 있는 부분인 점 참고하길 바란다.

Chapter 2

개인위생 및 안전관리

01 수험자의 개인위생 상세안내

1) 개인위생관리 주의할 점

① 식품 또는 식품첨가물을 채취, 제조, 가공, 조리, 저장, 운반 또는 판매하는 일에 직접 종사하는 영업자 및 종업원은「식품위생 분야 종사자의 건강진단 규칙」에 따라 매년 1회의 건강검진을 받아야 한다. 보건증을 뜻하며, 업장에는 상시(대표자 및 관련 종사자들 모두의 보건증) 비치해 두어야 한다.

② **영업에 종사하지 못하는 질병**

1군감염병(콜레라, 장티푸스, 파라티푸스, 세균성이질, 장출혈성대장균감염증, A형감염), 결핵(비감염성인 경우는 제외), 피부병 또는 그 밖의 화농성 질환, 후천성 면역 결핍증(AIDS, 에이즈)

③ 구토, 황달, 피부가려움, 발진, 콧물, 설사 기타 등등의 증상이 있을 경우 업무에 주의를 요해야 하고, 의사의 진단을 받고 치료를 한다.

④ **개인 위생 관리**

순번	구분	세부기준	채점기준
1	위생복 상의	-전체 흰색, 기관 및 성명 등의 표식이 없을 것 -팔꿈치가 덮이는 길이 이상의 7부·9부·긴소매(수험자 필요에 따라 흰색 팔토시 가능) 상의 여밈은 위생복에 부착된 것이어야 하며 벨크로(일명 찍찍이), 단추 등의 크기, 색상, 모양, 재질은 제한하지 않음(단, 금속성 부착물·뱃지, 핀 등은 금지) -팔꿈치 길이보다 짧은 소매는 작업 안전상 금지 -부직포, 비닐 등 화재에 취약한 재질 금지	• 미착용,평상복(흰티셔츠 등), 패션모자(흰털모자, 비니, 야구모자 등)→실격 • 기준 부적합→위생 0점 -식품가공용이 아닌 경우(화재에 취약한 재질 및 실험복 형태의 영양사· 실험용 가운은 위생 0점) -(일부)유색/표식이 가려지지 않은 경우 -반바지·치마 등 -위생모가 뚫려있어 머리카락이 보이거나, 수건 등으로 감싸 바느질 마감처리가 되어있지 않고 풀어지기 쉬워 일반 식품가공 작업용으로 부적합한 경우 등 -위생복의 개인 표식(이름, 소속)은 테이프로 가릴 것 -조리 도구에 이물질(예, 테이프) 부착 금지

순번	구분	세부기준	채점기준
2	위생복 하의 (앞치마)	-「흰색 긴바지 위생복」 또는 「(색상 무관) 평상복 긴바지 + 흰색 앞치마」 -흰색앞치마 착용 시, 앞치마 길이는 무릎 아래까지 덮이는 길이일 것 -평상복 긴바지의 색상·재질은 제한이 없으나, 부직포·비닐 등 화재에 취약한 재질이 아닐 것 -반바지·치마·폭넓은 바지' 등 안전과 작업에 방해가 되는 복장은 금지	• 미착용,평상복(흰티셔츠 등), 패션모자(흰털모자, 비니, 야구모자 등)→실격 • 기준 부적합→위생 0점 -식품가공용이 아닌 경우(화재에 취약한 재질 및 실험복 형태의 영양사· 실험용 가운은 위생 0점) -(일부)유색/표식이 가려지지 않은 경우 -반바지·치마 등 -위생모가 뚫려있어 머리카락이 보이거나, 수건 등으로 감싸 바느질 마감처리가 되어있지 않고 풀어지기 쉬워 일반 식품가공 작업용으로 부적합한 경우 등 -위생복의 개인 표식(이름, 소속)은 테이프로 가릴 것 -조리 도구에 이물질(예, 테이프) 부착 금지
3	위생모	-전체 흰색, 기관 및 성명 등의 표식이 없을 것 빈틈이 없고, 일반 식품가공 시 통용되는 위생모(크기 및 길이, 재질은 제한 없음) -흰색 머릿수건(손수건)은 머리카락 및 이물에 의한 오염 방지를 위해 착용 금지	
4	마스크	침액 오염 방지용으로, 종류는 제한하지 않음(단, 감염병 예방법에 따라 마스크 착용 의무화 기간에는'투명 위생 플라스틱 입가리개'는 마스크 착용으로 인정하지 않음)	미착용→실격
5	위생화 (작업화)	색상 무관, 기관 및 성명 등의 표식 없을 것 조리화, 위생화, 작업화, 운동화 등 가능(단, 발가락, 발등, 발뒤꿈치가 모두 덮일 것) 미끄러짐 및 화상의 위험이 있는 슬리퍼류, 작업에 방해가 되는 굽이 높은 구두, 속 굽 있는 운동화 금지	기준 부적합→위생 0점
6	장신구	일체의 개인용 장신구 착용 금지(단, 위생모 고정을 위한 머리핀은 허용) 손목시계, 반지, 귀걸이, 목걸이, 팔찌 등 이물, 교차 오염 등의 식품위생 위해 장신구는 착용하지 않을 것	기준 부적합→위생 0점
7	두발	단정하고 청결할 것, 머리카락이 길 경우 흘러내리지 않도록 머리망을 착용하거나 묶을 것	기준 부적합→위생 0점
8	손 / 손톱	손에 상처가 없어야하나, 상처가 있을 경우 보이지 않도록 할 것(시험위원 확인 하에 추가 조치 가능) 손톱은 길지 않고 청결하며 매니큐어, 인조손톱 등을 부착하지 않을 것	기준 부적합→위생 0점
9	위생관리	재료, 조리기구 등 조리에 사용되는 모든 것은 위생적으로 처리하여야 하며,식품가공용으로 적합한 것일 것	기준 부적합→위생 0점
10	안전사고 발생 처리	칼 사용(손 빔) 등으로 안전사고 발생 시 응급조치를 하여야하며, 응급조치에도 지혈이 되지 않을 경우 시험 진행 불가	-
※ 일반적인 개인위생, 식품위생, 작업장 위생, 안전관리를 준수하지 않을 경우 감점 처리 될 수 있습니다.			

Chapter 3 개별연습을 위한 준비물의 전처리 및 보관법

01 수험자의 개별 연습을 위한 준비물 만드는 방법

여러 영상을 보면서 집에서 여러 번 연습을 하고 싶어 하는 수험자가 많다. 그런데, 쌀가루를 구하기가 어렵고 구매를 한다고 해도 그 제품이 시험에 적당한 지 난감한 경우가 있다. 직접 집에서 먹는 쌀을 갖고 방앗간에서 빻아와 연습을 하는 것이 좋다.
쌀가루의 수분량(물주기)이 많고 적음을 느껴보고, 쌀가루의 불리어진 정도 및 관리법 등 몸으로 체득되는 정보가 많아질수록 시험장에서 노련해질 수 있다.

> ✓ 주의사항
>
> 시험장에서 소금을 따로 제공을 하며, 소금이 없는 쌀가루를 제공하기 때문에 개별연습을 할 때에도 소금을 넣지 않은 쌀가루를 만들어 연습해야 한다. 이 내용은, 찹쌀가루에도 동일하게 적용이 된다.

1) 쌀가루

(1) 쌀 불리기

01 뒷부분 이론인 떡의 제조원리 부분에서 쌀의 특성과 불리기에 대해 이야기하지만, 그전에 한번 깊게 쌀 불리기에 대해 알아보도록 한다.

02 쌀가루로 떡을 만들어 찔 때 전분의 호화가 잘 진행되도록 쌀에 물을 흡수시키는 공정을 쌀 불리기 공정이라 한다. 수분이 늘어나면 호화 개시 온도가 낮아지고 그만큼 빠르게 진행된다. 쌀은 물에 불리면 수분 흡수에 의해 무게가 증가하는데 쌀 4kg을 기준으로 하면 5kg 이상의 불린 쌀을 얻게 된다.

03 불린 쌀의 양은 쌀의 종류(품종), 계절의 차이, 수침시간, 쌀의 수분함량 정도, 햅쌀과 묵은쌀의 정도(쌀의 저장 기간 정도), 수침 시 물의 온도 등에 따라 다양하게 정해지기 때문에 정확한 양을 예측할 수는 없다.

04 하지만 대략적으로 멥쌀은 1kg→1.2~1.3kg, 찹쌀은 1kg→1.3~1.4kg 정도로 증가한다. 찹쌀의 아밀로펙틴 함량이 멥쌀보다 많아서 수분흡수율이 더 높다.

05 최저 3시간이 필요하며 보통은 7~8시간 정도는 물을 흡수시켜야 한다.

06 여름철에는 물의 온도가 높기 때문에 더 빨리 흡수한다. 그래서 3~4시간 정도 소요된다.

07 겨울에는 물의 온도가 낮기 때문에 7~8시간 소요된다.

08 현미와 흑미의 경우 왕겨만 벗겨낸 쌀로 과피, 종피, 호분층이 있어 배유에 수분이 흡수되기까지 더 많은 시간이 소요된다. 12~24시간 이상 소요된다.

09 물의 온도에 따라 더워지거나 차가워지고, 특히 더운 계절에는 물의 온도 때문에 쉽게 상할 수 있으므로 3~4시간에 한 번씩 새로운 물로 갈아준다.

⑩ 쌀이 불면서 물이 점점 줄어듦으로, 쌀을 살짝 덮는 정도가 아닌 쌀이 충분히 담가질 정도의 물을 넣어주는 것이 좋다.

(2) 멥쌀가루 만들기

> ✓ 쌀가루를 불리기 전 소소한 팁
>
> 깨끗하고 가까운 방앗간을 먼저 방문하여, 쌀가루를 만들어주실 수 있는 시간대를 문의한다. 방앗간 기계를 다룰 수 있는 전문가 분들은 새벽에 작업하고 퇴근하는 경우도 많으며, 예약 떡이 많거나 매우 바쁜 시간대를 피해 안내를 받을 수 있다. 쌀가루는 다 불리어졌는데 가루로 빻아주는 방앗간을 못 찾을 경우가 많기에 미리 시간과 날짜를 예약해 두고 쌀을 불리기 시작하는 것이 좋다.

01 집에서 밥으로 먹는 멥쌀가루를 흐르는 물에 3회 정도 살살 깨끗하게 씻어준다.

02 푸욱 담길 만큼 물을 넉넉히 넣어 7~8시간 정도 불려준다. 방앗간에 가야할 시간에서 -7~-8시간을 계산하여 물에 불리기 시작하자.

03 7~8시간 불린 쌀의 물기를 30분 정도 잘 빼준다(체를 이용한다).

보통 멥쌀의 경우 1kg→1.2~1.3kg 정도로 무게가 증가된다.

04 방앗간에 가서, "쌀에 추가로 물주기 하지 말아 주시고, 설탕과 소금도 넣지 말아주세요"라고 말한다.

05 우리가 요청한대로 추가로 물주기가 없고 소금과 설탕 없이 빻아 가면, 바로 떡을 해먹기 불편하고 소금도 고루 퍼지지 않아 맛이 덜 하다는 것을 방앗간 사장님들은 알고 계시기 때문에 보통은 화들짝 놀라하거나, 어떤 떡을 만들어 먹을 거냐고 다시 물어보시는 경우가 많다. 그때에는 "떡제조기능사 떡 시험용이라 요청드린 데로 부탁드립니다."라고 말하면 우리가 필요한 기본재료인 쌀가루를 받을 수 있다.

06 그리고 "기계 체로 한번만 내려서 주시면 더 감사하겠습니다."라고 이야기한다.

기계 체(기계를 이용하여 쌀가루를 중간체에 한번 내려주는 것)가 없는 방앗간의 경우 그 서비스를 사장님이 직접 손으로 다 내려주어야 하는 거라 제공이 안 될 수도 있다. 손으로 직접 해주시면 너무 감사한 일이다. 못해주신다고 하셔도 너무 속상해 말자.

체를 한번 내리지 않은 경우에는 쌀가루가 얇은 종이처럼 눌린 모습으로 제공이 되는 경우가 많다. 그 쌀가루를 바로 냉동보관하면 추후 물주기하여 연습을 할 때 매우 힘들 수 있다. 이때에는 쌀가루를 받자마자 바로 스텐체(중간체)에 한번 쌀가루를 내려주는 작업을 한 후 시험에 맞추어 소량씩 소분해야 한다.

07 쌀가루는 빻자마자 소분할 수 있는 곳으로 이동해주어야 한다. 빻은 쌀가루를 1~2시간 방치한 후 소분하게 되면 그만큼 열에 의해 쌀가루가 변질되거나 여름철에는 쉽게 상할 수 있다. 빻아진 쌀가루는 바로 소분작업을 하여 냉동보관을 해야 한다.

(3) 찹쌀가루

01 찹쌀가루는 위의 멥쌀가루와 동일하다.

02 다른 점이 있다면 찹쌀가루는 1kg을 불리면 1.3~1.4kg 정도로 무게가 증가한다. 아밀로펙틴의 영향으로 수분흡수율이 더 높기 때문이다.

03 찹쌀은 방앗간에 가서 "거칠게 빻아주세요"라고 말하거나, "인절미 용도에요 아니면 쇠머리 찰떡용이에요" 등 구체적인 사항을 말하면 알맞게 만들어 준다. 기계체 혹은 일반체에도 내리지 않고 가지고 와도 무방하다. 찹쌀은 거칠게 빻아져야 오히려 떡이 잘 쪄지며, 고울수록 떡이 설익기 때문이다.

04 설익는 경우는 찹쌀가루의 습성 때문인데 이 부분은 뒤쪽 쥐어 안치기 부분에서 설명이 자세히 된다.

(4) 쌀가루 보관법

01 빻아진 쌀가루는 바로 소분작업을 하여 냉동보관을 해야 한다. 시험제공량인 770g 혹은 220g 등으로 소분하여 지퍼백(비닐 봉투 등)에 옮겨 담고 겉면에 해당 그람수와 멥쌀, 찹쌀을 기재해 놓는다.

02 다음날 사용할 쌀가루는 전날 냉동실에서 냉장실로 옮겨두고 서서히 해동하여 사용한다.

✓ 주의사항

전자레인지로 급 해동 후 사용하는 것은 최대한 자제하는 것이 좋다. 렌지의 온도를 잘못 설정하거나 잘못 이용하면 쌀가루가 뭉쳐진 떡이 되어 나올 수 있다.

03 냉장실에서 꺼낸 쌀가루는 아직 찬 기운이 남아있어서 떡의 수분감을 공부하기에 좋지 않다.

04 상온에서 30분~1시간 정도(비닐을 오픈하지 않고→수분이 날라갈 수 있습니다) 놔두어 약간 상온온도와 동일해졌을 때 연습을 시작한다.

2) 서리태(시험제공 기준 : 하룻밤 불린 서리태(겨울 10시간, 여름 6시간 이상))

서리태를 흐르는 물에 잘 씻는다. 이때 상하거나 썩거나 색이 이상한 서리태는 구분하여 버려준다. 물이 자작하게 담기면 금방 물을 먹어 덜 불게 된다. 물을 충분히 넣어주어 하룻밤 불린 서리태(겨울 10시간, 여름 6시간 이상)를 만든다. 필요량만큼 불리어서 사용하는 것이 제일 좋지만, 생각보다 너무 많이 불린 경우에는 연습을 하루에 다 할 수 없기 때문에 시험제공량만큼 소량씩 소분하여 냉동 보관한다. 냉동해동을 반복하지 않고, 단 1회만 해동하여 바로 전량 소진하는 것이 바람직하다.

3) 콩가루, 호박고지, 밤(생율)

시중에서 소량씩 구매가 가능하며, 시험 시작 전 전처리를 할 사항이 없으므로 제3장에서는 설명하지 않고, 시험시작 후 전처리 방법은 각 시험관련 제품 제작하는 페이지에서 구체적으로 다루어진다.

Chapter 4 쌀가루에 대한 기본 상식

이 부분은 시험이 확정된 4가지 품목을 설명할 때 디테일하게 반복 설명된다.

01 쌀가루의 특징

1) 건식쌀가루와 습식쌀가루의 특징 및 차이점

	건식쌀가루	습식쌀가루
사진		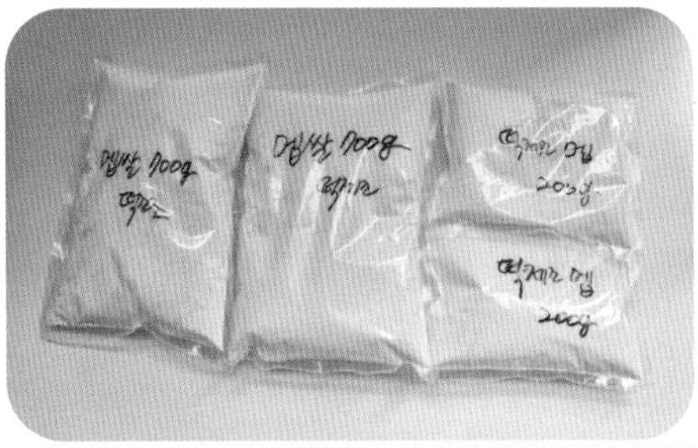
빻는 법	물에 불리지 않은 쌀을 빻음	물에 불리었다가 쌀을 빻음
주요사용처	아기이유식, 풀(죽), 베이킹	떡
구매처	대형마트, 온오프라인매장	방앗간, 떡집
보관법	상온보관	냉동보관
떡을 만드는 법	물을 주고 숙성과정을 거쳐서 제작하지만 질기게 되거나 물주기 실패확률이 높음 (추천하지 않음)	물을 넣고 바로 체에 내려 떡을 찔 수 있고 부드럽고 고소한 맛이 남(떡의 주재료)
건식쌀가루(2종)	물에 불리지 않은 쌀을 바로 빻은 이유식, 풀용 건식쌀가루	
	습식쌀가루를 건조시켜 수분을 빼서 밀가루 형태로 만들어 베이킹 등에 사용되는 박력쌀가루	

하지만, 두 종류의 건식쌀가루보다는 습식쌀가루로 떡을 만드는 것이 일반적이다.

떡제조기능사에서는 찹쌀, 멥쌀 모두 습식쌀가루가 제공된다.

2) 쌀가루의 물주기

(1) 시험장에서 제공하는 쌀가루의 형태

시험장에서 제공하는 멥쌀가루는 방앗간에서 추가로 물을 더 주지 않은 습식 멥쌀가루이다.

① 멥쌀가루에 물주기 및 유의사항

조금 부족하다 싶은 정도의 수분을 넣고 1차로 체에 내려본 후 수분감을 체크한다. 물이 부족해 보이면 다시 추가로 더 넣고 체에 내려보아 다시 수분감을 체크한다. 그런데 이런 식으로 하다가는 체에 여러 번 내리게 되고, 그렇게 체에 여러 번 내리게 되면 시간이 많이 걸리고, 그사이 수분감이 날아가거나 너무 곱게 내려진 쌀가루로 인해 매우 질긴 떡이 될 가능성이 있다.

그렇다면 초보자들은 어떻게 체크를 하고, 어떻게 여러 번 체에 내려도 덜 질긴 떡을 만들 수 있을까? 그건 바로 부분 물주기이다.

01 처음 제공받은 설기의 수분

02 주먹을 쥐어 봐도 계속 쉽게 풀어지고 쌀가루가 고우며, 가볍게 날라 다닌다.

03 계량되어 있는 소금에 물을 넣고 녹여준 다음 기본적인 물주기를 해준다.

04 물을 넣고 휘휘 저어준다.

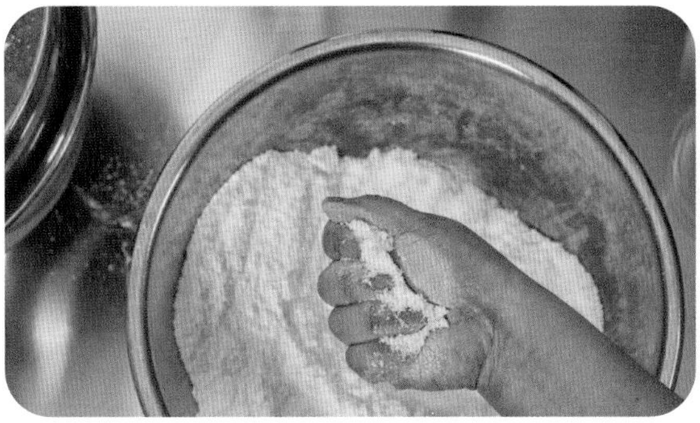

05 체에 한번 내린 쌀가루는 전체적으로 골고루 한번 잘 섞어준 후 주먹을 쥐어 수분감을 체크한다. 잘 섞어주어야 하는 이유는 수분(물)이 쌀가루 어느 한 부분에 몰려 있을수 있기 때문에 마른 부분을 잡으면(수분이 충분한데도 불구하고) 수분이 부족하다 느껴 물을 추가하다가 떡이 질어지거나, 수분이 많은 부분을 잡으면(수분이 부족함에도 불구하고) 수분이 충분하다고 느껴 물이 부족할 수 있기 때문이다.

06 본인의 손의 압력 대비하여 나오는 백설기 완제품의 상태를 늘 체크하며 연습해야 한다.
어느 정도의 물주기가 완성도 높은 설기가 되는지 반드시 체크해야 한다.
"몇 티스푼이 잘 되더라"는 식으로 기억하면 안 되고(제공 설기가 연습설기와 기본적으로 갖고 있는 수분량이 다르기 때문), 어느 정도의 무게감과 습기감이 맞는 좋은지 찾고, 익히는 것이 중요하다.

07 쪼개짐이 점차 둔탁하고, 살짝 건드렸을 때 한두 덩어리로 쪼개어진다.

08 수분을 맞추기 위해 쥐어 보았던 쌀가루는 무조건 체에 내려주어야 한다.

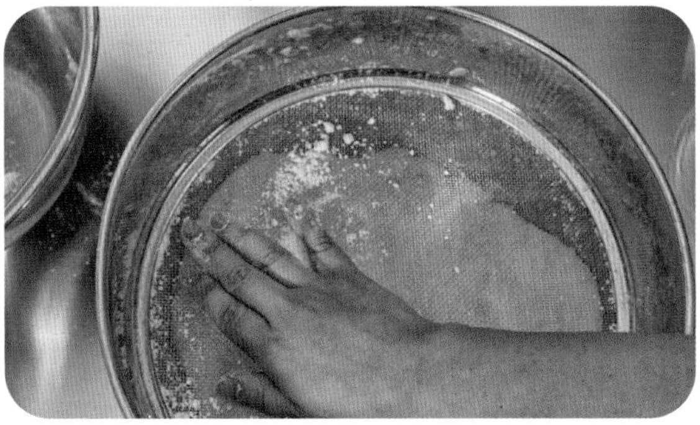

09 쥐었던 쌀가루를 전체 쌀가루에 넣게 되면, 다시 전체적으로 쌀가루를 다 내려주어야 한다.

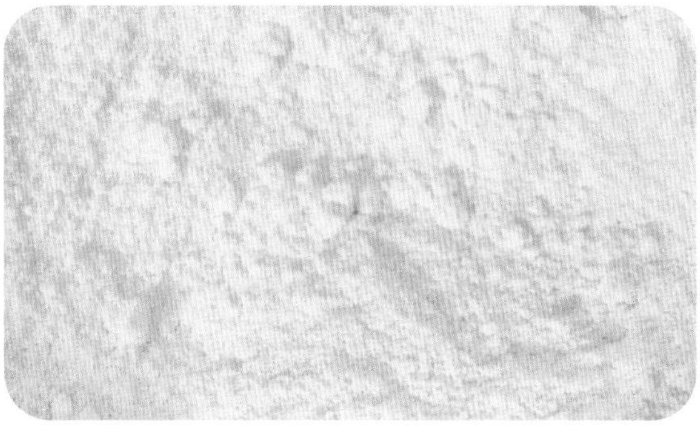

10 수분을 기본적으로 넣었지만, 부족해 보이는 쌀가루의 모습이다. 물을 추가해 주어야 한다.

⑪ 몽글몽글한 물방울이 전체적으로 보여질 때, 다시 한 번 더 쌀가루를 내려주고 완성한다. 사진 ⑤~⑨까지 반복해 준다.

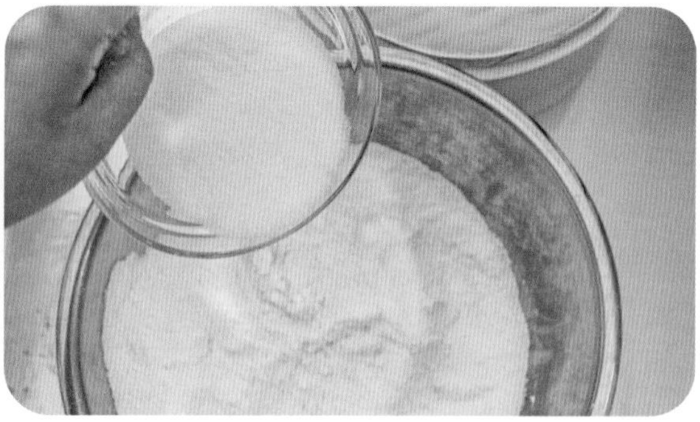

⑫ 수분이 맞았을 때 쌀가루에 설탕을 넣어준다.

② 추가설명

사진 ⑤체에서 한번 내리고 나서 수분을 체크하기 위해선 전체적으로 한번 섞어 주어야 한다. 물이 아래쪽 쌀가루에 많이 들어가 있을 수도 있고, 위쪽 쌀가루에 더 많이 들어가 있을 수도 있기 때문에 전반적으로 섞어준 후 체크를 해야 올바르다.

사진 ⑤~⑨, 이렇게 전체적으로 잘 섞어진 쌀가루를 한 움큼 쥐어서 체와 스텐볼이 있는 쪽으로 이동하여 쥐어본다. 그리고 반을 똑 잘라보는데 그때 후루룩 흐트러지는 느낌이 강할 경우 물이 적은 것이다. 쥐어보았던 쌀가루는 그대로 찜기에 들어가면 절편처럼 질긴 떡 덩어리화될 수 있다. 그렇기 때문에 수분잡기 위해 한번이라도 쥐어 보았던 쌀가루는 반드시 체에 내려주어야 한다.

Q&A

체에 쌀가루를 두 번 내릴 때까지 물을 넣었는데도 수분이 안 맞는다고 생각하면, 1~2T 넣을 때마다 쌀가루 전부를 다시 체에 내려 주어야 하나요?

물이 부족한 것 같다고 판단이 되었을 때, 두 번째 체 내리기까지는 전체적으로 진행해도 괜찮다. 기본적으로 중간체에 2번 내리는 것이 설기의 기본 공식화되어 있기 때문이다.

그런데, 문제는 두 번 내릴 동안 물을 더 넣어주었는데도 다시 더 넣어야 할 것 같을 때이다.

계속해서 전체 쌀가루를 체에 4번 5번 내리기는 힘들다.

전체 쌀가루를 (가)라고 하고, 전체설기에서 두줌 정도 빼낸 쌀가루 일부를 (나)라고 하자.

(가)에서 (나)를 뺀 쌀가루를 (다)라고 한다.

이럴 경우에는 전체적으로 물이 부족한 쌀가루 (가)에서 부분적으로 쌀가루를 두 줌 정도 (나) 다른 스텐체로 옮긴 후, 옮긴 쌀가루에만 물을 1~2T 더 넣어 주고 다시 체에 내린 후 기존 남아있는 쌀가루 (다)와 섞어주는 방식으로 진행하면 된다. 그렇게 되면 부분적으로 수분이 충분한 쌀가루가 기존의 수분이 부족한 쌀가루와 섞이며 전체적으로 알맞은 수분량으로 맞출 수 있고, 물을 조금 더 추가하기 위해 전체 쌀가루를 계속 체에 내릴 필요가 없어진다.

단, 이 방법을 사용하기 위해서는 추가하는 물 양에 대한 확신이 어느 정도 있어야 하므로, 기본적으로 총 들어간 물 양을 계산하고, 지속적으로 손에 느껴지는 수분량과 완성제품 간의 완성도를 평가하는 연습을 계속해서 수분감을 익혀야 한다

그렇다면 쌀가루에 기존에 넣던 물의 양보다 더 넣어 주는 경우는 언제인가요?

1. 가루류 부재료가 추후 더 들어갈 경우

예 흑임자 설기나 무지개 설기처럼 부재료로 건조한 가루가 추가되는 경우

2. 나무찜기의 경우

스텐찜기는 찜기 자체가 물을 흡수하지는 않는다. 나무찜기의 경우에는 나무가 먼저 물을 살짝 흡수하고 위로 올려주기 때문에 초반에 스팀이 치고 올라오는 시간이 조금 더 걸린다.

3. 무스링(떡제조기능사 시험에서는 사용하지 않음. 스텐 재질의 원형 혹은 네모 등 다양한 디자인 모양틀) 안에 설기를 넣고 바로 유격을 주지 않고 5분 정도 지난 후 무스링 제거를 해야 하는 경우

예 하트무스링, 매화설기무스링 등 모양이 특이하여 유격을 바로주기 위험한 설기류에 사용된다.

4. 실리콘 컵설기의 경우

실리콘은 4면 중 3면이 실리콘으로 막혀있다. 스팀이 아래서 위로 올라가지 못하고 위에서 역으로 아래로 쏘아져야 하기 때문에 수분이 조금 더 많은 쌀가루가 좋다.

이 외에도 다양한 물을 더 주는 경우, 덜 주는 경우가 있다.

여러 번의 연습을 통해 본인이 갖고 있는 도구의 특징, 물주기의 습관, 작업 전처리 속도, 찜기에 넣는 속도 등 다양한 정보를 반영하여 물의 적정한 양을 알아채고 완성도 있는 제품이 나오는 시점을 이해하는 것이 중요하다.

(2) 시험장에서 제공하는 찹쌀가루의 형태

① 찹쌀가루에 물주기 및 유의사항

시험장에서 제공하는 찹쌀가루는 방앗간에서 추가로 물을 더 주지 않은 습식 찹쌀가루이다. 2019년 실제 시험장에서 조금 촉촉한 찹쌀가루를 제공받았었다. 그때 물주기의 기본량보다 훨씬 적은 양의 물을 넣었는데도 조금은 질게 완성된 느낌이 있었다.

즉, 멥쌀이든 찹쌀이든 내가 만져 보았을 때 수분감을 느낄 수 있을 정도가 되어야 시험장에서 떨지 않고 물주기를 적당히 하고, 제품완성도가 높아질 수 있다.

(3) 물주기와 다른 도구 및 재료와의 연관사항

① 물주기와 물솥의 물 양의 연관사항

물을 물솥의 5분의 1만 넣은 경우

스팀이 적다. 물이 너무 적다.

자칫 떡이 익는 20~25분 이 되기도 전에 물이 부족할 수 있다.

떡이 익지 않았을 경우에는 심할 경우 바로 시험장에서 실격처리될 수 있다.

물을 물솥의 반만 넣은 경우

스팀이 보통이다.

쌀가루의 물주기(수분감)를 잘한 경우 일반적으로 찜기의 반 정도의 물을 넣었을 때 알맞다.

물이 물솥의 3분의 2를 넣은 경우

스팀이 강해진다. 더불어 너무 물이 튀어서 백설기가 투명하게 젖어서 나올 수 있다.

백설기의 모습이 없이, 쌀가루를 물에 풀어낸 듯하게 걸쭉한 형태로 나온다면 이 또한 큰 감점 혹은 실격처리될 수 있다.

쌀가루 자체의 물의 양(수분)에 따라서도 제품의 완성도가 달라지지만, 물솥의 물양 그리고 불의 세기에 따라서도 완성도에 차이를 준다는 점을 생각해 보아야 한다.

② 물주기와 찜기상태(찜기에 물을 묻히거나 적시는 것과) 연관사항

물솥에 물을 많이 넣을 경우 물솥에서 나오는 수증기(스팀)의 양이 늘어난다.

사용하는 도구나 제작하는 떡의 종류에 따라 약간의 차이가 있을 수 있지만, 보통 찜기에 물을 과하게 넣고 사용할 경우, 늘어난 스팀의 양으로 인해 쌀가루에 물을 더 많이 넣은 효과가 발생한다.

(4) 물주기가 중요한 이유

① 멥쌀가루

제품을 먹을 수 없을 정도는 실격처리가 된다.

물주기가 적을 경우 쌀가루가 하얗게 일어난 듯 덜 익은 제품이 나오게 되며, 물주기가 많을 경우 떡이 물에 젖은듯한 투명한 모습 혹은 노란색으로 찜기에서 물이 베어 나온 모습 등으로 제출하게 된다.

이 경우 감점처리 혹은 심할 경우 시험장에서 바로 실격처리가 되기도 한다.

물이 부족하여 떡이 익지 않은 경우
하얀 날가루가 보이는 모습

물이 너무 과하여 떡이 질겨지고 투명해진 모습

② 찹쌀가루

물주기가 적을 경우 하얀 가루가 보이는 제품이 나오게 되며, 물주기가 많을 경우 퍼짐현상이 강해져 사이즈를 맞추어 제출하기가 어려워진다.

Chapter 5 찜기에 쌀가루를 넣는 방법

01 멥쌀

1) 기본적인 내용

① 멥쌀가루에 설탕을 넣기 전까지는 조금 여유로워도 되지만, 설탕을 넣고는 빠르게 움직여 주는 것이 좋다.

② 물이 팔팔 끓기 전에 설탕을 넣지 말자. 물이 끓는 동안 쌀가루가 물과 설탕을 흡수하며 떡의 높이가 많이 낮아진다. 무거워진 쌀가루가 내려앉으며 공기층이 줄어들어 질겨질 수 있다.

③ 손가락으로 살살 긁듯이 펴주어야 한다. 이때 손으로 누르게 되면 전반적으로 떡은 질겨지고 딱딱해진다.

2) 설기류 평탄화 작업 잘하는 방법(스크래퍼 사용법)

① 평탄화 작업의 기본은 쌀가루를 우선 잘 넣는데 있지만, 스크래퍼를 잘 사용해야 한다.

② 잘못할 경우 가운데가 볼록 올라오거나, 오히려 움푹 파이는 등의 모습을 보이기도 한다.

③ 평평하게 수평을 맞춰 쌀가루가 넣어져야 뒤집기를 했을 때도 갈라짐이 적으며, 완성도 면에서도 좋은 제품으로 평가가 된다.

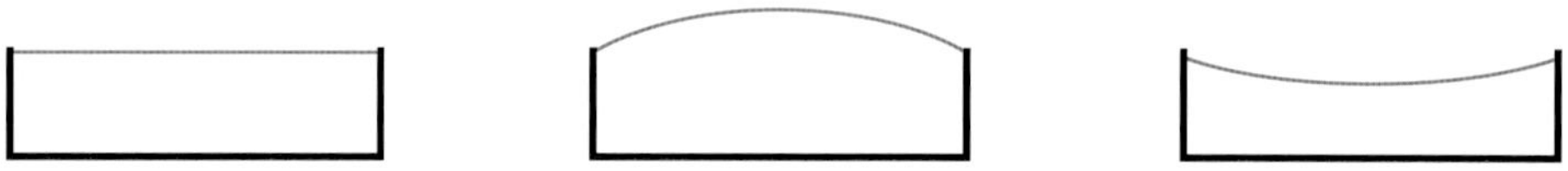

(○) (×) (×)

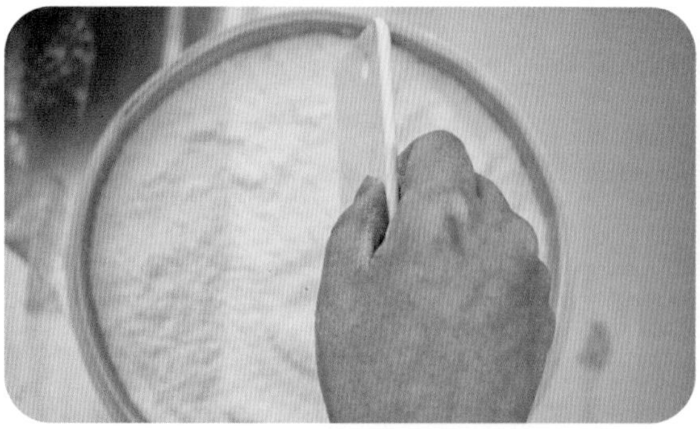

스크레퍼를 세워서 사용하면 안된다.

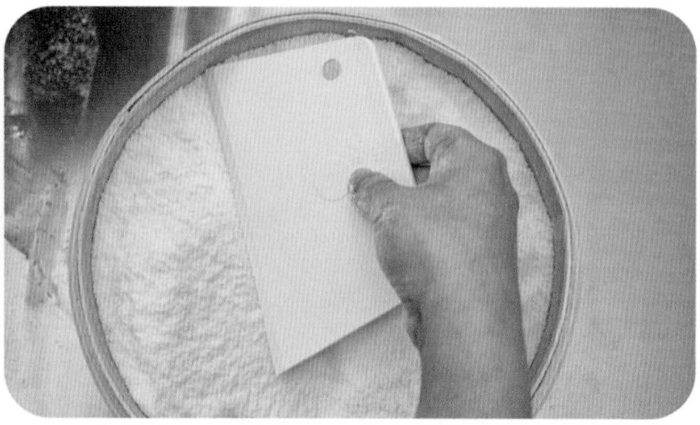

약 15° 정도 기울여서 사용한다.

④ 그래서 전체적으로 가운데 부분만 떡이 딱딱해지고 옆면은 기울게 나오는 경우가 있다.

⑤ 처음 쌀가루를 넣을 때, 찜기의 옆면부터 고르게 들어갈 수 있도록 해주는 것이 중요하다.

⑥ 돌림판을 사용하면 좋지만, 준비 재료에 있지 않기 때문에 가져가지 않는 것이 바람직하다. 추후 공지를 통해 준비재료에 추가가 된다면 시험장에 지참하여도 된다. 그렇게 되면 평탄화 작업이 좀 더 수월해지고, 안정적으로 완성도 높은 설기를 만들 수 있다.

3) 설기류 평탄화 작업 잘하는 방법(쌀가루를 넣는 방법)

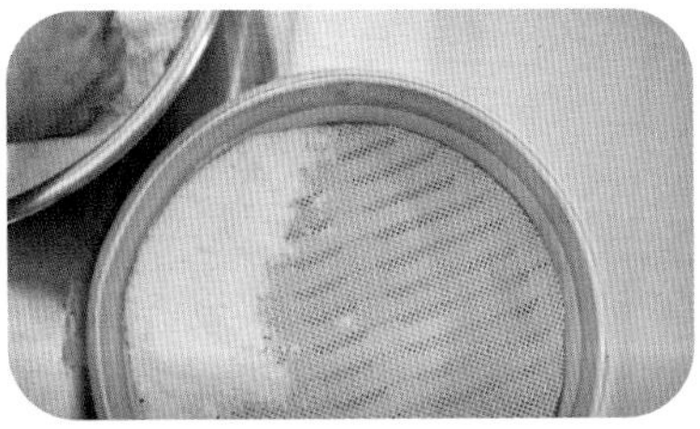

01 옆부터 넣어준다.

02 옆에 채워도 결국 가운데로 계속 쌀가루가 오게 된다. 그래서 초보자일수록 옆면부터 살살 넣어주는 것이 좋다.

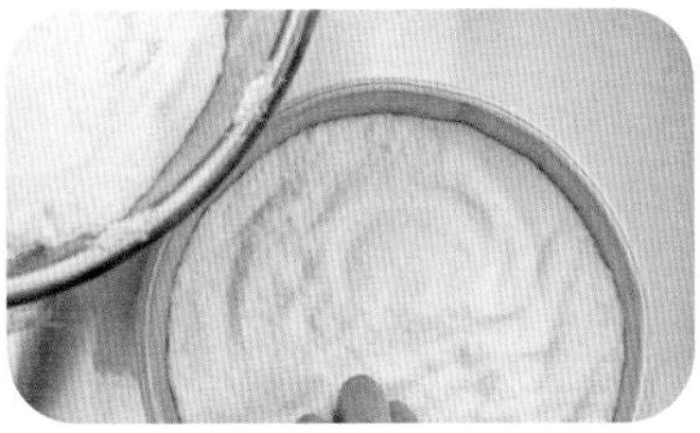

03 전체적으로 수평을 맞추기 위해선, 한번에 쌀가루를 부어 넣기 보다는 조금씩 덜어가며 채워준다.

① 옆면이 더 고르게 보이려면 누르지 않고 사이사이를 메꾸어 준다는 느낌으로 넣어주어야 한다.

② 쌀가루를 이렇게 고르게 넣게 되면 옆모습도 깔끔하게 나올 뿐 아니라, 공기층이 균일하게 들어가서 완성도 좋은 제품이 나온다.

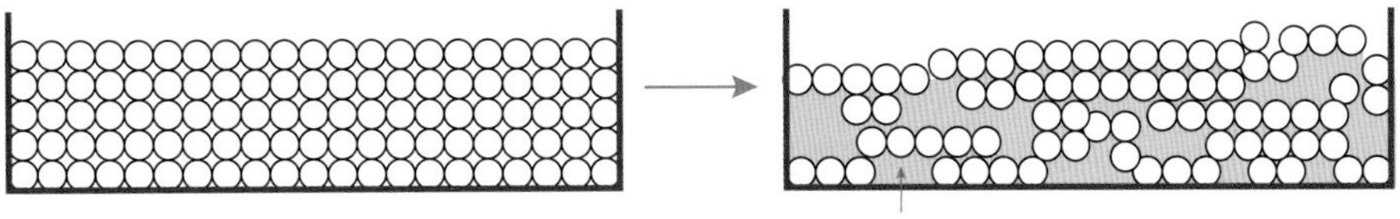

공기층이 아니라 쌀가루가 덜 들어가진 모습

③ 위 그림처럼 넣기 위해서는 쌀가루(멥쌀) 수분이 맞춰진 것을 대나무찜기에 넣을 때 주의해야할 점이 있다.

01 스텐볼을 부어서 쌀가루가 한 번에 다 쏟아지지 않게 한다.
한 손으로 한번 들어 올린 정도의 양씩 대나무찜기에 넣어준다.

02 살살 손가락으로 저어주어야 한다. 이때 손가락은 손톱이 아닌 손가락으로 살살 긁어 주는듯한 손모양이 된다.

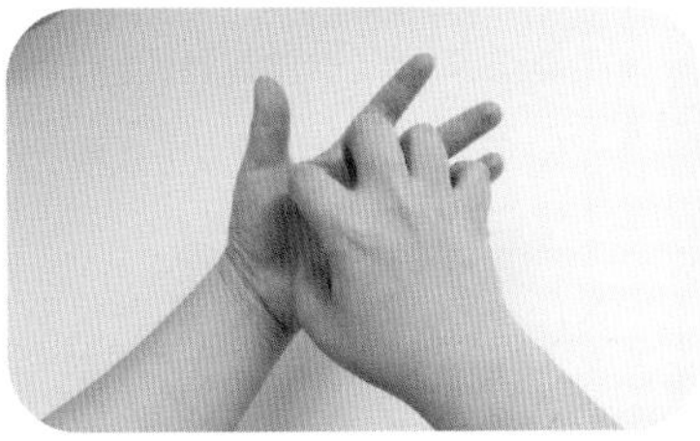

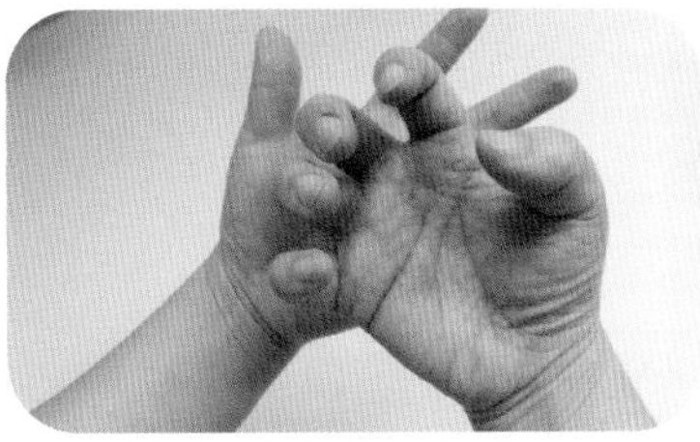

02 찹쌀

1) 찹쌀의 수분

① 찹쌀은 물에 불려 수분감 있게 빻았을 경우, 추가로 물주기하지 않기도 한다.

② 시험장에서도 1~3T 정도의 소량의 물만 추가하여도 거의 완성도 있는 제품이 나왔다.

③ 제공받은 찹쌀가루의 상태를 보아 수분을 주면 된다.

2) 찹쌀가루 나무 찜기에 넣는 방법(주먹쥐어 안치기)

① 추가적인 디테일은 쇠머리찰떡 사진을 참고한다.

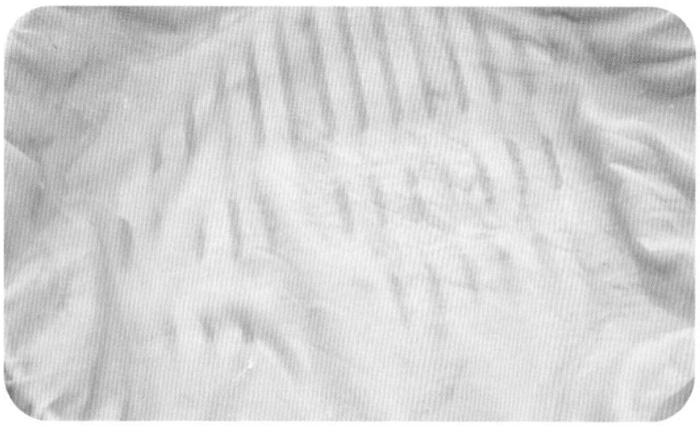

01 젖은 면보 위에 설탕을 뿌려준다. 따로 지참해 온 숟가락이나, 계량스푼을 이용한다.

02 손으로 주먹 쥐기를 해준다. 너무 세게 쥘 필요는 없다.

03 시루에 넣는다. 가운데를 놔두고 옆면으로 도넛모양을 만들 듯 빙 둘러준다.

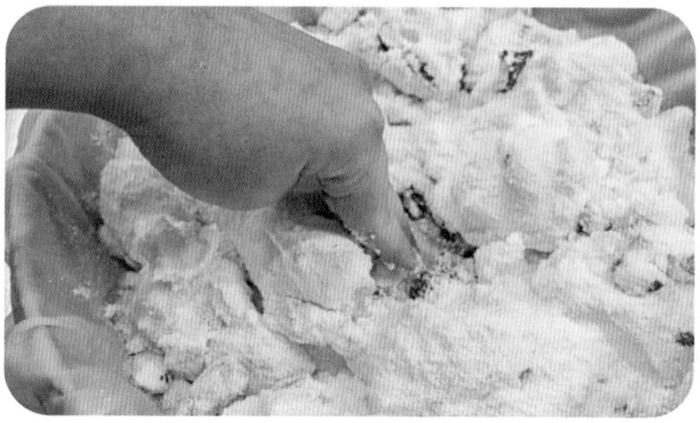

04 도넛모양으로 찜기에 넣었다 할지라도 가운데 숨구멍을 한 번 더 내어준다. 공기가 더 잘 통하게 해준다.

② 이렇게 해야 하는 이유는 찹쌀의 성질 때문이다. 찹쌀은 수증기를 만나면 빠르게 투명해지며 늘어지는 성질이 있는데 찹쌀을 멥쌀처럼 고르게 찜기에 넣을 경우 수증기가 올라갈 수 있는 모든 구멍이 늘어짐으로 인해 막히고, 아래 부분과 다르게 위쪽으로 갈수록 설익는 현상이 생긴다.

Chapter 6

기본적으로 알고 있으면 좋은 내용

01 쌀의 종류에 따른 물주기양의 차이

① 쌀가루가 같으면 물주기양이 같다고 생각하는 경우가 많다.

② 하지만 떡의 종류에 따라서 추가로 넣는 물의 양은 매우 다르다.

③ 아래 표를 참고하여 해당 떡에 물이 충분히 들어갔는지 확인하며 제조하는 것이 좋다.

떡의 종류		물 추가량(%)	1,000g기준 물량
멥쌀	찌는떡	14~20%	140g~200g
	가래떡	20~25%	200g~250g
	절편	20~25%	200g~250g
	꿀떡	30~45%	300g~400g
	바람떡	30~45%	300g~400g
찹쌀	찌는떡(예 켜떡)	5~ 8%	50g~ 80g
	인절미	10~15%	100g~150g
	삶는떡	18~20%	180g~200g
	• 찹쌀의 경우는 방앗간에서 얼마만큼의 수분을 주었느냐에 따라 더 격차가 커서 아예 추가로 물을 주지 않는 경우도 많다. • 더불어 삶는 떡의 경우 고물의 수분도 부재료의 수분도에 따라 변화가 큰 편이다.		

대략적인 수치이며, 쌀을 얼마나 어떤 품종을 어떻게 수침하였는지에 따라 약간의 차이가 발생한다.

02 설기에 칼금 넣는 방법

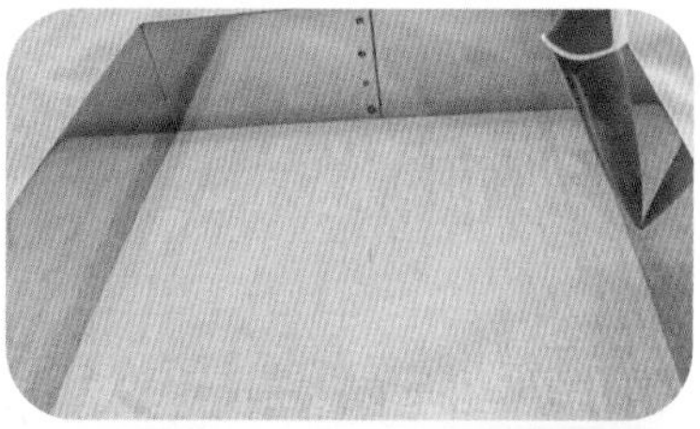

01 대나무 찜기에 쌀가루를 넣고, 물솥에 올리기 전에 칼금을 넣어준다. 완성된(쪄진) 떡에는 칼금을 깨끗하게 넣기 어렵다.
방앗간에서는 칼금을 줄 때는 보통 시루칼이라는 제품을 사용한다(칼처럼 날카롭지 않다).
시루칼이 없는 경우에는 얇은 칼(식품사용 용도)로 사용한다.

02 칼금을 넣을 때는 칼이 처음부터 수직으로 들어가 주어야 맨 윗부분 그리고 바닥까지 잘 잘리게 된다.

03 칼금을 주며 쌀가루 사이를 지나갈 때, 매우 천천히 칼금을 주면 오히려 칼이 흔들리며 옆면이 깨지는 경우가 많다.
적당한 속도를 유지하며 지나가는 것이 좋다. 바닥을 긁어준다는 느낌으로 해주어야 밑면까지 깨끗하게 잘리게 된다.

04 반대편에 도착하였을 때, 마찬가지로 시루의 끝(무스링의 끝)까지 닿은 다음 수직으로 올려준다.

05 링이나 시루 옆을 긁듯이 깨끗하게 올려주어야 한다.

06 쌀가루가 끝나는 맨 윗면까지 깨끗하게 칼로 올려주어야 깨끗하고 깔끔하게 칼금이 생긴다.

MEMO

떡제조기능사실기

PART 7

시험이 확정된 품목 집중 설명

Chapter
1

국가기술자격 실기시험문제

자격종목	떡제조기능사	과제명	콩설기떡, 부꾸미

※ 시험시간 : 2시간

1. 요구사항

※ 지급된 재료 및 시설을 사용하여 2가지 작품을 만들어 제출하시오.

가. 콩설기떡을 만들어 제출하시오.

1) 떡 제조 시 물의 양은 적정량으로 혼합하여 제조하시오(단, 쌀가루는 물에 불려 소금간 하지 않고 2회 빻은 쌀가루이다).
2) 불린 서리태를 삶거나 쪄서 사용하시오.
3) 서리태의 1/2 정도는 바닥에 골고루 펴 넣으시오.
4) 서리태의 나머지 1/2 정도는 멥쌀가루와 골고루 혼합하여 찜기에 안치시오.
5) 찜기에 안친 쌀가루 반죽을 물솥에 얹어 찌시오.
6) 서리태를 바닥에 골고루 펴 넣은 면이 위로 오도록 그릇에 담고, 썰지 않은 상태로 전량 제출하시오.

재료명	비율(%)	무게(g)
멥쌀가루	100	700
설탕	10	70
소금	1	7
물	-	적정량
불린 서리태	-	160

나. 부꾸미를 만들어 제출하시오.

1) 떡 제조 시 물의 양을 적정량으로 혼합하여 반죽을 하시오(단, 쌀가루는 물에 불려 소금간 하지 않고 1회 빻은 찹쌀가루이다).
2) 찹쌀가루는 익반죽하시오.
3) 떡반죽은 직경 6cm로 지져 팥앙금을 소로 넣어 반으로 접으시오(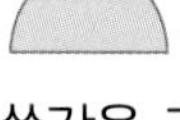).
4) 대추와 쑥갓을 고명으로 사용하고 설탕을 뿌린 접시에 부꾸미를 담으시오.
5) 부꾸미는 12개 이상으로 제조하여 전량 제출하시오.

재료명	비율(%)	무게(g)
찹쌀가루	100	200
백설탕	15	30
소금	1	2
물	-	적정량
팥앙금	-	100
대추	-	3(개)
쑥갓	-	20
식용유	-	20ml

지급재료목록

자격종목	떡제조기능사 (콩설기떡, 부꾸미)

일련번호	재료명	규격	단위	수량	비고
콩설기떡					
1	멥쌀가루	멥쌀을 5시간 정도 불려 빻은 것	g	770	1인용
2	설탕	정백당	g	100	1인용
3	소금	정제염	g	10	1인용
4	서리태	하룻밤 불린 서리태 (겨울 10시간, 여름 6시간 이상)	g	170	1인용 (건서리태 80g 정도 기준)
부꾸미					
8	찹쌀가루	찹쌀을 5시간 정도 불려 빻은 것	g	220	1인용
9	설탕	정백당	g	40	1인용
10	소금	정제염	g	10	1인용
11	팥앙금	고운적팥앙금	g	110	1인용
12	대추	(중)마른것	개	3	1인용
13	쑥갓		g	20	1인용
14	식용유		mL	20	1인용
15	세척제	500g	개	1	30인 공용

※ 국가기술자격 실기시험 지급재료는 시험 종료 후(기권, 결시자 포함) 수험자에게 지급하지 않습니다.

자격종목	떡제조기능사	과제명	송편, 쇠머리떡

※ 시험시간 : 2시간

1. 요구사항

※ 지급된 재료 및 시설을 사용하여 2가지 작품을 만들어 제출하시오.

가. 송편을 만들어 제출하시오.

1) 떡 제조 시 물의 양은 적정량으로 혼합하여 제조하시오(단, 쌀가루는 물에 불려 소금간 하지 않고 2회 빻은 쌀가루이다).
2) 불린 서리태는 삶아서 송편소로 사용하시오.
3) 떡반죽과 송편소는 4 : 1 ~ 3 : 1 정도의 비율로 제조하시오(송편소가 ¼~⅓ 정도 포함되어야 함).
4) 쌀가루는 익반죽하시오.
5) 송편은 완성된 상태가 길이 5 cm, 높이 3 cm 정도의 반달송편모양(()이 되도록 오므려 집어 송편 모양을 만들고, 12개 이상으로 제조하여 전량 제출하시오..
6) 송편을 찜기에 쪄서 참기름을 발라 제출하시오.

재료명	비율(%)	무게(g)
멥쌀가루	100	200
소금	1	2
물	-	적정량
불린 서리태	-	70
참기름	-	적정량

나. 쇠머리떡을 만들어 제출하시오.

1) 떡 제조 시 물의 양은 적정량을 혼합하여 제조하시오(단, 쌀가루는 물에 불려 소금간 하지 않고 1회 빻은 찹쌀가루이다).
2) 불린 서리태는 삶거나 쪄서 사용하고, 호박고지는 물에 불려서 사용하시오.
3) 밤, 대추, 호박고지는 적당한 크기로 잘라서 사용하시오.
4) 부재료를 쌀가루와 잘 섞어 혼합한 후 찜기에 안치시오.
5) 떡반죽을 넣은 찜기를 물솥에 얹어 찌시오.
6) 완성된 쇠머리떡은 15×15cm 정도의 사각형 모양으로 만들어 자르지 말고 전량 제출하시오.
7) 찌는 찰떡류로 제조하며, 지나치게 물을 많이 넣어 치지 않도록 주의하여 제조하시오.

재료명	비율(%)	무게(g)
찹쌀가루	100	500
설탕	10	50
소금	1	5
물	-	적정량
불린 서리태	-	100
대추	-	5(개)
깐밤	-	5(개)
마른 호박고지	-	20
식용유	-	적정량

지급재료목록

자격 종목	떡제조기능사 (송편, 쇠머리떡)

일련번호	재료명	규격	단위	수량	비고
송편					
1	멥쌀가루	멥쌀을 5시간 정도 불려 빻은 것	g	220	1인용
2	소금	정제염	g	5	1인용
3	서리태	하룻밤 불린 서리태 (겨울 10시간, 여름 6시간 이상)	g	80	1인용 (건서리태 40g 정도 기준)
4	참기름		mL	15	
쇠머리떡					
5	찹쌀가루	찹쌀을 5시간 정도 불려 빻은 것	g	550	1인용
6	설탕	정백당	g	60	1인용
7	서리태	하룻밤 불린 서리태 (겨울 10시간, 여름 6시간 이상)	g	110	1인용 (건서리태 60g 정도 기준)
8	대추		개	5	1인용
9	밤	겉껍질, 속껍질 제거한 밤	개	5	1인용
10	마른 호박고지	늙은 호박(또는 단호박)을 썰어서 말린 것	g	25	1인용
11	소금	정제염	g	7	1인용
12	식용유		mL	15	1인용
13	세척제	500g	개	1	30인 공용

※ 국가기술자격 실기시험 지급재료는 시험 종료 후(기권, 결시자 포함) 수험자에게 지급하지 않습니다.

자격종목	떡제조기능사	과제명	무지개떡(삼색), 경단

※ 시험시간 : 2시간

1. 요구사항

※ 지급된 재료 및 시설을 사용하여 2가지 작품을 만들어 제출하시오.

가. 무지개떡(삼색)을 만들어 제출하시오.

1) 떡 제조 시 물의 양은 적정량으로 혼합하여 제조하시오(단, 쌀가루는 물에 불려 소금간 하지 않고 2회 빻은 멥쌀가루이다).
2) 삼색의 구분이 뚜렷하고 두께가 같도록 떡을 안치고 8등분으로 칼금을 넣으시오.
3) 대추와 잣을 흰쌀가루에 고명으로 올려 찌시오(잣은 반으로 쪼개어 비늘잣으로 만들어 사용하시오).
4) 고명이 위로 올라오게 담아 전량 제출하시오.

삼색 구분, 두께 균등

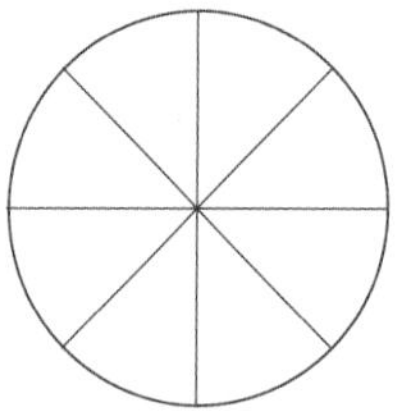

8등분 칼금

재료명	비율(%)	무게(g)
멥쌀가루	100	750
설탕	10	75
소금	1	8
물	-	적정량
치자	-	1(개)
쑥가루	-	3
대추	-	3(개)
잣	-	2

나. 경단을 만들어 제출하시오.

1) 떡 제조 시 물의 양을 적정량으로 혼합하여 반죽을 하시오(단, 쌀가루는 물에 불려 소금간 하지 않고 1회 빻은 쌀가루이다).
2) 찹쌀가루는 익반죽하시오.
3) 반죽은 직경 2.5 ~ 3cm 정도의 일정한 크기로 20개 이상 만드시오.
4) 경단은 삶은 후 고물로 콩가루를 묻히시오.
5) 완성된 경단은 전량 제출하시오.

재료명	비율(%)	무게(g)
찹쌀가루	100	200
소금	1	2
물	-	적정량
볶은 콩가루	-	50

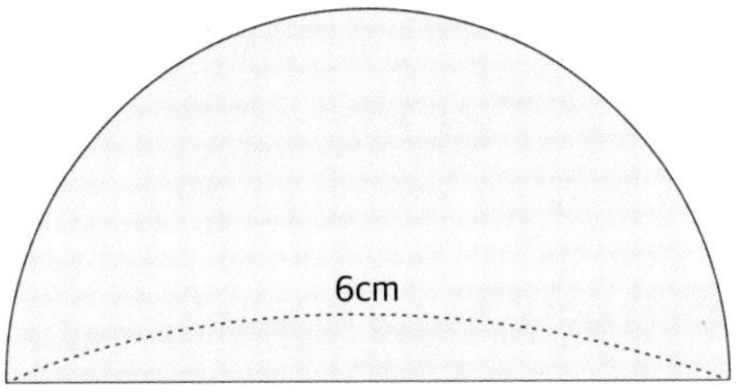

떡반죽 직경 6cm

지급재료목록

자격종목	떡제조기능사 (무지개떡(삼색), 경단)

일련번호	재료명	규격	단위	수량	비고
무지개떡(삼색)					
1	멥쌀가루	멥쌀을 5시간 정도 불려 빻은 것	g	800	1인용
2	설탕	정백당	g	100	1인용
3	소금	정제염	g	10	1인용
4	치자	말린것	개	1	1인용
5	쑥가루	말려 빻은 것	g	3	1인용
6	대추	(중)마른것	개	3	1인용
7	잣	약 20개 정도(속껍질 벗긴 통잣)	g	2	1인용
경단					
8	찹쌀가루	찹쌀을 5시간 정도 불려 빻은 것	g	220	1인용
9	소금	정제염	g	10	1인용
10	콩가루	볶은 콩가루	g	60	1인용 (방앗간 인절미용 구매)
11	세척제	500g	개	1	30인 공용

자격종목	떡제조기능사	과제명	백편, 인절미

※ 시험시간 : 2시간

1. 요구사항

※ 지급된 재료 및 시설을 사용하여 2가지 작품을 만들어 제출하시오.

가. 백편을 만들어 제출하시오.

1) 떡 제조 시 물의 양은 적정량으로 혼합하여 제조하시오(단, 쌀가루는 물에 불려 소금간 하지 않고 2회 빻은 멥쌀가루이다).
2) 밤, 대추는 곱게 채썰어 사용하고 잣은 반으로 쪼개어 비늘잣으로 만들어 사용하시오.
3) 쌀가루를 찜기에 안치고 윗면에만 밤, 대추, 잣을 고물로 올려 찌시오.
4) 고물을 올린 면이 위로 오도록 그릇에 담고 썰지 않은 상태로 전량 제출하시오.

재료명	비율(%)	무게(g)
멥쌀가루	100	500
설탕	10	50
소금	1	5
물	-	적정량
깐밤	-	3(개)
대추	-	5(개)
잣	-	2

나. 인절미를 만들어 제출하시오.

1) 떡 제조 시 물의 양은 적정량으로 혼합하여 제조하시오(단, 쌀가루는 물에 불려 소금간 하지 않고 1회 빻은 찹쌀가루이다).
2) 익힌 찹쌀반죽은 스테인리스볼과 절구공이(밀대)를 이용하여 소금물을 묻혀 치시오.
3) 친 인절미는 기름 바른 비닐에 넣어 두께 2cm 이상으로 성형하여 식히시오.
4) 4×2×2cm 크기로 인절미를 24개 이상 제조하여 콩가루를 고물로 묻혀 전량 제출하시오.

재료명	비율(%)	무게(g)
찹쌀가루	100	500
설탕	10	50
소금	1	5
물	-	적정량
볶은 콩가루	12	60
식용유	-	5
소금물용 소금	-	5

지급재료목록

자격 종목	떡제조기능사 (백편, 인절미)

일련번호	재료명	규격	단위	수량	비고
백편					
1	멥쌀가루	멥쌀을 5시간 정도 불려 빻은 것	g	550	1인용
2	설탕	정백당	g	60	1인용
3	소금	정제염	g	10	1인용
4	밤	겉껍질, 속껍질 벗긴 밤	개	3	1인용
5	대추	중(마른것)	개	5	1인용
6	잣	약 20개 정도(속껍질 벗긴 통잣)	g	2	1인용
인절미					
7	찹쌀가루	찹쌀을 5시간 정도 불려 빻은 것	g	550	1인용
8	설탕	정백당	g	60	1인용
9	소금	정제염	g	10	
10	콩가루	볶은콩가루	g	70	1인용(방앗간 인절미용 구매)
11	식용유		mL	15	비닐에 바르는 용도
12	세척제	500g	개	1	30인 공용

※ 국가기술자격 실기시험 지급재료는 시험 종료 후(기권, 결시자 포함) 수험자에게 지급하지 않습니다.

자격종목	떡제조기능사	과제명	흑임자시루떡, 개피떡(바람떡)

※ 시험시간 : 2시간

1. 요구사항

※ 지급된 재료 및 시설을 사용하여 2가지 작품을 만들어 제출하시오.

가. 흑임자시루떡을 만들어 제출하시오.

1) 떡 제조 시 물의 양은 적정량으로 혼합하여 제조하시오(단, 쌀가루는 물에 불려 소금간 하지 않고 1회 빻은 찹쌀가루이다).
2) 흑임자는 씻어 일어 이물이 없게 하고 타지 않게 볶아 소금간하여 빻아서 고물로 사용하시오.
3) 찹쌀가루 위·아래에 흑임자 고물을 이용하여 찜기에 한켜로 안치시오.
4) 찜기에 안쳐 물솥에 얹어 찌시오.
5) 썰지 않은 상태로 전량 제출하시오.

재료명	비율(%)	무게(g)
찹쌀가루	100	400
설탕	10	40
소금 (쌀가루반죽)	1	4
소금(고물)		적정량
물	-	적정량
흑임자	27.5	110

나. 개피떡(바람떡)을 만들어 제출하시오.

1) 떡 제조 시 물의 양을 적정량으로 혼합하여 반죽을 하시오(단, 쌀가루는 물에 불려 소금 간 하지 않고 2회 빻은 멥쌀가루이다).
2) 익힌 멥쌀반죽은 치대어 떡반죽을 만들고 떡이 붙지 않게 고체유를 바르면서 제조하시오.
3) 떡반죽은 두께 4~5 mm 정도로 밀어 팥앙금을 소로 넣어 원형틀(직경 5.5cm 정도)을 이용하여 반달모양으로 찍어 모양을 만드시오(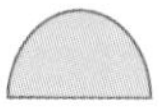).
4) 개피떡은 12개 이상으로 제조하여 참기름을 발라 제출하시오..

재료명	비율(%)	무게(g)
멥쌀가루	100	300
소금	1	3
물	-	적정량
팥앙금	66	200
참기름	-	적정량
고체유	-	5
설탕	-	10 (찔 때 필요 시 사용)

# 지급재료목록			자격 종목		떡제조기능사 (흑임자시루떡, 개피떡)
일련번호	재료명	규격	단위	수량	비고
흑임자시루떡					
1	찹쌀가루	찹쌀을 5시간 정도 불려 빻은 것	g	440	1인용
2	설탕	정백당	g	50	1인용
3	소금	정제염	g	10	1인용
4	흑임자	볶지 않은 상태	g	120	1인용
개피떡(바람떡)					
5	멥쌀가루	멥쌀을 5시간 정도 불려 빻은 것	g	330	1인용
6	소금	정제염	g	10	1인용
7	팥앙금	고운적팥앙금	g	220	1인용
8	고체유(밀납)	마가린 대체 가능	g	7	1인용
9	설탕		g	15	1인용
10	참기름		g	10	1인용
11	세척제	500g	개	1	30인 공용

※ 국가기술자격 실기시험 지급재료는 시험 종료 후(기권, 결시자 포함) 수험자에게 지급하지 않습니다.

자격종목	떡제조기능사	과제명	흰팥시루떡, 대추단자

※ 시험시간 : 2시간

1. 요구사항

※ 지급된 재료 및 시설을 사용하여 2가지 작품을 만들어 제출하시오.

가. 흰팥시루떡을 만들어 제출하시오.

1) 떡 제조 시 물의 양은 적정량으로 혼합하여 제조하시오(단, 쌀가루는 물에 불려 소금간하지 않고 2회 빻은 멥쌀가루이다).
2) 불린 흰팥(동부)은 거피하여 쪄서 소금간하고 빻아 체에 내려 고물로 사용하시오(중간체 또는 어레미 사용 가능).
3) 멥쌀가루 위·아래에 흰팥고물을 이용하여 찜기에 한켜로 안치시오.
4) 찜기에 안쳐 물솥에 얹어 찌시오.
5) 썰지 않은 상태로 전량 제출하시오.

재료명	비율(%)	무게(g)
멥쌀가루	100	500
설탕	10	50
소금 (쌀가루 반죽)	1	5
소금(고물)	0.6	3 (적정량)
물	-	적정량
불린흰팥(동부)	-	320

나. 대추단자를 만들어 제출하시오.

1) 떡 제조 시 물의 양을 적정량으로 혼합하여 반죽을 하시오(단, 쌀가루는 물에 불려 소금간 하지 않고 1회 빻은 찹쌀가루이다).
2) 대추의 40% 정도는 떡 반죽용으로, 60% 정도는 고물용으로 사용하시오..
3) 떡 반죽용 대추는 다져서 쌀가루와 함께 익혀 쓰시오.
4) 고물용 대추, 밤은 곱게 채썰어 사용하시오(단, 밤은 채 썰 때 전량 사용하지 않아도 됨).
5) 대추를 넣고 익힌 찹쌀반죽은 소금물을 묻혀 치시오
6) 친 대추단자는 기름(식용유) 바른 비닐에 넣어 성형하여 식히시오.
7) 친 떡에 꿀을 바른 후 3×2.5×1.5cm 크기로 잘라 밤채, 대추채 고물을 묻히시오.
8) 16개 이상 제조하여 전량 제출하시오.

재료명	비율(%)	무게(g)
찹쌀가루	100	200
소금	1	2
물	-	적정량
밤	-	6(개)
대추	-	80
꿀	-	20
식용유	-	10
설탕 (찔 때 필요 시 사용)	-	10
소금물용 소금	-	5

지급재료목록		자격 종목	떡제조기능사 (흰팥시루떡, 대추단자)		
일련번호	재료명	규격	단위	수량	비고
흰팥시루떡					
1	멥쌀가루	멥쌀을 5시간 정도 불려 빻은 것	g	550	1인용
2	설탕	정백당	g	60	1인용
3	소금	정제염	g	10	1인용
4	거피팥(동부)	하룻밤 불린 거피팥 (겨울 6시간, 여름 3시간 이상 전날 불려 냉장 보관 후 지급)	g	350	1인용 (건거피팥(동부) 170g 정도 기준)
대추단자					
5	찹쌀가루	찹쌀을 5시간 정도 불려 빻은 것	g	220	1인용
6	소금	정제염	g	5	1인용
7	밤	겉껍질, 속껍질 벗긴 밤	개	6	1인용
8	대추	(중)마른것 (크기 및 수분량에 따라 개수는 변경될 수 있음)	g	90 (20~30개 정도)	1인용
9	꿀		g	30	1인용
10	식용유		g	10	1인용
11	설탕		g	10	1인용
12	세척제	500g	개	1	30인 공용

※ 국가기술자격 실기시험 지급재료는 시험 종료 후(기권, 결시자 포함) 수험자에게 지급하지 않습니다.

Chapter 2

콩설기

콩설기 실기 영상

01 요구사항/지급재료

콩설기떡을 만들어 제출하시오.

① 떡 제조 시 물의 양은 적정량으로 혼합하여 제조하시오
(단, 쌀가루는 물에 불려 소금간 하지 않고 2회 빻은 쌀가루이다).

② 불린 서리태를 삶거나 쪄서 사용하시오.

③ 서리태의 1/2 정도는 바닥에 골고루 펴 넣으시오.

④ 서리태의 나머지 1/2 정도는 멥쌀가루와 골고루 혼합하여 찜기에 안치시오.

⑤ 찜기에 안친 쌀가루 반죽을 물솥에 얹어 찌시오.

⑥ 서리태를 바닥에 골고루 펴 넣은 면이 위로 오도록 그릇에 담고, 썰지 않은 상태로 전량 제출하시오.

재료명	비율(%)	무게(g)
멥쌀가루	100	700
설탕	10	70
소금	1	7
물	-	적정량
불린 서리태	-	160

02 지급재료목록

번호	재료명	규격	단위	수량	비고
1	멥쌀 가루	멥쌀을 5시간 정도 불려 빻은 것	g	770	1인용
2	설탕	정백당	g	100	1인용
3	소금	정제염	g	10	1인용
4	서리태	하룻밤 불린 서리태 (겨울 10시간, 여름 6시간 이상)	g	170	1인용 (건서리태 80g 정도 기준)

✓ 미리 연습하면 좋은 것

- 쌀가루에 알맞게 물주기 연습
- 대나무 찜기에 쌀가루 넣는 법 연습
- 쌀가루 스크래퍼 이용하여 평탄화 연습(연습 시, 돌림판을 사용하지 마세요)

03 만드는 법

1) 서리태 전처리

① 지급받은 서리태의 상태를 보아 추가로 삶을지 말지 여부를 결정한다.
② 쌀가루에 넣어야 하는 소금을 제외하고 지급재료에 여유분의 소금이 있다.
③ 이 소금을 서리태와 함께 냄비에 넣고 삶아준다.
④ 서리태의 불린 정도를 보아 약 5~20분 삶아준다.
⑤ 만약 서리태의 상태가 많이 불어 있는 경우(떡을 찌는 동안 충분히 잘 익을 정도인 경우) 소금과 설탕을 살짝 넣어 가볍게 섞어준다.
⑥ 서리태가 냉동 서리태가 제공되었을 경우 삶아서 냉동되었을 것이기 때문에 소금을 살짝 버무려 소금 간이 베이게 해주는 것이 좋다. 하지만 지급품목 정보를 보면 불리기만 했고 삶았다는 내용이 들어있지 않기 때문에 이 부분은 추가적으로 추후 공지사항이 변경되면 적용가능하다. 서리태는 쌀가루와 버무려 쪄야하기 때문에 너무 높은 온도이면 좋지 않다.

서리태가 삶아지면 서리태 삶은 물을 버리고 찬물에 담갔다가 체에 걸러 주거나, 체에 올린 채로 찬물에 헹구어 준다.

헹구어 준 후에도 서리태를 체에 올려 물기를 빼어준다.

물기를 잘 빼지 않고 쌀가루와 섞어줄 경우 위와 같이 윗면이 검게 젖은 설기가 나온다.

2) 지급받은 멥쌀

① 지급받은 멥쌀은 700g이다. 쌀가루 100g당 소금1g을 넣는다.

② 7g의 소금을 바로 쌀가루에 넣는 것 보다는 적당한 물과 희석하여 쌀가루에 넣어주는 것이 좋다. 소금이 빠르게 녹지 않을 경우 한쪽으로 몰림 현상이 생길 수 있어서 한쪽은 너무 짜고 다른 쪽은 싱거울 수 있다. 물론, 약 5분 가량 쌀가루를 비벼주면서 잘 섞어준다면 이런 현상은 없을 수 있다. 하지만, 초보의 경우에는 이런 여유를 시험장에서 찾기가 어려울 수 있기 때문에 물에 녹여서 쌀가루에 넣는 것을 연습하는 것이 더 바람직하다.

③ 체에는 두 번 내린다. 처음에는 소금+물을 넣어 1차로 체에 내리고 부족한 물을 추가로 넣어 두 번째로 체에 내려서 수분을 맞추어 준다.

3) 설탕 넣기

(1) 이제 설탕을 쌀가루에 넣으면 되는데, 넣기 전에 확인해야 할 사항이 있다.

① 물솥의 물이 끓고 있어야 한다.

② 나무찜기에 시루밑을 깔아둔다(면보자기를 이용하는 것도 가능하다).

③ 서리태를 1/2씩 두 개로 나누어 놓았어야 한다.

④ 나눈 서리태 중 1개 1/2 분량을 나무찜기 바닥에 골고루 펴 넣는다.

⑤ 설탕은 쌀가루에 있는 수분과 합해져 금방 진득해지고 쌀가루가 쉽게 뭉쳐지게 된다.

⑥ 초보일수록 설탕을 넣은 쌀가루를 대나무 찜기에 모두 넣기까지 시간이 좀 더 소요가 된다.

⑦ 그렇기 때문에 설탕을 넣고 위의 1~4의 준비사항을 시작하게 되면 시간이 너무 오래 지체 된다. 미리 1~4까지 완료 후 설탕을 넣고 섞어준다.

⑧ 찜기에 쌀가루를 빠르게 넣을수록 좋지만 그렇다고 한 번에 쌀가루를 찜기에 후르륵 쏟아 넣는 것은 옳지 않다.

설탕 넣기

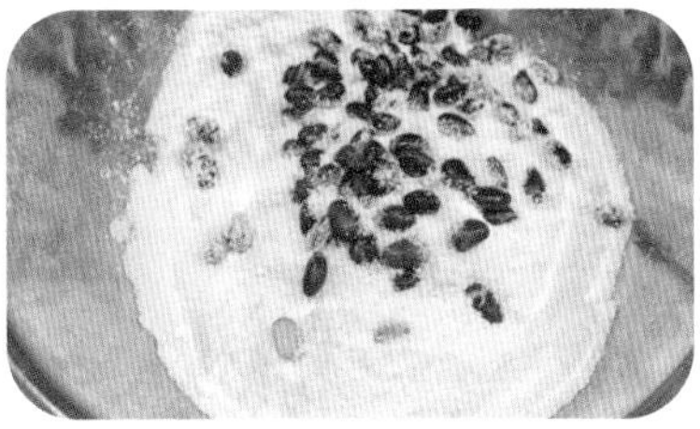
쌀가루에 서리태 섞어주기

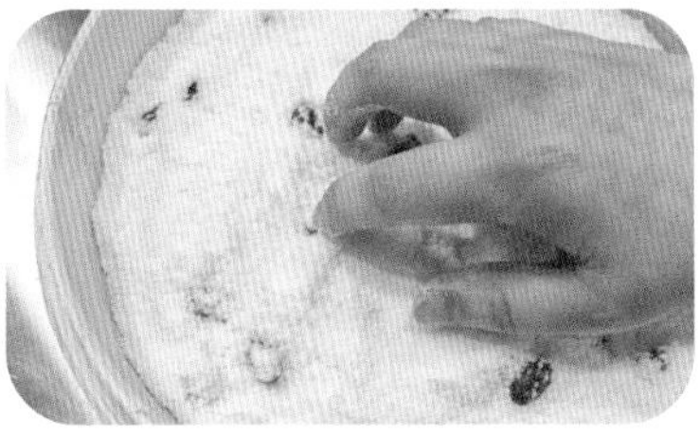
나무찜기에 넣기

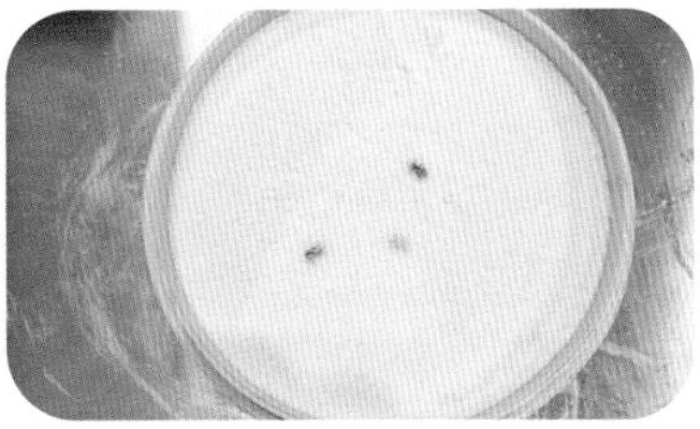
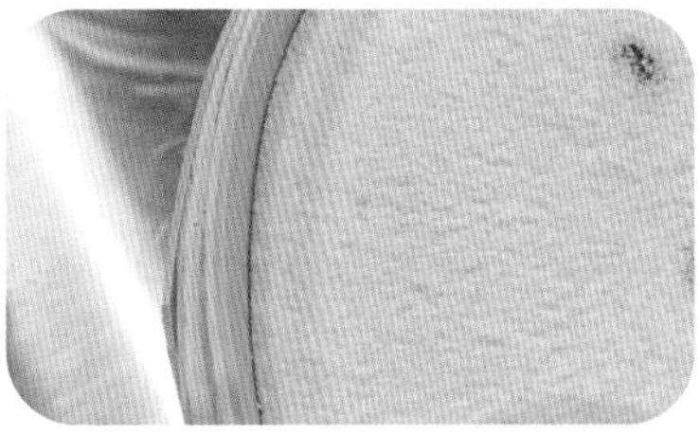
쌀가루 평탄화하기, 찜기 옆면을 눌러 살짝 유격주기

(2) 물솥에 김이 올라오면(물이 팔팔 끓으면) 뚜껑 덮은 찜기를 올리고 20분간 쪄서 완성한다.

수분이 조금 부족했다고 생각이 든다면, 덜 쪄진 부분이 조금 더 익을 수 있도록 5분 정도 뜸들이기를 해준다.

(3) 제출하기

대나무 찜기 밑면부분(서리태를 고루 펴 놓은 부분)이 위로 올라오게 하여 제출하는 것이 일반적이다. 그렇기 때문에 떡 뒤집개 등이 필요없으며, 바로 제출접시를 찜기 위에 덧대어 올리고 한 번만 뒤집어서 제출하면 된다.

Chapter 3

부꾸미

▶ 부꾸미 실기 영상

01 요구사항/지급재료

부꾸미를 만들어 제출하시오.

① 떡 제조 시 물의 양을 적정량으로 혼합하여 반죽을 하시오(단, 쌀가루는 물에 불려 소금간 하지 않고 1회 빻은 찹쌀가루이다).

② 찹쌀가루는 익반죽하시오.

③ 떡반죽은 직경 6cm로 지져 팥앙금을 소로 넣어 반으로 접으시오().

④ 대추와 쑥갓을 고명으로 사용하고 설탕을 뿌린 접시에 부꾸미를 담으시오.

⑤ 부꾸미는 12개 이상으로 제조하여 전량 제출하시오.

재료명	비율(%)	무게(g)
찹쌀가루	100	200
백설탕	15	30
소금	1	2
물	-	적당량
팥앙금	-	100
대추	-	3(개)
쑥갓	-	20
식용유	-	20mL

02 지급재료목록

번호	재료명	규격	단위	수량	비고
1	찹쌀가루	찹쌀을 5시간 정도 불려 빻은 것	g	220	1인용
2	설탕	정백당	g	40	1인용
3	소금	정제염	g	10	1인용
4	팥앙금	고운적팥앙금	g	110	1인용
5	대추	(중)마른것	개	3	1인용
6	쑥갓		g	20	1인용
7	식용유		mL	20	1인용

03 만드는 법

1) 익반죽 하여 20분 이상 숙성

- 찹쌀가루에 소금을 넣고 충분히 비벼준다.
- 익반죽에 익숙하지 않은 수험자의 경우 소금에 뜨거운 물을 넣어 녹인 후 넣어주려다가 자칫 익반죽이 덜 되는 문제가 생길 수 있으므로, 소금을 넣어 찹쌀가루를 약 2분정도 잘 비벼준 후 뜨거운 물을 바로 넣어 익반죽이 잘 될 수 있도록 하는 것을 추천한다.
- 경단보다는 반죽이 조금 더 촉촉하고 부드러운 느낌이 들 수 있도록 수분을 넣어준다.
- 조금 떼어서 동그랗게 말아보고 부꾸미 모양으로 펼쳐보았을 때 옆 부분이 갈라지지 않고 촉촉한 상태가 바람직하다.

2) 부재료 및 고명 전처리

(1) 쑥갓

- 찬물에 담가두었던 쑥갓을 알맞은 크기의 24개의 조각으로 만들고 수분을 제거해준다.
- 물기가 있는 쑥갓을 마른 면보에 올려 수분을 제거해 주어도 좋다.
- 제공받은 20그람의 쑥갓이 24개의 조각이 나오지 않을 경우 12조각을 하되, 고명의 크기와 모양이 최대한 균일하게 나올 수 있도록 해준다.

(2) 대추

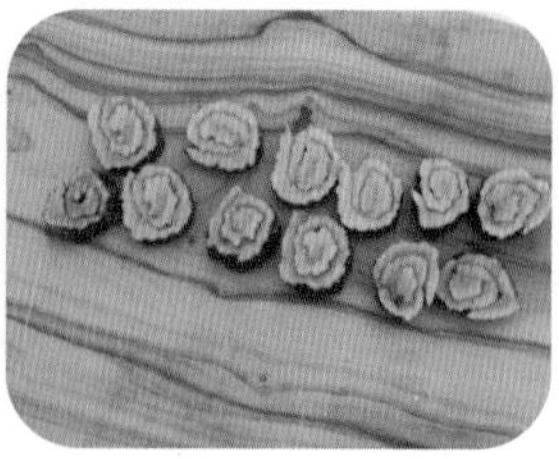

- 대추의 씨를 제거하고 밀대(방망이)로 살짝 밀어준 후 동그랗게 말아준다.
- 총 3개의 대추가 제공된다.
- 하나당 4개씩 올릴 수 있는 고물을 만들어 준다.
- 총 12개를 준비한다.

✓ TIP!

고명용 대추는 돌려깍기를 할 때, 살이 조금 적게 껍질만 얇게 돌려깎아 주면 좋다.

(3) 팥 앙금

- 팥 앙금 100g 을 7~8g 나누어 총 12개를 만들어 준다.
- 동그란 경단 모양보다는 둥근 막대 모양(살짝 타원형 동그라미)으로 만들어 놓는다.

3) 반죽 소분하기

✓ TIP!

들어가는 물의 양에 따라 반죽의 총 무게가 달라지므로 반죽의 총 무게(g)를 반드시 올려서 확인한다.

$$\frac{\text{반죽의 총 무게}(g)}{12\text{개}} = \text{반죽의 1개의 무게}(g)$$

① **제조하는 동선을 계산하였을 때 미리 반죽을 소분해야 하는 경우**: 동그랗게 빚어 떡비닐에 4개씩 3개 혹은 6개씩 2개로 올려 마르지 않도록 비닐을 덮어둔다.

② **6개를 반죽을 만들면서 바로바로 후라이펜에 올리는 경우**: 동그랗게 빚어가며 4개씩 3번에 나누어 제작하거나, 6개씩 2회에 걸쳐 후라이펜에 올려 제작한다.

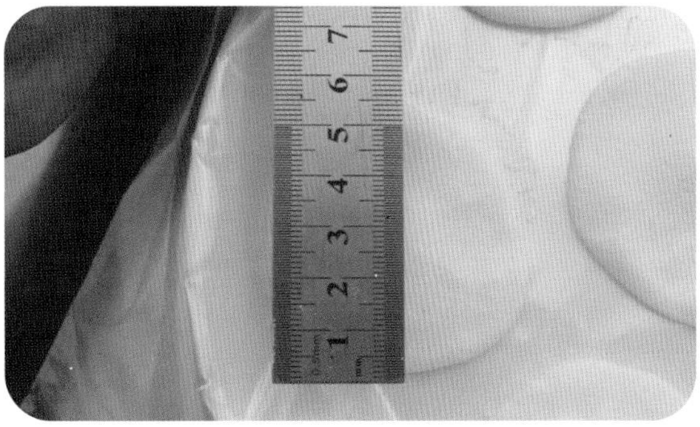

시험장에는 자를 가지고 갈수 없기 때문에, 내 손바닥위에서 6cm가 어느 정도인건지 확인하며 연습을 하는 것이 좋다.

✓ TIP!

소분한 반죽을 동그랗게 만들기 보다는 타원형으로 해주는 것이 좋다.

4) 후라이펜에 올려 익혀주기

- 후라이펜에 제공받은 식용유를 올리고 천천히 익혀준다.
- 조급해 하지 않고, 자주 뒤집어 주면서 익혀주어야 안에까지 고르게 익게 된다.
- 기름을 많이 넣을 경우, 튀긴 듯 바삭해지고 갈색으로 색이 금방 변하므로 기름이 많이 넣어지지 않도록 주의한다.
- 전체적으로 반죽이 다 익었다고 생각될 때, 팥 앙금을 넣고 반을 접어준다.

✓ TIP : 숟가락, 나무 뒤집개보다는 실리콘 뒤집개가 훨씬 더 안정적으로 제작이 된다.

✓ 오른쪽반죽을 왼쪽으로 접는 경우, 가운데보다 조금 왼쪽에 올려 넣어주는 것이 좋다. 그래야 접었을 때 예쁘고 안정적이다.

- 조금이라도 떡끼리 서로 붙지 않도록 하여 제작한다.
- 후라이펜 위에서의 떡은 금세 서로 달라붙는다.

5) 제출하기

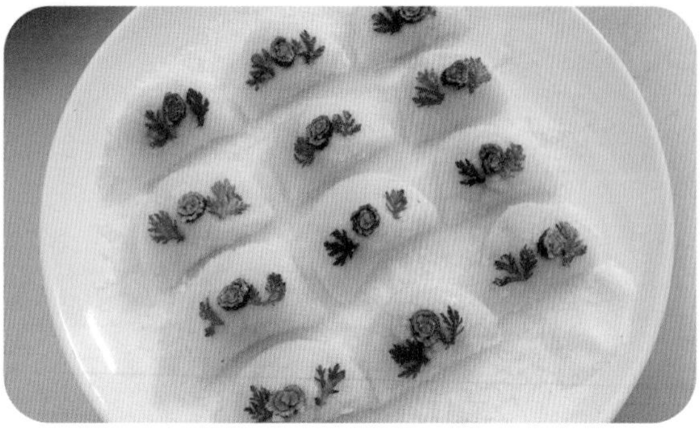

- 접시 2개를 준비한다.

✓ TIP: 여분의 접시를 갖고 가는 것이 좋다.

- 한 개는 식히는 접시, 한 개는 제출접시이다.
- 양쪽의 접시에 여분으로 제공받은 설탕을 반반 뿌려 놓아준다.
- 식힘 적시에 놓아두고 나머지 양을 만들어 준다.
- 식은 부꾸미를 제출접시에 옮겨 담으며 4*3으로 나열하여 제출하여도 좋고, 위와 같이 돌돌 돌려진 모습으로 제출하여도 좋다.
- 충분히 식힌 다음 올려주어야 떡끼리 붙지 않고 하나씩 잘 떨어지게 된다.

Chapter 4

나만의 동선 잡기

시험을 연습할 때 각각 품목별 연습하는 것도 물론 중요하지만, 실전처럼 두 가지 품목을 동시에 연습하며 동선을 잡아보는 것이 정말 중요하다.

더불어 사람마다 시간이 지체되는 부분과 빠르게 처리되는 부분이 다르기 때문에 누군가의 동선이 반드시 나에게 적용된다는 법은 없다.

가스불이 2개이고 지급된 냄비와 도구를 계산하고, 내가 갖고 가는 찜기와 각종 도구를 이용하여 두가지 품목이 2시간 안에 완벽하게 제출까지 되는지를 반드시 연습하고 가길 바란다.

그러기 위해서는 아래와 같은 표에 나의 동선을 적어볼 필요가 있다.

처리순서	가스불1	가스불2	콩설기	부꾸미
1			각 지급재료 계량	각 지급재료 계량
2	서리태 삶기	익반죽용 물 끓이기		익반죽해서 비닐 숙성
3			서리태 헹구기 물 빼기	부꾸미 부재료 손질
4			대나무찜기 준비	
5	콩설기용 물솥에 물올리기		쌀가루 체 내리기, 소금물 주기	
6			서리태 찜기에 1/2 넣기 쌀가루+서리태 1/2 + 설탕넣기	
7			대나무찜기에 쌀가루 넣기	
8	물솥에 찜기올리기		물솥에 올리기 완성품 제출	부꾸미 반죽소분 및 완성 준비
9				완성품 제출
10	조리대, 씽크대, 각종 도구 정리 및 청소			

위의 예시가 답은 아니다.

개인에 맞추어 동선(動線)을 하나하나 쪼개어 보고, 가능하다면 여러 번 연습을 통해 내가 지연되는 부분에 맞추어 가스불의 사용 순서도 정해 보는 것이 좋다.

※나만의 동선을 적어보자.

처리순서	가스불1	가스불2	콩설기	경단
1				
2				
3				
4				
5				
6				
7				
8				
9				
10	조리대, 씽크대, 각종 도구 정리 및 청소			

Chapter 5 송편

송편 실기 영상

01 요구사항/지급재료

송편을 만들어 제출하시오.

① 떡 제조 시 물의 양은 적정량으로 혼합하여 제조하시오 (단, 쌀가루는 물에 불려 소금간 하지 않고 2회 빻은 쌀가루이다).

② 불린 서리태는 삶아서 송편소로 사용하시오.

③ 떡반죽과 송편소는 4 : 1 ~ 3 : 1 정도의 비율로 제조하시오(송편소가 ¼~⅓ 정도 포함되어야 함).

④ 쌀가루는 익반죽하시오.

⑤ 송편은 완성된 상태가 길이 5cm, 높이 3cm 정도의 반달송편모양()으로 오므려 집어 송편 모양을 만들고, 12개 이상으로 제조하여 전량 제출하시오.

⑥ 송편을 찜기에 쪄서 참기름을 발라 제출하시오.

재료명	비율(%)	무게(g)
멥쌀가루	100	200
소금	1	2
물	-	적정량
불린 서리태	35	70
참기름	-	적정량

02 지급재료목록

번호	재료명	규격	단위	수량	비고
1	멥쌀가루	멥쌀을 5시간 정도 불려 빻은 것	g	220	1인용
2	소금	정제염	g	5	1인용
3	서리태	하룻밤 불린 서리태 (겨울 10시간, 여름 6시간 이상)	g	80	1인용 (건서리태 40g 정도 기준)
4	참기름		ml	15	

03 만드는 법

1) 서리태준비

송편에 들어가는 서리태의 경우 콩설기보다 조금 더 익히는 것이 좋다.

서리태가 삶아지면 서리태 삶은 물을 버리고 찬물에 담갔다가 체에 걸러 주거나, 체에 올린채로 찬물에 헹구어 준다.

헹구어 준 후에도 서리태를 체에 올려 물기를 빼어 준다.

총 무게를 재어보고 12개로 나눈 무게를 반드시 계산해 본다. 계산되어진 g수만큼씩 반죽에 넣어주어야 한다(제출 요구사항은 12개 이상이다).

2) 쌀가루 익반죽

뜨거운 물과 소금을 쌀가루에 넣어 준다.

반죽을 해준다(물 부족한 모습).

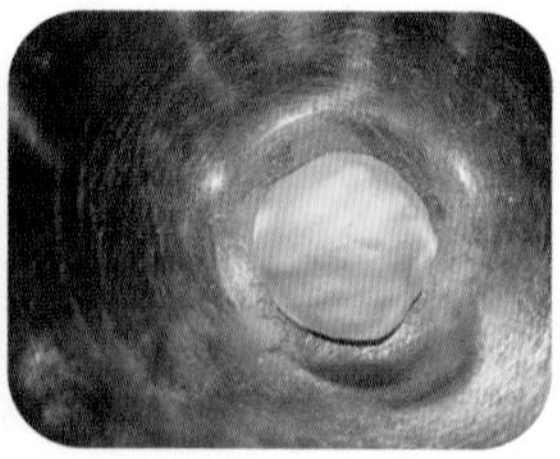

반죽을 완성한다(물 알맞은 모습).

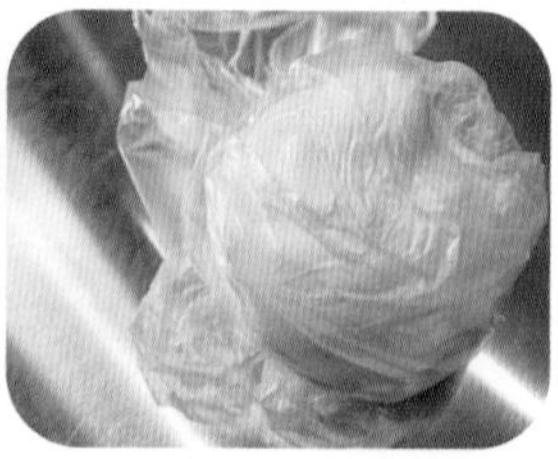

위생봉투에 넣어 잠시 숙성한다.

3) 반죽을 스크래퍼를 이용하여 동일한 양으로 나누어 준다.

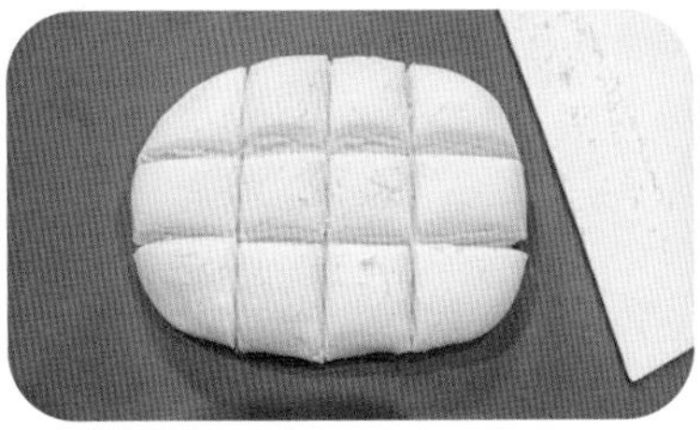

대략적으로 나누어 준다.

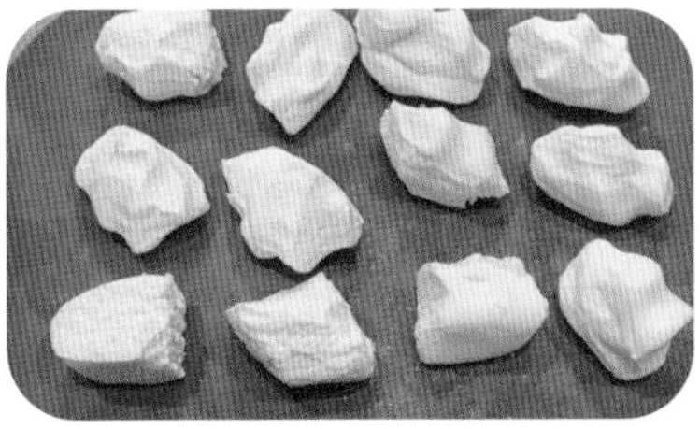

저울에 재어가며 정확하게 균등 분할한다.

비닐 안에 넣어서 반죽의 마름을 방지한다.

4) 송편을 만든다.

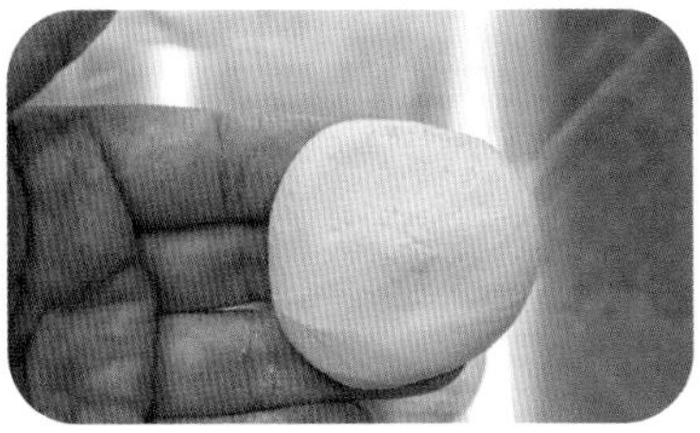

끝부분이 갈라지지 않는다면 알맞은 반죽이다.

① 서리태를 넣기 위해 반죽을 동그랗고 넓게 만들 때, 반죽이 자꾸 갈라진다면 물이 부족한 것이다. 추가로 미지근한 물을 준비해서 한번 씩 콕콕 찍어 물을 추가해준다.

② 반죽에 직접 물을 묻히는 것이 부담스럽다면, 손에 물을 조금씩 묻혀가며 반죽에 수분을 더하는 방법도 있다.

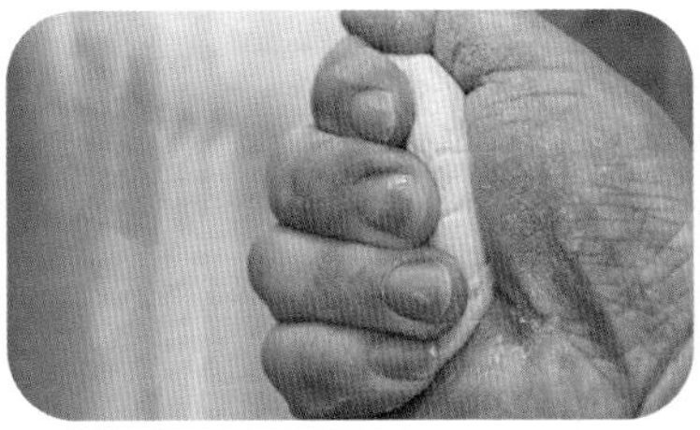

③ 서리태를 넣기 위해 반죽을 동그랗고 넓게 만들 때, 밑면이 조금 더 도톰하게 만들어 주는 것이 좋다. 위 사진보다는 좀 더 작고 둥글게 만드는 것이 더욱 좋지만, 초보자의 경우에는 윗면을 모아주는 노하우가 부족하여 서리태를 넣고도 잘 모을 수 있도록 여유롭게 만들어 주는 것이 좋다. 반죽에 서리태를 넣고 모아 접어준 다음 한번 꼬옥 쥐어서 공기를 빼준다. 다시 동그랗게 만든 다음 반달모양을 잡아준다.

송편의 반죽이 계속 갈라지는 이유

④ 송편 반죽이 마를 수 있으므로 준비해간 위생봉투에 반죽을 넣어두고 하나씩 꺼내어 작업한다. 완성된 송편 또한 접시에 넣고 위생봉투로 덮어주어 마름을 방지하는 것이 좋다.

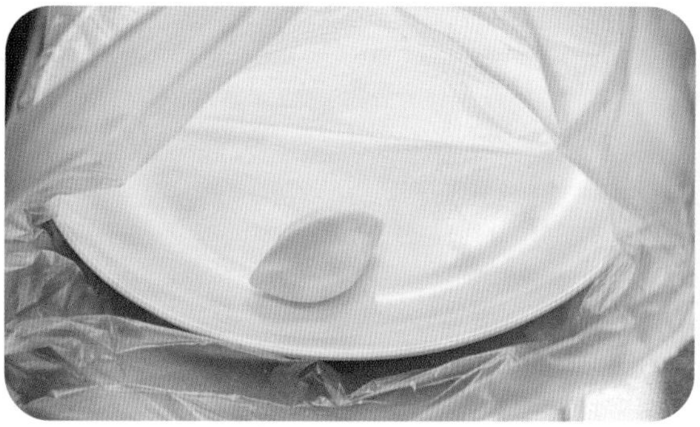

⑤ 연습할 때, 송편을 만들면서 내 손에 3cm×5cm가 어느 정도인지 반드시 기억해야 한다.

⑥ 시험장에서는 cm 측정이 가능한 계량스푼 등을 소지하여도 괜찮지만, 제품을 만들 때 사용을 하는 것은 감점 요인이 될 수 있다.

⑦ 반달모양으로 오므려 모양을 잡아주는 연습을 한다. 송편 모양이 일관되게 나오는 것이 중요하다.

길이 5cm, 높이 3cm, 내 손에서의 크기

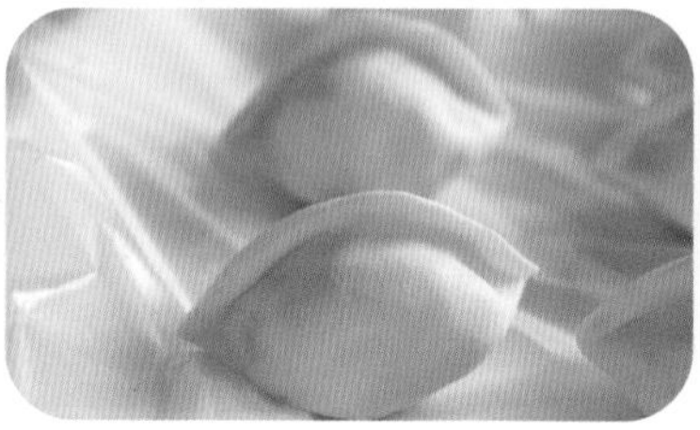
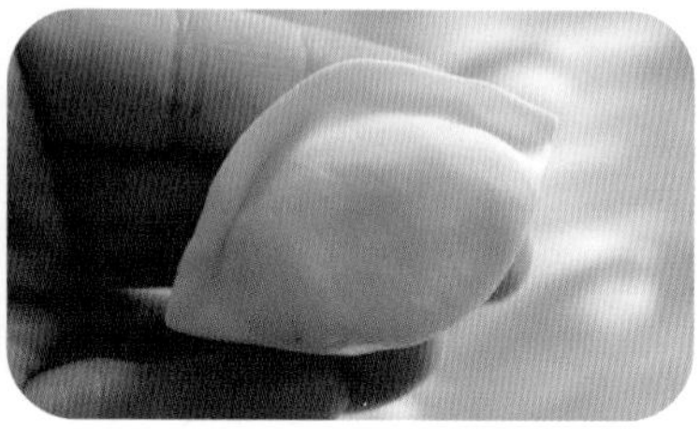

⑧ 2024년부터 시험공개문제에서 모양의 그림이 나온다. 우리가 기존에 만들던 둥글게 만들던 송편이 아닌 양 옆이 살짝 접혀있는 디자인으로 제작하도록 되어있다.

> ✓ TIP!
>
> 공개시험 내용 중 가로 세로 사이즈를 맞추면서도 윗부분이 살짝 접혀, 반달송편모양(◇)이 되도록 해야한다.

5) 완성하기

송편을 올리면 아래 부분에 실리콘 시루밑 자국이 살짝 생긴다.
나무찜기 이동을 하며 심하게 흔들릴 경우 송편이 눕거나 모양이 흐트러질 수 있다. 조심하여 물솥으로 이동한다.

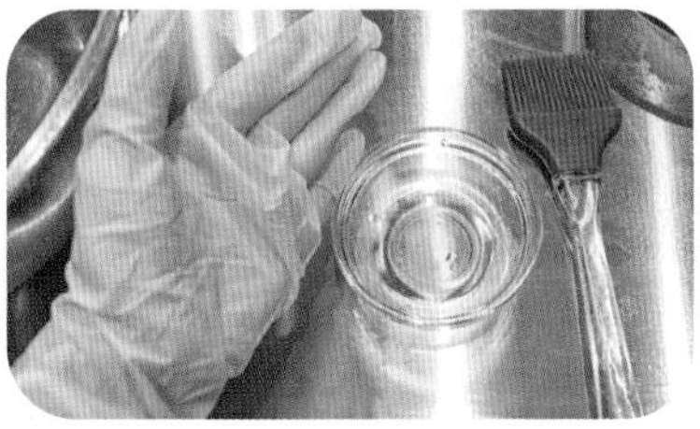

위생장갑, 참기름, 기름솔을 준비한다.
찬물도 준비한다.

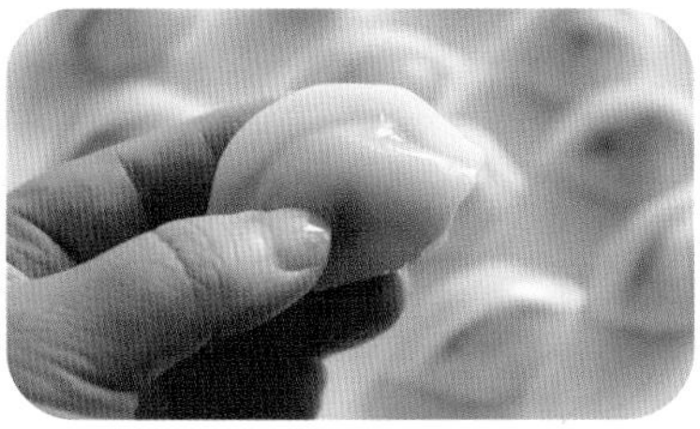

익은 송편은 바로 찬물에 담가준다.
찬물에 빠르게 담갔다가 빼준다. 빠르게 빼지 않을 경우 질어진다.

참기름을 발라 완성하여 제출한다.

6) 제출

제출접시에 담아 전량 제출한다.

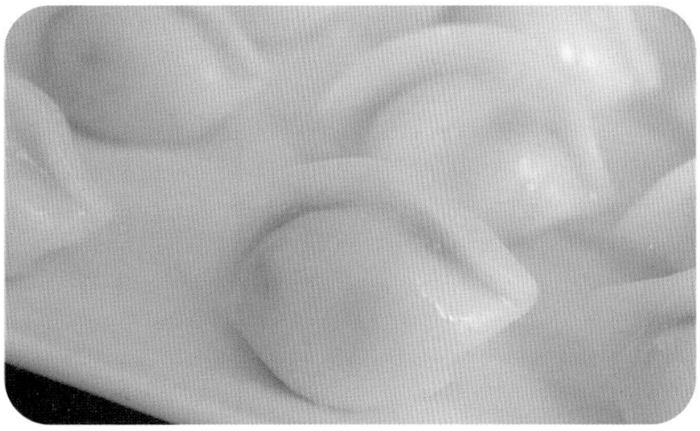

Chapter 6

쇠머리떡

쇠머리떡 실기 영상

01 요구사항/지급재료

쇠머리떡을 만들어 제출하시오.

① 떡 제조 시 물의 양은 적정량을 혼합하여 제조하시오 (단, 쌀가루는 물에 불려 소금간 하지 않고 1회 빻은 찹쌀가루이다).

② 불린 서리태는 삶거나 쪄서 사용하고, 호박고지는 물에 불려서 사용하시오.

③ 밤, 대추, 호박고지는 적당한 크기로 잘라서 사용하시오.

④ 부재료를 쌀가루와 잘 섞어 혼합한 후 찜기에 안치시오.

⑤ 떡반죽을 넣은 찜기를 물솥에 얹어 찌시오.

⑥ 완성된 쇠머리떡은 15×15cm 정도의 사각형 모양으로 만들어 자르지 말고 제출하시오.

⑦ 찌는 찰떡류로 제조하며, 지나치게 물을 많이 넣어 치지 않도록 주의하여 제조하시오.

재료명	비율(%)	무게(g)
찹쌀가루	100	500
설탕	10	50
소금	1	5
물	-	적정량
불린 서리태	20	100
대추	-	5(개)
깐밤	-	5(개)
마른 호박고지	-	20
식용유	-	적정량

02 지급재료목록

번호	재료명	규격	단위	수량	비고
1	찹쌀가루	찹쌀을 5시간 정도 불려 빻은 것	g	550	1인용
2	설탕	정백당	g	60	1인용
3	서리태	하룻밤 불린 서리태 (겨울 10시간, 여름 6시간 이상)	g	110	1인용 (건 서리태 60g 정도기준)
4	대추		개	5	1인용
5	밤	겉껍질, 속껍질 제거한 밤	개	5	1인용
6	마른 호박고지	늙은 호박을 썰어서 말린 것	g	25	1인용
7	소금		g	7	1인용
8	식용유		ml	15	1인용

03 만드는 법

1) 각 재료 및 도구의 전처리

- 서리태를 삶아준다.
- 여유분으로 제공되는 소금을 살짝 넣어준다.
- 약 5분~10분 끓여준 후 송편, 콩설기와 마찬가지로 물기를 빼주고 한 김 식혀준다.

밤의 크기를 보고 6등분 작은 것은 4등분하여 균일한 크기로 잘라준다(동그랗고 넓게 썰어주기도 하는데, 이는 영양찰떡에 들어가는 밤의 모습에 가깝다. 지역에 따라 다른 부분이기도 하여서 큰 문제가 되지는 않는다).

- 대추를 돌려깍기 하여 대추씨를 빼낸 다음 6등분으로 잘라준다.
- 엄청 마른 대추를 제공받았을 경우 뜨거운 물에 살짝 데친 후 돌려깎아 씨를 제거한다.
- 촉촉한 마른대추를 제공받았을 경우 면포로 닦아 불순물을 제거한 후 돌려깎아 씨를 제거한다.

- 엄청 마른 호박고지 제공받았을 경우 뜨거운 물에 담가 두었다가 불려주고, 물기를 꼭 짜준다.
- 여분의 설탕을 조금 넣어 버무려 준다.
- 촉촉한 호박고지를 제공받았을 경우 물을 살짝 묻히는 정도로만 씻어낸 후 물기를 꼭 짜준다.
- 여분의 설탕을 조금 넣어 버무려 준다.

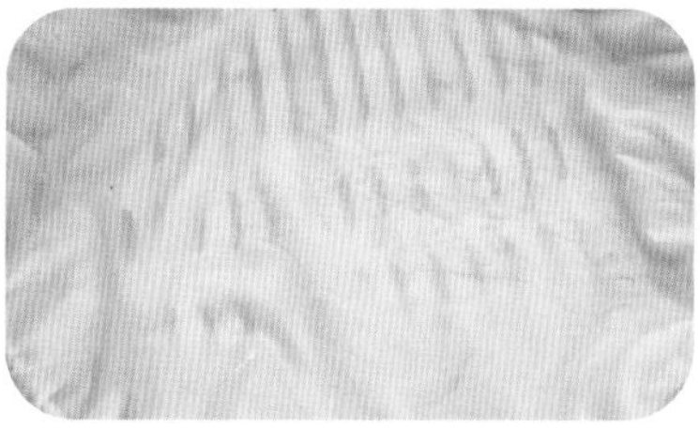

- 물에 적신 면보를 꼭 짠 후 대나무 찜기에 펼쳐 놓아준다.
- 실리콘 시루밑으로 사용하는 것도 가능하다.

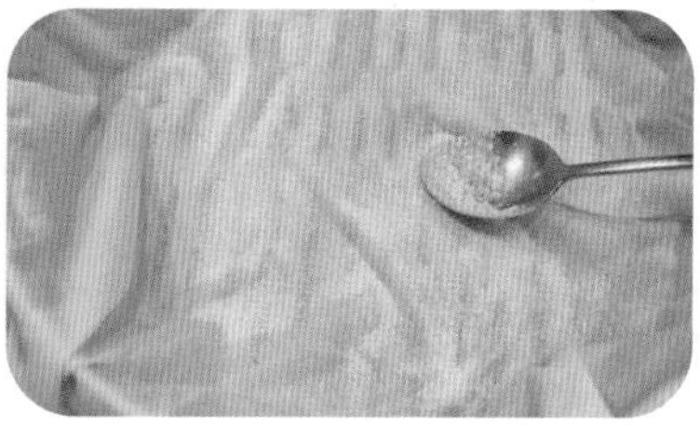

준비해온 숟가락을 이용하여(추가 준비물에 포함) 여분의 설탕을 면보, 혹은 시루밑에 골고루 뿌려준다.

2) 주먹쥐어 안치기

모든 부재료를 수분을 맞춘 찹쌀가루에 넣어준다.

- 살짝 버무리듯 섞어준 후 바로 주먹 쥐어 안치기를 한다.
- 주먹을 꽉~!!! 쥐는 것이 아니고, 살짝(악수한다는 느낌으로) 쥐어주는 것이 좋다.

찜기의 가장자리부터 채워나가며, 가운데는 최대한 덜 채워서 숨구멍이 나도록 해준다.

중간에 넣어진 쌀가루들을 밀어서 숨구멍을 만들어준다.

숨구멍 만들어진 모습(숨구멍을 너무 크게 만들진 말 것)

가스 불에 닿지 않도록, 남은 면보의 부분을 위로 모아 덮어주고 안전사고에 유의한다.

3) 미리준비하기

준비한 떡 비닐에 식용유를 골고루 바른다.

치대는 떡이 아니라 살짝 접는 떡이지만 그래도 화상 방지를 위해 장갑을 낀다.

- 완성되었을 때 바로 찜기를 내리지 말고, 뚜껑을 열어본다.
- 준비물인 대나무 젓가락을 이용하여 덜 익은 부분이 없는지 확인한다.

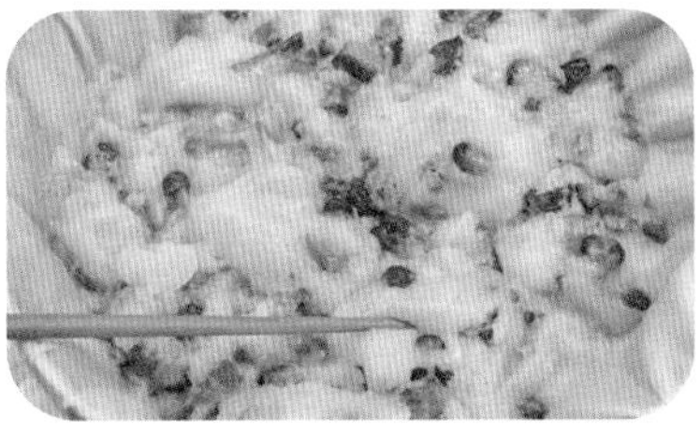

- 하얀 날가루가 보인다면 물을 살짝 뿌려준 후 5분 정도 더 익혀준다.
- 떡비닐에 떡을 옆으로 퍼져있는 콩과 떡이 서로 잘 붙는다는 느낌으로 살살 접어준다.
- 치대는 떡이 아님을 꼭 유의하길 바란다.

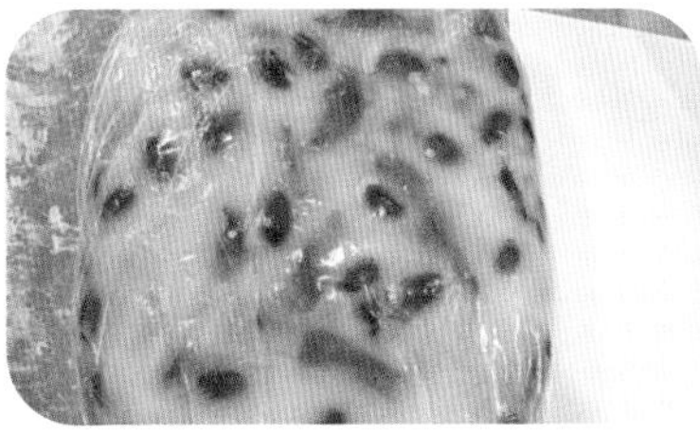

- 제출요구사항은 15cm×15cm의 정사각형 제출이다.
- 우리가 가지고 가는 스크래퍼의 사이즈가 약 16cm인 점을 감안하여 크기를 맞추는 것이 좋다.

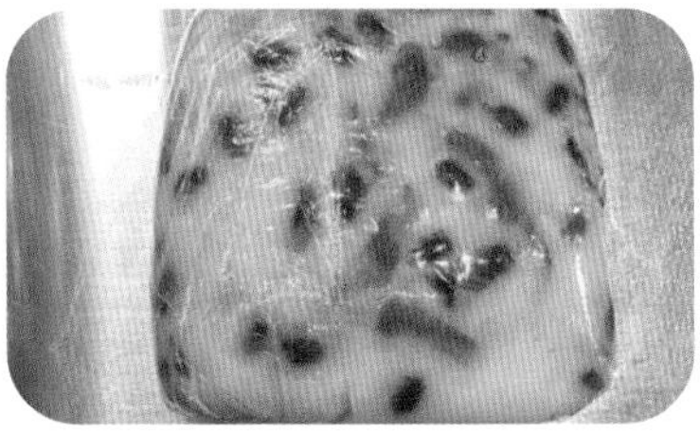

- 비닐을 벗기고 제출용 접시에 올려 제출한다.
- 비닐이 없을 때에도 늘어짐이 심하지 않아야 한다.

쇠머리떡

4) 제출

제출접시에 담아 전량 제출한다.

Chapter 7

나만의 동선 잡기

쇠머리떡의 부재료도 전처리해야 할 것이 많은데, 송편까지도 서리태 삶기 뿐 아니라 반죽하기, 반죽소분하기 등 신경을 써야하는 부분이 많다. 상대적으로 콩설기와 경단을 만드는 것보다 시간이 매우 촉박하게 느낄 수 있다. 그렇기 때문이 더욱 두 개의 화구를 잘 이용하고, 시간을 잘 배분하여 연습을 하는 것이 좋다. 아래 예시가 정답은 아니며, 개인의 속도에 맞추어 확인 및 추가하여야 한다. 아래 예시에 빠져있는 소소한 설탕 넣기, 면보에 물 묻히기 등… 도 확인하여 추가한다.

※추가준비물 및 전제조건 : 양수냄비 1개 추가 준비함, 매우 마른 호박고지 제공받음

처리 순서	가스불1	가스불2	쇠머리떡	송편
1			각 지급재료 계량	각 지급재료 계량
2	제공받은 양수냄비 물 끓여서 호박고지에 뜨거운 물을 한 컵 부어 준 후, 쇠머리떡용 서리태 삶음	여분 양수냄비 물 끓여서 송편 익반죽용 물을 한컵 덜기 송편용 서리태 삶음	물 끓여서 호박고지에 뜨거운 물을 한 컵 부어준 후(→씽크대 물이 엄청 뜨겁다면 이 부분은 생략 후 바로 서리태 삶기)	송편 익반죽하여 비닐에 숙성
3			서리태 헹구어 물기제거, 식히기	
4			대추 전처리, 밤 전처리, 대나무찜기 준비	서리태 헹구어 물기제거
5	쇠머리떡용 물솥에 불올리기			송편 반죽 나누기
6	쇠머리떡 만들기 시작		쇠머리떡 대나무찜기에 재료 넣기	송편 만들기 (약 5개 정도 완성)
7		송편용 물 올리기	쇠머리떡 완성, 접고 난 후 식히기	
8				송편 만들기 (나머지 7개 만들기)
9			15×15 크기 다시 확인, 비닐 벗긴 후 제출접시에 전량 제출	송편 완성, 찬물에 식혀 기름칠 제출접시에 전량 제출
10	조리대, 씽크대, 각종 도구 정리 및 청소			

※나만의 동선을 적어보자.

처리 순서	가스불1	가스불2	쇠머리떡	송편
1				
2				
3				
4				
5				
6				
7				
8				
9				
10	조리대, 씽크대, 각종 도구 정리 및 청소			

Chapter 8

무지개떡(삼색)

무지개떡 실기 영상

01 요구사항/지급재료

무지개떡(삼색)을 만들어 제출하시오.

① 떡 제조 시 물의 양은 적정량으로 혼합하여 제조하시오(단, 쌀가루는 물에 불려 소금간 하지 않고 2회 빻은 멥쌀가루이다).

② 색의 구분이 뚜렷하고 두께가 같도록 떡을 안치고 8등분으로 칼금을 넣으시오.

③ 대추와 잣을 흰쌀가루에 고명으로 올려 찌시오(잣은 반으로 쪼개어 비늘잣으로 만들어 사용하시오).

④ 고명이 위로 올라오게 담아 전량 제출하시오.

재료명	비율(%)	무게(g)
멥쌀가루	100	750
설탕	10	75
소금	1	8
물	-	적정량
치자	-	1(개)
쑥가루	-	3
대추	-	3(개)
잣	-	2

삼색 구분, 두께 균등

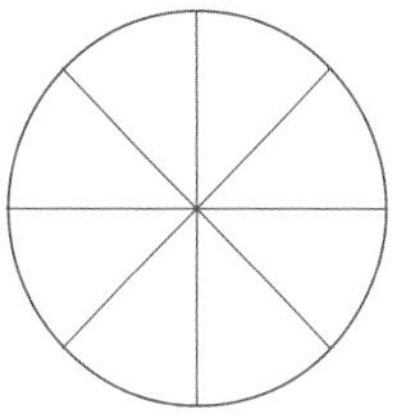

8등분 칼금

02 지급재료목록

번호	재료명	규격	단위	수량	비고
1	멥쌀 가루	멥쌀을 5시간 정도 불려 빻은 것	g	800	1인용
2	설탕	정백당	g	100	1인용
3	소금	정제염	g	10	1인용
4	치자	말린것	개	1	1인용
5	쑥가루	말려 빻은 것	g	3	1인용
6	대추	(중)마른것	개	3	1인용
7	잣	약 20개 정도 (속껍질 벗긴 통잣)	g	2	1인용

03 만드는 법

1) 소분하기

✓ 집중!

- 쌀가루가 3으로 나뉘고, 소금, 설탕 그리고 각각의 물주기까지 동선이 매우 복잡해질 우려가 많은 설기의 종류이므로 재료의 소분과 계량에 바짝 신경을 써 주는 것이 좋다.
- 조리대는 좁은 편이므로 각각 볼에 담아서 계량한다는 것은 사실상 어렵다.

① 750g의 쌀가루에 제공받은 8g의 소금을 넣어 2분 이상 충분히 비벼준다.

② 소금이 쌀가루 전반적으로 고루 퍼지도록 하는 작업이므로 반드시 진행하는 것이 좋다.

(1) 쌀가루 소분

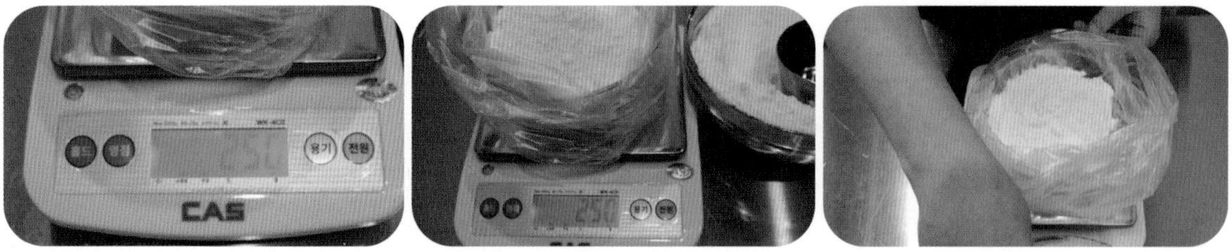

- 준비해간 위생봉투에 250g의 쌀가루를 넣고 비닐로 묶어둔다.
- 250g씩 2개는 위생봉투에 나머지 하나는 바로 물주기를 할 수 있으므로 비닐에 넣지 않는다.

✓ TIP!

- 소분할 것이 많기 때문에 냉면용기 정도의 소분그릇 2~3개, 치자물 우릴 때 등에 사용될 작은 소분용 여유그릇 3개 정도를 챙기면 좋다.
- 깨질 수 있는 유리용기나 젖을 수 있는 종이컵보다는 안전한 플라스틱용기 혹은 스텐그릇을 추천한다. 하지만, 개개인마다 제품을 만드는 동선 혹은 제작 방법에 따라 여분그릇의 양을 조절한다.

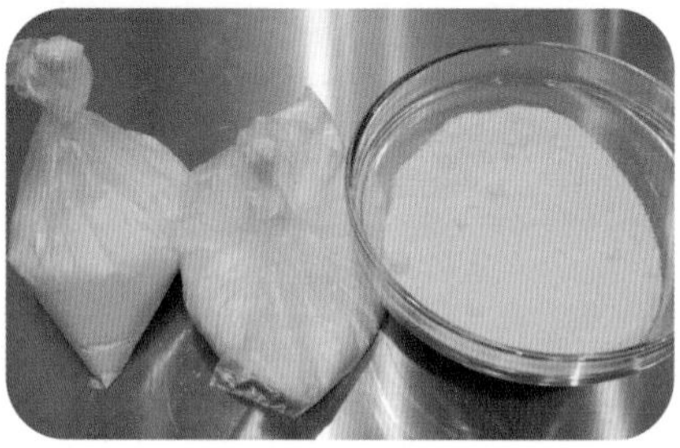

(2) 물 준비하기

① **흰색쌀가루** : 기본 물만 준비하면 된다.

② **노란색쌀가루** : 치자물은 방망이로 쪼갠 후 2T정도의 찬물만 넣어 진하게 우려낸다.

③ 면보에 걸러주어 건더기를 건져낸 후 맑은 치자물만 사용한다(분당채와 같은 채(망)를 사용할 경우 치자의 작은 가루가 걸러지지 않은 상태로 쌀가루에 넣어지므로 추천하지 않는다.)

④ **녹색쌀가루** : 쌀가루에 먼저 쑥가루를 넣어 충분히 고루 섞어준 후 기본 물을 넣으며 물 맞추기를 한다.

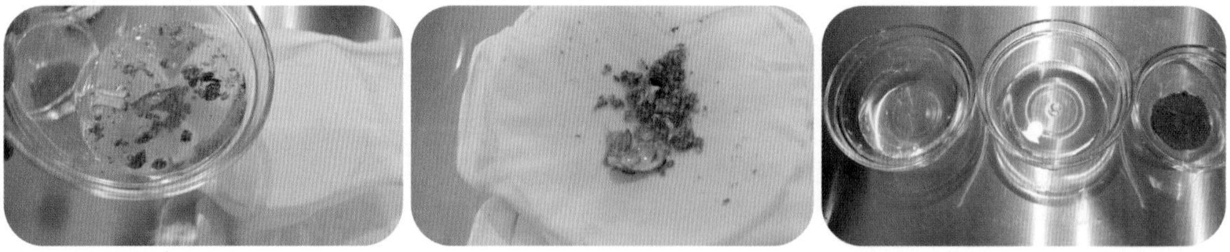

⑤ 흰쌀가루(흰물) - 노란색쌀가루(치자물) - 녹색쌀가루(쑥가루)를 차례로 넣을 수 있도록 준비한다.

(3) 고명준비하기

- 젖은 면보로 대추를 닦아낸 후, 돌려깍기를 한다.
- 밀대로 밀어준 후 동그랗게 말아서 썰어준다.
- 대추를 밀어줄 때 촉촉한 대추의 경우 위의 표면이 찢어질 수 있으므로 촉촉한 대추의 경우 힘을 적게 하여 여러 번에 걸쳐 밀어준다.
- 밀어놓은 대추를 말아준다(이때 힘 있게 돌돌 말아주지 않으면, 떡이 쪄지면서 대추가 넓게 벌어진다.)
- 고명을 올리기 전에 손으로 모양을 잡아 올리는 것이 좋고, 애초에 조금 단단히 말아주는 것이 좋다.
- 떡을 찌고 난 후 대추모양이 예쁘지 않을 경우, 갖고 간 젓가락 등을 이용하여 살짝 매만져주어도 좋다.

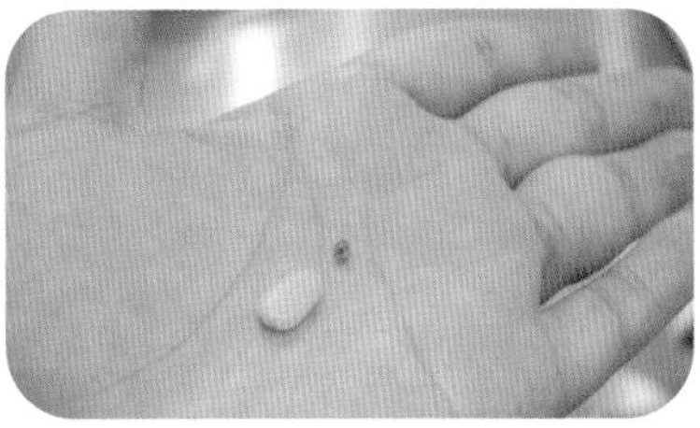
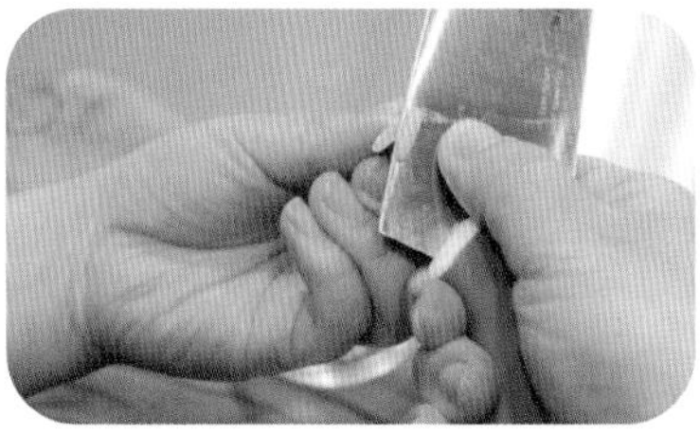

- 면보로 닦고 잣의 고깔을 떼어낸다.
- 손으로 하나하나 세로로 반을 잘라 비늘잣을 만든다.
- 지시사항에 비늘잣으로 고명을 하라고 할 경우 통 잣을 올릴 경우 감점이 될 수 있으므로 전반적으로 제공받은 잣은 모두 비늘잣으로 만들어 놓는 것이 좋다.

(4) 물주기와 체 내리기

① 물을 적당량 넣고 체에 내려준다(1회 체 내리기).

② 추가로 물을 더 추가하거나, 알맞다고 생각되는 수분량으로 물주기를 한 이후 한번 더 체에 내려준다(2회 체 내리기).

> ✓ TIP!
>
> "선생님, 소금은 언제 넣어요?"
> → 초반에 쌀가루와 소금을 넣어 고루 섞은 후 소분을 하였습니다. 추가로 더 넣지 않도록 유의하세요.
> "선생님, 그럼 체 내리자마자 설탕을 넣나요?"
> → 아뇨, 설탕을 넣으면 즉시 잘 섞어 대나무찜기에 넣어야 하므로 우선은 넣지 말고, 수분 맞추고 체에 2번 내린 쌀가루는 수분이 날아가지 않도록 비닐로 잘 덮어두세요.
> "선생님, 체 내리는 순서 찜기 넣는 순서가 헷갈려요"
> → 체 내리는 순서는 흰색▶노란색▶녹색 순서이고 찜기에 넣는 순서는 녹색▶노란색▶흰색 순서입니다. 녹색먼저 할 경우 노란색과 흰색 쌀가루에 쑥가루가 계속 묻어 나오겠지요? 순서를 반드시 숙지하세요.

- **흰색쌀가루** : 쌀가루 + 물
- **노란쌀가루** : 쌀가루 + 치자물
- **녹색쌀가루** : 쌀가루 + 쑥 + 약간의물 추가한다.

멥쌀가루 물주기는 기존 콩설기에서 많이 다루어졌다.
※page 252 - 254 참고한다.

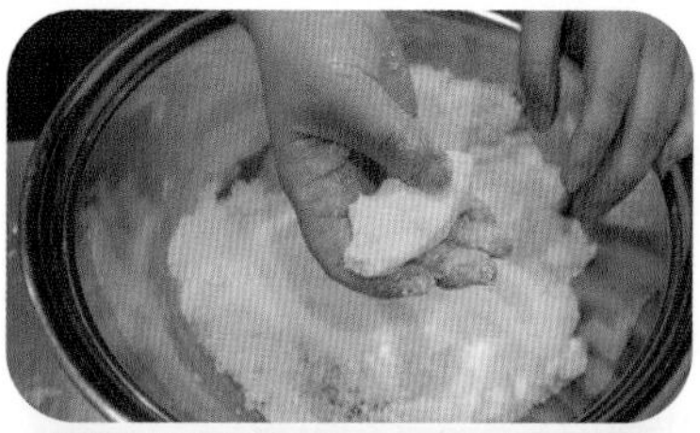

살짝 악수하듯 쥐어준 후 반으로 똑! 하고 잘라지면 물이 잘 맞는 것이다.

- **노란쌀가루**: 치자물 2T+추가여부를 결정하여 수분을 준다.
- **녹색쌀가루**: 쑥가루를 넣은 쌀가루에는 아무것도 안 넣은 흰색쌀가루 보다 물이 조금 더 추가되어야 한다.
- 기존 흰색 쌀가루의 물양을 기억해 두었다가 그 양보다 조금더 넣으며 물체크를 한다.

✓ 물주기 체 내리기 순서

- **비닐 하나를 열어서→흰색쌀가루 물주기→체 내리가→물주기 체크→체 내리기**(비닐 덮어놓고 대기): 흰색 쌀가루
- **비닐 하나를 열어서→치자물 주기→체 내리기→물주기 체크, 추가 물은 하얀 물**(기본 물) **혹은 남은 치자물→체 내리기**(비닐 덮어놓고 대기): 노란색쌀가루
- **비닐 하나를 열어서→쑥가루 넣고 비비기→물주기→체 내리기→물주기 체크→체 내리기** (대기): 녹색쌀가루

▶찜기가 준비가 되어있을 경우 녹색쌀가루에 설탕을 넣고 찜기에 넣기 시작한다.

(5) 찜기에 쌀가루 순서대로 넣기

① 녹색쌀가루+설탕25g→빠르게 골고루 섞어주기→찜기에 넣기→평탄화 작업

② 노란색쌀가루+설탕25g→빠르게 골고루 섞어주기→찜기에 넣기→평탄화 작업

③ 흰색 쌀가루+설탕25g→빠르게 골고루 섞어주기→찜기에 넣기→평탄화 작업

   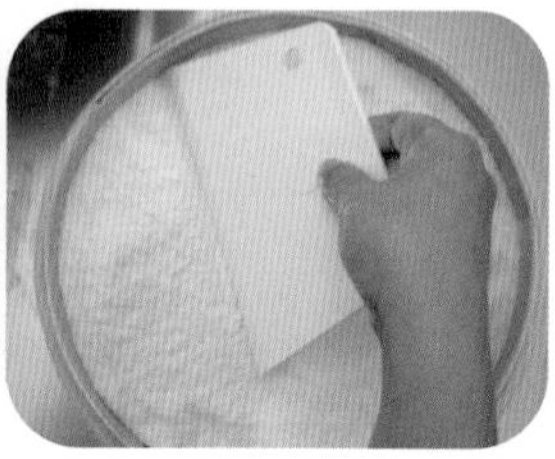

(6) 칼금넣고 고명올리기

① **칼금넣기(262page 참고)**

(ㄱ) 칼금 넣는 것도 연습이 필요하다. 잘못할 경우 설기의 밑면이 잘리지 않거나 윗면이 너무 지저분해질 수 있다.

(ㄴ) 자를 갖고 가면 안 되기 때문에 준비재료인 대나무밀대를 이용하여 칼금을 넣어준다.

- 떡이 깨끗하게 조각설기로 나와야 하기에, 설기가 안 잘린 부분이 없고 깨끗하게 잘리는 것이 중요하다.
- 8조각이 균일한 사이즈가 될 수 있도록 잘라야 한다.

② **고명 올리기** : 8조각이 모두 동일 디자인이어야 한다.

- 만들어 두었던 8개의 대추고명을 올려주고, 잣의 경우 제공받은 2그람을 전량 소진한다.
- 비늘잣의 개수에 따라 8조각 모두 동일한 디자인으로 만들어 주면 된다.
- 김이 오르는 찜기에 올려 20분간 강불로 쪄준 후, 약불로 줄어 5분간 뜸들여준다.

✓ TIP!

- 8조각 모두 동일한 디자인으로 만들어 주면 된다.
- 설기 한 조각에 처음부터 무리하게 잣을 5개씩 마구 올릴 경우, 남은 조각의 디자인이 균일하지 않을 수 있으므로(잣이 모자를 수 있음), 우선은 2개씩만 잣을 올려주고 추가로 남은 잣의 양을 보고 3개 혹은 4개로 올리면 된다.
- 잣은 크기에 따라 무게가 달라서 같은 그람이어도 여유로울 수 있으며, 굵은 잣의 경우에는 개수가 많지 않아 적게 올려 질 수 있다.

(7) 제출하기

① 떡이 익으면 두 번 뒤집기를 하여 고명이 있는 쪽이 위로 올라올 수 있도록 한다.

② 완성접시에 올려 제출한다.

③ 시험 볼 때 함께 만들어야 하는 묶음 떡인 부꾸미가 완성되지 않았다면, 준비해간 비닐로 덮어 떡이 마르는 것을 방지한다.

Chapter 9

경단

■ 경단 실기 영상

01 요구사항/지급재료

경단을 만들어 제출하시오.

① 떡 제조 시 물의 양을 적정량으로 혼합하여 반죽을 하시오(단, 쌀가루는 물에 불려 소금간 하지 않고 1회 빻은 쌀가루이다).

② 찹쌀가루를 익반죽하시오.

③ 반죽은 2.5~3cm 정도의 일정한 크기로 20개 이상 만드시오.

④ 경단은 삶은 후 고물로 콩가루를 묻히시오.

⑤ 완성된 경단은 전량 제출하시오.

재료명	비율(%)	무게(g)
찹쌀가루	100	200
소금	1	2
물	-	적정량
볶은 콩가루	-	50

02 지급재료목록

번호	재료명	규격	단위	수량	비고
1	찹쌀가루	찹쌀을 5시간 정도 불려 빻은 것	g	220	1인용
2	소금	정제염	g	10	1인용
3	콩가루	볶은 콩가루	g	60	

03 만드는 법

1) 익반죽

① 2g의 소금에 뜨거운 물을 넣어 빠르게 섞어 쌀가루에 넣어준다.

② 빠르게 섞기가 어려울 경우에는 2g의 소금을 쌀가루에 먼저 넣고 뜨거운 물을 넣어주며 익반죽해준다.

③ 일부를 떼어서 동그랗게 만들어보면 갈라지거나 터질 경우 물이 부족한 것이다.

④ 경단은 끓는 물에 넣어 삶아내는 형식으로 만들기 때문에, 동그란 경단 모양을 유지하려면 조금은 되직하다 싶은 반죽으로 만드는 것이 좋다. 너무 되직할 경우에는 떡이 심하게 딱딱해 질 수 있으므로 주의한다.

물이 부족함

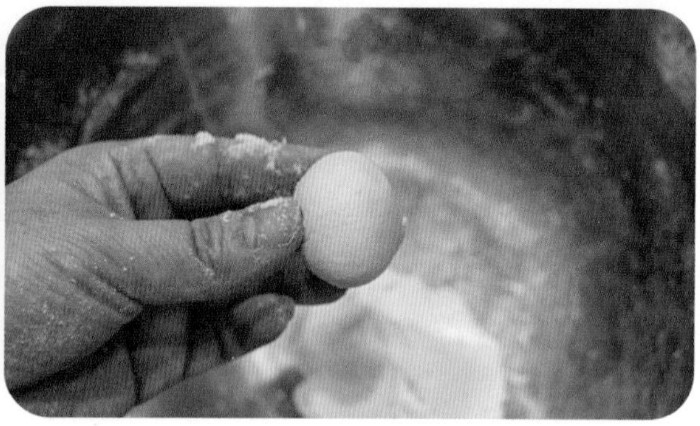

물이 알맞음

(1) 반죽 후 숙성, 20개로 나누기(총 반죽의 무게/20개=1개 무게)

반죽 후 잠시 비닐에 넣어 숙성한다.

20등분을 어림잡아 한다.

정확하게 저울에 올리며 동일무게로 계량한다. 대략 11~12g씩 직경 2.5cm 정도의 크기로 만든다.
※쌀가루의 상태, 들어가는 물의 양에 따라 소분 시 g 수가 다르다.

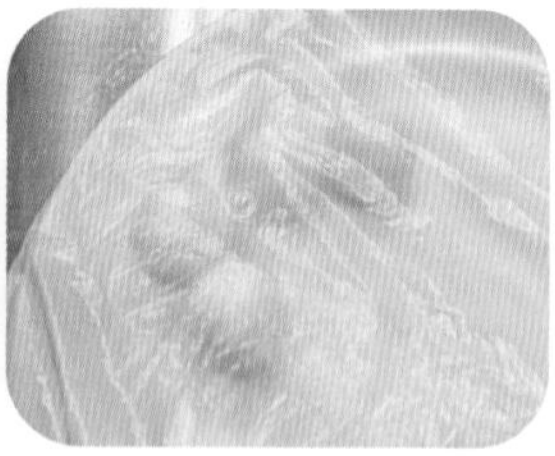

하나씩 동그랗게 만들며 접시에 비닐을 씌운 후 안에 넣어준다(반죽의 수분이 날아가는 것을 방지하며, 위생적이다).

(2) 20개(이상) 경단 반죽

① 반죽을 동그랗게 만들기 전에 냄비에 물을 넣어 끓이기 시작해야 한다.

② 경단을 동그랗게 만들 때, 주의해야 할 사항이 있다. 전량제출을 해야하므로 절대 경단 반죽이 땅에 하나라도 떨어지지 않도록 조심한다.

③ 경단을 냄비에 넣고 난 후 두 가지를 바로 준비한다.

경단이 익으면 넣을 찬물과 체

콩고물 1/3, 2/3으로 나누기

(3) 익히기

익지 않은 경단 : 냄비 바닥에 붙어 있다.

익은 경단 : 물위로 동동 떠오른다.

찬물에 2회정도 재빠르게 헹구어 주며, 떡 안에 있는 뜨거운 열로 퍼지지 않게 식혀준다.

2/3 콩고물을 묻혀준다.

- 물로 인한 얼룩을 없애주기 위해 나머지 1/3을 추가로 넣어 젖어보이는 부분 없이 골고루 콩고물을 묻혀준다.
- 콩고물을 묻혀줄 때, 접시를 원형을 그리듯 동그랗게 돌려주면 콩고물이 더 잘 묻는다. 단, 너무 세게 돌리면 경단이 떨어질 수 있으므로 주의한다.

(4) 제출

제출접시에 담아 전량 제출한다.

경단

Chapter 10 나만의 동선 잡기

01 나만의 동선 잡기

① 무지개떡의 경우 소분도 다양하며, 물주기 방식도 다양하고 체를 사용하는 양도 많다.

② 거기에 부재료를 준비하고 평탄화를 잘해서 찜기에 넣고 칼금을 넣어야 한다.

③ 초보자들에게는 어려울 수 있는 무지개떡과 시간과 노하우가 겸비되어야 하는 부꾸미가 한 묶음이 되었다. 기존에 나와있던 다른 묶음도 동선과 시간배분이 매우 중요하지만, 무지개떡과 부꾸미는 다른 품목보다 더 신경써서 동선을 잡는 것이 좋다.

④ 아래 예시가 정답은 아니며, 개인의 속도에 추어 확인 및 추가하여야 한다.

⑤ 아래 예시에 빠져있는 소소한 설탕 넣기, 면보에 물 묻히기 등 도 확인하여 추가 한다([예 추가준비물 및 전제조건 : 무지개떡도 두 번 뒤집기가 있고, 부꾸미도 식힘 접시가 따로 필요하기 때문에 여분의 접시 와 재료의 소분을 위한 작은 그릇들을 반드시 챙겨간다).

처리순서	가스불1	가스불2	삼색설기	경단
1			각 지급재료 계량	각 지급재료 계량
2		경단 익반죽용 물 끓이기	삼색설기 부재료 손질	경단에 익반죽 후 비닐숙성
3		경단 삶는용 물 끓이기		경단 20개로 소분
4				경단 동그랗게 둥글리기
5				찬물 준비, 콩고물 준비
6	물솥에 물 올리기		삼색설기 물주기, 체내리기	완성품 제출
7			삼색설기 설탕 넣기	
8	물솥에 찜기 올리기		대나무찜기에 쌀가루 넣기, 칼금내기, 꾸미기	
9			완성품 제출	
10	조리대, 씽크대, 각종 도구 정리 및 청소			

※ **삼색설기를 먼저 만드는 동선, 경단을 먼저 만드는 동선이 있지만 위의 표는 경단을 모두 완성한 후 삼색설기를 완성하는 동선으로 작성되었습니다.**

※나만의 동선을 적어보자.

처리순서	가스불1	가스불2	백편	인절미
1				
2				
3				
4				
5				
6				
7				
8				
9				
10	조리대, 씽크대, 각종 도구 정리 및 청소			

백편

▶ 백편 실기 영상

02 요구사항/지급재료

백편을 만들어 제출하시오.

① 떡 제조 시 물의 양은 적정량으로 혼합하여 제조하시오
(단, 쌀가루는 물에 불려 소금간 하지 않고 2회 빻은 멥쌀가루이다).

② 밤, 대추는 곱게 채썰어 사용하고 잣은 반으로 쪼개어 비늘잣으로 만들어 사용하시오.

③ 쌀가루를 찜기에 안치고 윗면에만 밤, 대추, 잣을 고물로 올려 찌시오.

④ 고물을 올린 면이 위로 오도록 그릇에 담고 썰지 않은 상태로 전량 제출하시오.

재료명	비율(%)	무게(g)
멥쌀가루	100	500
설탕	10	50
소금	1	5
물	-	적정량
깐밤	-	3(개)
대추	-	5(개)
잣	-	2

03 지급재료목록

번호	재료명	규격	단위	수량	비고
1	멥쌀 가루	멥쌀을 5시간 정도 불려 빻은 것	g	550	1인용
2	설탕	정백당	g	60	1인용
3	소금	정제염	g	10	1인용
4	밤	겉껍질, 속껍질 벗긴 밤	개	3	1인용
5	대추	(중)마른것	개	5	1인용
6	잣	약 20개 정도 (속껍질 벗긴 통잣)	g	2	1인용

04 만드는 법

1) 각 부재료의 전처리

(1) 잣

① 젖은 면보로 살짝 닦아낸 후, 잣 위쪽 지저분한 고깔 부분을 손으로 잘 떼어준다.

② 도마에 올려 자를 경우에는 지저분하게 으깨어지는 경우가 많으므로, 하나씩 잣을 잡아 세로로 반을 갈라 비늘잣을 만들어 준다.

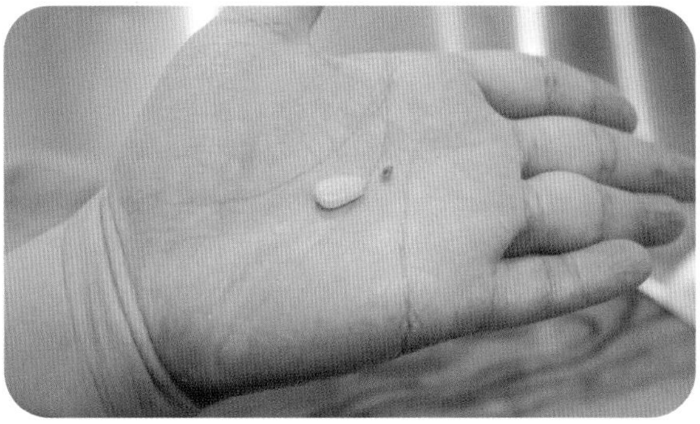

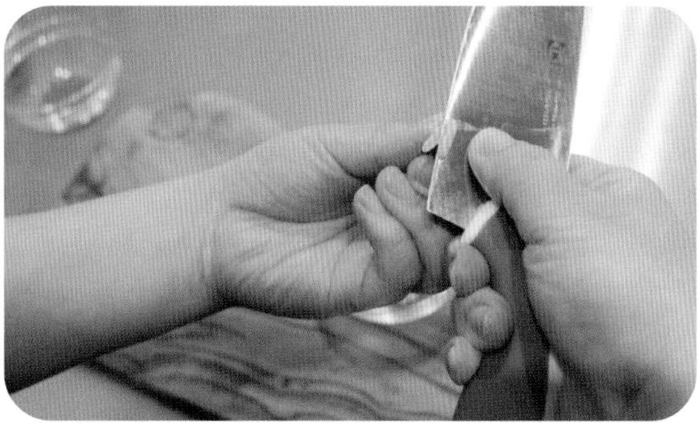

※주의: 비늘잣을 만들 때 칼에 손이 베일경우 실격처리 될 수 있다. 안전에 유의!!

(2) 밤

① 갈변방지를 위해 설탕을 살짝 넣은 물에 담가두어도 좋다.

② 너무 오래 담가 두거나 뜨거운 물에 담가질 경우 밤이 물러질 수 있으니 주의한다.

밤은 최대한 얇게 편 썰어준다.

- 채를 썰어줄 때에는 힘을 너무 과하게 줄 경우 부서짐이 있을 수 있다.
- 천천히 일정한 속도로 채 썰어준다.

✓ 밤 자르기 TIP

"밤이 자꾸 굴러가요"

- 시험장에서 밤이 굴러 떨어지지 않도록 주의한다.
- 애초에 단면이 평평한 곳이 있다면 그 부분을 도마에 올리고 고명을 만들면 된다.
- 전반적으로 동그랗고 불안정한 밤이 제공되었다면 한쪽 단면을 먼저 평평하게 만들어준 후 고명을 만들어 주면 보다 안전하고 균일한 고명을 만들 수 있다.

(3) 대추

① 대추는 젖은 면보로 깨끗하게 닦아준다.

② 시험장에서 제공된 대추가 매우 딱딱하고 건조할 경우, 뜨거운 물에 살짝 데치듯 헹구어 사용하면 좋다.

씨를 제거하기 위해 돌려깍기를 해준다.

밀대로 밀어준다.

- 촉촉한 대추를 밀대로 밀었을 경우 안에 살 부분이 도마에 붙기도 한다.
- 제공받은 대추를 한 번에 모아 썰 경우 서로 붙어 떼어내는데 시간이 더 소요될 수 있으므로, 한 장씩 채썰기 해주는 것이 좋다.

- 대추와 밤의 길이와 크기는 비슷하고 일정하게 준비한다.
- 미리 섞어 놓아서 고명을 올렸을 때 고르게 들어갈수 있도록 해두면 좋다. 단, 그럴 경우 대추가 부서지지 않도록 주의한다.

(4) 쌀가루 준비

- 소금 5g을 약 2T정도의 물로 녹여준 후 쌀가루에 넣어준다.
- 보통 500g정도의 습식 멥쌀가루의 경우 4~6T 정도의 물이 들어간다.
- 하지만 시험장의 쌀가루가 매우 물이 많을 수도, 매우 적을 수도 있기 때문에 쌀가루의 상태를 보고 가감해야 한다.
  ※초보의 경우 물을 최대한 조금씩 넣으며 수분체크를 한다.

- 1차로 수분을 주고, 체에 내린 후 수분체크를 한 후 알맞을 경우 한 번 더 체에 내려준다.
- 멥쌀가루의 경우 2번 채를 내려주는 것이 좋다.
  (1차물주기→체 내리기→수분량체크(물 추가 혹은 미추가 결정)→체 내리기)

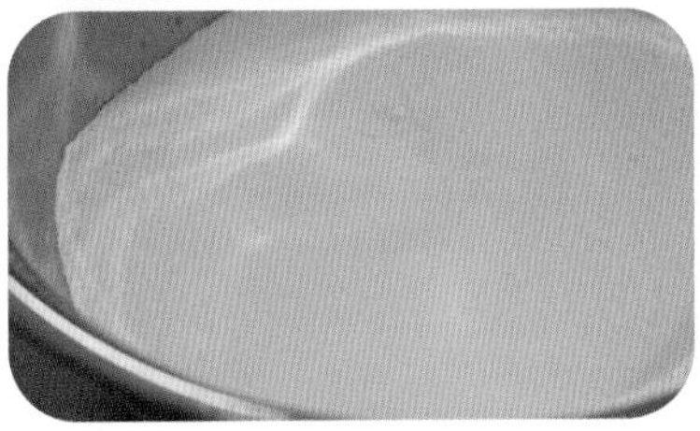

- 찜기에 물이 끓어오르는 것을 확인한 후, 쌀가루에 설탕을 넣어준다.
- 설탕을 넣고 나서는 빠르게 섞은 후 찜기에 넣어준다.

- 찜기에 시루밑을 올린 후 쌀가루를 넣어준다.
- 쌀가루를 스크래퍼를 이용하여 평탄화 작업을 해준 후, 준비해둔 고명(대추, 밤, 잣)을 올려준다.
- 이때 대추가 한쪽으로 쏠려 들어가지 않도록 골고루 펼쳐준다.
- 대추와 밤을 먼저 넣고, 그 이후 잣을 고루 뿌려주는 것이 좋다.
- 20분간 강불로 쪄준 후, 5분간 약불로 낮추어 뜸들여준다..

(5) 완성 및 제출

① 찜기 위쪽에 접시를 두고 한번 뒤집은 후(첫 번째 뒤집기), 다시 제출접시를 덧대어 뒤집어(두 번째 뒤집기) 장식한 면이 위로 오도록 만들어 준다.

② 이때 고명이 접시 밖으로 떨어진 것은 폐기처리하고, 접시안쪽(깨끗한 접시 안)으로 한두 개 흐트러진 고명은 시험장에 준비해 가져간 젓가락을 이용하여 가지런히 정리해준다.

Chapter 12 인절미

인절미 실기 영상

01 요구사항/지급재료

인절미를 만들어 제출하시오.

① 떡 제조 시 물의 양은 적정량으로 혼합하여 제조하시오 (단, 쌀가루는 물에 불려 소금간 하지 않고 1회 빻은 찹쌀가루이다).

② 익힌 찹쌀반죽은 스테인리스볼과 절구공이(밀대)를 이용하여 소금물을 묻혀 치시오.

③ 친 인절미는 기름 바른 비닐에 넣어 두께 2cm 이상으로 성형하여 식히시오.

④ 4×2×2cm 크기로 인절미를 24개 이상 제조하여 콩가루를 고물로 묻혀 전량 제출하시오.

재료명	비율(%)	무게(g)
찹쌀가루	100	500
설탕	10	50
소금	1	5
물	-	적당량
볶은 콩가루	12	60
식용유	-	5
소금물용 소금	-	5

02 지급재료목록

번호	재료명	규격	단위	수량	비고
1	찹쌀가루	찹쌀을 5시간 정도 불려 빻은 것	g	550	1인용
2	설탕	정백당	g	60	1인용
3	소금	정제염	g	10	
4	콩가루	볶은 콩가루	g	70	1인용 (방앗간 인절미용 구매
5	식용유		mL	15	1인용

03 만드는 법

1) 쌀가루에 물주기

① 찹쌀가루는 체에 1회만 내리는 것이 좋다.

② 지급받은 소금 5g과 물을 쌀가루에 넣어준다.

✓ 물을 넣는 2가지 방법

- **물을 얼마나 넣을지 감이 오는 경우**: 소금과 물을 잘 섞어서 쌀가루에 넣는다.
- **물을 얼마나 넣을지 감이 오지 않는 경우**: ❶ 소금을 먼저 쌀가루에 넣고 약 2분간 잘 비벼 섞어준다.
  ❷그 이후 물을 조금씩 넣어가며 수분량을 체크한다.

※주의: 익반죽이 아니므로 찬물로 물주기 하면 된다.

1회 내린 쌀가루의 옆에는 쌀가루에 넣을 설탕과 지급된 설탕의 여유분이 있어야 한다.
(지급받는 설탕의 양 60g = 쌀가루에 넣을 설탕의 양 50g + 찜기 면보위에 뿌릴 설탕 10g)

쌀가루에 설탕을 넣기 전, 깨끗한 찬물에 적셔 꼭~짜둔 면보와 여유분의 설탕을 반드시 체크한다.

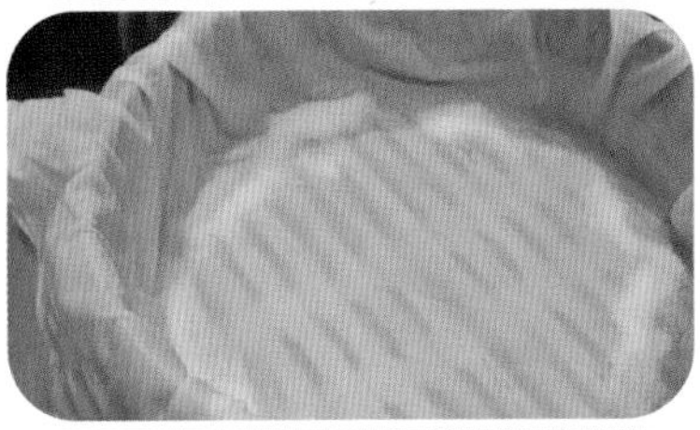

- 여유분의 설탕을 면보에 뿌려준다.
- 이때 익은 찹쌀떡이 잘 안 떨어지기 쉬운 가장자리에 조금 더 넣어주는 것이 좋다.

- 주먹쥐어 안치기를 해준다.
- 살짝씩 쥐어서 둥글게 도넛처럼 올려준다.

가운데 숨구멍을 만들어 준다.

> ✓ TIP
>
> 주먹쥐어 안치기는 260page에 자세하게 설명되어 있다.

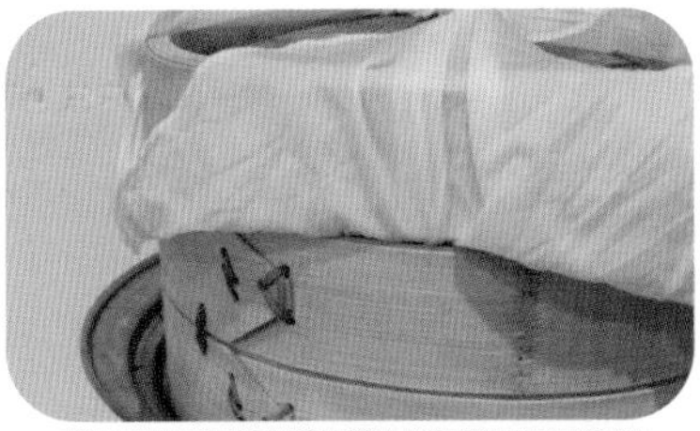

면보는 위로 감아올려서 화재의 위험으로 부터 방지한다.

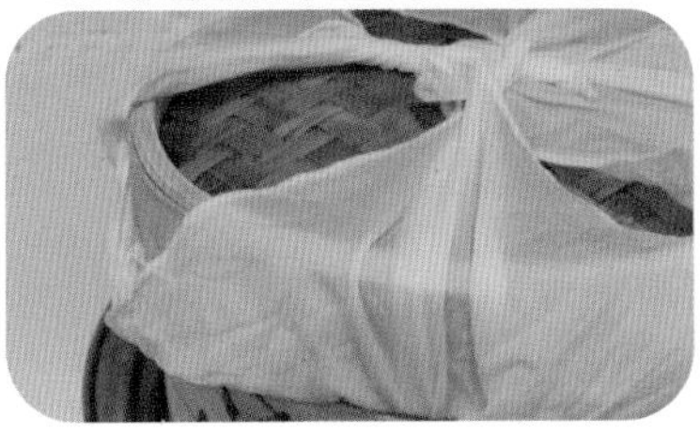

이때 두 번 묶기를 하면, 나중에 찜기뚜껑을 열 때 매우 불편하므로 한 번씩 살짝만 감아올려준다.

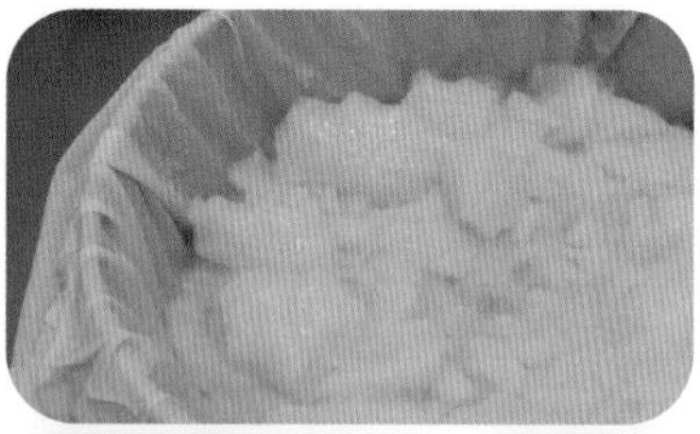

- 강불에서 30분 쪄주고, 뜸들이기는 필요 없다.
- 30분 후 뚜껑을 열어보아 하얀색(덜 익은 쌀가루)가루가 보이면, 지참해온 실리콘 붓으로 물을 묻혀 사이사이 수분을 준 후 5분 정도 추가로 더 쪄주는 것이 좋다.

- 소금물용 소금이 5g이라고 하여, 물 조금에 소금을 다 넣을 경우 매우 짜게 될 수 있다.
- 100g에 1g의 소금을 희석하여 사용한다. (즉, 소금 5g 사용시 물 500g에 희석)
- 스텐볼에 약 20~60ml의 희석한 소금물을 넣은 후, 찜기에서 떡을 꺼내 스텐볼에 담아준다.

※**주의**: 떡의 수분 양에 따라 스텐볼에 넣는 소금물의 양이 달라야한다.

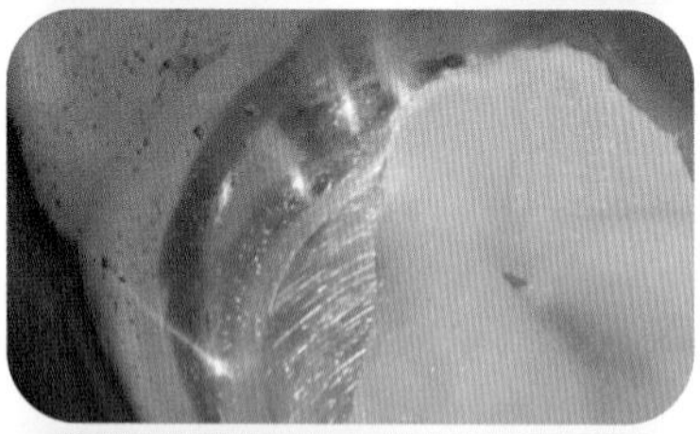

- 너무 많을 경우 떡이 질어져서 모양잡기 힘들어 질 수 있다.
- 반대로 물이 넉넉하지 않으면, 스텐볼에 떡이 붙어 치대기 매우 어려워진다.

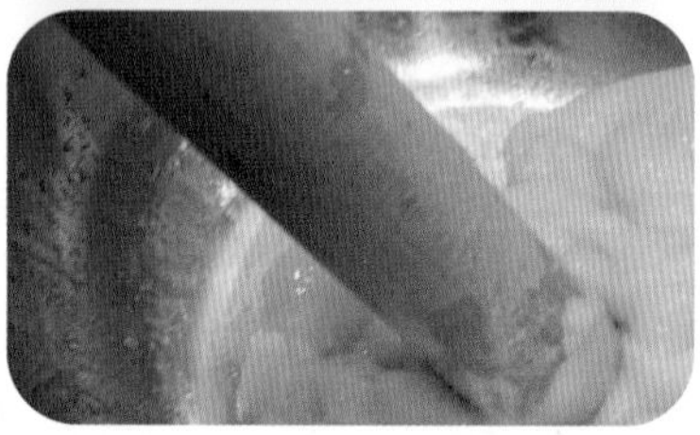

- 나무 밀대에도 희석된 소금물을 계속 묻혀가며 치대어준다.
- 적게는 5분~많게는 15분정도 계속 치대어 주며, 꽈리가 일고 전체적으로 부드러운 느낌이 들 때까지 친다.

※**주의**: 조리대 위에서 치대는 것이 힘들다고 하여, 조리실 바닥으로 스텐볼을 내려치는 것은 비위생적이고 옳지 않다.

✓ 떡 자르기 TIP

제공받은 식용유는 비닐에 바르는 용도와 추후 떡을 자를 때 스크래퍼에 살짝 묻혀가며 사용해야 하므로, 비닐에 다 바르고 남은 식용유도 버리지 않고 갖고 있어야 한다.

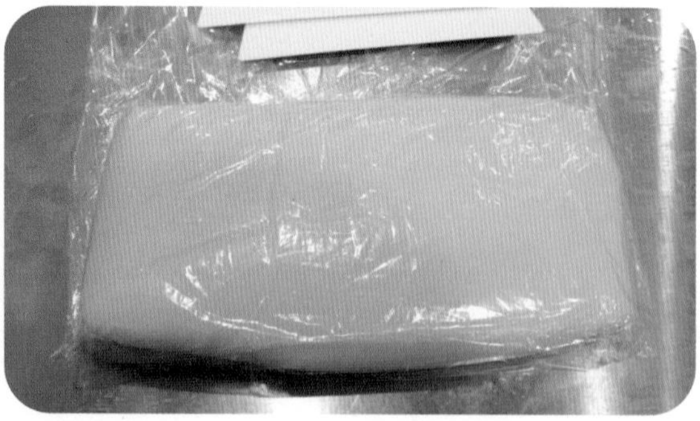

- 준비해간 떡비닐에 실리콘 붓으로 식용유를 고루고루 발라준다.
- 친 찰떡을 비닐위로 옮겨준 후 모양을 잡아준다.

2) 제출하기

① 비닐에 적당한 사이즈로 잡아 식혀준다.

② 가로 4cm×세로 2cm×높이 2cm 사이즈로 제작해야 한다.

③ 총 24개 이상을 제출해야한다.

> ✓ TIP
>
> • 아래와 같이 [6cm×4cm]로 잘라서 제출을 하고 싶은 경우 가로 24cm, 세로 8cm를 확인해야한다.
> • 높이는 2cm이므로 일정한 높이가 될 수 있도록 해주어야 한다.
>
> 예 가로 6개 세로 4개로 자르고 싶은 경우
> (가로) 6개×4cm=가로는 24cm
> (세로) 4개×2cm=세로는 8cm
>
> 
>
>
> • 스크래퍼에 남은 식용유를 살짝 발라주고 가로, 혹은 세로로 자를 때마다 떡을 밀어서 살짝 씩 옆으로 이동시켜 주어야 한다.
> • 스크래퍼로 자르기만하고 가만히 놔둘 경우 다시 옆의 떡과 붙을 수 있다.

3) 최종 제출해야할 사이즈

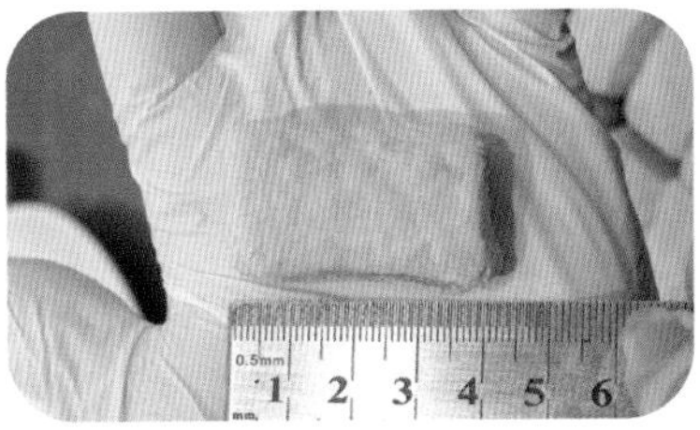

가로 4cm

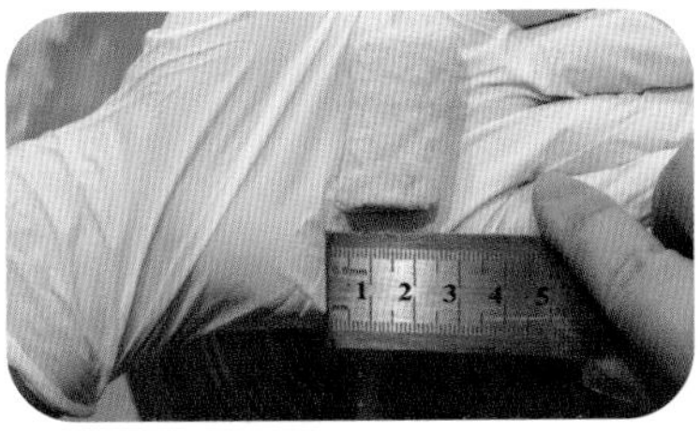

세로 2cm

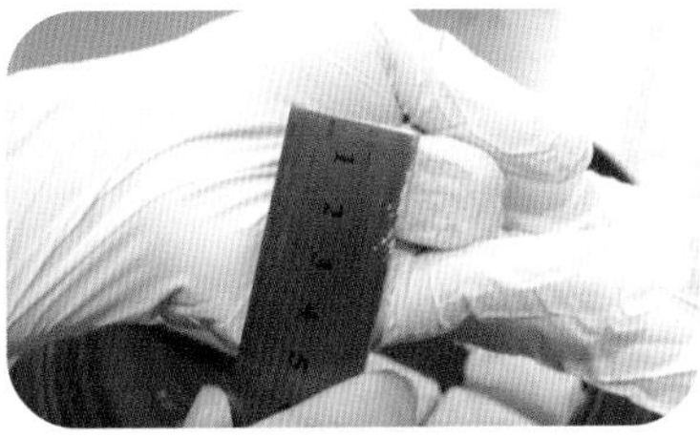

높이 2cm

> ✓ TIP
>
> ※반죽을 접을 때 좀 더 본인에게 편안한 방식을 선택한다.
> -가로 24cm 세로 8cm로 하여 6×4=24
> -가로 48cm 세로 4cm로 하여 12×2=24

Chapter 13

나만의 동선 잡기

01 나만의 동선 잡기

① 백편은 고명의 일관된 크기와 멥쌀의 물주기를 잘해야 하며, 인절미는 찹쌀가루의 물주기, 그리고 볼에 반죽을 넣어 꽈리가 일도록 치대어 준 후, 모양을 잡아 같은 사이즈로 절단하는 것을 전반적으로 보는 시험 품목이라 볼 수 있다.

② 아래 예시가 정답은 아니며, 개인의 속도에 추어 확인 및 추가하여야 한다.

③ 아래 예시에 빠져있는 소소한 설탕 넣기, 면보에 물 묻히기 등도 스스로 동선을 확인하여 추가 한다.

④ 전제조건>가스불 1개, 2단 찜기에 뚜껑이 1개임(만약 찜기를 2개씩 소지하고, 가스불 2개를 모두 사용한다면 좀 더 빨리 완성될 수 있습니다)

처리순서	가스불1	가스불2	백편	인절미
1			각 지급재료 계량	각 지급재료 계량
2	물솥에 물 올리기			찹쌀에 물주기, 찜기에 올리기
3	찹쌀(인절미) 찜기 올리기		지급된 고명 만들기 (대추, 잣, 밤)	
4			쌀가루에 물주기	
5			대나무찜기에 쌀가루 올리고 평탄화 후 고명 올리기	
6	찹쌀(인절미) 찜기 내리기			스텐볼에 소금물을 넣고 치댈 준비하고, 떡 내리기
7	멥쌀(백편) 찜기 올리기		찜기 올리기	찹쌀떡 방망이로 치대기 준비한 떡비닐에 옮겨 모양잡기
8	멥쌀(백편) 찜기 내리기		찜기 내리기	식혀주기
9	제출		고명이 위로 올라오게 하여 제출	4cm×2cm×2cm 총 24개로 절단하여 콩고물 묻혀 제출
10	조리대, 씽크대, 각종 도구 정리 및 청소			

※나만의 동선을 적어보자.

처리순서	가스불1	가스불2	백편	인절미
1				
2				
3				
4				
5				
6				
7				
8				
9				
10	조리대, 씽크대, 각종 도구 정리 및 청소			

Chapter 14

흑임자시루떡

흑임자시루떡 실기 영상

01 요구사항/지급재료

흑임자시루떡을 만들어 제출하시오.

① 떡 제조 시 물의 양은 적정량으로 혼합하여 제조하시오 (단, 쌀가루는 물에 불려 소금간 하지 않고 1회 빻은 찹쌀가루이다).

② 흑임자는 씻어 일어 이물이 없게 하고 타지 않게 볶아 소금간하여 빻아서 고물로 사용하시오.

③ 찹쌀가루 위·아래에 흑임자 고물을 이용하여 찜기에 한켜로 안치시오.

④ 찜기에 안쳐 물솥에 얹어 찌시오.

⑤ 썰지 않은 상태로 전량 제출하시오.

재료명	비율(%)	무게(g)
찹쌀가루	100	400
설탕	10	40
소금 (쌀가루반죽)	1	4
소금(고물)		적정량
물	-	적정량
흑임자	27.5	110

✓ 2024년 신규 과제용 지참 준비물 추가

흑임자시루떡 - 흑임자 고물 제조용 절구
※ 크기, 색상, 재질 등에는 제한사항이 없으며 공개문제를 참고하여 작품 제조에 적합한 절구를 지참합니다.

02 지급재료목록

번호	재료명	규격	단위	수량	비고
1	찹쌀 가루	찹쌀을 5시간 정도 불려 빻은 것	g	440	1인용
2	설탕	정백당	g	50	1인용
3	소금	정제염	g	10	1인용
4	흑임자	볶지 않은 상태	g	120	1인용

03 만드는 법

✓ tip

흑임자 시루떡을 만들 때 절구는 흑임자를 볶은 후 갈 때 사용합니다. 총 흑임자의 양은 110g 으로 적지 않은 양이기 때문에, 작은 절구를 사용할 경우 시간이 많이 소비될 수 있습니다.

흑임자의 총 양

절구

① 크기, 색상, 재질 등에는 제한사항이 없다.

② 무게감을 생각해서 너무 무겁지 않고 적당한 절구를 선택하는 것이 좋다.

한번에 모두 넣을 수 있는 크기

안쪽에 결이 있어서 잘 빻을 수 있는 모양

1) 고명준비

✓ TIP

"흑임자는 씻어 일어 이물이 없게 하고"
Q. 씻는다는건 알겠는데, **"씻어 일어** 라는건 무슨뜻인지 모르어요." 하시는 분들 있으실거에요.

고물을 물에 넣은 후 채를 이용해서 물위로 올라온 이물질, 고물 사이사이에 있는 이물질을 살짝씩 휘휘 저어가며 건져내는 것을 뜻합니다.
채를 이용 이물질을 걸러내는 연습을 해주세요.

씻기

일어 이물질 제거

채반에 놓고 물빼기

※우신 흑임자의 경우 물에 오래 불리며 씻지 않습니다. 빠르게 헹구어 주세요.

✓ 흑임자 볶기/불세기 정도

초반에는 **강불**→어느정도 물기가 사라진 이후 **약불**에서 타지않게 천천히 볶아주기

볶아지지 않은 경우

볶아지지 않은 경우 : 붙는다.

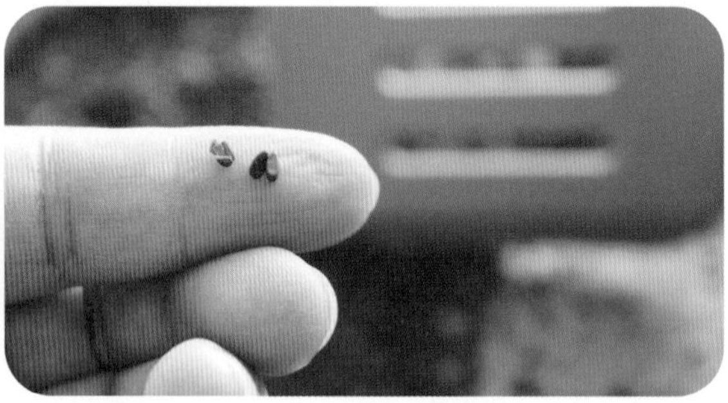
볶아지지 않은 경우 : 손으로 으깨기 힘들다.

볶아진 경우

볶아진 경우 : 안붙는다.

볶아진 경우 : 손으로 잘 으깨어 진다.

✓ 잊지않기!

흑임자를 볶을 때 소금을 함께 넣어 볶아주거나 혹은 갈아줄 때 소금을 넣어줍니다.
(절구의 크기가 커서 110g을 한 번에 갈수 있다면, 갈 때 소금 넣는 것을 추천함)

언제가 다 볶아진 건지 알 수 있을까요?
① 주걱에 흑임자가 붙지 않아요. 보기에도 통통해 집니다.
② 손으로 잡아 으깨어 보았을 때 잘 으깨어집니다.
③ 탄 냄새가 나면 안 됩니다.
④ 흑임자가 여기저기 튀지 않도록 조심해야 합니다.

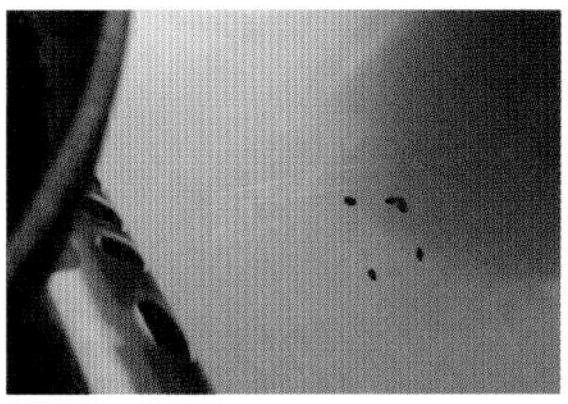

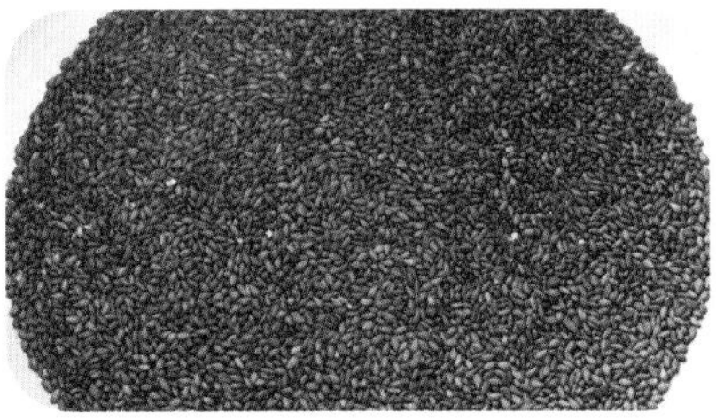

충분히 식혀줍니다.

소금넣기
총 지급 소금 10g - 쌀가루 4g = 여유 6g
(1 ~ 2g 넣어준다)

빻아주기

2) 쌀가루 물주기

✓ 중요

"주먹쥐어 안치기가 아닙니다!"
평탄화를 하여 위아래 고명을 넣는 제품입니다. 이점 유의하세요.

✓ 물잡기가 정말 잘 되어 있어야 합니다. 물이 너무 적을 경우 익지 않을 수 있으며, 물이 너무 많을 경우에는 찜기에서 떨어지며 모양을 유지하지 않고 흘러내리는 모습을 보일 수 있습니다.

① 쌀가루 작업하기 전, 완료되어있어야 하는 사항
- 흑임자가루가 완성되어있어야 한다.
- 물솥에 물이 준비되어 있어야 한다.

② 쌀가루에 소금을 넣고 잘 비벼준다.
수분을 적당량 맞는지 체크한 후 물을 추가한 경우 체에는 1회만 내려준다.

③ 찹쌀가루에 설탕을 넣는 시점
- 흑임자 가루를 55그람씩 2개로 나눠준다.
- 그중 1개의 흑임자 가루가 찜기에 들어가 평탄화가 완료되었을 때,
- 알맞게 수분이 들어간 찹쌀가루에 설탕 40g을 넣는다.

④ 찜기순서

- 젖은 면보-흑임자가루 55g -쌀가루-흑임자가루 55g 순으로 넣은 후
- 30분 쪄준다(제공되는 총 흑임자 가루 110g).
- 흑임자가루 평탄화-쌀가루 평탄화-흑임자가루 평탄화 잘해주어야 한다.

✓ 쌀가루를 넣을 때, 아래 흑임자 가루를 건들지 않도록 조심하며 넣는다.

⑤ 완성되면 한 번 뒤집기를 한다.

04 제출하기

완성된 흑임자 시루떡을 제출접시에 올린 후, 고명을 가지런하게 정리하여 제출한다.

✓ TIP

- 젖은 면보를 넣은 후 고명을 넣기 전 잘 떨어질수 있도록 찜기 옆부분에 설탕 10g 정도를 넣어주면 좋습니다.
  (면보사용 여부는 본인선택)
- 함께 제작해야하는 개피떡(바람떡)의 경우 하얗고 뽀얗게 제작되어야 합니다.
- 흑임자시루떡을 먼저 제작할 경우 바람떡에 흑임자가루가 묻을 수 있습니다. 개피떡(바람떡)을 먼저 제작하는 것을 추천합니다.

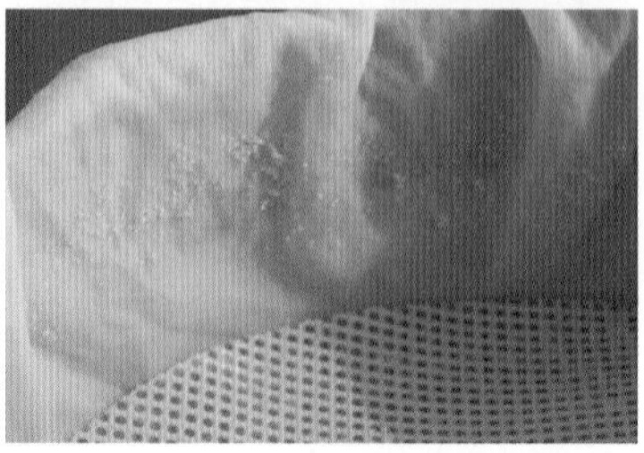

개피떡(바람떡)

개피떡(바람떡) 실기 영상

01 요구사항/지급재료

개피떡(바람떡)을 만들어 제출하시오.

① 떡 제조 시 물의 양을 적정량으로 혼합하여 반죽을 하시오(단, 쌀가루는 물에 불려 소금 간 하지 않고 2회 빻은 멥쌀가루이다).

② 익힌 멥쌀반죽은 치대어 떡반죽을 만들고 떡이 붙지 않게 고체유를 바르면서 제조하시오..

③ 떡반죽은 두께 4~5 mm 정도로 밀어 팥앙금을 소로 넣어 원형틀(직경 5.5cm 정도)을 이용하여 반달모양으로 찍어 모양을 만드시오( ).

④ 개피떡은 12개 이상으로 제조하여 참기름을 발라 제출하시오.

재료명	비율(%)	무게(g)
맵쌀가루	100	300
소금	1	3
물	-	적정량
팥앙금	66	200
참기름	-	적정량
고체유	-	5g
설탕	-	10g (찔 때 필요 시 사용)

✓ 2024년 신규 과제용 지참 준비물 추가

개피떡(바람떡)용 원형틀

※ 공개문제를 참고하여 직경 5.5cm 정도의 원형틀을 지참합니다.

02 지급재료목록

번호	재료명	규격	단위	수량	비고
1	멥쌀가루	멥쌀을 5시간 정도 불려 빻은 것	g	330	1인용
2	소금	정제염	g	10	1인용
3	팥앙금	고운적팥앙금	g	220	1인용
4	고체유(밀납)	마가린 대체 가능	g	7	1인용
5	설탕		g	15	1인용
6	참기름		g	10	1인용
7	세척제	500g	개	1	30인공용

03 만드는 법

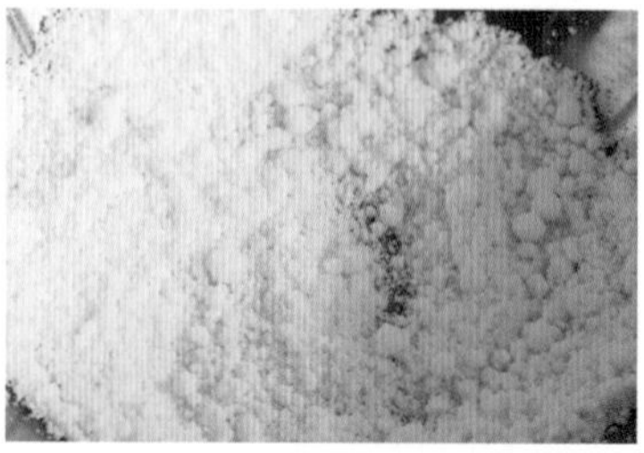

개피떡의 물의 양은 보통 설기류의 약 2배가 들어간다(쌀을 불릴 때, 빻을 때 쌀의 상태와 수분량에 따라 넣는 물의 양은 다르다).

① 쌀가루 작업하기 전, 완료되어있어야 하는 사항

- 물솥에 물이 준비되어 있어야 한다.

② 쌀가루에 소금을 넣고 잘 비벼준다.

- 개피떡의 쌀가루는 소금을 넣고 1회 채에 내린 후 아래 사진처럼 고슬고슬한 소보로 느낌이 들때까지 물을 추가해 주면 된다.

✓ 적당한 수분감을 잘 찾아야 한다

- **적은양의 수분이 들어간 경우** : 반죽을 치댈 때 힘이 훨씬 많이들어가고 두껍게 밀린다. 완성된 개피떡이 빠르게 노화되어 겉면이 쉽게 딱딱해 질 수 있다.
- **너무 많은 수분이 들어간 경우** : 질게 나와서 모양이 예쁘게 찍히지 않으며, 모양이 유지되기 힘들다.

③ 팥앙금 200g을 총 12개로 나누어 준다 . 200g/12개 = 16.6g

- 팥앙금을 소분하여 타원형으로 만들어 주면, 개피떡을 완성했을 때 조금더 완성도있다(부꾸미 제품과 비슷함).
- 지름 5.5의 원형틀 안에 들어갈 길이감으로 만들어 주어야 한다.

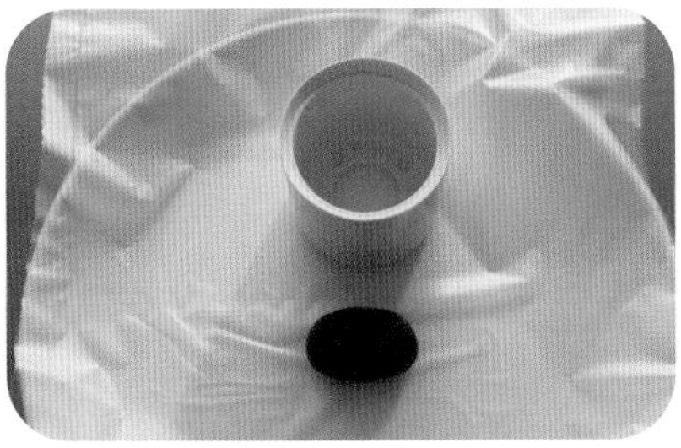

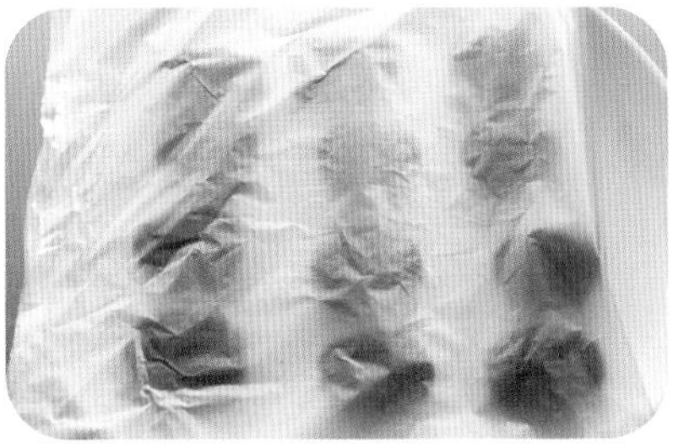

- 마름을 방지하기 위해 총 12개의 앙금은 비닐로 덮어둔다.

④ **찜기순서** : 시루밑 - 설탕 조금 흩뿌려주기 - 쌀가루

- 25분 찐 후 , 고체유를 바른 떡 비닐에 넣고 치대어 준다.
- 이때 화상을 입지 않도록 면장갑+위생장갑을 착용 후 치대어 준다.

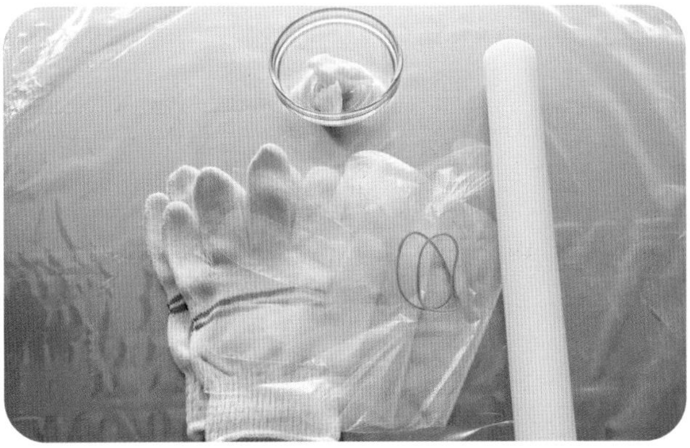

✓ TIP

- **제조시** : 고체유[1]
- **마감제출시** : 참기름

1 고체유 : 버터, 마가린, 쇼트닝 등의 상온에서 고체화 되어있는 유지를 뜻한다.
※공개문제 지급재료 목록을 보면 고체유(밀납), 마가린 대체 가능

⑤ 유지를 바른 비닐 위에 떡을 올려 치대어준다.
- 완성된 찹쌀떡 총 g수를 12개로 나누어 소분해준다.
- 밀대로 하나씩 밀어준다.
- 두께(4~5mm)로 제작

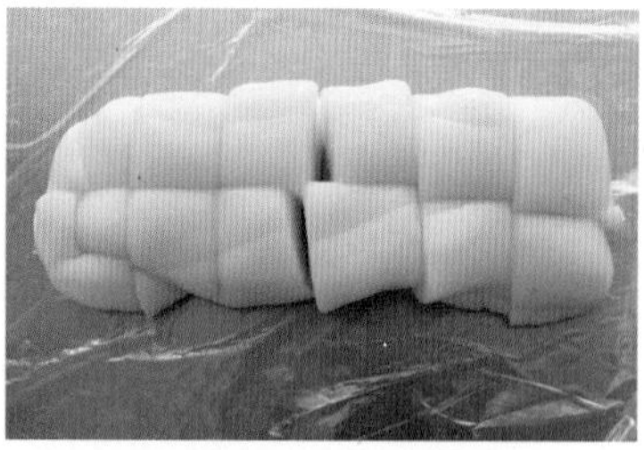

✓ 추가 질문있어요

Q. 전체적으로 밀어서 한번에 3개 4개씩 찍으면 안되나요?
A. 네, 가능합니다.

단, 그럴 경우 반죽을 일정한 두께로 잘 유지하며 밀어주셔야 합니다.
물론 비닐도 좀 더 넓어야 합니다.
시험장조리대가 크지 않을 경우 어려울 수 있습니다.
두께감을 유지할 수 있고, 개수를 12개로 잘 맞출수만 있다면 빠르게 가능한 방법입니다.

⑥ 고명을 넣고 직경 5.5cm 원형 틀을 이용하여 반달모양으로 찍어준다.
- 총 12개 이상으로 제조

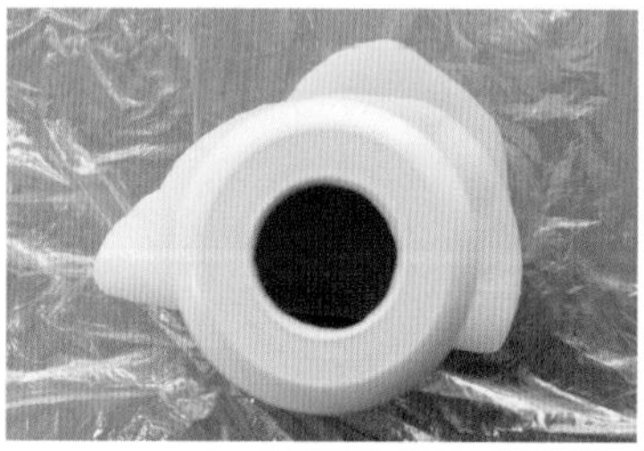

04 제출하기

참기름을 발라 제출한다.

✓ TIP

- **두께를 유지하고 (4~5mm) 팥앙금이 표면에 과하게 보이지 않게 하는 것이 중요하다.**
- 일정한 크기, 일정한 모양으로 찍히도록 연습한다.
- 여러번 반죽되고 찍히고 다시 반죽된 떡은 표면이 매끄럽지 않을 수 있기 때문에
- 한번에 알맞게 펴고 찍는 연습을 하는 것이 좋다.

Chapter 15
나만의 동선 잡기

01 나만의 동선 잡기

① 흑임자시루떡의 흑임자가 타지 않고 알맞게 볶아지는 것이 중요하며,

② 흑임자가루가 개피떡에 묻어 힘들지 않기 위해 개피떡 먼저 완성하는 것을 추천한다.

③ 아래 예시가 정답은 아니며, 개인의 속도에 추어 확인 및 추가하여야 한다.

④ 아래 예시에 빠져있는 소소한 설탕 넣기, 면보에 물 묻히기 등..도 스스로 동선을 확인하여 추가 한다.

⑤ **전제조건**: 가스불 1개, 2단 찜기에 뚜껑이 1개임(만약 찜기를 2개씩 소지하고, 가스불 2개를 모두 사용한다면 좀 더 빨리 완성될 수 있습니다)

처리순서	가스불1	가스불2	흑임자시루떡	개피떡(바람떡)
1			각 지급재료 계량	각 지급재료 계량
2		물솥에 물 올리기	흑임자 씻고 물빼기	멥쌀가루에 물주기 후 찜기올리기
3	흑임자볶기		흑임자 볶은 후 식히기	고명소분하기
4				찜기 내리기 개피떡 치대어 소분
5			흑임자 가루 만들기	개피떡 12개 완성하기 (비닐덮어두기)
6	물솥에 물 올리기		찹쌀가루 물, 설탕 맞추어 넣기	
7	흑임자시루떡 찜기 올리기		찜기 올리기	
8			찜기 내리기	
9	제출		고명 정리해서 제출	개피떡 참기름 발라 제출
10	조리대, 씽크대, 각종 도구 정리 및 청소			

※나만의 동선을 적어보자.

처리순서	가스불1	가스불2	흑임자시루떡	개피떡(바람떡)
1				
2				
3				
4				
5				
6				
7				
8				
9				
10	조리대, 씽크대, 각종 도구 정리 및 청소			

Chapter 16

흰팥시루떡

흰팥시루떡 실기 영상

01 요구사항/지급재료

흰팥시루떡을 만들어 제출하시오.

① 떡 제조 시 물의 양은 적정량으로 혼합하여 제조하시오 (단, 쌀가루는 물에 불려 소금간하지 않고 2회 빻은 멥쌀가루이다.).

② 불린 흰팥(동부)은 거피하여 쪄서 소금간하고 빻아 체에 내려 고물로 사용하시오(중간체 또는 어레미 사용 가능).

③ 멥쌀가루 위·아래에 흰팥고물을 이용하여 찜기에 한켜로 안치시오.

④ 찜기에 안쳐 물솥에 얹어 찌시오.

⑤ 썰지 않은 상태로 전량 제출하시오.

재료명	비율(%)	무게(g)
멥쌀가루	100	500
설탕	10	50
소금 (쌀가루 반죽)	1	5
소금(고물)	0.6	3(적정량)
물	-	적정량
불린흰팥(동부)		320

02 지급재료목록

번호	재료명	규격	단위	수량	비고
1	멥쌀 가루	멥쌀을 5시간 정도 불려 빻은 것	g	550	1인용
2	설탕	정백당	g	60	1인용
3	소금	정제염	g	10	1인용
4	거피팥 (동부)	하룻밤 불린 거피팥 (겨울 6시간, 여름 3시간 이상) 전날 불려 냉장 보관 후 지급)	g	350	1인용 (건거피팥(동부) 170g 정도 기준)

03 만드는 법

✓ 불린흰팥(동부) 고물로 만드는 방법

1. 2회 이상 깨끗하게 씻어준다(거품이나 불순물 제거).
2. 면보에 고물을 넣고 30분 이상 쪄준다.
3. 찐 동부팥을 큰 그릇에 쏟아 소금을 3그람 넣어준 후 절굿공이로 빻는다.
4. 중간체에 내려준다.

불리기 전 동부팥

불린 후 동부팥

① 깨끗한 물로 여러번 헹구어 주며 불순물 제거해준다.

② 면보에 넣고 쪄준다(30분 이상)

③ 시간대별 익혀진 정도

10분 20분 30분

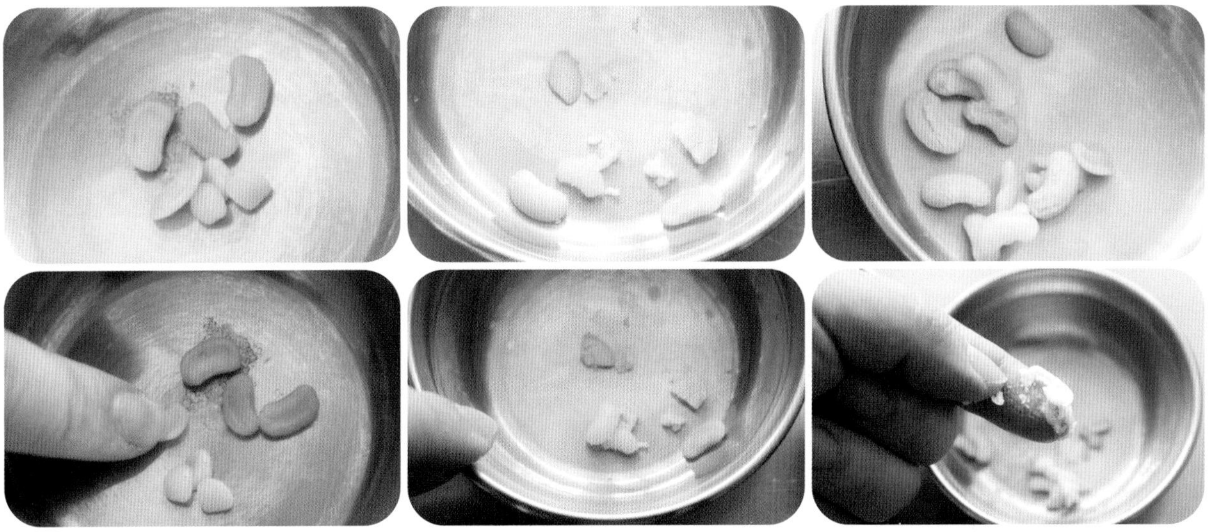

손으로 으깨어도 으깨어지지 않는다. 쪼개어 지듯 으깨어진다. 포근포근한 느낌으로 부드럽게 으깨어진다.

④ 절구에 쪄진 동부팥과 소금을 넣어 빻아준다.

- 총 소금 제공량 8g= 쌀가루용 5g, 동부팥 고물용 3g으로 나뉘어진다.

소금 3g 넣기

빻기

중간체에 1회 내려주기

⑤ 생각보다 고명 만드는데 시간이 많이 소요된다.

- 함께 제작해야하는 대추단자도 찹쌀+많은 고명으로 인해 시간소요가 많다.
- 빠르게 동선을 잡아주어야 하는 제품이다.

⑥ 물솥에 물을 올린다(사전에 준비해야할 부분 완성되었는지 늘 체크하기).

- 고물을 완성한다. 고물을 반반 나누어 둔다.

⑦ 멥쌀가루에 소금 5g 적당량의 물을 넣어 수분을 잡아준다.

- 소금(쌀가루 반죽) 5g, 소금(고물) 3g 지급된다.

✓ 두개의 소금이 바뀌어 들어가지 않게 주의한다.

- 시루에 동부팥 1/2 - 쌀가루- 동부팥 1/2 순으로 올리며 평탄화 작업을 해준다.
- **동부팥 1/2 평탄화가 완료되었을 때, 쌀가루에 설탕을 넣어준 후 찜기에 넣어준다.**

✓ 개인 동선에 맞춰 먼저 설탕을 넣어도 된다.

⑧ 유격주고 , 25분 찌고 5분 뜸들여준다.

1. 동부팥 1/2평탄화

2. 쌀가루에 설탕넣고 평탄화

3. 남은 동부팥 1/2 평탄화

전체적으로 찜기에 유격주기

04 제출하기

위아래가 같은 제품이므로 한번 뒤집기 하여 제출한다.

고물을 정리정돈하여 제출하면 좋다.

✓ TIP

함께 제작되어야 하는 대추단자가 완성되어있지 않다면, 깨끗한 비닐을 덮어두어 제출 전까지 마름을 방지한다.

Chapter 17

대추단자

대추단자 실기 영상

01 요구사항/지급재료

대추단자를 만들어 제출하시오.

① 떡 제조 시 물의 양을 적정량으로 혼합하여 반죽을 하시오(단, 쌀가루는 물에 불려 소금간 하지 않고 1회 빻은 찹쌀가루이다).

② 대추의 40% 정도는 떡 반죽용으로, 60% 정도는 고물용으로 사용하시오.

③ 떡 반죽용 대추는 다져서 쌀가루와 함께 익혀 쓰시오.

④ 고물용 대추, 밤은 곱게 채썰어 사용하시오(단, 밤은 채 썰 때 전량 사용하지 않아도 됨).

⑤ 대추를 넣고 익힌 찹쌀반죽은 소금물을 묻혀 치시오.

⑥ 친 대추단자는 기름(식용유) 바른 비닐에 넣어 성형하여 식히시오.

⑦ 친 떡에 꿀을 바른 후 3× 2.5× 1.5 cm 크기로 잘라 밤채, 대추채 고물을 묻히시오.

⑧ 16개 이상 제조하여 전량 제출하시오.

재료명	비율(%)	무게(g)
찹쌀가루	100	200
소금	1	2
물	-	적당량
밤	-	6(개)
대추	-	80
꿀	-	20
식용유	-	10
설탕 (찔 때 필요 시 사용)	-	10
소금물용 소금	-	5g

02 지급재료목록

번호	재료명	규격	단위	수량	비고
1	찹쌀가루	찹쌀을 5시간 정도 불려 빻은 것	g	220	1인용
2	소금	정제염	g	5	1인용
3	밤	겉껍질, 속껍질 벗긴 밤	개	6	1인용
4	대추	(중)마른 것 (크기 및 수분량에 따라 개수는 변경 될 수 있음)	g	90 (20~30개 정도)	1인용
5	꿀		g	30	1인용
6	식용유		g	10	1인용
7	설탕		g	10	1인용
8	세척제	500g	개	1	30인 공용

03 만드는 법

① 제공되는 대추 80g 중 40%인 32g을 곱게 다져준다.

면보로 닦아주기

돌려 깎기

다져주기

- 떡이 쪄지는 동안에 대추와 밤 고명작업을 하면 되기 때문에 우선 32g만 선 작업한다.
- 곱게 다져진 대추와 쌀가루를 넣고 잘 비벼준다.

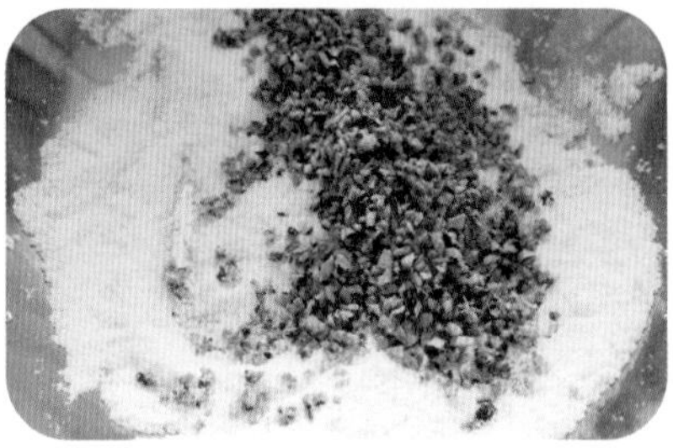

② 젖은 면보위에 찔 때 필요시 여유분으로 제공된 설탕을 솔솔 뿌려준 후 주먹쥐어 안치기를 한다.

✓ 쌀가루 양이 적어서 사이사이 구멍은 많이 생기지만, 한곳에 몰아넣지 않고 숨구멍이 생길 수 있게 널찍하게 넣어줌이 좋다.

③ 100g의 물에 소금 1g을 희석하여 준비한다.

④ 스테인리스 볼에 소금물을 넣고, 익힌 찹쌀반죽을 넣은 다음 절구공이로 치대준다.

⑤ 3×2.5×1.5cm 사이즈 16개의 대추단자를 제작해야 한다.

✓ 총 16개를 제작하는 두가지 방법

• 한줄로 얇게 제작하여 16개를 잘라 만드는 방법

이 경우 3×16=48cm (가로), 2.5cm (세로) 1.5cm (높이)로 만들어 식혀주어야 한다.

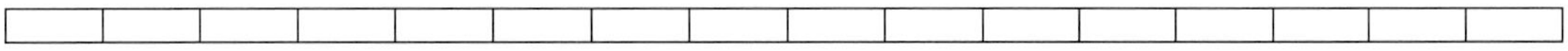

• 두줄이 될수있게 제작하여 16개를 잘라 만드는 방법

이경우는 3×8=24cm (가로) 2.5×2= 5cm(세로), 1.5cm (높이)로 만들어 식혀주어야 한다.

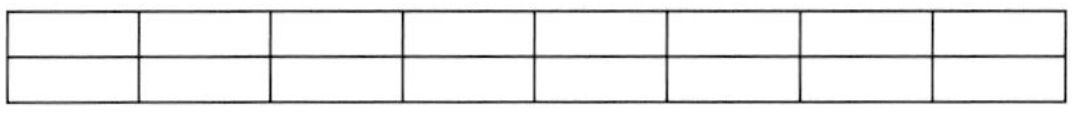

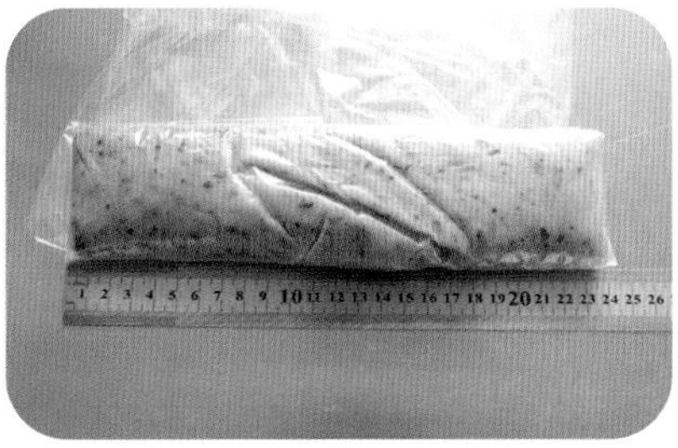
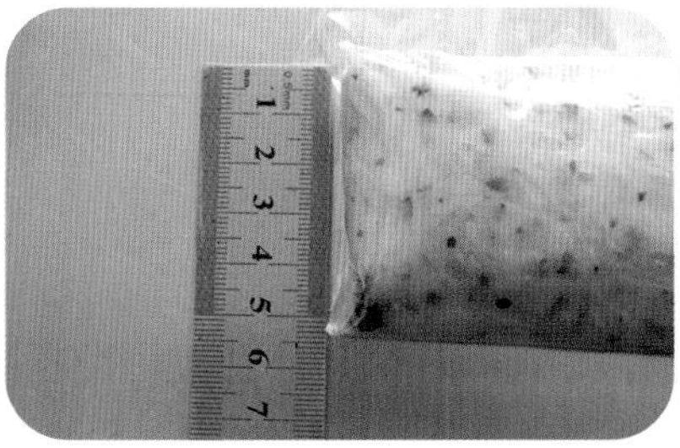
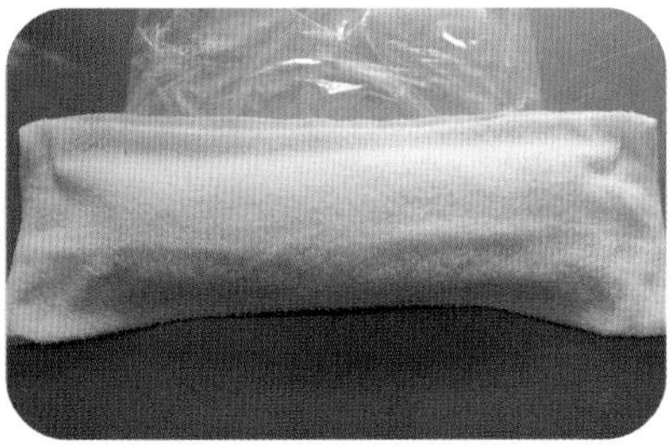

✓ 이때 젖은 면보로 비닐위를 덮어, 좀 더 빠르게 식혀주는 것이 좋다.

⑥ 남은 대추 48g 과 밤6개를 최대한 고르고 일정하고 얇게 썰어준다.

- 예쁘고 일정하게 고명이 되어야 완성도가 높아진다.
- 두 개의 고명을 살살 섞어준다.
- 세게 섞을 경우 밤과 대추가 쪼개어질 수 있다.

- 48g의 대추를 하나씩 채 썰 수는 없다(시간이 부족하다).
- 하지만, 대추를 겹쳐서 썰 경우에도 대추가 서로 붙어서 떼는데 시간이 소요된다(시간 확보를 잘 해야한다).

⑦ 떡에 꿀을 바른 후 3×2.5×1.5cm 크기로 잘라 밤채와 대추채 고물을 묻힌다.

04 제출하기

16개 이상 제조, 전량을 가지런하게 옮겨 담아 제출한다.

Chapter 18 나만의 동선 잡기

01 나만의 동선 잡기

① 찹쌀가루는 우선 찌는데 시간이 멥쌀보다 더 많이 소요되지만, 특히나 모양을 잡고 일정하게 썰기 위해서는 식히는 시간을 많이 주어야 한다.

② 대부분 이런 류의 묶음이 나올때면 찹쌀을 먼저 작업할 것을 권장하는 편인데 문제는 흰팥 시루떡의 동부고물 또한 시간을 많이 필요로 한다는 점이다.

③ 이번 묶음에서는 2단 찜기를 동시에 사용을 하는 방법을 터득해야 시간내에 좀 더 편안하게 완성이 가능하다.

④ 아래 예시가 정답은 아니며, 개인의 속도에 추어 확인 및 추가하여야 한다.

⑤ 아래 예시에 빠져있는 소소한 설탕 넣기, 면보에 물 묻히기 등도 스스로 동선을 확인하여 추가 한다.

⑥ **전제조건** : 가스불 1개, 2단 찜기에 뚜껑이 1개임(만약 찜기를 2개씩 소지하고, 가스불 2개를 모두 사용한다면 좀 더 빨리 완성될 수 있습니다)

처리순서	가스불1	가스불2	흰팥시루떡	대추단자
1			각 지급재료 계량	각 지급재료 계량
2	물솥에 물 올리기		불린흰팥(동부) 쪄주기	지급량의 40%의 대추 다지기
3	**(찜기** : 동부)	**(찜기** : 대추단자)		쌀가루에 대추넣고 찜기올리기 (주먹쥐어 안치기)
4			흰팥고물 완성하기	
5				스텐볼에 치대어 1cm성형
6	물솥에 물 올리기		시루에 흰팥시루떡올리기	
7				고명만들기 (대추지급량 60%, 밤6개)
8				꿀바르기, 고명 묻히기
9	제출		고명 정리해서 제출 (썰지 않은 상태 제출)	모양잡아 16개 이상 제출
10	조리대, 씽크대 , 각종 도구 정리 및 청소			

※나만의 동선을 적어보자.

처리순서	가스불1	가스불2	흰팥시루떡	대추단자
1				
2				
3				
4				
5				
6				
7				
8				
9				
10	조리대, 씽크대, 각종 도구 정리 및 청소			

떡제조기능사실기

PART 8

고물류 만들기

Chapter 1

거피팥고물

01 재료

거피팥	500g	소금	5g

02 만드는 법

거피팥을 4시간 이상 불려준다.

- 거피팥을 씻으며 껍질을 벗긴다.
- 물에 흘려보내거나 조리로 걸러내면서 깨끗하게 거피해준다.

- 찜기에 면보를 깔고 거피한 거피팥을 넣고 30분 쪄준다.
- 손으로 으깨보아 부드럽게 으깨어 진다면 잘 쪄진 것이다(충분히 쪄주어야 한다).

- 찐 거피팥은 스텐볼에 쏟아주고, 소금(5g)을 넣고 방망이로 곱게 빻아준다.
- 방망이로 빻지 않고 통고물로 사용하거나, 어레미체(굵은체)에 내려 조금 더 고운 거피팥고물로 만들어 사용한다.

- 넓은 판에 부어 한김 식혀주는 것이 좋다.
- 체에 내려 고운 고물을 만들어 사용할 수 있다.

소분하여 밀봉한 후 냉동보관을 하는 것이 좋다.

Chapter 2 거피녹두고물

01 재료

거피녹두	500g	소금	5g

02 만드는 법

- 거피된 녹두를 깨끗하게 씻고 6시간 이상 불려준다.
- 녹두를 충분히 불려주어야 껍질이 잘 벗겨진다.

- 거피팥을 씻으며 껍질을 벗긴다.
- 물에 흘려보내거나 조리로 걸러내면서 깨끗하게 거피해준다.

- 찜기에 면보를 깔고 거피한 녹두고물을 넣고 30분간 쪄준다.
- 손으로 으깨보아 부드럽게 으깨어 진다면 잘 쪄진 것이다.
- 익지 않은 녹두의 경우 체에 내려가지지 않는다.
- 충분히 쪄 주어야 체에 내릴 때 모두 내려진다.

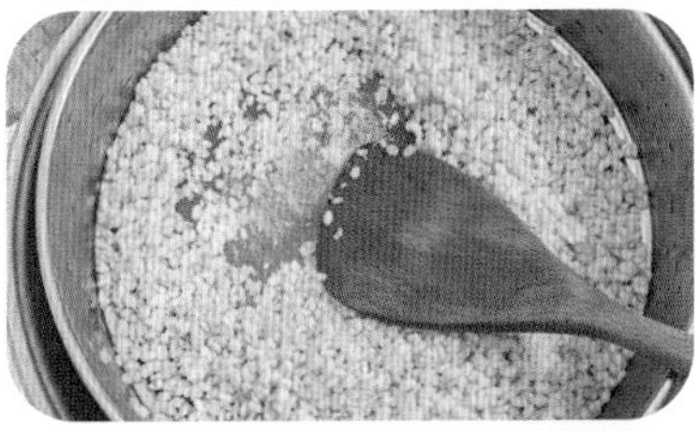

- 찐 녹두고물은 스텐볼에 쏟아주고, 소금(5g)을 넣고 방망이로 곱게 빻아준다.
- 방망이로 빻지 않고 통고물로 사용하거나, 어레미체(굵은체)에 내려 조금 더 고운 거피팥고물로 만들어 사용한다.
- 대강 빻은 고물의 경우 송편 등의 소로 사용된다.

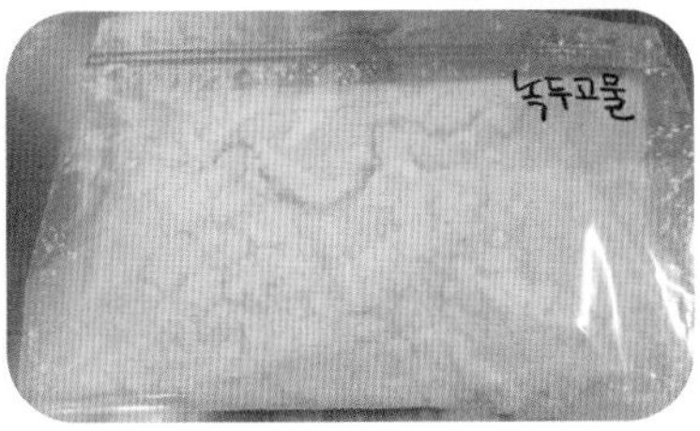

- 넓은 판에 넓게 펼쳐주어 식혀주는 것이 좋다.
- 소분하여 밀봉한 후 냉동보관을 하는 것이 좋다.

Chapter 3

붉은팥고물

01 만드는 법

- 깨끗하게 씻어주며 상하거나 썩은 팥을 골라내어 준다.
- 붉은 팥 고물은 물에 불리지 않는다.

- 냄비에 팥이 충분히 잠길 만큼 물을 넣어 한번 끓여준다.
- 팔팔 한번 물이 끓어오르면 그 첫물은 버려준다.
- 팥의 사포닌 성분을 없애준다.

- 다시 물을 팥의 3배 정도 넣고 중불 정도로 약 2시간 정도 익혀준다.
- 중간 중간 거품을 걷어 내준다.
- 너무 강한 불로 팔팔 끓일 경우 알갱이가 터져 붉은팥의 속 고물이 모두 물에 희석될 수 있다.
- 모양을 유지한 팥고물이 필요한 경우에는 약한 불로 살살 오랜 시간 익혀주는 것이 좋다.

삶아진 팥을 체에 내려주고 소금을 넣어준다(기호 및 사용용도에 따라 설탕도 추가해준다).

소분하여 밀봉한 후 냉동보관을 하는 것이 좋다.

✓ TIP

- **통팥고물** : 체 위에 걸러진 통팥고물로 사용가능하다. 통팥고물로 사용하고 싶은 경우에는 바로 고물을 팬에 넣고 약한 불로 수분을 날려준다. 수분을 날려주면 하얀 분이 생긴다.
- **고운팥고물** : 체로 한번 내려준 고물과 앙금내린 물은 고운앙금고물이 된다. 앙금내린 물을 가라앉혀 물은 따라 버리고 앙금을 면보에 넣고 물을 충분히 짜준다. 걸러진 앙금은 팬에 넣고 낮은 불로 수분을 날려준다. 고운 앙금고물이 만들어진다.

Chapter 4

흑임자고물

01 만드는 법

- 검은 깨의 경우 물에 오래 불리며 씻지 않는다.
- 빠르게 헹구어 주듯 물로 씻어 준다.
- 체로 얼러 건지듯 씻어주며 무거운 돌가루 등을 제거해 준다.

깨끗하게 씻은 검은깨는 팬에 올리고 약한 불로 수분을 날려준다.

깨가 통통해지며 수분이 보이지 않으면 잘 익은 것이다.

통으로 증편, 대추약식 등의 고명으로도 사용이 되며, 식힌 후 분쇄기 등으로 다져 고운흑임자 고물로 사용되기도 한다.

Chapter 5

잣가루

01 만드는 법

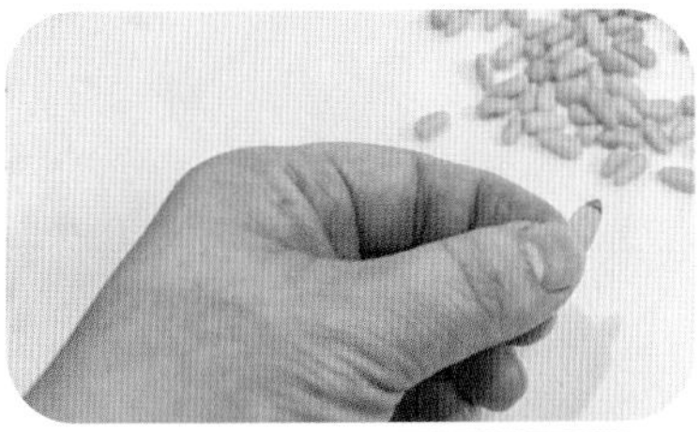

- 살짝 물기가 있는 젖은 천으로 잣을 살살 비벼 먼지를 제거해 준다.
- 잣의 끝에 붙어있는 고깔을 떼어준다.

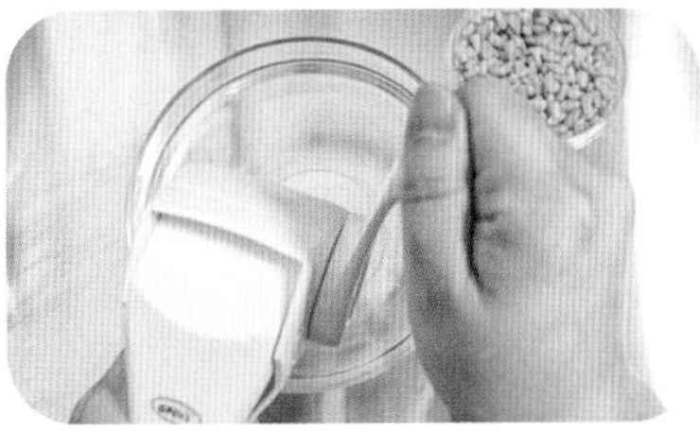

치즈를 갈 때 사용하는 블라인더를 사용하여 곱게 잣가루를 내려준다.

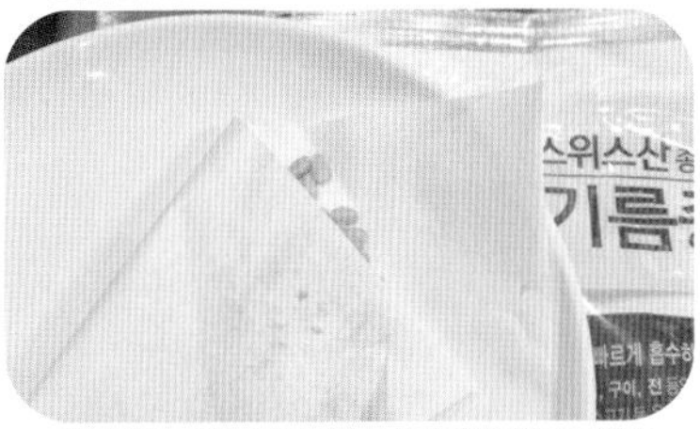

잣에서 생기는 기름을 제거하기 위해 한지를 놓고 칼로 다져주기도 한다.

김은정

| 약력 및 경력

- 현) CDA (케이크 데코레이션 협회) 협회장
- 현) 앙금플라워 독학하기 스윗핸즈 금천구 단독 전임강사
- 현) CDA협회 앙금플라워 자격증 취득 및 발급가능 전임강사
- 현) 유튜브 채널 sooraTV운영
- 수라케이크 대표

| 참고 문헌

- 한국떡류식품가공협회 〈제병관리사〉
- 김선희, 김자경, 송은주 공저 〈조리기능사〉 에듀윌

| 참고 사이트

- 한국민족문화대백과사전 (https://encykorea.aks.ac.kr)
- 식품의약품안전처 (https://www.mfds.go.kr)
- 한국떡류식품가공협회(www.kfdd.or.kr)
- 두산백과(www.doopedia.co.kr)
- NCS 국가직무능력표준(https://www.ncs.go.kr) CBT관련 체험화면
- 국가법령정보센터(www.law.go.kr)

2024 떡제조기능사 필기&실기

발행일 2024년 01월 30일
발행처 인성재단(지식오름)
발행인 조순자
편저자 김은정
편집디자인 백진주
표지디자인 홍현애

정 가 23,000원 **ISBN** 979-11-93686-18-8

콩설기

- 물잡기의 기초이자 제일 실격률이 높은 설기류
- **냄비에 물을 조금 넣고 콩+소금** : 20분간 삶아준다. (콩을 쪄주는것도 좋다)
- 재료계량하기전, 물솥에 물 반 넣어주고 끓이기(뚜껑을 반드시 덮어줄 것)
- 멥쌀 (+물 4T에 소금을 잘 녹인 후 전부 다 넣어 1번 물잡기 후 체 내리기 1회)
- 추가로 물을 더 넣고 물잡기 완료 후 체 내리기 2회 (약 6T~9T 까지_쌀가루 상태에 따라 물잡기에 들어가는 물의 양은 계속 변합니다)
- 삶아진 콩을 체에 내린 후 물기 없애기
- 떡시루에 면보 혹은 키친타올을 깔아준 후 실리콘 패드를 올려준다.
- 서리태 1/2를 골고루 뿌려주고, 남은 서리태는 멥쌀가루에 섞는다.
- 설탕추가 후 쌀가루를 찜기에 넣어주며 평탄화작업
- 20분 쪄준 후 5분 뜸들이기
- 완성접시에 제출

부꾸미

- 부꾸미는 총 12개를 만든다.
- 냄비에 익반죽용 물을(소량만) 넣어 가스에 올려준다.
- 대추는 젖은 수건으로 닦아 놓는다.
- 찹쌀가루에 소금을 넣고, 뜨거운 물을 4~6T 넣어준다. (계량스푼 사용, 손조심)
- 최대한 많이 치대어 넣기, 송편보다 조금 더 촉촉하게 반죽 후 비닐보관
- 대추를 돌려 깎고 밀대로 밀고 돌돌 말아서 편썰어준다. 한 개 대추 당 4개 이상씩
- 쑥갓은 일정한 크기의 잎을 24장 선택해서 젖은 면보 혹은 키친타올에 올려 정리한다.
- 팥앙금은 약 8g씩 타원형으로 만들고 12개 만들어 둔다. (100g을 12개로 소분)
- 찹쌀반죽은 총 반죽의 무게에서 12등분 (쌀가루에 따라 다르지만 대략 20~21g) 계량하고 타원형 모양으로 만들어 접시에 올려둔다.
- 팬에 기름을 부어주고 중불에서 약불 사이의 불로 유지해준다.
- 접시 두군데 (접는 접시, 제출 접시에 설탕을 고루 뿌려준다)
- 4개를 넣고 투명해질정도로 익혀준다. 이때 늘어질 수 있기 때문에 만들 때 5.5센치로 만드는게 좋다.
- 뒤집어 1분정도 익히고 접는 접시로 옮겨 팥소 넣어서 붙여준 후 대추, 쑥갓을 붙여준다.
- 모양이 완성되면 제출접시로 옮겨 놓는다.

수라쌤동선표

처리순서	가스불1	가스불2	콩설기	부꾸미
1			각 지급재료 계량	각 지급재료 계량
2	서리태 삶기	익반죽용 물 끓이기		익반죽해서 비닐 숙성
3			서리태 헹구기 물 빼기	부꾸미 부재료 손질
4			대나무찜기 준비	
5	콩설기용 물솥에 물올리기		쌀가루 체 내리기, 소금물 주기	
6			서리태 찜기에 1/2 넣기, 쌀가루+서리태 1/2 +설탕넣기	
7			대나무찜기에 쌀가루 넣기	
8	물솥에 찜기올리기		물솥에 올리기, 완성품 제출	부꾸미 반죽소분 및 완성 준비
9				완성품 제출
10	조리대, 씽크대, 각종 도구 정리 및 청소			

송편

- 총 12개만들기 (중요한 것은 동일한 사이즈, 동일한 디자인) 길이 5cm×높이 3cm

[선택가능]

- 냄비가 2개인 경우(익반죽물 냄비, 콩을 삶는물 냄비 2개 준비)
- 냄비가 1개인 경우(물을 끓이다가 익반죽을 하고, 콩을 넣고 15분~20분 삶기)
- 혹은, 냄비가 1개인경우 (익반죽 물 냄비, 콩은 찜기에 쪄주기)
- 쌀가루 체에 한번 내린 후, 소금넣고 익반죽 물넣기 5~8T (쌀가루 상태에 따라 다름)
- 최대한 많이 치대고 촉촉하고 부드럽게 만들어준 후 비닐보관 (이때 되직하게 반죽하면 시간이 매우 오래걸림)
- 삶은 콩 찬물에 헹구어 체에 물기제거 후 키친타올로 물기 제거 2번하기
- 송편반죽 12개로 균등분할하기, 콩 5~6알 넣고 송편만들기 (바람 빼기 잊지않기)
- 4개쯤 만들었을 때 물솥에 물 넣고 가스에 올리기, 송편찜용
- 20분 삶기, 찬물에 담가 헹군 뒤 꺼내어 살짝 물기를 털어내고 참기름에 묻혀서 완성접시에 담기
- 2024년 부터는 공지된 모양잡기()

쇠머리떡

- 쇠머리찰떡은 15×15사이즈로 만드는게 포인트
- 냄비에 호박고지, 서리태 전작업용 물을(소량만) 넣어 가스에 올려준다.
- 대추(젖은수건, 데치기), 밤(설탕물), 호박고지(찬물~살짝 미지근한 물), 콩(뜨거운 물 15분 삶기→수분제거, 식히기)

[재료전처리]

- 호박고지는 씻고 살짝 미지근한 물에 불린 후 물기 제거하기
- 대추 돌려깍아 씨를 제거하기
- 밤, 대추, 호박은 2~3cm정도 일정한 크기로 잘라주기
  - ✓ 예쁘게 먼저 깔아줄 고명용과, 쌀가루와 섞을 것으로 나누어 재료를 준비완료하기
  - ✓ 찹쌀가루+소금→물은 1T~3T정도 (물잡기 잘해야한다. 손으로 비벼준 후 1회만 체치기)
- 찜기에 고명용을 이쁘게 넣어주고, 쌀가루에 남은 재료들과 설탕을 넣어준다.
- 찜기에 젖은 면보를 깔고 주변으로 설탕을 뿌려준다. 주먹 쥐어 안치기 하기(중간구멍)
- 30분찌고 뚜껑을 열어서 안 익은 부분 물 발라주기, 5분 추가로 찌기(찌는 동안 비닐준비) 15×15사이즈로 만들기 (살짝 접은 후 당기기도 하고, 당기기만 하여 모양 잡기도 한다)
- 완성접시에 식용유 살짝 바른 후 비닐을 벗긴 쇠머리 찰떡 제출

수라쌤동선표

처리 순서	가스불1	가스불2	쇠머리떡	송편
1			각 지급재료 계량	각 지급재료 계량
2	(제공 받은 양수냄비) 물 끓여서 호박고지에 뜨거운 물을 한 컵 부어준 후, 쇠머리떡용 서리태 삶음.	(여분 양수냄비) 물 끓여서 송편 익반죽용 물을 한컵 덜기, 송편용 서리태 삶음	물 끓여서 호박고지에 뜨거운 물을 한 컵 부어준 후(→씽크대 물이 엄청 뜨겁다면 이 부분은 생략 후 바로 서리태 삶기)	송편 익반죽하여 비닐에 숙성
3			서리태 헹구어 물기제거, 식히기	
4			대추 전처리, 밤 전처리, 대나무찜기 준비	서리태 헹구어 물기제거
5	쇠머리떡용 물솥에 불올리기			송편 반죽 나누기
6	쇠머리떡 만들기 시작		쇠머리떡 대나무찜기에 재료 넣기	송편 만들기(약 5개 정도 완성)
7		송편용 물 올리기	쇠머리떡 완성, 접고 난 후 식히기	
8				송편 만들기(나머지 7개 만들기)
9			15×15 크기 다시 확인, 비닐 벗긴 후 제출접시에 전량 제출	송편 완성, 찬물에 식혀 기름칠 제출접시에 전량 제출
10	조리대, 씽크대, 각종 도구 정리 및 청소			

무지개떡

- 쌀가루를 250g씩소분한다, 설탕을 25g씩 소분한다, 소금을 2.5g씩 소분한다.
- 치자 (반으로 잘라 찬물 3T에 넣어 진하게 우리기)
- 대추(얇게 돌려깍기한 후 밀대로 밀고 돌돌말아서 얇게 썰기)
- 잣(고깔을 떼고 젖은면보로 닦아준후 길게 반으로 잘라주기, 손조심)
- **물주고 체내리기 순서** : 흰색→치자→쑥
- **찜기에 넣는순서** : 설탕 넣고 평탄화 작업 쑥→치자→흰색
- 8등분하기, 고명올리기
- 20분찌고, 5분 뜸들이기

경단

- 경단은 총 20개 만든다 (한 개라도 떨어트리면 안된다. ※주의)
- 냄비에 익반죽용 물을(소량만) 넣어 가스에 올려준다.
- 소금을 넣은 후 익반죽해준다. 약 3~5T (쌀가루상태에 따라 다르다)
- 최대한 많이 치대어 넣기, 조금 퍽퍽한 느낌정도(송편보다 단단) 비닐보관
- 20개로 나누어 동그랗게 만들어준다.
- 냄비에 경단을 넣기 전 체친 콩가루 접시를 준비한다. 하나는 둥글리기용. 하나는 제출용
- 물을 넉넉하게 넣은 냄비에 소금을 1g넣고 10개씩 나누어서 넣어준다.
- 경단이 냄비바닥에 붙지 않도록 젓가락을 이용하여 살살 저어만 준다.
- 중불에서 약1분~2분사이 /떠오르면 30초~40초 더 익힌 후 체로 건져준다.
- 경단이 떠오르면 찬물로 2회~3회 식혀주어서 퍼짐을 방지한다.(1분 이내, 빠르게)
- 경단의 물을 충분히 빼주고 체가 있는 상태로 톡톡 면보에 툭툭 물기제거 (빠르게)
- 콩가루에 접시 올린 후 냄비를 동그랗게 흔들면서 고루 콩가루 입혀준다.
- 10개씩 2번 반복한다. 모양이 완성되면 제출접시로 옮겨놓는다.

수라쌤동선표

처리순서	가스불1	가스불2	무지개떡(삼색설기)	경단
1			각 지급재료 계량	각 지급재료 계량
2		경단 익반죽용 물 끓이기	무지개떡 부재료 손질	경단에 익반죽 후 비닐숙성
3		경단 삶는용 물 끓이기		경단 20개로 소분
4				경단 동그랗게 둥글리기
5				찬물 준비, 콩고물 준비
6	물솥에 물 올리기		무지개떡 물주기, 체내리기	완성품 제출
7			무지개떡 설탕 넣기	
8	물솥에 찜기 올리기		대나무찜기에 쌀가루 넣기, 칼금내기, 꾸미기	
9			완성품 제출	
10	조리대, 씽크대 , 각종 도구 정리 및 청소			

백편

- 밤은 설탕물, 대추 젖은 면보로 닦기
- 쌀가루 계량해서 볼에 넣고, 물솥에 물을 올려 가스에 올려놓는다.
- **고명작업 - 대추**: 돌려깎아주고 밀대로 밀어서 얇게 썰어주기
- **밤**: 얇게 채썰어준다.
- **잣**: 고깔을 제거하고 반을 잘라 얇게 만들어준다.
- 쌀가루 소금 넣고, 물 1차로 주고 손으로 오래 비벼준 후 체내리기 (혹은 물에 소금을 풀어서 녹여준후 쌀가루에 넣고 체내리기)
- 2차로 물 추가하고 오래 비벼준 후 체내리기_물잡기 완성하기
- 쌀가루 찜기에 넣고 스크레퍼로 평탄화작업하기, 고명 골고루 올려준 후 유격잡기
- 20분 쪄주고 5분 뜸들이기. 완성접시에 2번 뒤집기하여 제출

인절미

- 인절미 총 24개 완성해야함. (4×2×2cm 크기를 24개 만들기)
- 2줄로 만들어 한줄당 12개씩 자를지, 4줄로 만들어 한줄당 6개씩 자를지 결정하기
- 시작하자마자 물솥에 물을 넣고 물을 끓여준다.
- 쌀가루에 소금 넣고 찬물 (1T~3T, 상태에 따라 다름), 물주기 후 설탕 넣고 찜기에 젖은 면보를 깔고 설탕을 사이드에 뿌려준 후 주먹쥐어 안치기해준다.
- **30분 찌기**: 찌는 동안 떡비닐에 식용유를 잘 발라서 준비해두기
  ✓ 찌는동안 물100g에 소금 1g를 넣어 희석한 물 2T를 스텐볼에 넣어 준비하기
- 떡을 소금물 넣은 스텐볼에 넣어주고 밀대로 떡을 쳐준다. (약 5분 이내)
  - 12×16(3줄 만들기)

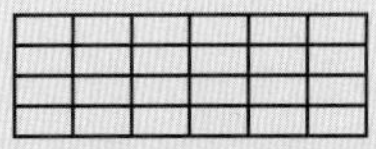

✓ **세로2센치, 가로 4센치, 높이 2센치로**: 4줄,1줄당 6개씩 총 24개

  - 24×8×2(4줄, 2줄 만들기)

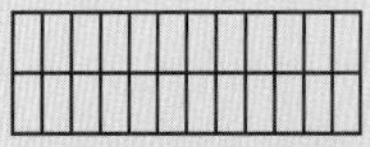

✓ **세로 4센치, 가로2센치, 높이 2센치로**: 2줄, 1줄당 12개씩 총 24개

수라쌤동선표

처리순서	가스불1	가스불2	백편	인절미
1			각 지급재료 계량	각 지급재료 계량
2	물솥에 물 올리기			찹쌀에 물주기, 찜기에 올리기
3	찹쌀(인절미)찜기 올리기		지급된 고명 만들기 (대추, 잣, 밤)	
4			쌀가루에 물주기	
5			대나무찜기에 쌀가루 올리고 평탄화 후 고명 올리기	
6	찹쌀(인절미)찜기 내리기			스텐볼에 소금물을 넣고 치댈 준비하고, 떡 내리기
7	멥쌀(백편) 찜기 올리기		찜기 올리기	찹쌀떡 방망이로 치대기, 준비한 떡비닐에 옮겨 모양잡기
8	멥쌀(백편) 찜기 내리기		찜기 내리기	식혀주기
9	제출		고명이 위로 올라오게 하여 제출	4×2×2cm 총 24개로 절단하여 콩고물 묻혀 제출
10	조리대, 씽크대, 각종 도구 정리 및 청소			

흑임자시루떡

- 흑임자고물을 씻고 건져서 물기를 빼준다.
- 볶아준다 (강불 → 약불, 타지않게 주의한다.)
- 볶아진 흑임자 고물에 소금(1g~5g 사이) 넣고 절구로 갈아준다.
- 찜기에 물을 올린다.
- 찹쌀가루 400g에 적당량의 물, 소금 4g, 설탕 40g을 넣는다.
- 흑임자고물 1/2을 → 찹쌀가루를 넣고 → 다시 흑임자 고물1/2를 넣어 찜기에 약 30분 쪄준다.
- 한번 뒤집기 하여 제출한다.

개피떡(바람떡)

- 멥쌀가루에 소금을 넣고, 적당량의 물을 넣는다.
- 찜기에 면보를 넣고 옆면에 설탕을 조금 뿌려준다.
- 20~25분 쪄준다.
- 팥앙금 200g을 총 12개로 나누어 모양을 잡아준다.(12개로 나눌 경우 _ 개당 16.6g)
- 고체유를 바른 다 쪄진 떡을 떡비닐에 넣고 치대어준다.(면장갑 착용_ 데이지 않게 조심)
- 잘 치대어 준 후, 밀대로 밀어 적당한 크기로 만들어준다.
- 가운데에 팥앙금을 넣고, 원형틀 5.5cm 정도를 이용하여 반달모양으로 12개 찍어준다.
- 참기름을 발라 완성하여 제출한다.

수라쌤동선표

처리순서	가스불1	가스불2	흑임자시루떡	개피떡(바람떡)
1			각 지급재료 계량	각 지급재료 계량
2		물솥에 물 올리기	흑임자 씻고 물빼기	멥쌀가루에 물주기 후 찜기올리기
3	흑임자볶기		흑임자 볶은 후 식히기	고명소분하기
4				찜기 내리기, 개피떡 치대어 소분
5			흑임자 가루 만들기	개피떡 12개 완성하기 (비닐덮어두기)
6	물솥에 물 올리기		찹쌀가루 물, 설탕 맞추어 넣기	
7	흑임자시루떡 찜기 올리기		찜기 올리기	
8			찜기 내리기	
9	제출		고명 정리해서 제출	개피떡 참기름 발라 제출
10	조리대, 씽크대, 각종 도구 정리 및 청소			

흰팥시루떡

- 불려진 흰팥을 여러번 헹구어준다. 찜기에 젖은 면보를 깔고 30분 이상 쪄준다.
- 소금 3g을 넣어 잘 빻아준 후 중간체 혹은 어레미에 1회 내려준다.(고물완성)
- 멥쌀가루 500g에 소금 5g을 넣고, 적당한 물을 넣어 수분을 맞추어준다.
- 동부고물 1/2을 찜기에 넣고 평탄화, 멥쌀가루를 넣고 평탄화
  남은 동부고물 1/2을 올려주고 마지막으로 평탄화 한다 .
  물솥에 올리기 전에 유격을 준다.
- 찜기에서 20~25분 쪄주고 한번 뒤집기 하여 제출한다.

대추단자

- 지급받은 대추 20개 중 40%를 잘게 다져준다.
- 찹쌀가루에 소금 2g을 넣는다.
  잘게 다져진 80g의 40% 대추를 넣고 추가로 수분을 맞추어준다.
- 찜기에 젖은 면보를 넣고, 찹쌀가루를 주먹쥐어 안치기하며 넣어준다.
  찹쌀가루를 30분 쪄준다.
- 남은 대추 60%와, 밤 6개를 잘게 채 썰어준다.(밤채와 대추채 만들기_일정하게 얇게 , 빠르게)
- 면장갑+위생장갑을 착용하고, 떡비닐에 식용유를 발라준다.
- 쪄진 찹쌀가루를 떡비닐에 넣어 3×2.5×1.5cm 크기가 16개 이상 나오도록 모양을 잡아준다.
- 젖은 면보와 행주를 이용하여 모양잡은 찹쌀떡을 빠르게 식혀준다.
- 3×2.5×1.5cm 크기로 잘라준다.
- 16개로 잘라준 떡에 꿀을 바른 후 밤채와 대추채를 묻히고 제출접시로 옮겨 담아 제출한다.

수라쌤동선표

처리순서	가스불1	가스불2	흰팥시루떡	대추단자
1			각 지급재료 계량	각 지급재료 계량
2	물솥에 물 올리기		불린흰팥(동부) 쪄주기	대추 다지기
3	(**찜기** : 동부)	(**찜기** : 대추단자)		쌀가루에 대추 넣고 찜기올리기 (주먹쥐어 안치기)
4			흰팥고물 완성하기	
5				스텐볼에 치대어 1cm성형
6	물솥에 물 올리기		시루에 흰팥시루떡 올리기	
7				고명만들기
8				꿀바르기,고명 묻히기
9	제출		고명 정리해서 제출(썰지 않은 상태 제출)	모양잡아 16개 이상 제출
10	조리대, 씽크대, 각종 도구 정리 및 청소			